JEAN FERRAT

DÉPARTEMENT CHANSON
Sous la direction de Fred Hidalgo

Déjà parus :
Brel, Brassens, Ferré. Trois hommes dans un salon
de François-René Cristiani et Jean-Pierre Leloir (2003)

Il était une fois la chanson française (des origines à nos jours)
de Marc Robine (2004)

« Balades en Nougarie » :
Nougaro, La Voix royale
Nougaro, L'Homme aux semelles de swing
de Christian Laborde (2004)

Cabrel, Goldman, Simon, Souchon. Les Chansonniers de la table ronde
de Fred Hidalgo (2004)

Georges Moustaki. La Ballade du Métèque
de Louis-Jean Calvet (2005)

Vivre et chanter en France
Tome 1 : *1945-1980* (2005)
Tome 2 : *1981-2006* (2007)
de Serge Dillaz

Hubert-Félix Thiéfaine. Jours d'orage
de Jean Théfaine (2005)

Le Roman de Daniel Balavoine
de Didier Varrod (2006)

Le Monde et cætera. Chroniques 1992-2005
d'Yves Simon (2006)

Charles Aznavour ou le destin apprivoisé
de Daniel Pantchenko, avec Marc Robine (2006)

Brassens, Le Regard de Gibraltar
de Jacques Vassal (2007)

Barbara. Portrait en clair-obscur
de Valérie Lehoux (2007)

Gilles Vigneault de Natashquan
de Marc Legras et Gilles Vigneault (2008)

Johnny Hallyday, histoire d'une vie
de Jean-Dominique Brierre et Mathieu Fantoni (2009)

Serge Gainsbourg en dix leçons
de Bertrand Dicale (2009)

Daniel Pantchenko

Jean Ferrat

« Je ne chante pas pour passer le temps »

Biographie

Fayard

« Je ne chante pas pour passer le temps »
est le titre d'une chanson de Jean Ferrat.

L'éditeur s'est efforcé de retrouver l'origine de chacun des clichés publiés dans le cahier hors-texte du présent ouvrage. Il présente néanmoins ses excuses à ceux des ayants droit dont il n'aurait pu le cas échéant retrouver la trace et les invite à se manifester directement auprès de lui par courrier postal.

ISBN : 978-2-213-63839-3

À Claudie et Lou
À Véronique Estel

Vous me demanderez : pourquoi votre poésie
Ne nous parle pas des rêves, des feuilles,
Des grands volcans de votre pays natal ?
Venez voir le sang dans les rues
Venez voir le sang dans les rues
Venez voir le sang dans les rues !

Pablo NERUDA

Un jour pourtant un jour viendra couleur d'orange
Un jour de palme un jour de feuillages au front
Un jour d'épaule nue où les gens s'aimeront
Un jour comme un oiseau sur la plus haute branche

ARAGON

Le poète a toujours raison
Qui voit plus haut que l'horizon

Jean FERRAT

Par ses mots, sa musique et sa voix d'humanité profonde, Jean Ferrat a toujours été le chanteur qui me touche le plus, avec lequel je me trouve en accord maximal, tant sur la forme que sur le fond. Comme lui, je tiens la chanson française pour un art populaire des plus nobles, un véhicule exceptionnel des sentiments, un marqueur simultané de notre Histoire et de nos histoires personnelles. Alors, comment aurais-je pu écrire des biographies de tel ou telle artiste sans prendre à bras le cœur celle qui m'était la plus chère ? J'ai donc décidé de me lancer dans l'aventure il y a plus de deux ans ; je savais que Jean Ferrat aurait refusé d'y participer (il me l'avait signifié ainsi qu'à d'autres) et je me préparais à lui écrire pour l'en informer le premier, voire en parler avec lui, lorsque j'ai appris la nouvelle de sa mort. La conception de ce livre était déjà un parcours d'émotion ; affecté par ce même deuil qui a touché des milliers et des milliers de personnes, j'ai éprouvé d'autant plus le désir d'aller jusqu'au bout en donnant le meilleur de moi-même.

I

PRÉAMBULE

Chapitre premier

Le crépuscule de l'aube

Bien sûr, il ne le savait pas. C'était encore trop tôt. Dix années et quelques mois après son premier passage dans un grand music-hall parisien, Jean Ferrat se préparait surtout à jouer gros sans penser encore à tirer sa révérence scénique ; ni à se réfugier dans cette montagne d'Ardèche qui lui avait déjà inspiré sa chanson la plus célèbre, la plus emblématique d'un choix de vie où l'amour de la nature s'inscrit dans la nature de l'amour.

En ce mois d'octobre 1972, le chanteur investit pour la seconde fois le Palais des Sports (lieu où seul s'est alors risqué Johnny Hallyday), mais en doublant la mise : vingt-quatre représentations dans cette salle de près de cinq mille places, l'équivalent de huit à dix semaines à l'Olympia. Selon les chiffres mêmes de Ferrat et de Gérard Meys, son ami et complice professionnel de toujours, l'organisation d'un tel spectacle coûte 170 millions de francs[1]. Conséquence impérative : « bourrer » chaque jour la salle. « La vedette la plus censurée de la télévision mise sa fortune sur son show du Palais des Sports », souligne Danièle Heymann dans *L'Express*[2]. Quelque soixante mille spectateurs se sont déplacés sur douze soirées début 1970 ; là, il en faut plus de cent mille pour ce nouveau retour dans la capitale. Cent mille ! À peu près le nombre des visiteurs de la Fête de l'Humanité qui ont couru acclamer leur héraut un mois plus tôt, reprenant avec lui le refrain de sa toute dernière charge chansonnière : « La Boldochévique, la Boldochévique / La bonne tisane du bourgeois[3]. »

Le pari se révèle d'autant plus risqué que non seulement le prix des places volontairement très bas s'échelonne entre neuf et trente francs, mais qu'il s'agit d'un véritable spectacle doté d'une première partie aussi ambitieuse qu'onéreuse. S'y croisent et s'y succèdent les comédiens des Gens de la Ville, les danseurs de la Compagnie Anne Béranger et des chanteurs : Les Troubadours et Francis Lemarque. C'est également un auteur-compositeur-interprète, Henri Gougaud, qui a conçu avec un humour grave cette création sur l'agressivité quotidienne infligée aux citadins et sur ce que la ville pourrait devenir ; l'année suivante, Gougaud lui consacrera d'ailleurs un album au titre explicite, *Chansons pour la ville, chansons pour la vie*, où figurent notamment *Les Tout-Gris*, *Béton armé*, *Le Temps de vivre*, *Paris ma rose* et *Prière du vieux Paris*. Mis en scène par Guy Lauzin (plateau surélevé de forme ovoïde, écran rond) dans un décor et des masques de Jacques Noël, le spectacle s'ouvre sur cette « prière » en voix off interprétée par Jean Ferrat lui-même. Une façon chaleureuse et habile d'accueillir son public, de lui ouvrir la porte de « son » Palais, dans une tentative de spectacle-concept un rien déconcertant pour l'époque.

Si le folk tendre des Troubadours[4] marque modérément les commentateurs, Francis Lemarque[5] suscite l'enthousiasme : « trop rare plaisir », note Jean-Pierre Hauttecœur dans *La Croix*[6] ; « Parmi les interprètes, on retiendra surtout l'accueil particulièrement chaleureux réservé à Francis Lemarque, à ses succès d'il y a vingt ans, à ses créations nouvelles », renchérit Guy Silva dans *L'Humanité*[7] ; et son confrère Paul Carrière du *Figaro*[8] tresse lui aussi des lauriers à Lemarque : « En de trop rares morceaux qui ont toute la saveur des vieux faubourgs, le populaire auteur-interprète répand une chaleur insolite mais bien venue dans l'apocalypse glacée des robots qui nous cernent. »

Pour l'intéressé, auteur inspiré, mélodiste hors pair, chanteur populaire dans le meilleur sens du terme (*À Paris*, *Bal, petit bal*, *Le Petit Cordonnier*, *Quand un soldat*, *La Grenouille*, *Marjolaine*...), cette invitation de Jean Ferrat marque son grand retour à la scène : « Je m'étais arrêté de chanter depuis quelques années, parce que c'était dur ; la mode avait tout cassé dans la chanson telle que je l'aimais. [...] En 1972, ça m'a remis le pied à l'étrier, ça m'a redonné envie de chanter : j'adore participer à un spectacle où il y a beaucoup de monde. D'ailleurs, ce spectacle, c'était un événement à l'époque ; il plaisait, mais il y avait de sérieux problèmes de son qu'on ne pouvait pas résoudre rapidement comme on le fait aujourd'hui[9]. »

Accompagné comme les artistes de la première partie par l'orchestre d'Alain Goraguer, fidèle parmi les fidèles, Jean Ferrat présente un tour de dix-sept chansons : sept anciennes (*Ma France*, *En groupe en ligue en procession* ou *Camarade*), huit extraites de ses deux derniers albums parus à quelques mois d'intervalle et deux nouvelles, *La Boldochévique* déjà citée et *Mon Palais*, inspirée par ce lieu qui l'a emballé deux ans et demi plus tôt :

Sous cette voûte immense
Moi petit, tout petit
Perdu dans des milliers de visages amis

Étrange envoûtement, paradoxe singulier, à quelques heures d'entamer cette ultime série scénique parisienne, Jean Ferrat confie au journaliste de *L'Humanité-Dimanche*[10] : « Après cette aventure, je n'ai plus envie de me produire dans les salles habituelles. Je n'ai jamais éprouvé à Bobino ce que j'ai ressenti au Palais. Ce n'est pas une critique de Bobino, mais une salle c'est toujours un peu la tournée. Au Palais des Sports, c'est la Fête de l'Huma en plus petit. »

La tonalité du répertoire proposé par le « compagnon de route » du Parti communiste français se révèle des plus politiques, des plus combatives, et nombre de journalistes, de droite bien sûr mais aussi de gauche, tordent le nez et n'acceptent visiblement pas qu'une vedette de la chanson au sommet de sa popularité tienne de tels propos, démagogiques à leurs yeux. Histoire sans doute d'aggraver son cas, le malappris leur a par avance répondu par un nouveau brûlot enlevé à souhait, *Si j'étais peintre ou maçon*, où il balance tout droit :

Mais je gagne des millions
Et combats à ma façon
Votre bien-aimé système
Et votre teint devient blême
Quand je dis révolution

Cet anticapitalisme brut de décoffrage, ce choix explicite d'un camp que l'argent ne saurait corrompre, ce rejet radical d'un type de société, restent en travers de la gorge de nombreux critiques. Certes, au plan artistique, il ne s'agit pas des chansons les plus créatives de Ferrat, mais précisément, à son niveau de notoriété, qui ose encore cela ? Qui ose ainsi prendre socialement et politiquement parti ? Que Brel, avec tout son talent, insulte les bourgeois en les traitant de « cochons » et en concluant « plus ça devient vieux, plus ça devient con », ça reste dans les limites d'une tradition où lesdits bourgeois aiment bien s'encanailler. Le défoulement jubilatoire individuel, c'est moins dangereux que la prise de conscience politique « de classe », que l'attaque frontale des fondements d'un système.

Alors, quoi de plus logique que le journaliste du *Figaro*[11], Paul Carrière, regrette « le temps où la chanson engagée ne payait pas » et déplore la « nouvelle orientation » du chanteur et la « démagogie » à laquelle il « cède ». Ajoutant curieusement : « Ce que l'on trouve excusable chez Ferré, parce qu'il y a chez lui du matador-saltimbanque, on le pardonne mal à Ferrat que l'on voit toujours sous des couleurs romantiques. Au demeurant, même s'il porte désormais des moustaches de pourfendeur sur fond de velours populaire, il n'est pourtant pas devenu féroce. Les estocades anti-bourgeoises sont peu mortelles. Et sa causticité dans les couplets de *La Boldochévique* n'a guère plus de nerf qu'une tisane. C'est la révolution en pantoufles. » Analyse que Jean Macabiès, son homologue de *France-Soir*[12], pas vraiment marxiste-léniniste dans l'âme, contredit de part en part : « Et puis Jean Ferrat use de toutes les ressources (et parfois de toutes les ficelles) de l'humour. Tant il est vrai que le ridicule tue aussi bien que les bombes. Pour clouer au pilori ce qu'il pourfend, il emprunte au crayon de Daumier des caricatures saisissantes. Écoutez-le porter à notre société des coups d'épingle qui valent des coups d'épée : *La Boldochévique* est dans le genre un petit chef-d'œuvre qui vaut tous les manifestes. » Car le pantouflard prétendument peu dangereux expédié par Carrière (auquel, ironie du sort, Macabiès succédera au *Figaro*, après son départ à la retraite !) est en vérité un « emmerdeur » de première pour les médias audiovisuels de l'époque. Même si sa popularité donne lieu parfois à des scènes des plus cocasses, comme le rapporte Danièle Heymann dans *L'Express*[13] : « L'autre semaine, il a été reçu par M. Arthur Conte avec une délégation du Syndicat Français des Acteurs. À l'issue de l'entretien, le patron de l'ORTF s'est dirigé vers la vedette la plus censurée de la télévision et lui a tendu un carnet d'autographes. Ferrat, surpris, hésitait. "Signez, a prié le P-DG, c'est pour mon fils !" »

Et si Claude Fléouter – qui, est loin d'être un « fan » – qualifie dans *Le Monde*[14] le spectacle de « réussite complète », le coup le plus vif vient des *Nouvelles littéraires*[15] sous la plume de Jacques Tournier, qui, après avoir estimé que la censure radiophonique de certaines chansons de Ferrat est « plus simplement » liée à leur qualité moindre, finit par cracher le morceau idéologique, encore une fois là où le bât blesse : « Soyons francs. Lorsque après avoir écouté dix chansons qui se ressemblent toutes et disent toutes la même chose, avec des mots toujours les mêmes (révolution, Commune, manifestation, liberté, camarade), on entend brusquement *Ma môme*, merveilleuse chanson d'amour écrite il y a dix ans, qui a gardé une fraîcheur surprenante, on est conduit à se demander s'il était tellement important de renoncer à cette inspiration du cœur pour prendre la place de Déroulède. » Dès 1963, Jean Ferrat avait répondu à cette attaque éculée dans son poignant *Nuit et brouillard* (d'ailleurs censuré) : « On me dit à présent que ces mots n'ont plus cours / Qu'il vaut mieux ne chanter que des chansons d'amour. » Chez lui, l'homme et l'artiste restent indivisibles. L'amour et la lutte quotidienne aussi.

En tout cas, en cette fin d'année 1972, Jean Ferrat ignore encore que ces vingt-quatre spectacles du Palais des Sports constituent un ultime baroud d'honneur parisien. À René Quinson de *Combat*[16] qui lui demandait quelques jours avant la première : « Et après le Palais des Sports ? », ne confiait-il pas : « Je vais sans doute me reposer un peu en Ardèche. Puis je reprendrai ma vie de galas en France et à l'étranger. Et puis, je penserai à un nouveau disque. Car je n'écris pas une chanson par-ci, une chanson par-là. Je fais un disque complet comme on écrit un livre. Et puis, je retournerai chanter. » Par la suite, il expliquera à différents journalistes qu'il pensait s'arrêter deux ans pour souffler un peu après une décennie intense de tournées et de disques ; quand on est un homme de convictions et que l'une de ses chansons phare s'intitule *C'est beau la vie*, on aspire naturellement à mettre cette formule en pratique, tout en se ressourçant et en prenant le temps de créer. *La Montagne*, il l'a écrite à chaud, l'été 1964 à Antraigues-sur-Volane, village d'Ardèche d'un demi-millier d'habitants, à quinze kilomètres d'Aubenas, pendant les travaux de la maison qu'il venait d'acheter « dans ce pays de vent, de genêts, de bruyères[17] » où il se trouvait déjà si bien.

Curieusement, lui qui s'est affirmé incapable de pratiquer le métier comme Brel, avec intensité et « imprudence », vient de prendre des risques colossaux dans sa seconde aventure au Palais des Sports, pourtant il raccroche son costume de chanteur au bout de dix ans de notoriété. Comme le Grand Jacques lors d'un fameux soir de l'Olympia 1966. Et si le créateur de *Ne me quitte pas* déclara alors sous les ovations : « Je vous remercie, parce que ça justifie… parce que ça justifie quinze années d'amour », la carrière de Ferrat, qui aborda ses premiers cabarets au milieu des années cinquante, se révèle à peine plus longue.

En cette année 1972 décidément déterminante, le chanteur sortira son neuvième et dernier album inédit chez Barclay… au moment où il occupe la première place des ventes de 30 cm de variétés avec son précédent disque de réenregistrements où il *Chante Aragon*[18]. C'est aussi l'année où Christine Sèvres, sa femme, renonce à la chanson avant de se mettre à la peinture. Et si l'année suivante, Jean Ferrat honore ses derniers contrats en France et à l'étranger, le soir du 29 octobre 1972 le fait glisser irrévocablement du crépuscule d'un parcours professionnel à l'aube d'une vie nouvelle.

Notes

1. Quasiment 260 000 euros.
2. Du 2 au 8 octobre 1972.
3. Référence à une « réclame » fameuse diffusée jusque dans les années 70 à la radio : « La Boldoflorine, la Boldoflorine, la bonne tisane pour le foie ».
4. Don, Dan et Franca dans *Petit Jean-François*, *Quand, dis-moi quand*, *Une veillée au paradis*, *La Ville d'or*.
5. *Le Temps du muguet*, *Tu n'ressembles à personne*, *Le Chômage*, *La Rue*, *Les Chansons et les Hommes*, *Les Enfants des promoteurs*.
6. Du 24 octobre.
7. Du 9 octobre.

8. Du 9 octobre.

9. À l'auteur, à l'occasion du dossier Jean Ferrat réalisé pour le n° 10 (hiver 1994-1995) de la revue *Chorus (Les Cahiers de la chanson)*. Francis Lemarque avait sacrément « remis le pied à l'étrier » puisqu'il a donné son dernier concert le 27 janvier 2001 à Viarmes (Val-d'Oise) ; il est décédé le 20 avril 2002 à l'âge de 84 ans.

10. Raymond Lavigne. L'article paraîtra dans l'édition du dimanche 8 octobre.

11. Article cité.

12. Article cité.

13. Article cité.

14. Du 8-9 octobre.

15. Du 16 octobre.

16. Du 3 octobre.

17. *Ce qu'on est bien mon amour*, 1967.

18. *France-Soir* du 29 avril.

Chapitre 2

Une Môme et Deux enfants

Bien sûr, Jean Ferrat l'ignorait aussi, mais la grande porte de la célébrité allait lui être ouverte un peu à son insu, par malentendu ordinaire. Chaque artiste digne de ce nom rêve de donner le meilleur de lui-même, mais aussi de toucher le plus grand nombre ; à plus forte raison lorsqu'il évolue au sein d'un art réputé populaire comme la chanson. Cela passe nécessairement par les médias et la « promo », qui dans leur écrasante majorité s'intéressent à la forme bien plus qu'au fond, au « produit fédérateur » plutôt qu'à l'originalité réelle. Si elle atteint aujourd'hui des sommets, cette situation n'est pas nouvelle. En janvier 1962, dans *Diapason* (le mensuel couvre alors toutes les musiques, chanson comprise), Max Favalleli écrit : « L'expérience le prouve chaque jour, il devient de plus en plus difficile à un artiste, qui ne se fie qu'à la qualité de ses chansons, de faire entendre sa voix dans le tumulte d'une publicité qui emprunte ses méthodes au catch et lance les "rumeurs" ainsi que des produits intensifs. »

Se proclamant le « supporter numéro un de l'élu », le futur expert en mots croisés et jeux lettrés télévisuels[1] salue en l'occurrence le Grand Prix de l'Académie du disque français décerné au jeune Jean Ferrat, pour la sortie de son premier album 25 cm. Féru de poésie, il reproduit des extraits de *Federico Garcia Lorca* et de *J'entends j'entends* (dont les textes sont respectivement de Ferrat et d'Aragon) et il cite *Ma môme* (texte de Pierre Frachet[2]). Mots quotidiens, ambiance tendrement populaire, mélodie évidente et accent d'accordéon, ce titre sorti un an auparavant sur un super 45 tours constitue le premier succès radiophonique du chanteur. Les principales stations de l'époque vont le programmer pendant des mois. Il raconte : « C'était le début de la mode "yé-yé", *Ma môme* était tout le contraire de son illustration, et c'est pour ça, je pense, que cette chanson est tombée au bon moment, elle a peut-être servi d'alibi : d'un côté on lançait le "yé-yé" et de l'autre il y avait *Ma môme* ! Ça plaisait aux programmateurs, j'étais jeune, et puis voilà, ils l'ont programmée[3]. » Quelques mois plus tard, Leny Escudero bénéficiera sans doute du même phénomène avec *Pour une amourette*...

S'il suscite l'intérêt des professionnels du « métier », cet engouement radiophonique pour *Ma môme* ne débouche guère sur un succès populaire, ce que Ferrat expliquera plus tard ainsi[4] : « Tout le monde connaissait la chanson, mais je ne vendais pas de disques et les gens ne savaient pas qui j'étais ! La télévision n'existait pratiquement pas, du moins elle n'avait pas cette importance fondamentale qui est la sienne aujourd'hui. [...] Tant que les gens n'identifient pas vraiment un artiste, il n'est pas évident qu'ils aient envie d'acheter ses chansons même s'ils les entendent souvent. »

Le « supporter » Favalleli n'économise pourtant pas les images pour tirer le portrait de ce « poète inconnu », avec « sa voix un peu frêle, mais délicatement nuancée », et son enthousiasme en devient lyrique : « Dans le long visage osseux, creusé par la fièvre, étincellent deux yeux bruns et fleurit fugacement un sourire que plisse l'ironie[5]. » Évidemment, *Diapason* n'est pas *France-Soir* de l'époque et l'impact reste limité. À la télévision bicolore de ce début des années soixante, une femme a elle aussi repéré Jean Ferrat : Denise Glaser. Découvreuse irremplaçable, elle l'invite dès le 12 avril 1961 dans son émission phare, *Discorama*, où il chante *Ma môme* pour la première fois sur le petit écran. Parmi la dizaine de passages qu'effectuera Ferrat sur cette première et unique chaîne historique jusqu'en octobre 1962, trois d'entre eux le seront « chez » Denise Glaser, notamment avec *Deux enfants au soleil.*

Cette chanson au titre en forme de cliché et à la sensiblerie bienséante, ce slow propice aux amours de vacances sur fond de chœurs féminins éthérés, va complètement relancer la donne. Sortie en novembre 1961 sur le même 25 cm initial que *Ma môme*, elle a une tout autre histoire. Signée Claude Delécluse côté texte, elle s'inscrit dans un esprit de variété sentimentale que celle-ci a déjà cultivée pour de nombreux chanteurs et chanteuses (Piaf, Hugues Aufray, en passant par Juliette Gréco, Dalida...), et c'est d'ailleurs elle-même qui a suscité sa rencontre avec Ferrat. Rencontre d'autant plus opportune qu'il manque une chanson à Jean pour boucler l'enregistrement de son disque : « Or, explique-t-il à Fred Hidalgo[6], j'avais composé la musique d'une chanson pour Isabelle Aubret, que je ne pensais pas du tout faite pour moi, mais qu'en désespoir de cause, devant la nécessité de trouver un titre, j'ai décidé d'enregistrer. Avec Gérard, on s'est presque dit "tant pis"... Et c'était *Deux enfants au soleil*, c'est-à-dire ma première chanson qui ait marché au niveau du public. » Parallèlement, Ferrat a fait connaissance avec Zizi Jeanmaire en quête de chansons pour son spectacle parisien de décembre 1961 à juin 1962 à l'Alhambra ; non seulement il lui écrit *Eh ! l'amour* (encore du sentimental, et qu'il enregistre également), mais il se retrouve embarqué dans l'aventure. Il poursuit : « Ça a été une grande chance pour moi, parce que le spectacle a duré six mois à l'Alhambra, ce qui était tout de même exceptionnel au music-hall et dans une salle de trois mille places... Et c'est là, avec *Deux enfants au soleil*, avec toute la presse qu'il y a eu, avec les gens qui sont venus, que tout a vraiment commencé pour moi. »

Cette chanson va devenir l'un des « tubes » de l'été 1962 (Isabelle Aubret[7], qui l'a enregistrée de son côté, vend alors plus de cent mille disques !) et qu'elle propulse le jeune chanteur sur des bases biaisées : « On m'a pris pour un chanteur de chansons d'amour ! Et je dois dire que ça m'a certainement facilité les choses, c'est bizarre ce métier... Mais j'explique cela après, sur le coup on ne se rend pas compte de ce qui se passe[8]. » À sa décharge, et même s'il qualifiera plus tard de « soupe[9] » *Deux enfants au soleil*, on notera que dans une période où l'on sort de la guerre d'Algérie et où l'on aspire à une certaine légèreté, la perception d'une telle chanson était forcément différente ; c'est après avoir l'avoir entendue à la radio interprétée par Isabelle Aubret que Jacques Brel aurait décidé de proposer à la jeune femme d'assurer la première partie de sa tournée.

En tout cas, ces deux chansons de môme et d'enfants auront touché des personnalités aussi importantes qu'inattendues. En cette même année 1962, Jean-Luc Godard utilise *Ma môme* dans *Vivre sa vie* : il alterne les gros plans du beau visage d'Anna Karina avec ceux d'un couple silencieux et de Jean Ferrat lui-même, qui écoute sa chanson, penché sur le juke-box. Et le 14 octobre, dans son cinquième *Discorama* sur le chanteur, Denise Glaser évoque le film de Godard et lance ainsi sa séquence : « Cette année est l'année de l'auteur-compositeur-interprète Jean Ferrat. D'un mois de février à l'autre, d'inconnu, il est devenu célèbre. L'année dernière, sorti de l'ombre discrète, il recevait le Prix de l'Académie du disque français. Et voyez-vous, c'est à cela que servent les prix. À tant chercher les talents, on en trouve. Il a écrit cette année des chansons pour Zizi Jeanmaire à l'Alhambra et a remporté lui-même un triomphe avec ses *Enfants au soleil.* »

Bien sûr, Denise Glaser, qui a diffusé ce succès de Ferrat parmi plusieurs autres (dont *Federico Garcia Lorca*), accompagnera l'évolution de l'artiste et ne sera pas surprise par l'implication politique et sociale croissante de ses textes. À l'inverse, ceux qui auraient souhaité qu'il s'en tienne à des « couleurs romantiques » et à une « inspiration du cœur » en seront pour leurs frais dès le troisième 25 cm, où le chanteur de charme à la profonde voix grave qui les avait séduits mettra brutalement les pieds dans le plat avec *Nuit et brouillard.* Au fond, sans le faire exprès, il aura construit habilement son entrée dans la carrière sur un malentendu. Une situation moins aisée qu'il n'y paraît *a posteriori*, quand on observe les difficultés auxquelles d'autres auront été confrontés au moment de rebondir différemment à partir d'un grand succès, de Leny Escudero (*Pour une amourette*) à Colette Magny (*Melocoton*) ou Nino Ferrer (*Mirza*)... « *Autant d'amours, autant de fleurs* », chantera Ferrat un peu plus tard. Autant d'artistes, autant d'histoires ; la sienne avait commencé un lendemain de Noël...

Notes

1. Décédé le 22 décembre 1989.
2. Qui l'interprète alors à Bobino.
3. À Fred Hidalgo, *Paroles et Musique* n° 7, février 1981.
4. *Idem.*
5. *Diapason, op. cit.*
6. *Paroles et Musique, op. cit.*
7. Le 18 mars, elle a remporté à Luxembourg le concours de l'Eurovision, où elle représentait la France, avec *Un premier amour*, de Roland Valade et Claude-Henri Vic.
8. À Fred Hidalgo, *op. cit.*
9. *L'Événement du jeudi* du 7 au 13 novembre 1991.

II

JEAN TENENBAUM

Chapitre 3

Une enfance heureuse

Jean Ferrat est né le 26 décembre 1930 à Vaucresson entre Versailles et Saint-Cloud), en période de fêtes et même, clin d'œil prémonitoire, quelques semaines après la première Fête de l'Humanité. Malheureusement, le quatrième enfant des Tenenbaum arrive surtout en pleine crise mondiale. Un an plus tôt, la Bourse new-yorkaise de Wall Street a connu son « jeudi noir » : en une seule séance, des millions d'actions ont été vendues, provoquant un effondrement des cours qui atteindra son paroxysme cinq jours plus tard, où plus de seize millions de titres changeront de mains. Comme on l'a vu se reproduire à l'automne 2008, la crise boursière et financière provoque d'abord la faillite de banques et de grandes entreprises américaines, la ruine de centaines de milliers de familles qui y étaient liées, avant de contaminer l'Europe où le chômage va frapper massivement ; dès lors, une période de dépression succède aux fameuses « années folles », qui déjà ne l'étaient pas pour tout le monde.

Mnacha, le père de Jean, immigré russe de Krasnodar, ville du Caucase, est arrivé en France en 1905, à l'âge de dix-huit ans ; il est juif, ce que son fils apprendra beaucoup plus tard. Bien qu'il n'ait jamais beaucoup parlé en famille des raisons de son exil, comme s'il voulait oublier le passé, elles s'expliquent chronologiquement par les persécutions qui ont marqué les dernières années de la Russie tsariste. En 1881, plus de cent pogroms[1] antisémites ont été perpétrés par des ouvriers, des artisans et des paysans de la région, notamment à Kiev et Odessa ; attisés par la presse et les autorités, ces pillages accompagnés de meurtres et de viols se poursuivront jusqu'à la Révolution de 1917 et au-delà, une deuxième vague extrêmement violente se déroulant entre 1903 et 1906, en particulier le 6 avril 1903 à Kichinev[2], où les juifs sont accusés de crime rituel à la suite de la mort d'un jeune chrétien. « Je ne me rappelle pas moi-même l'avoir entendu parler de sa jeunesse », confie Ferrat un soir de Saint-Sylvestre à David Jisse sur France Culture[3]. Avant de s'interroger sur les raisons du départ de son père de Russie : « Est-ce après la première Révolution russe qui a échoué en 1905 ? Est-ce à la suite des pogroms très violents qui ont eu lieu, où il s'est dit : "Il faut que je parte de là, parce que ça va mal se terminer !" Je pense que c'est plutôt cette idée-là... »

À Paris, Mnacha Tenenbaum a un atelier d'artisan joaillier. Pendant une longue partie de sa vie, il fabrique des bijoux, des pièces uniques, pour les magasins spécialisés les plus prestigieux de la capitale. À partir des années trente, la crise va le frapper de plein fouet comme beaucoup d'autres ; les parures et autres créations haut de gamme se vendant de plus en plus mal, il tente d'y remédier en se lançant dans le bijou fantaisie. Peine perdue, les gens ont d'autres soucis en tête et, pendant une période, il change carrément de secteur et se résout à vendre des fruits et légumes. Jean aura néanmoins eu le temps de le voir à l'œuvre dans son atelier parisien et d'apprécier la méticulosité de son travail.

De racines auvergnates, Antoinette, la mère de Jean, est née à Paris. Dans sa jeunesse, elle a travaillé à la fabrication de fleurs artificielles, mais s'occupe désormais de la famille. Avec l'arrivée de ce troisième garçon, quatorze ans après sa fille aînée, l'ouvrage ne manque pas, surtout avec l'avenir inquiétant qui se profile. Pour autant, Jean va vivre selon ses propres termes « une enfance tout à fait heureuse » jusqu'au début de la guerre, jusqu'à ses neuf ans.

Il en a cinq lorsque la famille quitte Vaucresson pour Versailles, et une personne occupe dès lors auprès de lui une place privilégiée : sa « tantine ». « J'ai été élevé par ma tante, parce qu'elle avait perdu un fils peu de temps avant ma naissance : son fils unique, qui était déjà un jeune homme. Elle était venue vivre avec mes parents, et ma naissance a représenté, je crois pour elle, le début d'une autre vie. De sorte qu'entre ma mère, ma sœur – qui était déjà une jeune fille – et ma tante, j'ai été entouré de beaucoup d'affection, et de toute évidence cela m'a donné un certain équilibre. Ce sont des bases fondamentales pour un jeune. J'ai tellement vu de gens qui avaient vécu le contraire dans leur jeunesse, ballottés d'un coin à l'autre, d'un homme ou d'une femme à l'autre, avec les problèmes qui en ont résulté. Cela se ressent dans une vie[4]. »

Autre élément marquant, Mnacha et Antoinette aiment la musique : le classique (lui, surtout) mais aussi la chanson. Plus jeunes, ils ont fréquenté l'Opéra-Comique et le dimanche, dans la maison, on entend souvent les retransmissions de concerts à la TSF. Dans les réunions familiales, la maman de Jean, qui possède une jolie voix de soprano, reprend des airs du répertoire comme *Manon* et *Lakmé*. « Il y avait cela, et nous, les enfants, évidemment, on était plus attirés par la chanson. Et dans la chanson, comme maintenant [*rire*], existaient beaucoup de choses différentes. De qualité et d'esprit ! [*il chantonne*] : "Ah les p'tits pois, les p'tits pois, les p'tits pois / Sont des légumes bien tendres." Et aussi : "Je te fais pouet-pouet, tu me fais pouet-pouet, elle me fait pouet-pouet / Et puis ça y est !" Et il y avait les tragédiennes de la chanson, Damia, Berthe Sylva... et après, la révélation qui est toujours là : *Le Soleil a rendez-vous avec la Lune*, *Je chante*, *Vous oubliez votre cheval*, *Mamzelle Clio*[5]... »

Issu du duo Charles et Johnny (Charles Trenet et Johnny Hess), Trenet – auquel le jeune garçon aura été, si l'on ose dire, biberonné – enregistre seul son premier disque en 1937, où figurent *Je chante* et *Fleur bleue*. Il se plaira ici et là à reconnaître : « Si je me suis mis un jour à écrire des chansons, c'est parce que j'ai entendu par hasard *Le jardinier qui boite* et *Couchés dans le foin*. » Signés Mireille et Jean Nohain, ces deux titres suggèrent un ton, des mélodies, un rythme fortement influencés par le jazz, un renouvellement qui va prendre tout son sens et toute sa dimension avec l'avènement de Charles Trenet, auquel Ferrat, Brassens et, plus près de nous, Higelin se référeront.

Auparavant, les années trente auront été marquées dans la chanson par beaucoup d'autres personnalités artistiques, au fil d'une répartition signifiante des rôles entre femmes et hommes, les premières entretenant un courant « réaliste » préexistant (Damia, *C'est mon gigolo* ; Fréhel, *Tel qu'il est* ; Marie Dubas, *Mon légionnaire* ; Mistinguett, *Mon homme*), les seconds virant volontiers au rigolard (Maurice Chevalier, *Prosper* ; Ouvrard, *Je ne suis pas bien portant*).

Dans le même temps, cette tendance est de plus en plus battue en brèche par une véritable explosion de la musique populaire, due en particulier au développement de la radio, du cinéma parlant (en pleine transition du muet au sonore) et du phonographe. En 1932, la France compte un million de postes de radio ; en 1935, il y en aura cinq. Des artistes qui ont débuté au music-hall comme Fernandel ou Jean Gabin entament de grandes carrières au cinéma, où chaque semaine des films se montent autour de chanteurs en vogue : Tino Rossi, Charles Trenet, Jean Lumière, Henri Garat, Maurice Chevalier... C'est aussi l'une des rares périodes où créateurs d'avant-garde et artistes populaires se rencontrent ; sur des musiques de Joseph Kosma, une Marianne Oswald prend date en étant la première à chanter Jacques Prévert (*La Grasse Matinée*, *Chasse à l'enfant*), lequel animera dès 1932 avec son frère Pierre le très actif groupe Octobre : proche du Parti communiste, il réunira de nombreux artistes du théâtre, du cinéma et de la chanson (Raymond Bussières, Maurice Baquet, Francis Lemarque, Mouloudji...) et ira jouer dans les usines et les magasins en grève.

De cette période de brassage culturel intense, où les rythmes de jazz et de swing façon Jean Sablon, Jean Tranchant[6] (tous deux accompagnés sur disque par Django Reinhardt et Stéphane Grappelli), Ray Ventura et ses Collégiens, puis Trenet, s'opposent aux voix veloutées de Tino Rossi et de Jean Lumière (que la mère de Jean aime beaucoup), le chanteur tirera en 1969 une amusante chanson : *L'Idole à papa*. Avec une autodérision patente, il se souvient :

Il y avait deux clans dans la famille
Du temps où j'étais un mouflet

Tino Rossi faisait pâmer les filles
Et tous les garçons rigolaient...

Il y a certes matière à « rigoler » pendant cette période heureuse de l'enfance, mais l'actualité du moment, les contrecoups de la crise évoquée, l'Histoire en marche portent leur lot contradictoire d'espoirs et d'inquiétudes. En mai 1931, porte Dorée, à Paris, la fastueuse Exposition coloniale internationale dirigée par le maréchal Lyautey vante les bienfaits et la grandeur de « l'œuvre colonisatrice » française de l'Indochine à l'Afrique, mais prend des allures de zoo humain exotique en exposant des « indigènes » vivants, montrés à la foule comme des bêtes curieuses ; le 18 mars 1932, le quotidien *L'Humanité* titre « La police assassine un chômeur à Vitry » et relate la mort d'Edmond Fritsch abattu d'une balle dans la tête lors d'une manifestation ; trois semaines plus tard, le maréchal von Hindenburg est réélu président de l'Allemagne avec 53 % des voix contre 36,8 % à Adolf Hitler, mais dans la nuit du 27 au 28 février 1933, l'incendie du Reichstag, siège du Parlement[7], permet à Hitler, nommé chancelier depuis le 30 janvier, de suspendre les libertés civiles : dissolution de syndicats et de partis d'opposition, arrestation de milliers de communistes, de socialistes et de juifs, autodafé de quelque vingt mille livres. Le 5 mars, le NSDAP[8] remporte les élections avec 43,9 % des suffrages, Hitler proclame peu après l'avènement du Troisième Reich, et le durcissement du régime se traduit par l'ouverture du premier camp de concentration à Dachau, près de Munich, et même, le 29 juin 1934, par l'élimination de rivaux de Hitler et d'opposants à l'intérieur du parti nazi, à travers la « Nuit des longs couteaux », qui fit des dizaines, voire des centaines de victimes.

Dans le même temps, la France est secouée par le scandale Stavisky. Issu d'une famille juive originaire de Russie, vedette du Tout-Paris et escroc condamné à plusieurs reprises mais jamais jugé, Serge Alexandre Stavisky (dont l'avocat est le beau-frère du président du Conseil, Camille Chautemps) est enfin traqué par la police pour une fraude de cinq cents millions de francs ; le 8 janvier, elle le retrouve officiellement agonisant, une balle dans la tête, « suicidé [9] ». Dès le lendemain, des manifestations antiparlementaires ont lieu à l'appel de l'Action française [10], qui vont prendre une extrême violence le 6 février sous l'impulsion des ligues d'extrême droite (Croix de feu, Jeunesses patriotes, Camelots du roi), avec seize morts et de nombreux blessés ; dans le nouveau cabinet qui en découle, le maréchal Pétain devient ministre de la Guerre avec à ses côtés Pierre Laval et quelques autres futurs membres du gouvernement de Vichy en 1940. Le 12 février, communistes et socialistes répondent par une grève générale antifasciste, un front uni qui préfigure le Front populaire de 1936.

Jean Ferrat fera allusion à ce dernier au lendemain des « événements » du printemps 68, dans l'ultime vers de *Ma France*, porteur de cet espoir inaltérable qui anime le chanteur : « Celle de trente-six à soixante-huit chandelles ». Bien sûr, en 1936, il est vraiment petit garçon pour avoir pu comprendre et éprouver à sa juste mesure la joie populaire intense saluant la victoire électorale de la gauche aux législatives, qui verra les Français bénéficier des premiers congés payés. Lui qui connaîtra l'un de ses premiers succès d'estime avec *Federico Garcia Lorca*, il ignorera longtemps que le poète fut abattu le 19 août de cette même année, où les Brigades internationales de volontaires se constituent pour porter secours aux républicains espagnols attaqués par les franquistes. Enfant choyé, protégé par sa famille, il ne sait pas encore grand-chose, mais de *Nuit et brouillard* en *Potemkine*, de *Maria* en *Camarade*, le chanteur qu'il deviendra cultivera un impérieux devoir de mémoire, de classe même, unique dans la chanson française.

Et ce qu'il va bientôt découvrir, la judaïté de son père, sera au centre des combats pour la liberté et la dignité humaine dans toute l'Europe. Quand certains refusent de voir en France ce que signifie la prise progressive du pouvoir par Hitler en Allemagne, Gabriel Péri écrit dans *L'Humanité* : « Les nazis ont organisé une chasse aux juifs. Les cafés, les cinémas juifs ont été pillés. Le fascisme, c'est le régime qui dépouille le petit boutiquier ou qui met son échoppe au pillage. Ce n'est pas un incident, c'est une croisade. » De fait, dès le 15 septembre 1935, deux lois sont votées à Nuremberg : l'une « pour la protection du sang et de l'honneur allemands » interdit notamment « les mariages entre juifs et citoyens allemands ou de sang voisin », l'autre dite de « citoyenneté du Reich » stipule que seules les personnes « de sang allemand ou apparentées » peuvent bénéficier de la citoyenneté allemande. En juillet 1937, le sinistre camp de Buchenwald ouvre à son tour et, dès l'année suivante, les événements se précipitent, l'expansionnisme territorial de Hitler frappe d'autant plus fort que Paris et Londres ne réagissent pas.

La preuve peu reluisante en est apportée par les accords de Munich du 30 septembre 1938 [11], marquant l'annexion des Sudètes en Tchécoslovaquie par l'Allemagne : 85 000 kilomètres carrés du territoire lui sont rattachés, concernant plus de trois millions de personnes. Dès le 15 septembre, le Premier ministre britannique Arthur Neville Chamberlain, partisan de la prudence et de

« l'apaisement », avait rencontré Hitler et cédé à ses exigences, pensant ainsi garantir les « nouvelles » frontières de la Tchécoslovaquie. De leur côté, liées avec celle-ci par traité, les autorités françaises étaient plus partagées : chef du gouvernement succédant au Front populaire, Édouard Daladier s'aligne sans gloire sur la position de Chamberlain et signe ces accords qui, selon l'expression, n'engagent que ceux qui les croient, puisqu'ils ne dissuaderont pas Hitler d'envoyer ses troupes occuper la Tchécoslovaquie six mois plus tard. Pourtant, à leur retour dans leurs pays respectifs, les deux hommes politiques sont acclamés et traités en sauveurs de la paix[12] par l'ensemble de la presse, des partis, à l'exception notable des communistes. En vérité, « l'opinion », cette rime vulgaire à « émotion », cette catégorie manipulable et commode qui sert déjà de cache-sexe aux coups tordus politiciens, a trop envie d'y croire. Certes, les douleurs, les drames humains de la guerre précédente restent encore très présents dans les esprits, vingt ans tout juste après la signature de l'armistice de 1918, mais cet aveuglement volontaire va se révéler lourd de conséquences.

À la veille du huitième anniversaire du petit Jean Tenenbaum, un gigantesque pogrom embrase toute l'Allemagne dans la nuit du 9 au 10 novembre 1938. Réaction populaire prétendument spontanée[13] à l'assassinat à Paris du conseiller de l'ambassade Ernst von Rath par un jeune juif polonais, la Nuit de cristal voit la destruction de quelque deux cent cinquante synagogues, le pillage de sept mille cinq cents commerces et entreprises exploités par des juifs, le meurtre d'une centaine d'entre eux et la déportation de trente mille autres dans des camps de concentration. Pour les esprits les plus lucides, encore peu nombreux, cette nuit d'horreur révèle la véritable nature du projet hitlérien, niant aux victimes toute dignité, toute appartenance même à l'espèce humaine ; elle marque les prémices de l'holocauste (la Shoah [14]), extermination par l'Allemagne nazie des trois quarts des juifs de l'Europe occupée.

En mars 1939, lorsque Hitler envahit la Tchécoslovaquie et annexe la Bohème-Moravie, les démocraties occidentales comprennent enfin qu'il ne s'arrêtera pas là ; le 1er septembre, sans déclaration de guerre préalable, les troupes du Reich franchissent la frontière polonaise. La Seconde Guerre mondiale commence. Ferrat n'en « guérira » jamais.

Notes

1. Mot d'origine russe signifiant « attaque » ou « émeute ».
2. Ou Kishinev. Ville de la région historique de Bessarabie, aujourd'hui capitale de la République de Moldavie, située entre la Roumanie et l'Ukraine.
3. *Veillée chez Jean Ferrat*, 31/12/1997. Formidable émission de complicité intelligente, où, en confiance, Jean Ferrat donne – fait exceptionnel – beaucoup de détails sur son enfance.
4. À Fred Hidalgo et à l'auteur, pour le dossier du n° 10 de *Chorus*, *op. cit.*
5. *Veillée chez Jean Ferrat*, France Culture.
6. Après le succès de l'Anglaise Sandie Shaw au concours de l'Eurovision en 1967 avec *Puppet on a String*, Jean Tranchant intentera un procès au compositeur pour plagiat de sa *Mademoiselle Adeline* de 1936 et obtiendra gain de cause.
7. Pour lequel cinq hommes seront poursuivis, dont un jeune maçon hollandais, Marinus van der Lubbe, qui sera condamné à

mort, et Georges Dimitrov, délégué à Berlin de l'Internationale communiste. Alors que les nazis accusent les communistes, *L'Humanité* « révèle » de son côté : « Sur ordre de Hitler, c'est un policier qui a mis le feu. »

8. Parti national-socialiste des travailleurs allemands, le parti nazi.

9. Un suicide largement contesté à droite comme à gauche, *Le Canard enchaîné* écrivant notamment : « Stavisky s'est suicidé d'une balle tirée à trois mètres. Voilà ce que c'est que d'avoir le bras long. »

10. Mouvement politique français nationaliste et royaliste fondé en 1898 lors de l'affaire Dreyfus et, à l'époque, titre également d'un quotidien (jusqu'en 1944) dont le principal animateur est Charles Maurras.

11. Accords signés entre l'Allemagne, la France, le Royaume-Uni et l'Italie (représentée par Benito Mussolini).

12. Ainsi, Jean-Paul Sartre raconte : « L'avion décrivait de larges cercles au-dessus du Bourget [...]. Léger [secrétaire général du ministère des Affaires étrangères] se pencha vers Daladier et cria en la montrant : "Quelle foule !" Daladier [...] parla pour la première fois depuis leur départ de Munich : "Ils sont venus me casser la gueule [...]." Il y eut une clameur énorme, et les gens se mirent à courir [...]. Ils criaient : "Vive la France ! Vive l'Angleterre ! Vive la paix !" Daladier [...] dit entre ses dents : "Les cons !" » (*Les Chemins de la Liberté*, tome II : *Le Sursis*, Jean-Paul Sartre, Œuvres romanesques, Gallimard).

13. En réalité, à l'instigation de Joseph Goebbels, ministre de la Propagande du Reich.

14. « Catastrophe », en hébreu, terme d'esprit plus religieux qu'« holocauste » (d'origine grecque, il signifie que la victime est entièrement brûlée), généralement utilisé par Ferrat.

Chapitre 4

Mauvaise étoile

Alors que Jean Tenenbaum vit quasiment sa dernière année d'enfance heureuse, celle d'un garçon de son âge qui aura bien le temps de découvrir la folie meurtrière du monde, s'amorce l'une des périodes les plus improbables de notre histoire : la « drôle de guerre ». Le 3 septembre 1939, la France et l'Angleterre ont déclaré la guerre à l'Allemagne. « Il est extrêmement douteux, c'est le moins que l'on puisse dire, que la France et la Grande-Bretagne puissent gagner la guerre, déclare Alexis Léger[1]. Néanmoins, il faut en tenter la chance qui serait encore plus faible si la France laissait détruire la Pologne. » Celle-ci est pourtant vaincue moins d'un mois plus tard, après l'intervention de l'Union soviétique, qui avait signé le 23 août un pacte de non-agression avec l'Allemagne. C'est donc à l'encontre des communistes français que le gouvernement Daladier, singulièrement passif envers l'ennemi, se déchaîne : le 26 septembre, le Parti communiste est dissous[2], et le 8 octobre, les députés qui n'auront pas rompu avec lui sont arrêtés, puis déchus et condamnés. Avant de se manifester au plan militaire, la « drôle de guerre[3] » frappe au plan politique.

Après le dérisoire « Nous vaincrons parce que nous sommes les plus forts ! » de Paul Reynaud[4], Ray Ventura et ses Collégiens ont beau entonner sans vergogne *On ira pendre notre linge sur la ligne Siegfried*[5], cette fanfaronnade de circonstance ne résistera pas longtemps à la réalité du terrain. La torpeur résultant de la « drôle de guerre », où durant l'automne et l'hiver rien de très sérieux ne semble se passer et où les troupes françaises attendent l'arme au pied derrière la réputée infranchissable ligne Maginot, va se dissiper brutalement au petit matin du 10 mai 1940, lorsque les forces allemandes envahissent la Belgique et les Pays-Bas, pays théoriquement neutres. Malgré la surprise, la France et l'Angleterre réagissent et franchissent à leur tour la frontière belge, alors que les bombardements allemands ciblent particulièrement les terrains d'aviation bien au-delà du nord et de l'est de notre pays. En un peu plus d'un mois, le succès de l'armée hitlérienne est assuré, la ligne Maginot enfoncée et contournée, et, après une bataille terrible à Dunkerque, quelque trois cent quarante mille soldats alliés – dont plus d'un tiers de Français – sont évacués vers l'Angleterre par la mer. Et le 10 juin, le gouvernement quitte Paris pour Bordeaux.

À cette débâcle s'ajoute l'exode massif des civils vers le sud, entraînés par les milliers de déserteurs et rescapés d'unités démantelées, chacun sauvant ce qu'il peut et fuyant par tous les moyens de locomotion possibles, jusques et y compris à pied, à bicyclette et en voiture à bras. Fin mai 1940, dix à douze millions de personnes seront ainsi jetées sur les routes dans des conditions telles que des milliers d'enfants perdront leurs parents dans la fuite. Dès lors, les événements s'accélèrent : le 10 juin,

Mussolini entre en guerre contre la France ; le 14 juin, les Allemands pénètrent dans la capitale déclarée « ville ouverte » ; le 18 juin, le général de Gaulle lance depuis Londres son appel à la résistance ; le 22 juin, l'armistice demandée par Philippe Pétain est signé à Rethondes ; le 10 juillet, l'Assemblée nationale vote les pleins pouvoirs au Maréchal. L'occupation allemande commence.

Jean Tenenbaum passe le Noël de ses dix ans dans un pays vaincu, meurtri, sous le joug. À Versailles, d'esprit assez rêveur, déjà sensible à la nature, il se révèle beaucoup moins attiré par les bancs de l'école que Pierre, son aîné de presque six ans[6] : « J'étais ce qu'on appelle un "bon élève", discipliné, faisant ses devoirs, apprenant ses leçons. Les professeurs m'aimaient bien, j'avais des bonnes notes et on me prenait un peu comme exemple vis-à-vis de Jean dans la famille. Cela ne lui plaisait pas trop, les observations des professeurs à son égard étant du genre "peut mieux faire", avec une note de conduite pas très bonne. Il n'était pas encore artiste (je ne m'en suis pas aperçu), mais plutôt rebelle. Alors, vous voyez le résultat : moi, bon élève, personne ne me connaît et lui, il a tout un aréopage, un public de gens qui l'aiment ! [*Rire.*] Cela peut rassurer les parents d'enfants pas très disciplinés. »

Amusants souvenirs, mais dès juin 1940, l'inquiétude est ailleurs pour lesdits parents. Non seulement les trois cinquièmes du territoire français sont occupés par l'armée allemande, mais la « zone libre » au sud de la « ligne de démarcation » est administrée par le gouvernement installé à Vichy, qui va prendre d'emblée des mesures antisémites sous la direction de Pétain. Entre le 3 octobre 1940 et le 22 juillet 1941, trois lois centrées sur le « statut des juifs » excluent ces derniers de multiples professions, menacent leurs biens et leurs personnes, préludant à des rafles, internements et déportations imminents. « Est regardé comme juif, est-il spécifié, toute personne issue de trois grands-parents de race juive ou de deux grands-parents de la même race, si son conjoint lui-même est juif » (ce qui sera étendu dans la seconde loi à « deux grands-parents de race juive »). Dans cet arsenal raciste répressif, pouvoir est donné dès le 4 octobre 1940 à l'administration d'interner dans des camps les juifs étrangers, sans possibilité de recours. Ce que la famille Tenenbaum va découvrir très vite : « Un jour, raconte Jean Ferrat, quand j'avais neuf ans, mon père est arrivé à la maison et nous a dit qu'il y avait des bruits qui couraient, comme quoi il fallait qu'il s'inscrive sur une liste à la mairie. [...] Mon père était naturalisé français mais d'origine russe. Dans la famille, cela a provoqué une sorte d'étonnement. S'inscrire pour quoi ? En vertu de quelles règles ? Et c'est là que j'ai appris que je n'étais pas comme les autres ! Moi, je vivais dans une famille pas du tout religieuse ; ma mère n'était pas pratiquante, même si elle avait été baptisée dans la religion catholique, et mon père était juif[7]. »

Juif. Mot honni. Cible privilégiée du régime. Dont la loi du 29 mars 1941 crée pour l'ensemble du territoire national un Commissariat général aux questions juives, dirigé par Xavier Vallat, antisémite historique. Chargé de « proposer au gouvernement toutes dispositions législatives et réglementaires, ainsi que toutes mesures propres à mettre en œuvre les décisions de principe arrêtées par le Gouvernement relativement à l'état des juifs, à leur capacité civile et politique, à leur aptitude juridique à exercer des fonctions, des emplois, des professions », cet organisme va en parallèle s'activer sans vergogne à la liquidation des biens juifs et à la désignation des « administrateurs-séquestres ». Dès le 14 mai, des juifs étrangers sont arrêtés à Paris, et le Second Statut édicté le 2 juin étend la liste des professions interdites aux juifs : après avoir été écartés de la presse, du cinéma, de la radio, de la fonction publique... les voilà notamment exclus de la banque et de l'immobilier. Fin août et en décembre, des rafles ont lieu en zone occupée et le 27 mars 1942 les premières déportations touchent un millier de juifs ; ils seront plus de douze mille, dont un tiers d'enfants, victimes de la tristement célèbre « rafle du Vel'd'Hiv' » des 16 et 17 juillet, et il ne faudra guère plus d'un mois pour que ce même type de répression frappe la zone sud.

« Mon père était un homme profondément bon, souligne Jean Ferrat. Contrairement à d'autres qui voient le mal partout, il ne le voyait nulle part et c'est cela d'ailleurs qui a causé sa perte[8]. » Malgré les mises en garde de ses proches et bien sûr de sa femme, il ne comprend pas ce qu'on peut lui reprocher ; il vit quand même dans ce pays depuis plus de trente-cinq ans ! Soucieux de s'intégrer, il ne fréquente ni d'autres juifs ni d'autres Russes. Alors, quand il a fallu s'inscrire, il l'a fait et a accepté le tampon sur la carte d'identité, puis la distribution fatidique des étoiles, moment que Jean ne risque pas d'oublier : « Je me souviens du jour où il est revenu avec ces étoiles. Il y en avait pour ses vêtements, pour son pardessus, pour sa veste. Il fallait les coudre, et dans ce cas-là, on a l'impression d'être marqué ! D'ailleurs, ce n'est pas une impression, on l'est, marqué ! Comme une bête ! Mais ce que l'on ne savait pas, c'est que c'était comme une bête qui part à l'abattoir[9]. » En région parisienne, quatre camps d'internement serviront de lieu de transit à ce crime contre l'humanité : Pithiviers, Beaune-la-Rolande, Compiègne et Drancy, ce dernier étant le principal point de départ vers les camps d'extermination nazis, Auschwitz en particulier.

C'est dans ce sinistre lieu de Pologne alors annexé par l'Allemagne que Mnacha sera déporté le 30 septembre 1942 et mourra le 5 octobre. « Il a été interné plusieurs mois en France dans les camps bien connus, Compiègne, Drancy, etc., et puis on n'a plus eu de nouvelles », confiera Jean Ferrat[10]. Après le dossier que lui avait consacré la revue *Chorus* dans son n° 10 de décembre 1994, il enverra une lettre rectificative publiée dans le numéro suivant indiquant notamment que son père avait été arrêté à Paris en 1941, sans doute vers la fin de l'année. La famille espérera longtemps son retour et n'apprendra officiellement son décès qu'après la fin de guerre : « Après la Libération, précise son frère Pierre[11], nous avons reçu un document officiel qui émanait de l'administration française et nous fixant les dates de la déportation et du décès. »

Bien qu'*a priori* ses enfants ne soient pas visés par les lois antisémites, la mère de Jean n'aura de cesse qu'ils se réfugient en zone libre. Déjà, en 1938, l'année lourde de menaces précédant la déclaration de guerre, elle avait pris de premières précautions. Pierre se souvient qu'avec son frère ils avaient effectué un « séjour » de deux ou trois mois chez une tante, à Perrier, une commune du Puy-de-Dôme. Issue d'un village troglodytique qui comptait environ trois cents grottes et s'appelait Perriers[12], elle possédait une grotte collective historique, la Tour de Maurifolet, et en son contrebas, la famille Gisclon – à laquelle la mère de Jean était apparentée – avait construit sa maison au XIXe siècle. Selon Eugène Larrat[13], Jean aurait vécu là avec son frère et fréquenté l'école communale : « Je m'en souviens très bien, mais il n'est pas resté très longtemps. C'était avant le certificat d'études, il s'amusait avec nous, souvent avec mon frère. Il lui prêtait son vélo ; très peu d'enfants de la commune en possédaient alors. Il habitait chez M. Gisclon, son oncle, un journalier qui travaillait dans les champs et vivait misérablement. » Pierre Tenenbaum a d'autres souvenirs : « Il a dû confondre avec moi, parce que j'avais effectivement un vélo et je me proposais d'aller au lycée d'Issoire, à une dizaine de kilomètres de Perrier, pour l'année scolaire. En fait, c'était en 1938 ; Jean n'avait pas encore huit ans et je ne pense pas qu'il ait eu un vélo, ni même qu'il ait été scolarisé. Cela n'a pas une très grande importance, mais sans doute cette personne fait-elle une confusion avec moi[14]. » Presque soixante ans plus tard, au printemps 1997, Jean Ferrat reviendra pour la première fois dans le village, qu'il traversera lentement au volant de sa voiture en compagnie de Jean-Claude Delaygues, journaliste du *Berry-Dimanche*. Sous l'intitulé « Ballade auvergnate pour Jean Ferrat », il écrit : « S'il ne se penche – et s'épanche – guère sur son passé, Jean Ferrat, dans l'intimité d'une veillée amicale au coin d'un feu de bois, aime à évoquer ses racines auvergnates. En se frisant la moustache gauloise, il va même jusqu'à préciser que ses grands-parents maternels étaient tous deux originaires de Perrier. »

Après la rafle du Vel'd' Hiv' de juillet et l'absence totale de nouvelles du père, il ne s'agit plus de précautions, il s'agit d'urgence. De se sauver. Pour fuir la zone occupée, la mère de Jean vend tout ce qu'elle peut et, en fin d'été ou au début de l'automne[15], accompagne son fils cadet à la gare, où après un véritable périple, il doit retrouver des amis proches, qui possèdent une maison en zone libre dans les Pyrénées, près de la frontière : « J'avais onze ans et demi, raconte-t-il à Hélène Hazéra [16], je devais passer la ligne de démarcation, puisque la France était coupée en deux, et il y avait une sorte de frontière surveillée par les pétainistes, les gendarmes et les Allemands aussi. Il fallait donc passer cette ligne en fraude ; cela pouvait se faire mais en tant que clandestin. Et je me souviens du jour où je suis parti pour passer la frontière ; on avait une adresse de gens du côté de Dax, qui devaient m'accueillir, me remettre dans une ferme qui était à côté de la ligne de démarcation, me faire passer avec eux de l'autre côté, recueillis par d'autres gens qui devaient me remettre dans un train… enfin bref, tout un réseau. »

Cette séparation sur un quai de gare parisienne restera à jamais gravé dans la mémoire du garçon : « Je me le rappelle comme si c'était hier… Maintenant, je me mets à la place de cette femme qui lâche son fils de onze ans vers l'inconnu dangereux. Et je me revois moi-même à cette époque, la rassurant : "Tu sais, je suis parfaitement conscient des difficultés, mais crois-moi, à mon âge, je suis tout à fait capable de les assumer. Et je suis adulte." En même temps, je me disais aussi : "Quand je serai moi-même adulte, il faudra que je me souvienne qu'on peut le devenir avant l'âge, à onze ans [17]." »

Il était temps de partir, en tout cas, puisque les événements se précipitent. Le 11 novembre 1942, en réponse au débarquement des Alliés en Afrique du Nord, les forces allemandes occupent la zone libre qui devient la « zone sud », huit de ses départements situés dans la région est du Rhône se retrouvant sous la coupe de troupes italiennes. Et c'est donc à Font-Romeu, dans les Pyrénées-Orientales, que Jean se réfugie « avec sa mère et le reste de sa famille, dans une “jolie petite maison” à Las Torres, aujourd’hui rue de la Tour-des-Maures », précise Laure Moysset dans *L’Indépendant de Perpignan*[18]. Et elle ajoute : « Son frère Pierre a 18 ans et travaille dans une pharmacie. Le second, André, officie, lui, dans un salon de thé place Arago à Perpignan et sa sœur Raymonde, 30 ans, dans un autre salon de thé à Font-Romeu. [...] Jean est scolarisé à la “Maison des enfants”, créée à l’occasion de la guerre dans l’ancien hôtel Hysembe[19] pour y dispenser des cours. Là, il fera sa sixième et sa cinquième, menant l’existence tranquille de tous les garçons de son âge. Seule, déjà, une guitare en plus... Puis, il quitte le département pour rejoindre la région parisienne. »

Au bout d’un an et demi, fin 1943, comme il n’y avait, selon Jean « pas d’autres règlements plus contraignants pour les enfants de [*sa*] catégorie, à moitié juifs[20] », il revient à Versailles avec sa tante. Pas pour longtemps... À la suite du débarquement du 6 juin 1944 en Normandie, l’inquiétude gagne la région parisienne, qui voit le champ de bataille se rapprocher et craint les bombardements. La mère, la sœur et les frères de Jean lui demandent alors de regagner très vite Font-Romeu où ils sont restés, et le jeune garçon reprend le train vers le sud avec sa tante, direction Perpignan. Là, ils doivent changer de voiture pour « monter » vers la cité pyrénéenne, mais la tante de Jean ayant eu l’idée de téléphoner à la belle-sœur de celui-ci, elle lui répond très vite avant de raccrocher : « Restez où vous êtes, ne montez pas ! » Jean en connaîtra bientôt le pourquoi : « La Gestapo, là-haut, avait arrêté ma sœur, mon frère était parti dans la montagne, caché, et ma mère était interrogée tout le temps par la Gestapo, pour savoir où était mon frère, et mon autre frère. Ma sœur a été enfermée à la citadelle de Perpignan, et nous, on est restés là sans argent, sans savoir où aller, on a trouvé une petite chambre en attendant les nouvelles. On avait juste de quoi se loger. On a attendu un bon moment [...] et par des gens interposés, des amis, on a eu des nouvelles, nous disant : “Ne bougez pas, ne montez pas, c’est pas le moment !” Finalement, ma mère n’a pas été arrêtée (ils essayaient de lui tirer les vers du nez, mais sans résultat), puis, au bout d’un mois, un mois et demi, ma sœur a été libérée… et on s’est retrouvés à Perpignan. Ensuite, on a été hébergés à Toulouse par les parents de ma belle-sœur, dont le père, M. Bureau avait des responsabilités importantes dans la Résistance à Toulouse. Il nous a reçus, il nous a hébergés chez lui et finalement, il a trouvé des paysans dans l’Ariège [21] qui nous ont recueillis. Donc, ça doit être début août 1944, où a eu lieu la Libération. Après, je crois qu’on est revenus quelque temps à Font-Romeu et je suis reparti pour la rentrée des classes, à Versailles. »

Une telle période, de telles douleurs, marquent à jamais une vie. Pourtant, pudeur oblige, après le poignant *Nuit et brouillard* de 1963 appelant à l’urgence de la mémoire collective de l’Holocauste, l’auteur-compositeur-interprète Jean Ferrat attendra 1991 pour resserrer la focale et consacrer une chanson entière à son drame personnel, *Nul ne guérit de son enfance*, où évoquant ce père « Qui disparut avec la guerre », il chante :

Celui qui vient à disparaître
Pourquoi l’a-t-on quitté des yeux
On fait un signe à la fenêtre
Sans savoir que c’est un adieu

L’artiste aura pris son temps pour transcrire la blessure intime de l’homme, mais il en abordait déjà l’aspect universel avec des journalistes : « On porte son enfance toute sa vie. Je ne suis pas un cas unique, mais cette période a été très dramatique pour ma famille, pour moi et pour la France aussi. Il y a une partie de moi qui est devenue adulte très vite. Le racisme, le nazisme, je les ai découverts à onze ans. Je ne savais pas que mon père était juif, je ne savais pas que c'était mal d'être juif. Il m'a dit cela un jour où je rentrais de l'école ; sur le moment c'est comme s'il m'avait annoncé qu'il était auvergnat. J'ai vite compris que ce n'était pas tout à fait pareil. Ce fut d'abord une blessure, ensuite une révolte. Je ne pourrais jamais plus tolérer le racisme sous quelque forme que ce soit[22]. »

Notes

1. Le secrétaire général du ministère des Affaires étrangères, poète bien connu sous le nom de Saint-John Perse.
2. Le 25 août, la parution de *L'Humanité* avait été interdite, mais dès le 28, le premier des trois cents numéros clandestins à venir était diffusé.
3. Expression revendiquée par Roland Dorgelès, écrivain et correspondant de guerre.
4. Il sera nommé président du Conseil et ministre des Affaires étrangères en mars 1940.
5. 1939. Adaptation française par Paul Misraki de *The Washing on the Sigfried Line*, de Jimmy Kennedy et Michael Carr. Replié en zone libre dès l'invasion allemande, Ray Ventura (d'origine juive) fuira les lois racistes et antisémites dès novembre 1941, entraînant son orchestre (dont un des membres se nomme Henri Salvador) au Brésil, en Uruguay, au Chili et en Argentine.
6. À Joël Cuoq, *Ferrat à Antraigues*, France Bleu Drôme Ardèche, janvier 2003.

7. À David Jisse, *Une veillée chez Jean Ferrat*, émission citée.
8. *Id.*
9. *Id.*
10. À Bernard Pivot, *Ferrat 85*, Antenne 2, 2 novembre 1985.
11. À l'auteur, mars 2010.
12. Une « perrière » désigne dans la région une cavité creusée de main humaine.
13. Âgé de quatre-vingt-deux ans lors de l'entretien avec l'auteur, en mars 2009.
14. À l'auteur, mars 2010.
15. Son frère Pierre se souvient d'« avoir quitté Versailles en direction de Font-Romeu au cours de l'été 1942 ». Précisions apportées à l'auteur, avril 2010.
16. Le 23 février 2004, sur France Culture, lors de la remarquable semaine de l'émission *À voix nue Jean Ferrat, le léger, le grave.*
17. À David Jisse, émission citée.
18. Du 16 mars 2010.
19. Plutôt *Y Sem Bé*, « Nous y sommes bien » en catalan.
20. *À voix nue*, France Culture, émission citée.
21. Dans *La Dépêche du Midi* du 7 mai 1989, un article d'Henri Rozès comporte un encadré intitulé *Souvenirs toulousains*, indiquant que ce serait à Pamiers ; il situe par ailleurs l'adresse toulousaine quai de Tounis (à la fin des années 80, Claude Nougaro y avait acheté un appartement au 112, et il y aurait écrit *C'est une Garonne* depuis son balcon). Marcel Bureau est certainement ce fameux militant communiste qui, selon l'ensemble de la presse (« qui répète n'importe quoi », comme le chantait Christine Sèvres), aurait « sauvé » de la déportation le petit Jean, âgé de onze ans. À ceci près que ce n'était pas à l'été 1942, mais deux ans plus tard qu'il le recueillit, avant que ce résistant important soit contraint lui-même à se cacher à l'approche de la libération de Toulouse.
22. À Danièle Sommer, *Télé 7 Jours* n° 1326, 26 octobre au 1er novembre 1985.

Chapitre 5

Premières planches

En 1945, de retour à Versailles, Jean Ferrat poursuit sa scolarité au collège Jules-Ferry. Désormais ses frères et sœur vivent leur vie propre ; seul avec sa mère et sa tante, le petit dernier de la famille sait qu'il va lui falloir bientôt travailler pour rapporter un peu d'argent à la maison. Élève pas très brillant dans des circonstances qui l'ont, reconnaît-il, « pas mal troublé », il quitte donc l'école au niveau de la seconde, au moment paradoxal où il commence à prendre goût aux études, en particulier à la littérature et à l'histoire. Saisissant le premier boulot qui s'offre à lui, il devient apprenti à seize ans dans un laboratoire parisien du bâtiment du XVe arrondissement : « Il y avait différents services et comme au bout d'un moment j'en avais sans doute un peu marre d'écraser des poutres et des cubes en béton, j'ai demandé à être affecté en chimie. Là, les choses se sont avérées plus intéressantes pour moi, puisqu'en même temps on m'a permis de suivre une formation technique et scientifique plus approfondie ; si bien qu'après plusieurs années de cours (au Conservatoire national des arts et métiers), j'étais presque ingénieur chimiste au moment où j'ai décidé d'arrêter[1]. »

Car Jean a bien d'autres centres d'intérêt ; dès qu'il n'a pas de cours au CNAM, il pratique des activités artistiques. Plus que la musique ou la chanson, c'est le théâtre qui le passionne[2] et il apparaît dans *Les Fourberies de Scapin* de Molière et une adaptation du *Bossu* d'après l'œuvre du romancier populaire Paul Féval : « Je faisais partie d'une troupe de théâtre amateur, confiait-il à Fred Hidalgo en décembre 1980, parce que le spectacle me fascinait... J'adorais chanter, bien sûr, je chantais tout le temps, comme tout le monde dans ma famille – à cette époque, on chantait beaucoup plus que maintenant, je crois –, mais uniquement entre nous. Alors que le théâtre exerçait sur moi une espèce de "fascination des paillettes", comme disait Sylvie, la comédienne. Il y avait beaucoup de troupes à ce moment-là, le milieu était sympathique, et j'aimais l'ambiance des répétitions, monter sur scène, jouer des pièces[3]... » Un homme symbolise alors cette effervescence : Jean Vilar. En 1947, il organise du 4 au 10 septembre une modeste « Semaine d'art dramatique » (trois créations dans trois lieux scéniques différents, 2 993 spectateurs), première mouture du Festival d'Avignon[4]. En 1951, il est nommé directeur du TNP (Théâtre national populaire), situé d'abord à Suresnes puis à Paris, au Palais de Chaillot ; en douze ans, ce TNP conjuguant qualité et esprit de « service public » touchera plus de cinq millions de spectateurs au fil d'environ trois mille représentations, en France et dans vingt-neuf autres pays. « C'était nouveau, dira un peu plus tard Ferrat[5]. Il y avait un souffle, un élan, un esprit de création, une nouvelle forme d'expression théâtrale représentée par Vilar et sa troupe, avec Gérard Philipe qui en était le phare. J'ai vu évidemment tous les spectacles de cette époque. Le TNP organisait des week-ends nouveaux où l'on était accueillis au concert : on voyait des spectacles l'après-midi, on pouvait manger (ils servaient des petits repas dans le grand hall de Chaillot) et il y avait en même temps un orchestre de jazz. C'était très convivial ! Une certaine communauté d'esprit réunissait tous les gens qui se retrouvaient là. C'était une belle période d'élan du théâtre ! » En 1964, à travers *La Jeunesse* et sur un texte de Georges Coulonges, Jean Ferrat l'évoquera en rappelant combien il se sentit « vibrer devant l'estrade / Où Vilar et Planchon se firent bateleurs ».

À l'âge de seize ans, le jeune homme a ainsi découvert la vie active, l'action syndicale (il adhère à la CGT) et si son premier patron l'aime bien, il lui reproche son côté « raisonneur » : « Ça m'a beaucoup appris : la vie du monde du travail, la solidarité entre les ouvriers. Et c'est à partir de là que j'ai acquis une conscience de classe[6]. » En parallèle, l'actualité sociale, l'Histoire en marche – qui passionneront toujours l'homme et l'artiste – offrent alors une nourriture de choix à sa curiosité. Si la guerre a pris fin en Europe le 8 mai 1945, elle continue en Asie et génère bientôt l'horreur totale au Japon avec l'utilisation – sur ordre du président américain Harry Truman – de la première bombe atomique le 6 août sur Hiroshima et trois jours plus tard sur Nagasaki : aux 150 000 morts immédiats s'ajouteront au fil des années les victimes de radiations et de brûlures. D'autre part, dans le prolongement de la conférence réunissant Churchill, Staline et Roosevelt du 4 au 11 février dans la station balnéaire de Yalta (Crimée) pour une conférence visant à restructurer l'Europe d'après-guerre, l'ONU est créée par cinquante nations le 26 juin à San Francisco.

En France, les femmes votent pour la première fois lors des élections municipales de 1945, suite à une ordonnance signée l'année précédente par le général de Gaulle. Selon l'article constitutionnel, l'âge requis pour « les Français et Françaises nés de père français » est pour l'heure de vingt et un ans. Le jeune Tenenbaum devra attendre, mais la mise en œuvre des conquêtes sociales inspirées par le programme du Conseil national de la Résistance [7] va l'enthousiasmer et le marquer. Des années 45-46 datent en effet l'école primaire unique, le statut de la Fonction publique, la Sécurité sociale, la retraite par répartition, la médecine du travail, les nationalisations dans les secteurs de l'énergie (Charbonnages de France, EDF, GDF), des transports, des grandes banques et des assurances [8]... À cette politique reste d'autant plus attaché le nom de ministres communistes (Ambroise Croizat, Marcel Paul...) que leurs cinq représentants dans le gouvernement de Paul Ramadier en sont exclus le 4 mai 1947, pour s'être opposés à une politique de blocage des salaires et avoir soutenu d'importants mouvements de grève ; les communistes qui obtiennent alors 28 % des voix deviendront *de facto* la principale force constante de l'opposition [9] et ne reviendront au pouvoir qu'en avril 1981 avec l'Union de la gauche et l'élection de François Mitterrand.

L'éviction des ministres communistes coïncide avec une évolution radicale de la situation internationale, en particulier l'émergence de ce que l'on va appeler la « guerre froide ». Lancée le 5 mars 1946 à Fulton (Missouri) par Winston Churchill qui se déclarait convaincu que les Russes « ne respectaient que la force » et invitaient « les peuples de langue anglaise à s'unir d'urgence pour enlever toute tentation à l'ambition ou à l'aventure », elle rend caduc l'accord tripartite de Yalta et le

5 juin 1947 est mis en place le plan Marshall[10], résolument anticommuniste, proposant d'apporter une aide économique d'envergure aux pays européens. Les positions se durcissent ainsi considérablement. En février 1948, les communistes prennent le pouvoir en Tchécoslovaquie[11] ; en juin, les Soviétiques imposent un blocus à Berlin-Ouest (les trois secteurs occidentaux de l'ancienne capitale du Reich), et cette épreuve de force de près d'un an va précipiter la division de l'Allemagne en deux États : la République fédérale d'Allemagne et la République démocratique allemande...

Dans ce monde en redéfinition, Jean est donc attiré par le théâtre et s'il se risque d'abord en amateur sur ces planches-là, la musique et la chanson l'environnent étroitement jusqu'à prendre bientôt le dessus. Il aime tellement le jazz façon Sidney Bechet et Claude Luter qu'il fréquente en 1948 la section du Hot-Club de France de Versailles et intègre un orchestre de new-orleans : « Je m'ennuyais tragiquement sur les chantiers. Je me réfugiais dans la chimie, mais j'étais surtout fou de spectacle. Des copains avaient formé un jazz et m'invitèrent à le rejoindre. Je leur avouai que je ne savais jouer d'aucun instrument. "Ça ne fait rien, achète celui dont la forme te plaira le plus !" Je me laissai séduire par une guitare. [...] Je sus que désormais je ne pourrais rien être d'autre qu'une cigale[12]. »

Pour autant, il y a encore loin de la coupe aux lèvres et tout va se dérouler de façon très progressive ; après les chantiers et la chimie, pour gagner quelques sous, il devient une espèce de VRP en chorales : « J'ai fait partie d'une équipe qui possédait un camion d'enregistrement. Tout en essayant de chanter, bien sûr, j'essayais de décrocher des chorales auxquelles on proposait un enregistrement. C'était nouveau ; des chorales, à cette époque, il y en avait des dizaines et des dizaines. On allait les enregistrer dans les églises et puis on pressait les disques – 500, 1 000 disques – et on les vendait. Moi, j'étais représentant en, si j'ose dire, enregistrements de chorales. Les affaires étaient dures, mais, quand même, les gens s'y intéressaient[13]. »

En ce début des années cinquante, l'envie de chanter de Jean est bien entendu encouragée par son milieu familial, où sa voix fait mouche dans des succès de l'époque estampillés Montand, Mouloudji, Prévert et surtout Trenet. Il prend des cours de guitare et commence lui-même à composer des chansons, « très romantiques » aux yeux de son frère Pierre, avec lequel il reprend en revanche *Général Castagnetas*, une fantaisie pseudo-mexicaine que les Frères Jacques viennent d'enregistrer pour le film *La Rose Rouge* où ils incarnent leur propre rôle aux côtés de Louis de Funès, Françoise Arnoul et Yves Robert. L'évocation de ce duo avec son frère éveillera cinquante ans plus tard quelques souvenirs chez Ferrat : « On avait monté un petit tour de chant, et il aurait pu, lui aussi, faire une carrière[14]. » En bonne logique, sans doute inconsciente, c'est dans ce fameux cabaret de La Rose Rouge où l'affiche va de Vian à Gréco qu'il passera sa première audition durant l'été 1953, puisqu'il la situe lui-même peu après l'exécution d'Ethel et Julius Rosenberg auxquels il vient de consacrer une chanson[15]. Arrêtés en juillet 1950, ce couple de juifs new-yorkais communistes accusés d'espionnage au profit de l'URSS subit à plein le déchaînement du maccarthisme, la traque de « l'ennemi intérieur » (communiste, *of course*) que mène le sénateur McCarthy. Une « chasse aux sorcières » qui conduira même un Charlie Chaplin à s'exiler en

Grande-Bretagne. Il est vrai que dans le même temps de terribles procès ont lieu dans les pays de l'Est, notamment à Prague [16].

La mort de Staline est annoncée à la une de *L'Humanité* du 4 mars 1953 par un énorme titre sur trois lignes : « DEUIL POUR TOUS LES PEUPLES qui expriment dans leur recueillement leur immense amour pour *LE GRAND STALINE* ». Au-delà de l'organe du PCF – qui niera longtemps les révélations sur les camps staliniens –, la disparition du « Petit Père des peuples » émeut des foules considérables et quand on va sur ses vingt-trois ans, il est bien difficile de ne pas être emporté par de telles accélérations de l'Histoire. Dans cette période, auréolé par son engagement dans la résistance à l'occupant nazi, le PCF, « parti des fusillés », exerce une grande influence sur les milieux intellectuels ; Jean le romantique a choisi son camp et s'avérera à jamais un fidèle « compagnon de route », sans pour autant s'interdire d'exprimer ses désaccords éventuels.

Après sa tentative à La Rose Rouge, cabaret phare de Saint-Germain-des-Prés où il n'est pas retenu mais où Nico Papatakis, le patron, l'encourage à persévérer, l'apprenti chanteur écume les petits lieux parisiens et se produit au Riverside, au Métrojazz, Chez Moineau… Là, il croise de nombreux débutants dont on reparlera et les choses deviennent plus sérieuses lorsqu'en 1954 il passe en « lever de rideau » de Charles Aznavour dans un autre cabaret connu : « J'ai eu mon premier gros contrat à L'Échelle de Jacob avec Charles Aznavour. […] Il finissait la soirée, mais à ce moment-là tout le monde le jetait, c'était Bécaud qui était en pointe, Aznavour souffrait beaucoup à l'époque, qu'est-ce qu'on a pu lui administrer comme camouflets ! Moi, je chantais quatre chansons, sur un tabouret, et j'étais terrorisé[17]... »

Les cabarets parisiens, particulièrement ceux de la « rive gauche », occupent à cette époque une place unique dans l'histoire de la chanson, au point qu'on parle souvent d'un « âge d'or ». Dans la lignée de l'explosion du jazz après la guerre, de la liberté de corps et d'esprit qu'il suggère et du mythe que va représenter le quartier de Saint-Germain-des-Prés avec des artistes nommés Boris Vian ou Juliette Gréco et des intellectuels comme Jean-Paul Sartre, la chanson gagne les sous-sols. Dans son autobiographie, *Jujube*, « la » Gréco note avec pertinence : « Curieuse histoire que ce soudain engouement pour le souterrain. Venait-il de l'habitude prise durant la guerre à l'occasion des alertes ; du désir de rester en dehors de la vie, en marge ; des odeurs du vin oublié et des vieux meubles vermoulus ; du besoin de créer une sorte de distance entre les adultes et la jeunesse ; du sentiment réconfortant de savoir qui trouver à quelle heure et où ? Sans doute tout cela à la fois, et d'autres raisons encore, comme la peur de la solitude. Une certaine idée du foyer, de la maison familiale dont on rêve, pleine de gens choisis et aimés[18]. »

Si Saint-Germain-des-Prés a symbolisé dans les années cinquante un centre international de ce qu'on appellerait aujourd'hui la « branchitude » – avec certes ses grands artistes, écrivains et philosophes déjà évoqués, mais surtout ses folles nuits, ses jeunes avides de musique et d'excès en tout genre –, entre Tabou, Club Saint-Germain, Flore, Deux-Magots ou Rose Rouge, la chanson proprement dite se développera bientôt au-delà de ce village « germanopratin[19] » dont un Charles Trenet ou un Léo Ferré n'ont pas gardé un grand souvenir chansonnier. En 1966, au journaliste de radio, Pierre Lhoste, qui lui demandait si, à son avis, le style et l'esprit de Saint-Germain-des-Prés avaient « influencé la chanson », le premier précisait : « Bien entendu, oui. Mais peut-être serait-il plus exact de dire que c'est le style personnel de Juliette Gréco qui a influencé la chanson. Voilà une femme qui a l'extrême mérite de ne chanter que des chansons très bien choisies, très poétiques, dont aucune n'est de mauvais goût, et qui a su imposer ce genre particulier sans l'aide d'aucun snobisme publicitaire. On pouvait croire à l'origine que Gréco chantait pour une chapelle d'intellectuels, mais non, mais non, c'est une erreur, elle peut chanter partout[20] ! » De son côté, dans son double 30 cm de 1986, *On n'est pas sérieux quand on a dix-sept ans*, Ferré dédie (brouillon manuscrit à l'appui) une chanson incisive à un bistrotier, *Gaby*, qui tenait une cave-cabaret. Les « littérateurs » et autres « écrivailleurs » à la mode en prennent eux aussi pour leur grade : « Je ne les ai jamais fréquentés, mais ils existaient vraiment. Ils écrivaient ou ils se baladaient... ça m'énervait, ça ! On disait qu'ils écrivaient dans les bistrots, dans les bars... Ce n'est pas vrai ! Dans les bars, ils buvaient ! Et moi, je n'y allais pas parce que je ne buvais pas ! [*Rire.*] Gaby, c'est un type qui avait un bar, la Pergola, en face de la rhumerie martiniquaise, au métro Mabillon, et il avait créé une cave, l'Arlequin. J'y avais été, on pouvait y mettre jusqu'à deux cents personnes et c'était important pour moi et pour les gens. J'avais fini par faire du monde et deux mois après, ce type m'a dit de partir. Vraisemblablement, il a eu peur que je devienne indispensable et que j'augmente mes prix, ce qui n'était pas mon genre, mais il ne me connaissait pas. Il est mort. Il a dû mourir en comptant "les whiskies, tant" et "la bière, tant[21]". »

Outre La Rose Rouge et L'Échelle de Jacob (mais aussi à un degré de notoriété moindre, La Galerie 55, La Rôtisserie de l'Abbaye, le Club du Vieux-Colombier…), la fameuse chanson « rive gauche », où le texte tend à prendre le pas sur la musique, va se déployer vers le Quartier latin, l'île Saint-Louis, jusqu'à traverser la Seine et gagner la butte Montmartre. Pendant une décennie, et jusqu'à l'avènement du « yé-yé » dans les années soixante, ces cabarets vont témoigner d'un bouillonnement chansonnier, à travers des dizaines d'artistes dont quelques-uns se feront un nom, chacun ou chacune ayant plus ou moins ses habitudes : Francis Lemarque, Cora Vaucaire, Jacques Brel, René-Louis Lafforgue et Jean Ferrat à L'Échelle de Jacob ; les deux premiers, Catherine Sauvage, Pia Colombo, Maurice Fanon, Francesca Solleville, Christine Sèvres et surtout Barbara à L'Écluse ; Guy Béart, Anne Sylvestre, Jean Ferrat et Pierre Perret à La Colombe ; Perret encore, Mouloudji, Jean-Claude Darnal, Georges Brassens et Jacques Brel aux Trois Baudets, lieu hybride entre cabaret, théâtre et music-hall, créé par Jacques Canetti, grand découvreur de talents, directeur artistique chez Philips… Dans son impressionnant ouvrage de près de sept cents pages, *Le Cabaret « rive gauche » – de la Rose rouge au Bateau ivre (1946-1974)*, Gilles Schlesser passe au crible quelque « deux cents établissements[22] »…

Pour le futur Ferrat, qui fréquentera nombre de ces cabarets[23], l'engagement à L'Échelle de Jacob se révélera décisif ; après lui avoir trouvé quelques représentations dans des petits lieux de province, la patronne du cabaret, Suzy Lebrun, dit un jour à Jean : « Dis donc, toi, j'ai un gars qui vient de Belgique, il a un cabaret à Anvers, La

Libre Belgique, et il voudrait que tu chantes là-bas tout l'été... C'est bien payé, tu sais ! » Une belle opportunité que le jeune chanteur ne manquera pas de saisir : « À L'Échelle de Jacob, je devais gagner cinq francs[24] par soir... [*Rire.*] J'ai réfléchi un sacré moment et puis je me suis dit : bon, j'y vais ! Et là, j'ai définitivement lâché mon boulot et les cours que je suivais[25]... » À cette occasion, il sympathisera avec une chanteuse toute débutante comme lui, Odile Ezdra (alors dans le duo Marc et Odile) et il lui faudra encore batailler dur près de sept ans pour connaître le succès.

Notes

1. À Fred Hidalgo et à l'auteur, *Chorus* n° 10, article cité.

2. Il déclarera néanmoins à Jacques Chancel, mais il évoque vraisemblablement une période un peu antérieure : « À l'époque de mon adolescence, je rêvais d'être chef d'orchestre. J'ai appris la musique sur un phono où on passait des disques 78 tours, et un ami de ma mère m'a fait écouter par exemple le *Concerto pour flûte* de Mozart. Je jouais ça au pipeau, je connaissais cette œuvre par cœur et je dirigeais toute la partition. Vraiment, c'est un métier – si j'avais pu le faire et si les choses avaient évolué différemment – qui m'aurait particulièrement séduit » (France Inter, *Radioscopie*, 16 février 1981).

3. Pour le mensuel *Paroles et Musique*, n° 7, février 1981.

4. Il le dirigera jusqu'à sa mort en 1971.

5. À l'auteur, pour le dossier Ferrat du n° 10 de *Chorus*, revue citée.

6. Émission de Bernard Pivot, Antenne 2, 2 novembre 1985.

7. Publié dès le 24 mars 1944.

8. À l'inverse, et ce n'est sans doute pas un hasard, le 12 juin 1946 est créé... le CNPF, Conseil national du patronat français, l'ancêtre

du Medef, le Mouvement des entreprises de France (énoncé beaucoup moins frontal), né le 27 octobre 1998.

9. Le 3 octobre 1948 est lancé l'hebdomadaire *L'Humanité-Dimanche*, ce « journal que l'on vend le matin d'un dimanche » que Ferrat chantera vingt ans plus tard dans *Ma France*.

10. Du nom du nouveau secrétaire d'État américain, George Marshall.

11. C'est le « coup de Prague ».

12. À Max Favalelli, *Diapason*, janvier 1962, revue citée.

13. À Raoul Bellaïche et Colette Fillon, *Je chante ! Discographies* n° 16, hiver 1994.

14. À Joël Cuok, émission citée.

15. Dès 1952, un comité de défense s'est créé en France, où figurent de très nombreux intellectuels et artistes tels Aragon, Maurice Druon, Yves Montand, Picasso, Simone Signoret, Hervé Bazin… Après la disparition de l'URSS, la mise au jour de certaines archives du KGB et le livre-témoignage d'un ancien agent soviétique tendraient à prouver que Julius Rosenberg était effectivement un espion, mais des défenseurs du couple remettent en cause la validité de tels documents et en tout cas la peine de mort qui lui a été infligée.

16. Artur London en témoignera en 1969 dans *L'Aveu*.

17. À Fred Hidalgo, pour *Chorus* n° 10, revue citée.

18. Éditions Stock, 1982. Cité par Serge Dillaz dans *Vivre et chanter en France*, 2005 (tome 1 : 1945-1980), coédition Chorus-Fayard.

19. Adjectif un rien pédant désignant les habitants du quartier ; on a volontiers lié les « milieux germanopratins » à l'existentialisme.

20. Cité par Richard Cannavo dans *Trenet, le siècle en liberté*, Hidalgo Éditeur, 1989.

21. Le 29/10/1986, à l'auteur, en vue d'un article dans *L'Humanité*.

22. L'Archipel, octobre 2006. L'auteur est le fils d'André Schlesser, l'un des quatre créateurs de L'Écluse en 1951.

23. Citons encore Chez Moineau, Le Cheval d'Or, Le Caveau de la Bolée, Milord l'Arsouille, Le Port du Salut, Le Petit Pont…

24. L'apparition du « nouveau franc » date du 1er janvier 1960, et Jean dit « cinq francs » alors qu'il aurait dû dire « cinq cents francs ».

25. À Fred Hidalgo, pour *Chorus* n° 10, revue citée.

III

JEAN FERRAT

Chapitre 6

Les années rive gauche

En 1953, lorsque Jean Ferrat passe sa première audition à La Rose Rouge, un certain Claude Nougaro se risque au Lapin Agile, sur la butte Montmartre, à deux pas du cabaret de Patachou où Brassens a été « découvert » l'année précédente. La période phare de la chanson « à texte » commence, marquée par « les trois grands » (Ferré a enregistré deux ans plus tôt, Brel y viendra deux ans plus tard), la photo de leur rencontre historique faisant aujourd'hui encore le tour du monde[1]. De son côté, Jean intègre un trio moins mythique, créé par un compositeur américain d'origine allemande : « Rudi Révil éditait des petits formats[2] et à cette époque-là les éditions étaient des lieux fréquentés par les auteurs et les compositeurs. Évidemment, il existait des affinités entre les gens qui les fréquentaient : on allait dans certaines et pas dans d'autres. L'édition constituait une sorte de salon ouvert tous les après-midi, où le compositeur se mettait au piano. On travaillait, on faisait des chansons avec les uns et les autres... *Paris Gavroche* est signée Bérard et Riniéri, un auteur et un compositeur de chez Révil avec lesquels j'ai travaillé sur cette chanson. On se mettait souvent à plusieurs, chacun amenait ses idées. À un moment donné, j'ai participé à un groupe vocal, un trio. Ça s'appelait peut-être bien Les Révil's. On avait pas mal répété mais ça n'a, finalement, pas abouti. On n'a jamais joué sur scène[3]. »

Période d'apprentissage, de débrouille, d'expériences diverses, aussi nécessaires qu'improbables. En ce fameux « âge d'or » des cabarets parisiens, il faut en écumer beaucoup, plusieurs par soir, pour mal gagner sa vie ; au moins y apprend-on son métier, s'y frotte-t-on régulièrement au public. Le futur Ferrat opte d'abord pour le pseudonyme de Jean Laroche, sous lequel il chante aussi de temps en temps dans des cinémas de quartier, entre deux « attractions », très appréciées à l'époque. Laroche ! Un choix passager mais prémonitoire pour celui dont la chanson la plus célèbre va s'intituler *La Montagne* ! Ce rapprochement fera sourire l'intéressé : « Je n'y avais pas pensé !... À ce moment-là, dans le métier, on me disait qu'il fallait un nom court, que le mien serait trop long sur les affiches ; d'abord, je tenais à mon prénom, que j'aimais bien, et j'aurais peut-être gardé Jean Laroche si on ne m'avait pas dit à la Sacem que ce n'était pas possible parce qu'il y en avait déjà un. Alors, en regardant la carte de France, j'ai mis très longtemps à me décider ; j'avais trouvé d'autres pseudonymes qui étaient aussi de vrais noms et je suis tombé par hasard sur Saint-Jean Cap Ferrat. Ça sonnait bien, c'était clair, c'était court[4]. »

Outre les passages dans les petits cabarets et les cinémas, Jean fait de la figuration et devient « compère » dans des émissions de radio : « Je jouais les faux candidats dans des jeux radiophoniques : je devais répondre jusqu'à une certaine question, et là dire : "Je ne sais pas !" Ça me fait rire... Je touchais cinquante francs[5] par émission, ce qui représentait un petit supplément pour vivre. Il fallait bien se démerder[6] ! » Côté figuration, on entr'aperçoit Jean à l'opéra dans *Boris Godounov*, au cinéma dans *Si Versailles m'était conté* (en seigneur au fond d'un jardin) et surtout, se souvient-il, dans *Notre-Dame de Paris*[7] : « Un jour, on m'a proposé une figuration pour ce film, dans lequel jouait Gina Lollobrigida, mon idole ! Elle était Esméralda et moi un gueux dans la Cour des Miracles ! [*Rire.*] Je voyais passer la belle Gina, ma Gina, au loin – le rêve –, et moi, j'étais un ver de terre… L'étoile et le ver de terre[8] ! »

Sur son site web[9], l'ancien animateur de télévision Gilbert Richard, découvert au début des années soixante par Jean Nohain, reproduit un document « authentique » en date du 6 janvier 1955, le liant à Jean comme producteur d'un spectacle et avance : « Le présent document est très probablement le premier contrat professionnel de ce grand artiste français[10]. » Curieusement celui-ci y est désigné sous le nom de « Jean Ferra », sans le « t » final… En cette même année, le tout nouveau mensuel *Music-Hall* reproduit dans son n° 5 de juin le texte et un extrait de la partition d'une chanson, *Je n't'ai jamais dit*, dont la musique est signée Jean Ferrat et le texte Guy Dauvilliez, l'un des plus vieux copains du chanteur (metteur en scène sous le nom de Guy Lauzin de l'ultime spectacle parisien de 1972 au Palais des Sports). En fait, dans son numéro précédent, le magazine a lancé un appel, « Jeunes de la chanson, on vous écoute… on vous édite », et *Je n't'ai jamais dit* a été sélectionné au milieu d'un « véritable raz de marée de chansons », selon les propres termes du journal, qui précise très sérieusement : « La chanson choisie aujourd'hui présente une mélodie simple, carrée, facile d'intonation, allant de soi. Les assises tonales en sont logiques, la prosodie bien faite. Nous la publions sans l'accompagnement, celui-ci nécessitant quelques retouches. » Au-dessus d'une photo extraite du film suédois *Elle n'a dansé qu'un seul été*, où deux (grands) enfants au soleil (couchant) avancent l'un vers l'autre dans l'eau d'un lac, sont donc reproduits l'essentiel de la partition et le texte « romantique » de ce non-dit amoureux objet de regrets :

Nos premiers baisers sentaient l'eau salée
Fillette et garçon nous étions enfants
Émus frissonnants nous sommes allés
Nous tenant la main les cheveux au vent

Cette bluette sera éditée en 1956 chez Éco Music (ainsi que *Rien de nouveau sous le soleil*, composée par Jean sur des paroles de Guetty Deutsch), mais pour l'heure les quelques éléments biographiques inclus dans le bref article de présentation relèvent qu'après s'être produit à L'Échelle de Jacob et en Belgique, Jean chante alors dans un cabaret de Lisbonne et que surtout, il vient de mettre en musique avec l'auteur-compositeur Maurice Vandair[11] *Les Yeux d'Elsa*[12], poème d'Aragon enregistré par André Claveau. C'est l'éditeur de la chanson qui a eu l'idée de la proposer à André Claveau, grande vedette du moment. Tout en reconnaissant qu'il n'avait pas pensé à Claveau une seconde, Jean suppose que c'est justement ce contraste entre leurs deux personnalités qui a séduit le chanteur de charme. Pour autant, *Les Yeux d'Elsa* ne devient pas le succès du siècle[13] et sa diffusion ne permet pas encore au jeune Ferrat de se faire connaître : « Ça n'a rien permis du tout ! Cela faisait plaisir à ma mère et à moi quand on l'écoutait, parce que c'est un peu passé à la radio, c'est vrai, mais moi, je continuais à peiner. Ce n'était pas facile ; quand je trouvais un cabaret pour m'engager, sur la rive

gauche principalement, c'était important[14]... » Néanmoins, s'accompagnant à la guitare, il sera le premier à interpréter *Les Yeux d'Elsa* à la télévision dans une émission publique d'André Hugues, *Bouquet de joie*, le 3 décembre 1956 ; André Claveau, qui compte plus de quatre cents chansons à son répertoire[15] et a gravé son premier disque vingt ans plus tôt, la reprendra en mai 1957 dans *L'École des Vedettes*, où Aimée Mortimer la présente curieusement ainsi (comme si Jean était déjà connu, au point d'être dispensé de prénom...) : « Une chanson dont la musique a été écrite par Ferrat sur un merveilleux poème d'Aragon... »

En cette période de sa vie où Jean va rencontrer celle qui deviendra sa femme et conforter auprès d'elle ses engagements citoyens, l'actualité internationale s'emballe et les bouleversements qui se produisent dans les pays de l'Est ne peuvent que questionner le couple et l'inciter à se battre pour ses idéaux. L'après-Staline suscite déchirements humains et résistances idéologiques. En février 1956, le « rapport Khrouchtchev » prononcé à huis clos devant les délégués du XXe congrès du Parti communiste d'Union soviétique dénonce sans détour les crimes de Staline. Dès juin, son contenu circule dans le monde entier, et malgré une résolution du PCUS publiée peu après dans *La Pravda* « dissociant la nature du socialisme soviétique et l'excroissance constituée par "le culte de la personnalité de Staline" », nombre de communistes français traînent des pieds et refusent d'y croire. *L'Humanité* et le tribun Jacques Duclos (président du groupe parlementaire communiste[16]) en tête. En juin, lorsque les troupes soviétiques répriment une insurrection, le quotidien du PCF ne titre-t-il pas « La chouannerie polonaise sera vaincue » ? Et lorsqu'en novembre un millier de chars tout aussi soviétiques investissent simultanément Budapest appuyés par l'aviation, son rédacteur en chef, André Stil, ne se fend-il pas d'un « grand » reportage intitulé « Budapest recommence à sourire à travers ses blessures[17] » ? Pour des communistes et sympathisants du PCF, il y a de quoi être plus que troublés ; de nombreux intellectuels du « parti » (Picasso, Édouard Pignon, Henri Wallon…) exigent la convocation d'un congrès extraordinaire et protestent immédiatement contre l'intervention en Hongrie en pétitionnant aux côtés de personnalités comme Jean-Paul Sartre et Simone de Beauvoir. Au début de cette même année, un film chargé d'histoire est sorti, qui partagera son titre avec le futur premier grand succès du Ferrat politique et humaniste : *Nuit et brouillard*, d'Alain Resnais.

Dans ce contexte, où par ailleurs la France achève à peine la guerre d'Indochine (le 20 juillet 1954, date des accords de Genève après la défaite de Diên Biên Phu) qu'elle s'empêtre dans celle d'Algérie, Jean connaît d'autres bouleversements d'ordre plus personnel. Une rencontre décisive nommée Christine Sèvres, une comédienne de trois mois sa cadette qui déjà s'essaie ici et là à la chanson. Ils se découvrent réciproquement sur scène dans des cabarets et se retrouvent un soir chez des amis communs. Un premier contact inoubliable pour Jean Ferrat : « Elle était tellement contente de me voir qu'elle m'a filé un grand coup de poing dans le plexus et moi, je lui ai retourné une paire de baffes ! Alors, on s'est empoignés, il y avait un aquarium sur une table qui a volé… Bref, il a fallu que les copains s'interposent parce qu'on se bagarrait[18]. » Un constat s'impose, la dame a du tempérament, fruit d'un parcours de vie marqué par de premières fêlures.

Née à Paris le 25 mars 1931, Jacqueline Christine Boissonnet se retrouve tiraillée dès l'âge de huit ans entre des parents séparés ; elle admire profondément son père, fonctionnaire à la Caisse des dépôts et consignations, poète à l'occasion, qui lui a transmis le goût de l'écriture, et la gamine reproche alors à sa belle-mère de le lui avoir « volé ». « Elle n'était pas dans un milieu qui *a priori* l'amenait à la musique, précise Véronique Estel. Son grand-père lui disait : "Toi, tu seras chanteuse !", mais son père lui lançait : "Toi, tu seras écrivain !" Elle a d'ailleurs été les deux, et de là, elle est venue à la poésie[19]. » Elle apprend le piano, le chant lyrique, rêve d'être un jour comédienne et l'écriture devient son refuge suprême, son moyen privilégié de communiquer. Cela ne suffira pas durant son adolescence, où elle fuguera à deux reprises, d'abord à quatorze ans alors qu'elle poursuit des études en vue du brevet, puis à seize ans où la lettre paternelle lui retirant sa confiance l'atteint douloureusement.

On est en 1947, Christine, qui a quitté le toit familial, met un mouchoir sur sa fêlure et, comme beaucoup de jeunes Parisiens de sa génération, fréquente Saint-Germain-des-Prés au parfum enivrant d'existentialisme ; au milieu d'amis peintres et écrivains, elle commence à dire des poèmes (Apollinaire, Claudel, Jules Laforgue, Michaux, Prévert...) et amorce donc une carrière de comédienne. Pour ne pas contrarier davantage ses parents, elle prend un pseudonyme ; comme elle habite en face du métro Sèvres-Babylone, elle opte pour la première partie de ce nom aux accents de porcelaine. Parallèlement à ses activités artistiques, elle enchaîne les petits boulots : mannequin, modèle, dessinatrice, vendeuse au porte-à-porte, secrétaire à la Sécu... En 1965, dans *Nous deux*[20], « l'hebdomadaire qui porte bonheur » (!), elle confiera : « J'avais choisi d'être comédienne, et très classiquement, j'ai crevé de faim. L'œuf dur et le paquet de cigarettes, il y avait des jours où ils n'étaient même pas au programme. Mais bah... Il y avait les copains... Tout de même un jour j'en ai eu assez. Le théâtre me boudait. "Bon ! Je vais monter un tour de chant !"... Plus exactement, je vais interpréter des poèmes mis en musique. Vous voyez donc que, pour mes débuts, je n'ai demandé à la chanson que de m'assurer ma pitance quotidienne. Elle l'a d'ailleurs fait très chichement : les cachetons, les cabarets où l'on chante pour les copains. C'était la grande époque "rive gauche". J'avais déjà commencé à prendre goût à la chanson lorsque j'ai rencontré Francis Claude [21]. Quel homme de qualité ! Il me fit passer à "Milord l'Arsouille" en me payant sur son propre cachet. »

Christine Sèvres est déjà maman depuis trois ans de Véronique (née d'un premier mariage [22]), lorsqu'elle attaque les cabarets en novembre 1956 au Cheval d'Or où Jean-Pierre Suc [23] l'engage (après l'avoir programmée en face, au club Plein Vent, dans un récital de poésie), puis au Milord l'Arsouille. Elle interprète logiquement du Ferrat (*L'Homme sandwich*, *Betty de Manchester*), mais aussi du Brassens (*Les Croquants*) ou du Moustaki (*La Chanson de Patsy*)... Comme tous ceux qui l'ont artistiquement côtoyée, un autre débutant de son âge, Claude Vinci, garde de ce contact initial un souvenir éclairé : « On a été programmés ensemble (et avec Michèle Arnaud [24]) pendant plusieurs mois fin 56. On était accompagnés au piano par Serge Gainsbourg [25], qui était pianiste avant de chanter lui-même... Un soir, Christine est arrivée et nous a présenté son "mec", comme elle disait ! Et c'était Jean Ferrat, qui a été programmé un peu plus tard au Milord l'Arsouille. [...] Ce qui frappait chez elle, c'était l'interprète ; la présence, dans une très grande sobriété. Dès qu'elle levait le petit doigt, ça prenait une importance extraordinaire, tout comme ses expressions du visage. Avec une voix jamais lisse, où tout y est sans rien faire, sans aucun effet factice. Pour moi, elle reste l'une des plus grandes interprètes qu'on ait connues. Et l'on ressent cette présence dans ses disques[26]... »

Son influence sera logiquement très forte sur Jean et jusqu'au début des années soixante, le contenu de ses chansons sera plus âpre, plus citoyen, que celui de son compagnon. D'ailleurs, dans ces années cabaret, elle obtiendra beaucoup plus de succès que lui. À partir de l'été 1957, après Milord l'Arsouille, Le Port du Salut, le College Inn, Le Club du Vieux-Colombier, Chez Moineau, Ferrat est programmé à La Colombe, le restaurant-cabaret de Michel Valette, où il chante *L'Homme sandwich*, *La Crème au chocolat*... et croise d'autres débutants appelés à un bel avenir, comme Anne Sylvestre : « On a démarré, je crois, la même année à La Colombe... Il s'accompagnait à la guitare comme moi. Nous passions dans ce rez-de-chaussée voûté où Michel Valette nous présentait. Il y avait deux petites salles où les gens mangeaient. On passait après. Entre ces deux salles, un tabouret. On s'y asseyait et on chantait en se tournant vers l'une ou l'autre salle. Il n'y avait que des chanteurs à guitare : Ferrat, Béart, Hélène Martin, Pierre Perret. C'est à peu près à la même époque que Christine Sèvres y a chanté[27], mais elle, dans la salle du haut, qui disposait d'un pianiste[28]. Pour moi, le souvenir de Ferrat à La Colombe est inséparable de celui de Christine Sèvres, qui m'avait fait un effet extraordinaire. On se croisait, on s'aimait bien, mais j'ai l'impression qu'on se battait beaucoup, chacun pour sa propre peau. C'était dur. Je ne pense pas que Ferrat était beaucoup plus rassuré que moi. On jouissait quand même d'un public merveilleux, qui *a priori* venait pour découvrir des gens[29]. » La presse écrite impulse ce mouvement, et certains journalistes plus curieux en profitent pour remettre les pendules à l'heure. Ainsi Jean-François Devay[30], sensible à l'engouement de La Colombe pour l'auteur du savoureux « Qu'on est bien dans les bras d'une personne du sexe opposé », note-t-il dans *Paris-Presse-L'Intransigeant* du 7 décembre 1957 : « Guy Béart y chante un soir sur deux en compagnie de jeunes débutants sur lesquels nos découvreurs de talents feraient bien d'aller jeter un œil. Par exemple, Jean Ferrat et Anne Sylvestre, deux auteurs-compositeurs-chanteurs à qui le dixième de la publicité qu'on a faite sur les chansons médiocres de Françoise Sagan ferait un bien mérité. » Et toc ! Il est vrai qu'avec le temps celles-ci n'auront pas laissé un grand souvenir, mais en 1957 la mode a déjà, et depuis longtemps, ses effets pervers. Jean, lui-même, ne livre pas que des chefs-d'œuvre[31], à l'image d'une adaptation intitulée *Anita, Rosita, Perez* (signée Valda-Jean Ferrat), interprétée par une certaine Bébé Hong Suong, fugace chanteuse des *sixties*. L'auteur est encore en devenir et au cours de ses débuts discographiques (à plus forte raison, dans les chansons qu'il concocte pour d'autres), il se révèle surtout compositeur, empruntant un texte par-ci un texte par-là à une bonne dizaine de plumes très différentes, la plupart inconnues aujourd'hui[32]. On lui reproche encore de sérieuses influences, ce qu'avec le recul il concédera volontiers : « Je commençais à écrire et j'étais influencé par les succès de cette époque, en particulier par ceux d'Yves Montand et de Francis Lemarque, parce qu'ils avaient, à mon avis, la grande qualité d'être à la fois de qualité et populaires. Et c'est toujours ce que j'ai essayé de faire par la suite. En fait, c'est l'idéal[33]. »

De son côté, Christine Sèvres enchaîne à son tour les cabarets, certains où Jean s'est déjà produit, mais d'autres encore comme celui de Suzy Solidor[34] ou Chez Gilles[35] ; parallèlement, elle continue à jouer occasionnellement au théâtre (*La Cerisaie*, de Tchekov) et apparaît à la télévision dans *La Locandiera* de Goldoni, réalisée par Jean Prat. De plus en plus, elle fait l'objet d'entrefilets prometteurs dans la presse écrite. En février 1958, sous le titre quasiment similaire de « Place aux jeunes chez Gilles », on peut lire : « débutante intelligente et simple » (*Libération*) ; « Christine Sèvres, le visage fatigué, qui chante sobrement d'une voix un peu lasse des couplets bien choisis comme ceux de Bruant : “On prend des manières à quinze ans et puis on grandit sans qu'on les perde” » (*L'Express* dans sa sélection des spectacles) ; « Il ne lui manque qu'un peu d'autorité pour obtenir une plus large audience que celle du cabaret » (*Combat*, François des Aulnoyes) ; « Cette première partie du spectacle est agrémentée par un défilé de jeunes espoirs de la chanson : Christine Sèvres ne manque pas de caractère » (*Le Figaro*, Maurice Rapin) ; « Christine Sèvres, elle, chante plus volontiers Bruant. Le choix est excellent et colle à la silhouette frêle, souffreteuse, au teint pâle, de cette enfant de Paname. C'est une vraie “misère”, une Piaf sur le mode mineur » (*Le Monde*, Claude Sarraute) ; « [...] Christine Sèvres, qui, dans *Le Lézard* de Bruant, laisse aller sa gouaille nonchalante, mais se donne bien du mal avec le reste de ses chansons (mauvaises) » (*Une semaine de Paris*[36]). Ce dernier extrait est signé du titulaire de la rubrique « cabaret », un certain R. J.-C., qui peu après, se montrera beaucoup plus clément avec Jean Ferrat à l'occasion d'un de ses passages à La Colombe : « Voici Jean Ferrat (qui a une guitare pour faire comme les autres), mais dont les chansons sont intéressantes (je pense surtout à *La Vache enragée* ou à *La Crème au chocolat*). »

En août 1958 sort un super 45 tours avec *Betty de Manchester*, paroles de Roger Rabiniaux, musique de Jean Ferrat et Jeannine Rabiniaux, une chanson qu'interprète déjà Christine. C'est Georgie Viennet qui la reprend, une blonde chanteuse aujourd'hui oubliée, qui suscite pourtant l'enthousiasme d'un Léo Ferré au verso du disque : « Je connais une belle jeune femme qui porte la chanson comme il faut que l'on porte les robes chez Dior… Elle serait depuis longtemps un HIT-PARADE dans "BAMBINO" ou autre salade, mais son cœur est sévère, sa sensibilité féroce et son intelligence ne lui passe rien… C'est pourquoi elle a choisi la pitance des poètes, LA CHANSON ! J'aime voir entrer sur scène GEORGIE VIENNET qui met des étoiles sur mes tuniques de bure. La chanson tourne, comme le vent, la chance aussi qui paraît être enfin de son côté. Le public lui, depuis longtemps, l'a déjà reconnue. » Comme quoi même les plus grands peuvent se tromper, et avec son expérience en fer forgé, un Charles Aznavour peut aujourd'hui rappeler : « Il est très difficile de juger l'artiste à l'orée de sa vie professionnelle : tel peut commencer mauvais et deviendra immense ; tel autre, formidablement doué à ses débuts, laissera passer toutes ses chances[37]. »

Un mois plus tard, Jean Ferrat sort lui-même son premier super 45 tours, sur disques Vogue, et gratifié d'un prometteur « Volume 1 ». Visage en gros plan sur la pochette, « accompagné par Jean Lemaire et son orchestre », il attaque, roulements de batterie et flûte à l'appui, avec *Les Mercenaires* sur un texte de son ami Dauvilliez. La voix tantôt grave, tantôt légère, l'accent parisien pointant ici ou là, il poursuit par un *Ma vie, mais qu'est-ce que c'est ?* entièrement de son cru, où l'accordéon valse façon Lemarque et où le couplet frise le sentiment aznavourien :

Mon amour
Combien nous reste-t-il
Combien d'heures et de jours
Pour épuiser nos rêves

Le sens mélodique affûté de bout en bout, il enchaîne avec un *Fredo la nature*, dont le texte signé Favre n'aurait pas déparé chez un certain Dimey :

En poussant comme un pauvr'gosse
Sur un tas d'cailloux
On a des idées précoces

Résolument jazzy, rythmé, troquant l'accordéon pour le piano et la guitare et des cuivres, le dernier morceau que Jean signe seul fleure bon son Trenet-Montand, avec déambulation dans la capitale et foule de gens « ordinaires », esquisse de notation sociale :

L'homme-sandwich a de la peine
Il voudrait bien aller flâner
Avec les gens qui se promènent
Sous le soleil des beaux quartiers

Par-delà les influences, une personnalité d'auteur-compositeur se dessine, une voix s'affirme et Francis Claude, le complice de Ferré, se fend à son tour, d'un commentaire conséquent au verso du disque : « Tendre et viril, un regard alerte, curieux et narquois dans un visage sec au nez robuste, la bouche sinueuse dont l'éternel sourire ironique dissimule mal une extrême sensibilité : voilà mon ami Jean Ferrat. Sa vie ? Comme il le chante lui-même, c'est un reflet. Sa vie "c'est l'air d'une chanson qui ressemble à la joie" ; une joie voilée de pudeur, mélancolique et grise, mais de ce gris de Paris dont la grande artiste Joan Greenwood[38] me disait un jour qu'il est l'arc-en-ciel des âmes subtiles... » Après avoir souligné combien les chansons de Jean lui ressemblent, Francis Claude ajoute : « Elles ont aussi, à mon sens, une qualité primordiale : elles se situent hors du temps et de la mode par leur simplicité, la vraie simplicité qu'on obtient à la fin et qui demande beaucoup de culture, de goût, de travail et de sensibilité... » Rappelant les multiples lieux où le chanteur a fait ses classes, dont évidemment son Milord l'Arsouille, il conclut : « Oiseau de Paris, il l'est en effet : qu'il chante les durs de durs, les clochards, les mercenaires sans idéal qui tuent pour vivre, ou qu'il chante cet air qui ressemble à la joie, on l'imagine toujours poussant son refrain dans tous les endroits où s'écrivent la petite et la grande histoire de la plus belle ville du monde. »

Malgré ces compliments sincères, ce premier essai discographique ne sera pas transformé et Jean Ferrat devra prendre son mal en patience : « Ce n'étaient pas des mauvaises chansons, mais ça a été le fiasco total, alors on ne m'a pas fait faire d'autre disque, et j'ai encore vogué comme ça pendant deux ans dans la nature[39]... » Curieusement, alors qu'il avait été invité sans disque à la télévision pour *Les Yeux d'Elsa*, il lui faudra en effet attendre janvier 1960 pour y apparaître à nouveau.

L'année 1959 va cependant lui réserver une rencontre décisive. Par l'intermédiaire de Christine Sèvres. Poursuivant son ascension dans les cabarets, celle-ci se produit au Milord l'Arsouille, au Collège Inn, à La Grignotière et les quelques réticents de la presse écrite modulent leurs critiques, à l'image du R. J.-C. d'*Une semaine de Paris* : « Christine Sèvres a la fragilité féminine d'une porcelaine revue et corrigée par Saint-Germain-des-Prés et des équivoques. Elle chante bas, avec simplicité et comme une sorte d'"aura", de sensibilité l'embellit. Un zeste d'ironie mineure par là-dessus et c'est la chanteuse type de cabaret comme on aime aujourd'hui. Je l'aime dans *Le Lézard* de Bruant qui est comme l'éternité de la chanson. Pas du tout dans *La Pierre* qui en est la sottise[40]. » À l'occasion, Christine revient au théâtre (*Jésus la Caille*, d'après Francis Carco), mais, nouvelle expérience, le 5 décembre 1959, elle chante pour la première fois à la télévision dans *À l'école des vedettes*, produite et animée par Aimée Mortimer, et, aux côtés de celle-ci, c'est le moustachu René-Louis Lafforgue[41] qui la présente aux « téléspectateurs » : « D'abord, nous aimons les mêmes choses, nous avons commencé tous les deux par le théâtre et nous sommes venus à la chanson. [...] Christine Sèvres chante des chansons qu'elle aime ; elle n'a pas été à la facilité de se dire pour un jeune chanteur ou une jeune chanteuse : "Il faut que je fasse le plus de galas possible ! Pour plaire au public, il faut chanter des chansons à la mode !" Elle, elle s'est dit : "Je préfère chanter des chansons qui soient belles !" C'est ça, je pense ? » Et la jeune femme, vêtue d'un imperméable, annonce elle-même : « Je choisis en général des chansons que je trouve intelligentes, mais qui sont compréhensibles par tous. Et j'ai choisi pour ce soir une chanson de Jacques Brel, qui n'a pas été une scie, mais qui est très belle : *Je ne sais pas.* »

Peu de temps auparavant, Christine a rencontré Gérard Meys : « Elle est venue passer une audition salle Pleyel, aux éditions graphiques de Philips où j'étais vaguement directeur artistique, coursier… et chargé justement des auditions. À la fin, je lui ai demandé de qui étaient les chansons, et il y en avait trois de Jean Ferrat (dont *Paris Gavroche*) sur lesquelles j'ai flashé tout de suite. Elle m'a expliqué que c'était un chanteur à guitare et que je pouvais le voir dans un cabaret. Je suis allé à La Colombe ; en plus des chansons, il possédait la voix, le timbre[42]. » Littéralement emballé, Gérard Meys tente de faire engager Jean chez Philips : « J'avais les moyens de lui faire ce qu'on appelait à l'époque un "disque souple", puisque Philips disposait d'un studio. Je l'ai fait réaliser et il a été refusé, donc par Canetti qui dirigeait le service, mais Jean avait passé sans succès une audition aux Trois-Baudets… » Déçu, Meys propose tout de go à ce jeune si prometteur : « Si ça vous intéresse, moi, je veux travailler avec vous ; je ne sais rien faire, je n'ai pas d'édition, mais je vais monter tout cela à partir de vous et de vos chansons ! »

Jean lui en ayant montré une quinzaine (avec déjà *Ma môme*, *Regarde-toi Paname…*), il est immédiatement conforté. Philips n'en veut pas ? Tant pis pour Philips ! « À l'époque, Lucien Morisse, directeur des programmes d'Europe n° 1, misait sur moi dans le métier et je traînais souvent dans ses bureaux, pour voir comment on travaillait à la radio et comment on recevait les chanteurs. C'est comme cela que j'ai connu Daniel Filipacchi qui venait de rentrer grâce à son père chez RCA-Decca. Lucien Morisse m'a présenté (je le connaissais déjà un peu), je lui ai parlé de Ferrat et fait entendre *Federico Garcia Lorca.* Filipacchi a été extraordinaire et m'a dit : "Écoute, je ne comprends rien du tout à ces chansons, je ne comprends rien à ton chanteur, mais tu as l'air d'y croire tellement que je te fais signer un contrat. Mais je ne veux plus m'en occuper, je ne veux plus le voir !" C'est comme ça que Jean a obtenu un contrat de trois ans chez Decca. Je m'occupais de lui avec un contrat de deux lignes, spécifiant mon pourcentage, j'étais devenu producteur indépendant sans le savoir, parce qu'à l'époque on ne savait pas ce que c'était ; personne ne discutait des budgets, ni de rien, je faisais tout, et on n'a jamais revu Filipacchi. » Après un bref instant, Gérard Meys ajoute : « Le plus étonnant s'est produit six mois avant la fin du contrat. J'ai croisé Filipacchi qui sortait du studio de *Salut les copains !* Il m'a lancé : "Je sais ce que tu veux, tu veux reprendre le contrat de ton Ferrat ! Tu le mérites bien, je te le laisse, mais ne le dis jamais !" Aujourd'hui, ça n'a plus d'importance[43]. »

Il est vrai qu'il y avait un monde entre Ferrat et *Salut les copains*[44], l'émission d'Europe n° 1 de Daniel Filipacchi et Frank Ténot au goût d'idoles et autres « chouchous » lancée en octobre 1959 sur une idée de Lucien Morisse[45] et prolongée par un magazine du même nom. Glissant du rock au « yé-yé » réducteur et fadasse, cette *Nouvelle vague*[46] qui va déferler portera dès lors des coups très durs à la chanson d'expression, la « rive gauche » en particulier. Et le début de la fin de « l'âge d'or » des cabarets coïncide de troublante façon avec la disparition de deux symboles culturels inoubliables : Boris Vian[47] (qui avait qualifié le rock de « chant tribal ridicule, à l'usage d'un public idiot ») et Gérard Philipe. C'est pourtant dans cette période de bascule artistique défavorable que Jean Ferrat va émerger du lot avec *Ma môme*, puis *Deux enfants au soleil*, l'un des tout premiers – sinon le premier – « succès d'été » !

Notes

1. Le 6 janvier 1969, à l'initiative d'un jeune journaliste, François-René Cristiani, Georges Brassens, Jacques Brel et Léo Ferré accepteront de participer à cette interview commune, en présence du photographe Jean-Pierre Leloir, pour publication (très partielle) dans le mensuel *Rock & Folk*. Des extraits seront diffusés quelques jours plus tard sur RTL, et la version intégrale du texte sera publiée pour la première fois dans le n° 20 de *Chorus (Les Cahiers de la chanson)*, en juin 1997, avant d'être reprise en « beau livre », illustré de nombreuses photos inédites, chez Fayard-Chorus en 2003 sous le titre *Brel Brassens Ferré – Trois hommes dans un salon.*

2. Aux Éditions Tropicales, où figurèrent les premières chansons de Brel. Comme compositeur, Rudi Révil a signé quelques-uns des succès de Francis Lemarque : *Rue de Lappe*, *Le Petit Cordonnier*, *La Grenouille*, *Marjolaine*... Dans *J'ai la mémoire qui chante* (Presses de la Cité, 1992), celui-ci note : « C'était passionnant. Jusqu'au jour où je me suis aperçu que toutes ces musiques si belles et si originales étaient des airs inspirés du folklore qu'il modifiait légèrement. C'était là sa source d'inspiration. »

3. À Raoul Bellaïche et Colette Fillon, revue citée.

4. À Fred Hidalgo et à l'auteur, 1994, revue citée.

5. Il s'agit en fait de cinq mille francs de l'époque, Jean fait encore une confusion avec les « nouveaux francs ».

6. À Fred Hidalgo et à l'auteur, revue citée.

7. De Jean Delannoy (1956) avec la superbe actrice italienne et Anthony Quinn dans le rôle de Quasimodo.

8. À Patrice Caillet, France Bleu Drôme-Ardèche, janvier 2003.

9. http://www.gilbertrichard.com/.

10. Cinq mille francs pour aller chanter dans un cinéma d'Abbeville (Somme). Gilbert Richard laisse également entendre qu'il aurait indirectement suggéré au chanteur son pseudonyme définitif...

11. À ne pas confondre avec le pianiste Maurice Vander qu'on retrouvera de longues années aux côtés de Claude Nougaro.

12. Sous la prestigieuse direction d'orchestre de Wal-Berg (Marlene Dietrich, Jean Sablon, Joséphine Baker, Charles Trenet...). Coïncidence amusante, Georges Guétary chante à cette époque *Les Yeux d'Elga*, inspirée par l'Allemande Elga Hymmen, l'une des têtes d'affiche de l'opérette *Villa Hortensia* créée en octobre 1956 sur une musique de Norbert Glanzberg.

13. Ferrat l'enregistrera lui-même deux ans plus tard chez Decca, mais décidera de ne pas le sortir ; en 1982, après que le catalogue Decca eut été revendu, *Les Yeux d'Elsa* se retrouvera sur un 30 cm de compilation Musidisc (avec notamment un titre que le chanteur n'apprécie guère, *Le Polonais*, mis en avant juste après les grandes grèves ouvrières en Pologne), dont Jean Ferrat et Gérard Meys obtiendront qu'il soit retiré des bacs (cf. chapitre 24). En 2002, le chanteur réenregistrera finalement *Les Yeux d'Elsa*, qui figurera l'année suivante sur un double CD réunissant trente et une chansons.

14. À Fred Hidalgo, 1980, pour *Paroles et Musique*, art. cit.

15. Deux ans plus tard, représentant la France à la troisième édition du Grand Prix de l'Eurovision de la chanson, il triomphera avec *Dors, mon amour* (Pierre Delanoë, Hubert Giraud), un titre plus proche de son répertoire habituel.

16. Aux élections législatives de janvier, il est redevenu le premier groupe parlementaire avec 144 députés, devant les socialistes de la SFIO (95), les indépendants (83), le MRP (73), les poujadistes (52)...

17. Source : hors-série de *L'Humanité*, 1904-2004, le numéro du centenaire.

18. France Culture, *Opus*, 18 mars 1989 : une remarquable émission conçue par David Jisse et Véronique Estel, la propre fille de Christine Sèvres.

19. À l'auteur, en vue d'un article sur Christine Sèvres dans *Chorus (Les Cahiers de la chanson)* n° 11 de mars 1995.

20. N° 927 du 10 mars. L'article est signé M.-M. B.

21. Amuseur-comédien, homme de radio, Francis Claude crée le Quod libet (dans le 6e), où Ferré (avec lequel il écrira notamment *L'Île Saint-Louis* et *La Vie d'artiste*) chantera pendant trois mois, puis le Milord l'Arsouille en novembre 1949 sur la rive droite.

22. À « Votre plus mauvais souvenir ? », l'une des questions posées au couple Ferrat dans le n° 22 du mensuel *Music-Hall* de janvier 1963,

Jean répondra « La guerre », et Christine « Mon premier mariage avec le fils d'un diplomate. »

23. Auteur-compositeur-interprète qui se produit avec son ami Henri Serre sous le nom de « Suc et Serre » et qui assure alors la direction artistique du Cheval d'Or auprès de son patron, Léon Tcherniak.

24. Chanteuse et future productrice d'émissions de télévision.

25. Selon Véronique Estel, elle reprenait déjà *L'Alcool*, du même Gainsbourg.

26. À l'auteur pour l'article de *Chorus* sur Christine Sèvres, art. cit.

27. Petite erreur de mémoire bien compréhensible près de quarante ans après : Christine Sèvres n'a chanté à La Colombe qu'à partir de 1960.

28. Marcel Yonnet, compagnon d'Anne Sylvestre, qui deviendra le pianiste de Christine Sèvres.

29. À l'auteur, à l'occasion du dossier de *Chorus* sur Jean Ferrat, revue citée.

30. Dans *L'Espérance folle*, son livre autobiographique (Robert Laffont, 1987), Guy Béart rappelle que Jean-François Devay est l'un des deux journalistes (avec Pierre Lazareff) qui ont beaucoup aidé à sa « célébrité naissante » : « À *Paris-Presse*, Devay pondit, alors que je ne représentais rien, un grand article qui fit dresser l'oreille à tout ce qui comptait, paraît-il, dans le Tout-Paris. »

31. On ne lui en voudra pas, on n'est pas sérieux quand on a (presque) vingt-sept ans… Pour preuve, un admirateur pointu de Jean ayant déniché le super 45 tours de Bébé Hong Suong via Internet et lui ayant fait parvenir l'enregistrement, l'intéressé aurait, paraît-il, « bien rigolé » (on trouvera en annexes les différents sites et forums intéressants sur Jean Ferrat).

32. Guy Dauvilliez, Georges Bérard, Charles Rinieri, Guetty Deutsch, Roger Rabiniaux déjà cités, mais aussi Pierre Franchet, Jamblan, Bernard Dimey, Albert Gardy, George Coulonges, Michelle Senlis, Claude Delécluse…

33. À Bernard Pivot, *Ferrat 85*, émission citée.

34. Ex-mannequin devenue chanteuse, dont le cabaret fermera en 1960.

35. Gilles (le Suisse Jean Villard) du duo poétique et contestataire Gilles et Julien. Après avoir connu un succès constant, ce cabaret-théâtre huppé de la rive droite où seront passés tous les talents dits « rive gauche » cessera ses activités en 1958.

36. Le futur *Pariscope*.

37. Charles Aznavour, *À voix basse*, Don Quichotte Éditeur, 2009.

38. Fameuse actrice britannique (décédée en février 1987).

39. À Fred Hidalgo, 1980, pour *Paroles et Musique* n° 7, art. cit.

40. Édition du 3 au 9 juin 1959.

41. Auteur d'un grand succès deux ans plus tôt : *Julie la Rousse*.

42. À l'auteur, à l'occasion du dossier Ferrat de *Chorus*, revue cité.

43. *Idem*.

44. Succès de Gilbert Bécaud sur des paroles de Pierre Delanoë. En septembre 1961, reprenant le titre d'un autre succès de « Monsieur 100 000 volts », la télévision cultivera cette mode des copains et des idoles avec *Âge tendre et têtes de bois*, animé par l'ex-harmoniciste Albert Raisner.

45. Lequel cassera en direct à l'antenne le premier 45 tours de Johnny Hallyday – sorti en mars 1960, et marquant pour beaucoup la naissance du rock français… mais reprenant *T'aimer follement*, succès sorti un mois plus tôt par Dalida… femme de Lucien Morisse – en promettant à ses auditeurs qu'ils n'en entendront plus jamais parler ! Coïncidence significative, ce disque est paru chez Vogue, où Ferrat a sorti son 45 tours initial sans suite.

46. Titre matraqué du deuxième 45 tours de Richard Anthony.

47. Cité par Marc Robine dans sa biographie de référence *Grand Jacques – Le Roman de Jacques Brel*, coédition Anne Carrière-Chorus, 1998.

Chapitre 7

Succès d'estime

Alors que Jean Ferrat est sur le point d'obtenir un premier succès notable, la situation politique et sociale vient d'évoluer sérieusement en France. Le pouvoir gaulliste, auquel il devra l'honneur peu prisé de chanteur hexagonal le plus censuré, s'est mis graduellement en place. Après l'investiture du général de Gaulle le 1er juin 1958 par l'Assemblée nationale, la Constitution de la Ve République est adoptée au terme d'un référendum triomphal le 28 septembre avec 79,25 % des suffrages exprimés pour le « oui », qui comporte d'évidence les votes de nombreux électeurs communistes, malgré l'opposition du parti. Pour cause de propos et de reportages interdits sur les « événements » d'Algérie, *L'Humanité* a déjà été saisie une douzaine de fois et le sera à nouveau en décembre 1960, le mois même où le chanteur sortira son deuxième 45 tours officiel.

D'autre part, événement d'importance, le 1er janvier de cette année-là, la France met en circulation une nouvelle unité monétaire, le « nouveau franc[1] ». Pour autant, comme le précise Gilles Schlesser dans son imposant ouvrage *Le Cabaret « rive gauche »*, on ne saurait convertir en valeur actuelle les cachets de l'époque.

Cette évolution du franc s'inscrit dans une période de profonde mutation de la société française : entre 1954 et 1957, la production industrielle a augmenté en moyenne de 10 % par an, et le baby-boom poursuivra une croissance supérieure à 20 pour 1000 jusqu'au milieu des années soixante, de sorte que le chiffre symbolique des cinquante millions d'habitants sera atteint au début des années soixante-dix. Après la guerre, en moins de vingt-cinq ans, la population s'est accrue d'un quart, et entre 1954 et 1968, celle des campagnes n'a cessé de diminuer au profit des villes de plus de cent mille habitants, et la consommation des ménages explose dans tous les domaines, de l'alimentaire au culturel. Si la télévision ne dispose encore que d'une seule chaîne en noir et blanc et n'émet que quelques heures par jour, elle passera d'environ cinq cent mille récepteurs en 1956 (date de la première apparition télévisuelle de Jean) à sept cent mille l'année suivante et environ sept millions et demi en 1967, débuts de la couleur. Il est clair que la montée en puissance de la petite lucarne ne pourra que desservir le développement des cabarets, et de manière générale l'ensemble des petits lieux de découverte de la chanson, à Paris comme dans les régions.

Au printemps 1960, Christine Sèvres investit pour la première fois L'Écluse, le cabaret fétiche de Barbara – « La chanteuse de minuit » entre 1958 et 1964 –, puis La Colombe, et revient dans des lieux où elle s'est déjà produite à plusieurs reprises, comme Chez Moineau, l'un des cabarets où Ferrat se révèle le plus à l'aise. C'est là que la jeune Francesca Solleville, venue du classique, fait sa connaissance de manière très directe, explosive : « Chez Moineau, c'était un petit bistrot très sympa, tenu par un Arabe dont la femme s'occupait de la cuisine. Christine passait dans tous les cabarets, c'était la vedette, la superstar marginalissime ! Moi, dans les cabarets, je ne connaissais personne, j'ai même demandé une chanson de Pierre Louki à Jean Ferrat, qui m'a dit : "C'est pas moi !" en se marrant ; on le raccompagnait en 4 CV[2] aux Buttes-Chaumont, dans le XXe, chez sa sœur, où il habitait avec Christine, mais je n'ai vraiment connu Jean que lors d'une de ses premières tournées. [...] Le soir où j'ai chanté *L'Âge d'or* et des chansons d'Aragon, j'ai vu arriver une espèce de tigresse qui m'a sauté sur le poil. Parce que moi, j'avais enregistré un 45 tours, à l'inverse de tous ceux qui chantaient là depuis quatre ou cinq ans. Christine m'a sauté dessus en disant : "Mais d'où tu viens, toi ? Et d'abord, ce que tu chantes, ce n'est pas du tout pour toi !" Puis, elle a ajouté : "Assieds-toi, on boit un coup !" On est devenues copines... et elle est allée chanter : c'était formidable ! Christine a toujours été pour moi, pour Pia Colombo et des tas de chanteuses de notre génération, la star. Elle avait une classe qu'on n'avait pas. Elle en imposait aux gens d'une manière extraordinaire. Sans rien faire. Simplement par la concentration, par une puissance de conviction. Elle était une star sur scène, mais aussi dans la vie. Et sans en faire ! Comme une Lauren Bacall[3]... »

Un sentiment que sa fille, qui entre sept et neuf ans l'a vue « partout, dans les cabarets », partage avec une tendre fierté : « C'était merveilleux ! Grande dame, tout en noir, et les gens l'applaudissaient. Et comme ils disent tous, elle avait un magnétisme ! [...] Ce qui est étrange, c'est qu'elle était vraiment reconnue dans les cabarets, presque comme Barbara ; mais elle ne sortait pas de disque et c'était terrible pour elle. Elle n'a jamais eu la nature de se vendre, ni le caractère à faire des concessions. On lui disait : "Ce que vous chantez, c'est trop dur !" et peut-être que ça lui a un peu nui. Dans un sens, je suis ravie par son côté intransigeant, mais peut-être une attitude différente aurait-elle aidé à ce qu'elle soit un peu plus connue ? Il ne faut pas non plus oublier que la vogue des auteurs-compositeurs est venue ; les gens chantaient ce qu'ils écrivaient et la mode des interprètes s'est beaucoup amoindrie [4]. »

C'est donc Jean, comme l'a expliqué Gérard Meys, qui va enregistrer en décembre de cette année-là. Les paroles des trois premiers titres du 45 tours (*L'Éloge du célibat*, *Ma môme*, *Regarde-toi Paname*) sont de Pierre Frachet sur des musiques de Jean ; à l'inverse, celui-ci a écrit le texte du quatrième, *Federico Garcia Lorca*, sur une mélodie de Claude-Henri Vic. Au verso de la pochette, l'accent est mis graphiquement sur *Ma môme* et *Federico Garcia Lorca*, imprimés en gras et deux fois plus gros. À contre-courant de la mode « yé-yé » décervelante, portée par un accordéon valseur dans la grande tradition populaire avec des paroles directes et sentimentales, *Ma môme* prend aussi ses distances avec « la » superstar française de l'époque, B.B. En 1985, lors d'une émission de radio enregistrée dans sa maison d'Antraigues, le chanteur se souvient [5] : « C'était pas contre les lunettes de soleil en elles-mêmes [*rire*], mais contre le conformisme généralisé, contre ce qu'on voulait nous inculquer comme type de société, le culte, le mythe de la vedette, toutes les petites filles devaient ressembler à Bardot, tous les types à je ne sais plus quelle vedette masculine de ce moment-là ! J'ai toujours été rebelle à ce genre de mise en condition. Alors "Ma môme / Elle joue pas les starlettes / Elle met pas des lunettes / De soleil / Elle pose pas pour les magazines / Elle travaille en usine / À Créteil", c'était la réponse idéale à tout ça ! [...] Et cette chanson-là était bien, parce que cela aurait pu être traité d'une manière revendicative ou abordant des sujets tout à fait différents, mais là c'était une chanson d'amour ! Simplement, "Elle porte pas des lunettes de soleil" ! Déjà, c'était affirmer quelque chose. Et quelque chose de simple[6]... » Quelque chose de tellement simple, avec même le mot « usine », qui incitera des âmes bienséantes à qualifier illico Ferrat de « populiste »...

Coïncidence en forme de clin d'œil, la chanson dit que les deux « mômes » amoureux habitent en banlieue ; or, depuis octobre 1960, Jean et Christine, qui logeaient depuis trois ans chez la sœur du premier près des Buttes-Chaumont, emménagent à Ivry.

Les deux autres textes de Pierre Frachet esquissent des thèmes que l'on retrouvera plus tard de différentes manières chez Ferrat. Ainsi l'esprit libertin, très « mec » du « célibataire endurci »... mais qui débouche ici en tout bien toute morale apparente sur un couplet en forme de pirouette :

Dans l'célibat, on s'ménage
Du bon temps
Mais son plus bel avantage
Cependant
Ma femm' dira pas l'contraire
Je parie
C'est quand un célibataire
Se marie

Autre coïncidence, et comme par hasard, la sortie du 45 tours correspond à peu de chose près à la date du mariage de Jean et Christine...

Le troisième texte de Pierre Frachet évoque Paris et, comme le précédent, procède par opposition, par renversement : après avoir accusé vivement la capitale de prendre tout le monde de haut (« Grande gueule et petite vertu ») alors qu'elle secrète et abrite des injustices flagrantes, le chanteur avoue :

Paname, t'es quand même ma ville...
C'est là qu'j'ai commencé ma vie
C'est là que je la finirai

Là, même si bien entendu, le « je » du chanteur n'est pas forcément celui de l'homme, la chute arrive comme un vieux vœu sur Ivry, puisque Ferrat vient d'y emménager. Et que moins de cinq ans plus tard, il va tomber amoureux de l'Ardèche... Cela dit, cette chanson existe depuis de longs mois puisque Jean l'a chantée en s'accompagnant à la guitare cette même année, dans *À l'école des vedettes*, l'émission de télévision d'Aimée Mortimer.

Federico Garcia Lorca, qu'il écrit lui-même sur une superbe musique de fibre flamenco, est d'une autre eau, plus profonde. La poésie enracinée. L'humanisme viscéral. La mémoire qui sous-tend la réflexion et l'implication politiques : « Voilà plus de vingt ans camarades / Que la nuit règne sur Grenade[7]. » Aujourd'hui, cette chanson vibrante et dépouillée n'a pas pris une ride. Elle n'est pas née par hasard sous la plume du chanteur : « Quand je l'ai lu à l'âge de mon adolescence, confie-t-il à Fred Hidalgo en décembre 1980[8], Lorca a été le premier poète, avant Aragon, à me provoquer un tel choc... Et un jour, dans une maison d'édition, j'ai fait la rencontre d'un compositeur qui s'appelait Claude-Henri Vic... Il faut dire qu'à l'époque, dans les maisons d'édition musicale, on rencontrait des auteurs, des compositeurs, des interprètes ; les uns venaient parler de leurs chansons, les autres venaient en chercher, il y avait de la circulation, maintenant ce n'est plus du tout ça. Et j'y allais, moi aussi, de temps en temps. C'est comme ça que Claude-Henri Vic m'a fait écouter la musique de ce qui allait devenir *Federico Garcia Lorca.* Il l'avait déjà montrée à tout le monde, et personne n'avait jamais rien fait dessus[9]. Je l'ai trouvée chouette, et tout de suite j'ai eu envie d'écrire sur Lorca avec cette musique. Ça s'est avéré très très difficile ; mais je sentais qu'il fallait le faire, et puis c'était un sujet qui me tenait à cœur à cause de l'admiration que j'avais pour Lorca... »

L'arrangeur de ce deuxième 45 tours se nomme Milton Lewis, et lorsqu'on prononce son nom devant Alain Goraguer – celui qui donnera ensuite aux chansons de Ferrat leur couleur si identifiable –, il sourit et avoue : « En fait, c'était moi ! À l'époque, dans un esprit de gag et de plaisanterie, on prenait des noms à l'anglaise, puisque la mode c'était l'Angleterre. Vous remarquerez que je parle français sans accent ! [*Rire.*] C'est Gérard [*Meys*], qui est un ami que j'ai connu lorsqu'il avait dix-huit ans, qui m'a parlé de Jean et ça s'est passé le plus simplement et le plus agréablement du monde. On a sympathisé tout de suite et depuis, Jean n'a travaillé avec aucun autre arrangeur. C'est un cas à peu près unique. Le seul autre, je crois, où ça s'est passé de la même façon, c'est entre Jacques Brel et François Rauber[10]. » Et quand on hasarde devant lui le terme de « triumvirat », il l'adopte illico : « C'est une bonne expression ; dans notre façon de travailler, en totale collaboration, on a chacun nos responsabilités dans le respect de ce que l'autre fait. Gérard a les stratégies, Jean ses problèmes, et quand j'interviens, on organise une petite conférence. Généralement, un album de douze titres nous demande deux rendez-vous ; on échange nos impressions, nos idées, et après je rentre travailler chez moi. Quand j'ai des petits doutes ou des questions, je les appelle. Mais ça se passe toujours à trois[11]... »

Comme nous l'avons vu, *Ma môme* obtiendra un joli succès radiophonique et offrira à Jean Ferrat une première reconnaissance des professionnels. Dans ce sens, dès l'automne, un certain effort promotionnel a été amorcé. Ainsi découvre-t-on dans *Music-Hall*[12] un bref article assorti d'une photo-portrait et intitulé « JEAN FERRAT : "Monsieur Paname" ». Signé Sylvie de Nussac, il est en fait le plus court encadré d'une sélection consacrée aux « petits nouveaux » (Boby Lapointe, Carmela, Jean Bériac, Anne Gacoin) qui avec lui « vont faire parler d'eux en débutant sur les ondes et sur la scène ». Elle écrit : « Auteur-compositeur-interprète : Jean Ferrat, qui pourrait bien, cette année, apprivoiser le succès qu'il n'a rien fait pour séduire trop vite jusqu'ici. Les ravissantes chansons qu'il compose prouvent une fois encore que simplicité et qualité sont sœurs jumelles... » Pourtant, malgré cette esquisse de « promo » et une première prestation télévisée avec *Ma môme* en avril 1961 dans l'émission de Denise Glaser, *Discorama* (un seul passage, c'est peu, et l'audience du petit écran reste encore très limitée), l'engouement des professionnels pour cette chanson ne permettra pas aux ventes du disque de décoller – 150 malheureux exemplaires par mois –, et le chanteur commence un peu à désespérer.

À ce stade de l'aventure, il faut préciser que le disque en question est paru chez Decca, dont le directeur de production, Daniel Filipacchi, n'est pas très convaincu par ce Ferrat et a même lancé à Gérard Meys qu'il ne veut pas s'en occuper. Sans doute, mais RCA fait partie du même groupe, et il va se produire un de ces faits étranges dont le show-business et l'édition en général ont le secret. Sous le pseudonyme de Noël Frank, Jean Ferrat sort également en décembre 1960 un super 45 tours d'un contenu beaucoup plus léger avec *C'était Noël*, *Notre concerto*, *Près de la rivière enchantée*, *Quand la valse est là*. Graphiquement loti du simple nom du chanteur – en bonne logique, il n'y a pas de photo –, ce disque fantôme à peu près introuvable aujourd'hui fait alors l'objet de deux 45 tours simples, l'un comportant les premier et troisième titres, l'autre les deux restants. Jean Ferrat a concocté intégralement *C'était Noël*[13], une déclinaison très aznavourienne des ravages du temps sur l'amour, arrangements de l'époque à l'appui (« C'était Noël, rappelle-toi / Le jardin sous la neige »), avec une fin *ad hoc* (« Et notre amour enraciné / Est mort comme le lierre »). Il a également écrit le texte de *Près de la rivière enchantée*[14] sur une musique très jazzy de Claude-Henri Vic, et là, entre lutin et « fée qui s'appelle Amour », on se pince un tantinet pour croire que c'est vraiment le même Ferrat ! On le retrouve davantage dans l'entraînant *Quand la valse est là*[15] de René-Louis Lafforgue (« Quand la valse vient au musette / Faire trois tours sous les néons »), et il s'en tient au service minimum de *crooner* occasionnel (1'48) dans *Notre concerto*, adapté par Jean Broussolle[16] du succès *Il nostro concerto* de l'Italien Umberto Bindi et déjà repris par de nombreux interprètes. Sur le « petit format » vieux rose des très parisiennes Éditions Amours (!), ses « créateurs » hexagonaux s'appellent notamment Colette Deréal, Georges Guétary, Tino Rossi, Bob Azzam, Jocelyne Jocya, Dario Moreno, Franck Pourcel... À propos de la reprise de ce « tube », Ferrat parlera d'« humour » et dira qu'on lui avait assuré qu'il allait « faire un malheur avec ! », mais que « ça a été le bide total[17] ! » Bref, RCA-Decca a voulu tenter un coup à deux bandes, et on comprend qu'avec le temps Jean et Gérard Meys aient eu envie d'oublier l'affaire... même si la tentative n'était pas bien méchante[18] et sans lendemain. Insignifiante même, devant le succès mérité, enfin au rendez-vous l'année suivante.

Notes

1. Cent francs anciens valent désormais un « nouveau franc », qu'on appellera le « franc » dès 1963, mais que nombre de gens de générations antérieures continueront longtemps à appeler « nouveau franc ».

2. Ou « Quatre-chevaux », petite voiture Renault alors très populaire.

3. À l'auteur, en vue de l'article de *Chorus* sur Christine Sèvres (n° 11, mars 1995).

4. Véronique Estel à l'auteur, art. cité.

5. *Ardéchois cœur fragile*, émission citée.

6. Le 27 novembre 1966, lors d'un *Télé-Dimanche*, sur la 1re chaîne, il confiera à l'animateur Roger Lanzac : « À ce moment-là, moi, j'avais du mal en tant qu'interprète et je rêvais de faire enregistrer mes chansons par des vedettes. Évidemment, pour cette chanson, on a pensé à Montand, mais malheureusement, il avait une chanson déjà [...] qui était je crois "Ma môme, ma p'tite gosse / J't'emmène en carrosse". [...] Si bien que je me la suis gardée pour moi, et finalement, c'était pas plus mal ! » Cette chanson, dont le titre exact est *Ma gosse, ma p'tite môme* (paroles Henri Contet, musique Marguerite Monnot), date de 1947.

7. Lorca a été fusillé le 19 août 1936 à Grenade par les autorités franquistes, au tout début de la guerre civile.

8. Pour *Paroles et Musique* de février 1981, art. cit.

9. Notamment Georges Coulonges, peu inspiré et qui trouva le texte de Jean « magnifique » et note : « Jamais je n'ai regretté d'en avoir abandonné la musique. [...] Avec Ferrat, nous sommes devenus

copains. Nous nous comprenions avec peu de mots. Heureusement : avec Jean, si on attend beaucoup, la conversation s'étire. Au téléphone, de temps en temps, je lui demandais : – Tu es toujours là ? Au bout d'une minute, il répondait : – Oui : je suis là » (*Ma communale avait raison*, Presses de la Cité, 1998).

10. À l'auteur, en vue du dossier Ferrat de *Chorus*, revue citée.

11. Idem.

12. N° 65 d'octobre 1960.

13. On remarquera que ce titre sort opportunément à quelques jours de la fête en question, elle-même se déroulant la veille de l'anniversaire (des trente ans) du chanteur.

14. Renée Lebas l'enregistrera l'année suivante, dans une version où l'on pense tour à tour à Walt Disney et à Line Renaud première époque…

15. L'année suivante, également, la jeune Danielle Rey reprendra cette chanson chez Decca, ainsi que *Federico Garcia Lorca*, *Notre concerto* et la très sentimentale *Laura, Laura*, co-signée par Jean, Albert Gardy et Claude-Henri Vic (« Laura, Laura, qu'il est loin le temps / Où tu dansais pour lui / Dans ce grenier qui gardait blotti / L'amour de vos seize ans ») et chantée encore par André Claveau.

16. Membre des Compagnons de la chanson, qui, bien sûr, donneront leur version de *Notre concerto*.

17. À Raoul Bellaïche et Colette Fillon, art. cit.

18. Rien à voir avec un Johnny Hallyday qui en une année enregistrera une dizaine de super 45 tours, quatre 25 cm et un coffret de compilation de trois 30 cm, ou un Richard Anthony qui gravera jusqu'à douze super 45 tours par an entre 1962 et 1966.

Chapitre 8

L'un s'envole, l'autre pas

En janvier 1961, Christine Sèvres apparaît dans un 25 cm collectif de marque Pacific, *Paris, rive gauche*[1] où elle interprète trois chansons : *La Marche prénuptiale* (Pierre Frachet/Jean Ferrat), *L'Auréole* (Bernard Lauze/ P. Lambry) et *Le Clown* (Giani Esposito). Décidément, entre « éloge du célibat » pour l'un et « marche prénuptiale » pour l'autre, ledit Frachet semble « raccord » et aux petits soins pour les jeunes mariés... Encore que cette nouvelle variation commence sur un ton assez processionnel avec mariés en noir et en gris, pour s'achever sur une charge qui a vieilli : « Tous ces gens-là, turlututu / C'est de la graine, c'est de la graine / Turlututu, corne pointue / C'est de la graine de cocus. » Coup de patte anticléricale au passage, *L'Auréole* reste dans le ton (« Une fille plus légère que la brise / Et plus dévote qu'un sacristain »), et des trois chansons c'est bien sûr *Le Clown* (« S'accompagnant d'un doigt / Ou quelques doigts / Le clown se meurt »), intemporel et poignant, qui retiendra l'attention[2], mais ce disque très artisanal restera confidentiel, beaucoup plus encore que le 45 tours de Jean avec *Ma môme*, dont le titre avait au moins été diffusé régulièrement en radio. Sans doute Christine est-elle davantage une artiste de scène ; d'ailleurs, elle décroche le premier Grand Prix national du music-hall décerné par un jury composé de critiques de variétés et de producteurs de la radio et de la télévision. Accessoirement, les trois lauréats se partagent une bourse de 3 500 francs, somme non négligeable pour Christine qui continue sa tournée nocturne des cabarets, un circuit que son époux va bientôt abandonner pour prendre son envol discographique et médiatique.

En juin 1961 est commercialisé le troisième 45 tours de Jean Ferrat avec *Paris Gavroche*[3], *Ta chanson* (entièrement de lui), *Ma fille*, dont il a composé la musique sur un texte de Jamblan, tout comme celle de *J'entends j'entends* sur un poème d'Aragon. Présente depuis pas mal de temps dans son répertoire, la première conjugue une nouvelle fois son amour pour Paris et pour la liberté, Voltaire, Rousseau et l'ombre magistrale du père Hugo en filigrane, à travers Gavroche, l'incitant à apostropher les « bourgeois goguenards » et « louis-philippards » :

Si vous croyez que moi Paris
On peut m'avoir avec une fleur
Vous n'avez rien dans la caboche
Rangez vos fracs et vos baisemains

Loin de toute référence matérielle ou sociale, *Ta chanson* constitue une déclaration d'amour d'une facture soignée mais un brin carrée, où le chanteur peut déployer sa belle voix grave sur une mélodie posée et dans l'esprit du texte. C'est du Ferrat de charme, « romantique », comme il se plaira volontiers à le revendiquer ; une chanson en tout cas aux antipodes du plutôt phallocrate *Ma fille* de Jamblan[4] qui, sur une ritournelle sautillante, promet à l'héroïne de finir « en maison ». Autant dire qu'elle a pris un sérieux coup de vieux et n'a guère marché, ce qui lui a évité d'essuyer les salves du MLF vers la fin de la décennie.

En fait, la réussite, le coup de maître de ce 45 tours, dont Alain Goraguer concocte toujours les arrangements sous le pseudonyme de Milton Lewis, c'est *J'entends j'entends*, le deuxième poème d'Aragon mis en musique et interprété[5] par Ferrat ; une osmose parfaite entre la mélodie évidente et inspirée, sur quatre strophes de douze vers eux aussi évidents, d'un humanisme total porté par la beauté fragile d'un « rêve modeste et fou » :

Quelle heure est-il quel temps fait-il
J'aurais tant aimé cependant
Gagner pour vous pour moi perdant
Avoir été peut-être utile

Après *Federico Garcia Lorca*, Ferrat donne par la voix d'un second poète la clé d'un de ses futurs axes essentiels ; et c'est peu après la mise en musique de *J'entends j'entends* que les deux hommes se rencontreront : « J'ai su que ça lui avait beaucoup plu, dit Ferrat, alors je suis allé le voir, ce n'était pas pareil. Il a toujours adoré la chanson, d'ailleurs, et Elsa[6] aussi, pour son côté populaire, véhicule d'expression[7]... »

Deux mois avant l'existence officielle du disque, Denise Glaser, madame *Discorama*, l'émission de découverte de la jeune télévision française, a dressé l'oreille et ouvert les yeux. Dès le 12 avril 1961, alors que son équipe s'est déplacée au 1er Festival du Disque de Nice, elle accueille Jean Ferrat qui chante *Ma môme* en marchant dans la rue. Avec Jean-Pierre Darras et Philippe Noiret (duo bien connu de l'époque, avant que chacun ne s'oriente vers une carrière individuelle), elle présente l'émission ; dès la dernière note envolée de *Ma môme*, le trio papote :

Darras : « Et quel est ce garçon que nous venons de voir sur la Promenade des Anglais en train de fustiger les mœurs bourgeoises, sur cette avenue ?

Noiret – En chantant sa môme...

Glaser – C'est Jean Ferrat !

Darras – C'est un Grand Prix du disque ?

Glaser – Ce n'est pas un Grand Prix du disque, c'est peut-être un Grand Prix du disque de l'année prochaine !

Darras – Ah ! C'est un espoir !

Noiret – Mais qu'est-ce qu'il faisait là, alors ?

Glaser – Il faisait partie de toute l'équipe de la nouvelle vague de la chanson qui avait été attirée par le festival.

Noiret – Je crois qu'il est auteur de ses chansons, Ferrat ?

Glaser – Il est auteur de ses chansons, il fait des chansons intéressantes, et vous allez voir une chanson qui me paraît, à moi, intéressante, c'est à quel point les lieux changent selon ce qu'on y chante.

Noiret – Dis-moi ce que tu chantes, je te dirai où tu es !

Glaser – Exactement ! Et nous l'avons amené à Saint-Paul-de-Vence, et vous allez voir comme les murs de Saint-Paul-de-Vence se mettent tout d'un coup à ressembler à l'Espagne ! »

Et Jean enchaîne avec *Federico Garcia Lorca.*

Il l'interprétera à nouveau un mois plus tard[8] dans la même émission, puis dans un *Discorama* spécial[9] consacré aux poètes. En cette année 1961, il apparaîtra encore à deux reprises sur le petit écran, et l'on constate que si ce n'est pas Denise Glaser qui l'invite, c'est Francis Claude. Dans *Un rêve en bouteille*[10], accompagnée au piano, Christine Sèvres ouvre les amabilités avec l'humour dérisoire de l'excellent *Quidam* griffé Guy Béart :

Écoutez l'histoire à coup sûr obscure
D'un pauvre quidam et de ses tourments
Tout ce qu'il subit comme mésaventures
Afin d'obtenir la gloire du moment

En fin d'émission, Jean chante *Ma môme* devant une fenêtre fleurie dans un quartier populaire. Mais lorsqu'il réapparaît dans *Toute la chanson*, en décembre, son premier album 25 cm est sorti depuis quelques semaines et il vient de décrocher le Grand Prix national du disque en compagnie de Catherine Sauvage[11]. Là, à la veille de ses trente et un ans, il est sur le point de frapper un coup décisif, de toucher enfin le « grand public » avec *Deux enfants au soleil*, un slow qu'il a enregistré presque en désespoir de cause, en quelque sorte pour meubler. Enregistré par Isabelle Aubret, sa destinatrice initiale, il va donc devenir l'un des grands succès de l'été 1962. Avec lui, pour boucler les dix titres du 25 cm, figure une nouvelle chanson signée Ferrat paroles et musique, *Napoléon IV*, une fantaisie un peu laborieuse en forme d'exercice de style historico-amoureux entre Joséphine, Marie-Louise, Waterloo, Invalides et consorts.

Cette fois-ci, le budget « promo » s'est visiblement étoffé ; dans *Music-Hall*[12], la publicité de ce premier 33 tours occupe une double page et le spectacle imminent à l'Alhambra Maurice-Chevalier est annoncé. Trois pages plus loin, un rédactionnel d'une colonne enfonce le clou en contrepoint d'une photo de Jean assis à une table en train de peler des pommes tout en regardant l'objectif. Loin de Garcia Lorca, l'article s'intitule « JEAN FERRAT aime le beaujolais, les noix et le téléphone ». On peut y lire : « Il porte un pull grenat, une cravate sombre, un pantalon gris et des chaussons. Il a des cheveux noirs, une très grande bouche, un nez busqué. » Après l'énoncé de quelques éléments biographiques, et d'une grossière erreur (« Il est l'auteur des *Yeux d'Elsa* », exit Aragon !), le texte se termine ainsi : « Ses interprètes sont André Claveau, Philippe Clay, Jean-Claude Pascal. Il aime le beaujolais, les noix, la bonne cuisine, son appartement, le téléphone et le style décontracté. Il a horreur de parler de lui, de la soi-disant nouvelle vague, des femmes affectées, du violet, du pastis, et des heures passées chez le coiffeur. Il rêve de vacances sur les plages bretonnes, il fume, il est nerveux, a de longues mains. Il compose quelquefois la nuit. Mais le matin se trouve beaucoup moins génial. » On comprend que l'auteur n'ait pas cru utile de signer explicitement son article !

Au verso du disque lui-même, cinq extraits de presse affichent au contraire la couleur et prennent date avec Ferrat. « Tendre ou piquante, gouailleuse ou révoltée, sa voix nous "accroche" toujours efficacement », relève Philidor du *Monde* ; « Ses chansons sont originales et ambitieuses », note *Discographie française*, qui discerne dans sa voix « au timbre bien placé [...] des inflexions propres aux comédiens de talent » ; citant *J'entends j'entends*, Jean Hamon de *Combat* trouve la chanson « réussie, prenante, poétique, douce-amère... » et n'y va pas par quatre chemins : « Il est l'homme sur lequel j'avoue miser cette année et pour longtemps » ; ce que Robert Mallat du *Journal du Dimanche* traduit par : « Il a su prendre ce qu'il y avait de meilleur dans Ferré, Gainsbourg et Brel… Vous pourrez parier sur lui sans vous tromper » ; un engouement enfin que le rédacteur de *Marie-Claire* résume d'une manière publicitaire par : « Ça y est ! C'est sûr : il sera la grande vedette de demain ! » Rien d'étonnant à cela, le rédacteur en question se nomme Daniel Filipacchi et il est le producteur du disque !

Les choses se mettent donc en place pour que l'artiste en développement puisse passer à la vitesse supérieure ; le dernier élément décisif, la scène, va transformer formidablement l'essai. À l'origine indirecte, Bernard Dimey, l'auteur de *Syracuse* sur une musique d'Henri Salvador, mais surtout d'une multitude d'autres succès dont *Mon truc en plumes*[13] (le morceau de bravoure de Zizi) et *Mémère*[14], immortalisé par son grand ami le comédien Michel Simon, qui lui consacrera un disque entier[15]. C'est lors de son service militaire en 1956-57, caserne Mortier à Paris, que Dimey a rencontré Ferrat à La Colombe et les deux hommes ont sympathisé : « Il y arrivait avec sa capote, son calot de travers, pour nous entendre chanter parce qu'il était déjà très intéressé par la chanson. Il écrivait, mais personne ne le connaissait à ce moment-là. J'ai commencé à écrire deux ou trois chansons avec lui[16]. » Dimey, qui s'est installé peu après à Paris, a entrepris de placer des chansons[17] et, de fil en aiguille, il a contacté Zizi Jeanmaire qui prépare un spectacle avec Roland Petit dans une grande salle parisienne : l'Alhambra[18]. Naturellement, Bernard leur a parlé de Ferrat et a incité celui-ci à proposer des chansons à Zizi. « Elle en a pris deux ou trois, précise Jean, mais elle en voulait une autre pour finir son spectacle, et c'est comme ça que j'ai écrit *Eh l'amour !*. Elle dansait aussi en première partie, avec les ballets de Roland Petit, son mari, il y avait un illusionniste, un jongleur, et il fallait encore trouver un chanteur. Et c'est en bavardant avec moi que Roland Petit a pensé que ça pourrait m'intéresser[19]. »

Dès le vendredi 8 décembre, Jean Ferrat affronte donc sa première grande scène, qui va constituer un véritable tremplin entre la présence d'un large public, des professionnels et de la presse. D'autant que le spectacle est programmé jusqu'en juin 1962[20]. Six mois pour apprendre à poser sa guitare (comme sa vedette, il bénéficie de l'orchestre de Jean-Michel Defaye) et trouver sa gestuelle, négocier la transition entre l'espace exigu du cabaret et un grand plateau. Six mois à prendre bon gré mal gré les invectives-conseils de la patronne du lieu, Jane Breteau (« la mère Breteau »), un personnage haut en couleur, à la fois marchande de boissons avec « manteau de fourrure, bagouses partout et rouge à lèvres qui lui faisait une bouche terrible » et vraie professionnelle de la scène. Un personnage pittoresque que Jean n'a jamais oublié : « Elle parlait avec l'accent parigot et te balançait : "Mon pote, tu marches comme un con !" Elle mimait, elle avait un sens du spectacle qui ne se retrouve plus beaucoup maintenant ; elle m'a dit un truc qui m'a toujours marqué et qui est très vrai : "Il faut faire court ! Il faut couper et couper ! Il faut que ça enchaîne !" C'est le secret, elle le savait. Et si j'insiste là-dessus, c'est que, d'abord, on m'avait annoncé que je chanterais six ou sept chansons ; j'étais content, je passais presque en américaine, à la fin du spectacle, et je me disais que j'allais pouvoir me défendre. À part que le jour de l'avant-avant-première, dès que j'ai eu chanté mes sept chansons, elle m'a dit : "Tu vas en sucrer une !" Je fais : "Bon !", j'enlève une chanson et elle ajoute : "Une autre !" [*Rire.*] Après, avec Gérard, comme on trouvait que ça suffisait, on a réagi : "Si ça continue, on s'en va !" Et puis, au bout de deux-trois jours de spectacle, elle est revenue à la charge : "Tu rentres comme un con, tu sais pas ton métier ! Ça fait rien, t'as une belle gueule et puis t'as du talent, je crois que ça marchera pour toi, mais il faut encore en sucrer une !" [*Rire.*] J'étais furieux, mais c'est elle qui avait raison ! Parce qu'à ce moment-là, sans doute, je n'avais pas ce qu'il fallait ; je chantais quatre chansons, c'était formidable dans le contexte, ça s'enchaînait. Avec sept chansons, j'aurais emmerdé les gens[21] ! »

Pour autant, le survol des différents comptes rendus de la critique parisienne imprimés dès la semaine suivante[22] laisse rêveur, quand il n'incite pas à la franche rigolade, tellement Ferrat reste le cadet des soucis de ces messieurs-dames, toute leur attention étant consacrée à la reine Zizi, et par incidence à Roland Petit. Sans citer aucun nom des différents artistes invités, François des Aulnoyes (*Combat*) évacue ainsi « la première partie du show, interrompue parfois par quelques numéros de variétés », et semble s'être donné le mot avec Claude Baignères (*Le Figaro*), selon lequel « deux ou trois numéros de variétés se glissent dans le programme sans en briser le rythme ». De son côté, sur une grande colonne et demie, Claude Sarraute (*Le Monde*) se fend vers la fin de « deux ou trois attractions triées sur le volet – je songe en tout premier à Jean Ferrat », quand son confrère G. B. (*L'Humanité*) joue le consensus minimal de synthèse : « Cet excellent spectacle a, de plus, le mérite de faire connaître au grand public un nouvel auteur-interprète de talent que vient de récompenser un grand prix du disque : Jean Ferrat[23]. » Au moins l'information est-elle claire, alors que l'on en vient à se demander si le dénommé Guy Dornand (*Libération – le quotidien républicain de Paris*) n'a pas eu *in fine* un sauvage trou de mémoire : « En première partie, les numéros de Little

John, équilibriste toujours, le récital d'ocarina de Claude Garden, le réjouissant travail du chapeau de Palermo et Philipps, le tour de chant d'un artiste qui paraît promis à un avenir comparable à celui de Montand. » Étonnant, non ? Mais pas plus qu'avec Henry Rabine (*La Croix*) qui s'interroge si fort et quasi paternellement sur ce nouveau chanteur qu'il éprouve le besoin d'écrire deux fois son nom : « Jean Ferrat... Jean Ferrat a de très bonnes chansons (*Paris Gavroche*) et d'autres plus banales : qu'il fasse attention à sa tenue en scène (il se voûte) et puis qu'il ar-ti-cu-le. Il est au demeurant fort sympathique... » Sentiment que partage à sa manière, pas triste elle non plus, Jean Jouquey (*Le Parisien Libéré*) en découvrant « un chanteur qui vient d'accéder à la vedette grâce à un grand prix du disque[24] : Jean Ferrat, auteur-compositeur-interprète ; avec ses chansons populistes, il le mérite ». Comprenne qui peut...

Ces journalistes n'avaient sans doute pas écouté le 45 tours de Jean édité en parallèle au spectacle comportant *Eh l'amour*[25] *!* et *La Cervelle*, sur un texte de Bernard Dimey. Avec sa facture de ritournelle accrocheuse, simple et directe, le premier apostrophe l'amour pour l'exhorter à rentrer dans le droit chemin des sentiments populaires et non tarifés :

Eh l'amour si tu veux bien ce soir
Oublie donc tes trottoirs
Tes pin-up tes dollars

La Cervelle est loin d'être du meilleur Dimey[26], dans cette veine sexiste d'un autre âge déjà draguée par Jamblan et Frachet. Ici, sur un petit air guilleret, flûte légère à la clé, l'héroïne a « tout ce qu'il faut » physiquement pour

« rendre malade » ou « rendre fou » un homme ; donc, à quoi bon lui demander d'autres qualités ?

Mais la cervelle, mais la cervelle
Ça n'sert à rien
Toi t'en as pas
J'm'en porte bien

On ignore si Christine Sèvres a apprécié ce genre d'humour, mais ce qui est sûr, c'est qu'à partir de cette année 1962 où Jean triomphe avec *Deux enfants au soleil*[27] et s'impose parallèlement sur scène, la balance devient défavorable à celle qui, malgré elle, va devenir « la femme de ». Elle reste néanmoins très appréciée dans les cabarets et on la retrouve, à la rentrée 1962, à L'École buissonnière que vient d'ouvrir René-Louis Lafforgue dans le quartier de la Contrescarpe. Dans la foulée, c'est lui qui signe la présentation de la jeune femme au verso de son premier disque personnel (enfin !) en octobre : « Christine Sèvres, c'est dur et tendre comme le pain des pauvres. C'est le rire et les larmes de cette bon dieu de galère de vie, qui se fout de notre quant à soi. Sans mondanités. Sans frapper à la porte. Sans sésame. Christine Sèvres entre en nous, parce que le cœur – comme l'amour – est son chez-elle, et que nous en crevons de courir après le bonheur. Bref ! Ne faisons pas pleurer Margot. Laissons plutôt couler le beaujolais-village à l'enseigne de l'École buissonnière et trinquons à notre Christine. À ta santé ! » En chemisier bleu sur la pochette du super 45 tours, Christine, assise à une table, a devant elle un verre de vin rouge et un paquet de Gitanes. Jean a composé la musique de deux titres (qu'il chante d'ailleurs lui-même), *Les Nomades*[28], *La Fête aux copains*[29], les deux autres étant *L'Intelligent*, une facétie très datée du tandem Maurice Vidalin/Jacques Datin[30] (« Quand j'l'ai connu l'intelligent / Ça m'énervait ses lu-lu ses lunettes / L'était pas très encourageant / Il avait peur des fi-fi des fillettes »), et *Le Plaisir*[31]. Elle est accompagnée par l'orchestre de François Rauber, l'arrangeur de Jacques Brel ; tous les espoirs lui sont encore permis...

Notes

1. Violette Ford, Louis Hartur, Maurice Guillot et Les Gens de la Lune.

2. Comédien, acteur de cinéma, chanteur-poète d'une grâce hors norme, Giani Esposito a enregistré cinq 33 tours entre 1957 et 1972, dont *Les Clowns* et *Un noble rossignol à l'époque Ming*, surtout, ont marqué les esprits. Giani Esposito est décédé brutalement d'une tumeur cérébrale le 31 décembre 1973, à l'âge de quarante-trois ans.

3. Qu'il a cosigné avec Georges Bérard et Charles Rinieri.

4. Alias Jean Blanvillain ; personnalité reconnue à l'époque, auteur de quatre chansons avec Léo Ferré (*C'est la fille du pirate*, *Les Cordes*, *Le Marin d'eau douce* et *Zingare*), chanté par de très nombreux artistes (de Suzy Solidor et Jean Sablon à Patachou – *La Bague à Jules* –, André Claveau, Colette Renard, Les Frères Jacques, Jean-Claude Pascal...) et devenu un pilier du fameux Caveau de la République des chansonniers et de leur émission radiophonique : *Le Grenier de Montmartre*.

5. À l'époque des *Yeux d'Elsa*, il en a mis « un ou deux autres » en musique, « notamment » pour Christine Sèvres.

6. Elsa Triolet, écrivain et femme d'Aragon.

7. À Fred Hidalgo, art. cit., 1981.

8. Le 19 mai, où il précise à Jean-Pierre Darras, à propos de Lorca : « Dans le fond, c'est le mythe de la poésie assassinée, et je

voudrais qu'on n'oublie pas aussi les gens qui sont responsables de sa mort. »

9. *Comme il vous plaira*, le 27 juillet.

10. Le 6 septembre.

11. Un premier point commun avec Jean Ferrat, qui se poursuivra d'une façon différente à Antraigues où elle achètera une maison avec son compagnon, Pierre Brasseur.

12. N° 10 de décembre 1961.

13. Musique de Jean Constantin.

14. Musique de Dany White.

15. Charles Aznavour également en 1983.

16. Avril 2002, à Annie Roquis-Millet et Philippe Savouret, respectivement présidente de l'association Bernard-Dimey et directeur de la médiathèque qui porte son nom à Nogent en Haute-Marne, où s'est déroulé du 6 au 10 mai 2010 le 10e Festival Bernard-Dimey.

17. Outre les noms cités, il sera ainsi chanté par Mouloudji, Jean Sablon, Serge Reggiani, Yves Montand, Jean-Claude Pascal, Les Frères Jacques, Philippe Clay, Juliette Gréco, Bourvil…

18. Mythique salle de 2800 places du XIe arrondissement de Paris (devenue Alhambra Maurice-Chevalier lorsque ce dernier y effectua sa rentrée à l'automne 1956), inaugurée en 1866 et fermée un siècle plus tard, en mai 1967. En 2008, un nouvel Alhambra (600 places assises, 800 debout) se voulant la « scène de toutes les musiques » a vu le jour à deux cents mètres de l'ancienne salle.

19. À Fred Hidalgo, art. cit., 1981.

20. « Ce spectacle a duré six mois, souligne Jean Ferrat, ce qui a été une chance unique pour moi de me faire connaître, non seulement du public, mais aussi des gens qui ont une influence dans ce métier, les gens de radio, de télévision, les gens qui sont déterminants dans la profession. […] Grâce à Bernard Dimey et aux rencontres occasionnelles, j'ai eu cette chance que je n'aurais sans doute pas eue, si je ne l'avais pas connu » (à Annie Roquis-Millet et Philippe Savouret).

21. À Fred Hidalgo, décembre 1980, propos inédits.

22. Le 14 décembre (*Le Monde*, *L'Humanité*, *Combat*), le 15 (*Le Figaro*), le 18 (*Libération*, *Le Parisien Libéré*), le 21 (*La Croix*).

23. Deux mois et demi plus tard, dans le même journal, Guy Silva consacrera au chanteur un article beaucoup plus développé, à

l'occasion de « son entrée dans le jury des "Relais de la Chanson française" [concours de type radio-crochet] organisés par *L'Humanité Dimanche* et *L'Avant-Garde* », ce dernier étant le journal de la jeunesse communiste.

24. En parallèle, Jean Ferrat obtiendra le prix Henri-Crolla pour la chanson *Federico Garcia Lorca* et un prix de la Sacem.

25. Pour son spectacle et dans le 30 cm commercialisé à cette occasion, Zizi Jeanmaire choisira également *Mon bonhomme*, écrit entièrement par Jean Ferrat et *À nous deux mon ange* (paroles de Guetty Deutsch).

26. Par la suite, Ferrat et lui ne se croiseront plus qu'occasionnellement : « Lui, c'était la fine fleur du pavé parisien, de la butte Montmartre. Moi, j'avais tellement la flemme de monter à pied jusque là-haut que je ne fréquentais pas beaucoup Montmartre. C'était plutôt Saint-Germain-des-Prés, les quais, et nos chemins se sont effectivement séparés. [...] À une époque, il est venu chez moi en Ardèche, à Antraigues [...], mais on n'a pas refait de chansons ensemble » (à Annie Roquis-Millet et Philippe Savouret).

27. Il l'a chanté à la télévision le 15 juin dans un nouveau *Comme il vous plaira (Discorama)*, puis le 29 dans *Rendez-vous avec*, où il a interprété d'abord *Ma Môme*, *Federico Garcia Lorca* et *Ma fille*.

28. Texte de Michelle Senlis.

29. Texte de Georges Coulonges.

30. Que la chanteuse interprétera à la télévision dans un décor de bistrot, le 1er janvier 1963, lors de l'émission *Carte blanche à Datin et Vidalin*.

31. Michelle Senlis-Claude Delécluse/Claude-Henri Vic.

Chapitre 9

La Fête aux copains

Après l'Alhambra et une première tournée [1], cette rentrée 1962 aura été également marquée par le passage du couple à la Fête de *L'Humanité* à La Courneuve, Jean Ferrat se produisant sur la scène centrale. Le compagnonnage avec le Parti communiste commence et dès le mois d'août, à peine de retour du 8e Festival Mondial de la Jeunesse et des Étudiants (à Helsinki, cette année-là), il répond à André Vrolan dans *L'Humanité Dimanche*, à propos de son passage devant la foule considérable qu'on lui promet : « Vous savez, il m'est arrivé à plusieurs reprises de chanter devant près de dix mille personnes. Et au-dessus, on ne voit pas la différence. D'ailleurs, je chante le soir et sur la scène, la nuit, vous avez l'impression d'être seul, surtout si de forts projecteurs vous éclairent. » Sur le point d'enregistrer son deuxième 25 cm, il va y tester quelques nouveautés (*La Fête aux copains*, *Les Noctambules*, *Le P'tit Jardin*...), avant de les présenter dans trois émissions de télévision de septembre à décembre. Ce disque de transition, le dernier de la période Decca, ne recélera ni joyau façon *Federico Garcia*

Lorca ou *J'entends j'entends*, ni « tube » potentiel comme *Deux enfants au soleil*[2]. Il marque la fin d'une époque ; Ferrat en a composé toutes les mélodies mais n'a écrit aucun texte, Michelle Senlis, seule ou associée à Claude Delécluse, s'y taille la part du lion, un « petit nouveau », Georges Coulonges[3], signant la chaleureuse *Fête aux copains*, chanson qu'inconsciemment Ferrat lui aura sollicitée : « Un soir, à Ivry, dans le minuscule appartement de ses débuts, il me dit : “Georges, c'est curieux : maintenant tout le monde me propose des textes et toi... qui es mon ami... tu ne m'en proposes jamais.” Non, je ne lui en proposais pas : parce que lorsqu'il était inconnu je ne lui en avais pas proposé. Je me disais : “Si je lui en propose maintenant, il va penser que je veux profiter de sa réussite.” À cette minute, c'est lui qui m'y invitait. Quelques jours plus tard, je revins avec un texte. La chanson fut enregistrée par lui, Christine Sèvres, Juliette Gréco[4]. »

Aux arrangements, Alain Goraguer apparaît désormais sous son vrai nom sur cet album, et bien que cette *Fête aux copains* y soit placée en ouverture, gardons-la pour la bonne bouche. Avec *Les Noctambules*, de Senlis-Delécluse, Ferrat s'est visiblement amusé, tout en s'autorisant une de ces légères concessions de forme auxquelles il a fait allusion ici et là : un an avant *Nuit et brouillard*, prélude en succinct et trompeur filet de flûte à l'appui, il commet un twist pur jus sur lequel flottent des allures de Gainsbourg et des accents de Montand :

À Saint-Tropez à Sainte Canaille
Ils se retrouv'nt vaille que vaille
Les Noctambules...
Mais tous les soirs c'est immuable
Ils ont un whisky sur la table...

Les autres titres écrits par Senlis et Delécluse se révèlent inégaux : courtisant une fibre populo-passéiste et convenue, *Les Petits Bistrots* (« Au poêle à charbon / Avec l'apéro / La belote au fond ») valse laborieusement, Ferrat lui-même n'ayant pas été d'une vive inspiration mélodique. D'une texture bien supérieure, d'une palette beaucoup plus riche au grain intimement serré, *L'Homme à l'oreille coupée*, qui questionne les motivations profondes des peintres Vincent Van Gogh et Toulouse-Lautrec, a suscité chez Jean une composition musicale au diapason, mettant en valeur la phrase-clé de chaque refrain :

C'était le même désespoir
Et l'homme à l'oreille coupée
Le traînait toujours à ses pieds
Comme la terre à ses souliers

Le P'tit Jardin de Michelle Senlis constitue l'une des premières chansons de Ferrat sur l'environnement, l'oppression urbaine, l'écologie même, et ce thème cheminera de façon constante dans son inspiration. Ici, il tourne un peu court en prétexte et valse irrémédiable, pour caresser la nostalgie (« avant c'était pas la même chose ») et tisser un parallèle avec le risque d'évolution des sentiments de l'être aimé.

Il perd un jardin par semaine
Mon p'tit coin là-bas près d'la Seine...
Il y gagne quoi, la blessure
D'une maison de vingt étages
Où l'on mettra les hommes en cage

Avec *Les Nomades*, bouclé paraît-il en un quart d'heure, Michelle Senlis a réussi une évocation sensible de ceux qu'on appellera, au gré des auteurs et des circonstances, émigrants, immigrants ou immigrés [5]. Loin de toute référence politique, le trait privilégie ici l'image esthétique en osmose émotionnelle parfaite avec la mélodie en trois parties de Ferrat et la chaleur complice de sa voix. Reprise notamment par Isabelle Aubret, elle deviendra le principal succès de l'album, avec ses guitares flamenca en filigrane dès les premières notes :

Ils sont nés près de Barcelone
Ils ont grandi en Australie
Ils se sont aimés à Paris
Mais ils s'en vont encore d'ici

Sur roulement de tambour, *Mes amours* tire beaucoup moins bien son épingle du jeu (avec de surcroît le recours facile à Aragon), et sur un boléro [6] conduisant à un crescendo convenu, c'est le timbre de l'interprète qui sauve les meubles, sauf peut-être pour quelques journalistes de *Nous Deux*, *Festival* et autres *Bonnes Soirées* de l'époque :

Mes amours
Voici la terre promise
Quoi qu'on fasse quoi qu'on dise
Le cœur n'a qu'une chanson

Pour *Le Polonais*, Claude Delécluse a œuvré seule, et l'on se retrouve plongé dans une espèce de vieille complainte assez mélodramatique à la Piaf [7]. Rien à voir avec de quelconques « événements » (selon l'expression en cours alors en France, qu'il s'agisse d'Indochine, d'Algérie, puis des barricades du Quartier latin), mais l'histoire d'un pauvre type en proie à une peine d'amour sans espoir :

Le Polonais traînait encore son vieux chagrin
Il est venu s'asseoir a demandé du vin
Et les deux mains posées sur la table de bois
Il a servi deux verres et puis il a dit : « Bois ! »

À l'inverse de toutes ces chansons essentiellement sentimentales, *La Fête aux copains* imaginée par Georges Coulonges cultive une autre vision de l'amour, à la fois planétaire, enracinée dans la vie sociale et dans l'histoire ; une démarche, un ton, qui préfigurent le nouveau Ferrat, rejeton spirituel d'Aragon dans l'esprit toujours et, de temps en temps même, dans la forme. La musique invite à la danse, à la ronde, et les références fusent, de lieux, de personnages populaires, de dates contradictoires (14-18 et 14 Juillet), avec une histoire d'amour naturelle qui incite aux « bêtises » :

Il y a d'la joie dans l'air
Et du vent dans les voiles
C'est la fête à la rue
Où tous ces inconnus
Vont ranimer leur flamme

Cette *Fête aux copains*, qu'a enregistrée parallèlement Christine Sèvres ainsi que *Les Nomades*, va générer concrètement une grande soirée en son honneur sur la scène de Bobino, montée par des copains et où vont se succéder René-Louis Lafforgue, Isabelle Aubret, Frida Boccara, Maurice Biraud, Jean Yanne, Los Machucambos, Cora Vaucaire...

Jean Ferrat, bien sûr, est ce soir-là aux côtés de sa femme, et la presse va de plus en plus se faire l'écho de ce couple d'artistes, tant uni par les sentiments que par les idées. En ces années où, après le rock, le twist met à mal la chanson française, il existe, il est vrai, des sujets d'une autre gravité... à commencer par les « événements » d'Algérie. Le 5 septembre 1960, devant un tribunal militaire, s'est ouvert le procès des « porteurs de valises » (dix-sept « métropolitains » et six « musulmans »), accusés d'avoir organisé le transport de fonds et de matériel de propagande au profit du FLN et d'avoir hébergé en France certains de ses responsables. Immédiatement, cent vingt et un écrivains, universitaires et artistes publient une « Déclaration sur le droit à l'insoumission dans la guerre d'Algérie », dite le « Manifeste des 121 », et soulignant : « Faut-il rappeler que, quinze ans après la destruction de l'ordre hitlérien, le militarisme français, par suite des exigences d'une telle guerre, est parvenu à restaurer la torture et à en faire à nouveau comme une institution en Europe ? » Le futur auteur de *Nuit et brouillard* n'est certainement pas resté indifférent à ce rappel, mais rien n'est simple et mécanique en la matière ; ainsi, un journal de plus en plus proche de lui, *L'Humanité*, s'affirmera solidaire du « Manifeste » tout en se dissociant de l'appel à l'insoumission, et la seule personnalité du monde de la chanson à faire partie des 121 sera Catherine Sauvage[8].

En 1961, la situation s'emballe. Alors que le 8 janvier, 75 % des Français ont voté pour « l'autodétermination », quatre généraux[9] tentent de rallier l'armée à leur politique d'Algérie française, dans la nuit du 21 au 22 avril. Le putsch échoue, mais si Challe se rend, Salan, Jouhaud et d'autres gradés putschistes entrent dans la clandestinité et créent l'OAS, qui va perpétrer de nombreux plasticages et attentats terroristes, de Gaulle lui-même échappant de peu à l'un d'entre eux[10]. Le 17 octobre, une manifestation pacifique organisée par la fédération de France du FLN s'achève dans l'horreur : le lendemain, des dizaines de cadavres d'Algériens dérivent dans la Seine[11] ; le 8 février 1962, violemment chargés par la police, neuf manifestants contre les attentats de l'OAS (tous militants de la CGT et pour la plupart communistes) meurent étouffés contre les grilles du métro Charonne[12]. En mars, les accords d'Évian mettent fin à la guerre ; en avril, ils sont massivement ratifiés par référendum ; le 5 juillet, l'Algérie est enfin proclamée indépendante...

En dépit de ce contexte, aucune question d'ordre politique et social n'est jusqu'alors posée à Jean Ferrat au cours des différentes interviews qu'il donne à la presse écrite ou audiovisuelle. Certes, ces interviews ne sont pas encore si nombreuses et comme il a écrit finalement lui-même peu des textes qu'il chante (sept, plus un en collaboration, sur vingt-quatre enregistrés), c'est surtout *Federico Garcia Lorca* qui lui permettra d'affirmer un certain engagement, mais en liaison avec l'histoire et un devoir de mémoire qui l'inspireront davantage encore par la suite.

Le 18 décembre 1962, à quelques jours de ses trente-deux ans, Jean Ferrat est au programme d'un *Musicorama*, organisé par Europe n° 1 à l'Olympia[13]. Présenté par Jacques Martin qui se livre à diverses imitations, le programme dont la vedette est Dalida comporte cinq autres artistes : Robert Ripa, les Spotnicks, Luce Klein, Franca Di Rienzo et Claude François. À l'occasion de cette soirée diffusée (intégralement ou en partie) les 18, 25 et 26 décembre sur Europe n° 1, l'organisateur de spectacles et imprésario Eddy Marouani note dans ses méticuleuses fiches de terrain : « progresse de passage en passage – très gros succès dans *Deux enfants au soleil* – doit devenir une grosse vedette [14]. » Bien vu...

Notes

1. Dont il ne faudrait pas exagérer l'importance, comme le rappelait Ferrat lui-même à Fred Hidalgo en décembre 1980 (pour *Paroles et Musique*, art. cité) : « J'ai tourné un peu en France pendant un ou deux ans, mais je n'avais pas encore beaucoup de galas. Ce n'était pas encore évident. [...] À cette époque-là, je n'ai jamais été beaucoup aidé par la presse, au contraire. C'était le début Vartan. [...] C'est quand même *Nuit et brouillard* en 1963 qui a tout déclenché. »

2. Ce qui n'empêchera pas une Denise Glaser de trouver ces huit chansons « toutes plus attachantes les unes que les autres »...

3. Savoureux auteur de chansons, qui en offrira encore plusieurs à Ferrat (*Potemkine*, *La Commune*...), mais aussi à de très nombreux autres artistes, de René-Louis Lafforgue (*L'École buissonnière*) et Francis Lemarque (avec lequel il créa la fresque historique sur la capitale : *Paris Populi*) à Annie Cordy (*Six roses*), Bourvil (*Abuglubu Abugluba*), Nana Mouskouri (*L'Enfant au tambour*)... Il a également écrit de nombreux romans (*Le Général et son train*, *La Lune Papa*...) et pièces de théâtre, ainsi que différents feuilletons télévisés à succès (*Pause-café*, *Joëlle Mazart*...). Il est décédé en juin 2003 peu après ses quatre-vingts ans.

4. *Ma communale avait raison*, *op. cit.*

5. Quelques semaines plus tôt, dans un esprit voyageur proche, Charles Aznavour avait lancé *Les Comédiens*, sur un texte de Jacques Plante.

6. Cousin malencontreux du *Et maintenant* de Gilbert Bécaud, succès des mois précédents...

7. Avec Michelle Senlis, Claude Delécluse a été très impressionnée par Édith Piaf, pour laquelle les deux femmes ont d'ailleurs écrit deux énormes succès : *C'est à Hambourg* et *Les Amants d'un jour*.

8. Contacté, Léo Ferré refusera de signer. Il en rappellera la raison lors d'une émission, *Campus*, de Michel Lancelot : « Quand on parle de la guerre des autres, il faut partir et aller la faire. Pour cette raison, je n'ai jamais employé le mot Vietnam ou le mot Biafra. En fait, je n'aime pas les gens qui agitent des idées dans les bureaux. [...] Les idées généreuses autour d'une table ne sont pas aussi généreuses que cela. » (D'après Serge Dillaz, *Vivre et chanter en France*, *op. cit*).

9. Maurice Challe, Edmond Jouhaud, Raoul Salan, André Zeller.

10. Le 22 août, au Petit-Clamart (Hauts-de-Seine).

11. On avance le chiffre de deux à trois cents morts, contre deux morts et soixante-quatre blessés, selon la préfecture de police dirigée alors par Maurice Papon.

12. Le défunt groupe La Tordue a dédié une chanson (*Paris, oct. 61*) à la première en 1995, et Leny Escudero (*Je t'attends à Charonne*) à la seconde en 1967.

13. Jean Ferrat était déjà à l'affiche d'un *Musicorama* le mardi 19 juin de la même année, avec Castel et Sahuquet (présentation), Arielle, Pierre Perrin, Fernand Raynaud et, en vedette, Gloria Lasso. En revanche, Ferrat ne repassera plus jamais à l'Olympia : un troisième *Musicorama* sera diffusé le 25 juillet 1965 avec lui (et les Virginia Boys, Michel Mallory, les Swingle Singers, Peter, Paul and Mary), mais il s'agit selon toute vraisemblance d'une compilation.

14. Eddy Marouani, *Pêcheurs d'étoiles, profession, imprésario*, Éd. Robert Laffont, 1989 (Annexes : *Fiches spectacles – Années 1950-1960*).

Chapitre 10

Nuit et brouillard

« Ils sont trop glamour ! » tartinerait-on de nos jours dans les gazettes spécialisées... Moment décisif de la carrière de Jean Ferrat, l'année 1963 distille dès ses premières semaines des chroniques sentimentalistes sur Jean et Christine. « En s'aimant et en chantant, les FERRAT poursuivent à deux leur merveilleux voyage », titre *Music-Hall*[1], sous une grande photo du couple les yeux dans les yeux ; on y « apprend » notamment que Christine, qui a tendance à être trop impulsive selon Jean, trouve justement qu'il « ne s'emballe pas assez ». Y aurait-il une raison de cause à effet en ce qu'elle aime le noir et le homard à l'américaine, alors qu'il préfère le rouge et la purée ? Et des revues comme *Bonheur* et *Festival* s'en donnent à cœur joie, en incluant la plupart du temps une photo de Véronique, la fille de Christine. Tout en retraçant à la louche leurs parcours et l'originalité de leurs choix artistiques, ces magazines les traitent tout simplement comme les « idoles » de cette période yé-yé, derrière lesquelles désormais tout le monde court peu ou prou.

Ainsi, après avoir observé le phénomène avec une certaine prudence, Bruno Coquatrix, le patron de l'Olympia, programme-t-il officiellement en avril un show intitulé *Les Idoles des jeunes*, dont Sylvie Vartan et Claude François sont les vedettes (par un curieux hasard, au même programme figure une chanteuse d'une autre trempe et d'une autre génération, Colette Magny, dont le *Melocoton* va obtenir un vrai succès). Bien sûr, la vague rock sera davantage à rechercher du côté du Golf Drouot d'Henri Leproux ou du Palais des Sports ; palais populaire en diable où – après le premier festival avec Johnny Hallyday, Les Chaussettes noires et Frankie Jordan [2], puis le scandale suscité six mois plus tard [3] par cinq mille « blousons noirs » transformant en bataille rangée la fête annoncée avec Vince Taylor – allait se dérouler le 22 juin 1963 la fameuse « Nuit de la Nation » (150 000 personnes et un seul blessé léger) qui incitera un plumitif nommé Philippe Bouvard à s'interroger : « Quelle différence entre le twist de Vincennes et les discours d'Hitler au Reichstag [4] ? »

Dans le même temps, la chanson française ne dépare pas : en dix ans, Brassens a livré ses neuf disques 25 cm numérotés, jusqu'à celui de 1962 avec *Les Trompettes de la renommée* et *La Guerre de 14-18* ; Brel a immortalisé son *Plat Pays* et vient de railler *Les Bourgeois* avant de se préparer à dynamiter l'Olympia avec *Amsterdam* ; Ferré et Gainsbourg ironisent chacun à leur manière entre des variantes des *Temps difficiles* [5] et *T'es rock, coco !* pour le premier, et *Chez les yéyés* pour le second, qui ne va pourtant pas tarder à remporter l'Eurovision par France Gall et *Poupée de cire, poupée de son* interposées ; Béart (« le dernier des trois B », aurait dit Brassens) lance *Suez*, crée la première maison de disques autogérée en France et anime *Bienvenue* à la télévision ; Barbara est sur le point de décoller avec son premier album de compositions personnelles, dont *Dis, quand reviendras-tu ?* ; Bécaud, qui conjugue *Dimanche à Orly* et *Tantes Jeanne*, commence à être rattrapé par Aznavour, à l'affiche de l'Olympia pendant six semaines, avec deux albums la même année et des succès colossaux comme *For me formidable* et *La Mamma*. Et Claude Nougaro, à l'inverse, malgré des joyaux nommés *Cécile ma fille*, *Chanson pour Marylin* ou *Je suis sous*, devra encore batailler ferme pour toucher le « grand public »...

Si certains de ces artistes « explosent » en ce début des années soixante, c'est aussi grâce au support d'une maison de disques dynamique qui, s'inspirant largement de l'expérience américaine, a su apporter un renouveau technologique et commercial à l'industrie phonographique hexagonale. Une maison de disques symbolisée par un homme, Eddie Barclay[6], à l'origine pianiste de jazz, ce qui lui facilite d'évidence les relations avec les chanteurs et les musiciens. Ainsi, après Léo Ferré et Charles Aznavour en 1960, puis Brel en 1962, Jean Ferrat décide de quitter Decca pour signer avec lui en 1963. Dans son livre autobiographique *Que la fête continue*[7], Eddie Barclay dresse un portrait significatif de sa nouvelle recrue : « Il est beau, grand, bâti comme un paysan intello (c'est rare), d'idées communistes s'il n'est pas au Parti, avec une voix superbe, bien faite pour marteler les mots. Son ami et producteur de toujours (il l'est encore), Gérard Meys, me confirme que Ferrat a envie de travailler chez moi pour les mêmes raisons que Brel ou Ferré : maison française, un seul interlocuteur, pas de censure, pas de problèmes matériels (air connu). » Le chanteur y enregistrera pendant une décennie, jusqu'au moment où il prendra sa retraite scénique.

À l'automne 1963, Christine Sèvres n'en est pas encore là, même si pour certains professionnels elle figure aux premiers rangs d'une alternative, d'une relève. Ainsi Jean Curtelin[8] consacre-t-il un reportage de trois pages, illustrées d'importantes photos et d'un gros titre, à « Ces trois grandes dames, CHRISTINE SÈVRES, JACQUELINE DANNO, LUCE KLEIN [*qui*] sont parties à l'assaut du rock pour sauver la "Chanson française" ». Après trois paragraphes d'introduction, le journaliste présente chacune d'entre elles et écrit : « Christine Sèvres est une des plus aimées des artistes de Paris. [...] Christine Sèvres a fait de l'intelligence une méthode de chant. Elle décortique ses textes avec une telle précision que l'on est étonné de découvrir une autre chanson quand elle passe un air connu. Jean Ferrat, son époux, n'a jamais eu de meilleure interprète qu'elle. Elle affectionne la chanson spirituelle et hésite à chanter des mélodies d'amour parce qu'elle n'en trouve aucune à son goût. Comme il est naturel, Christine espère bien être engagée par un des grands music-halls de Paris et revenir au théâtre qu'elle n'a pas renié pour autant. » Peu après, Georges Brassens, qu'elle a croisé en cabaret et avec lequel elle est devenue amie[9], lui propose de participer à une tournée d'octobre à décembre[10]. Et en novembre sort le deuxième super 45 tours de Christine, d'une densité encore accrue, dans des orchestrations d'Alain Goraguer. Avec *Point de vue*[11], tout est dit sans discours sur l'indécence déjà banale de la France d'en haut, sur une société où les classes ne sont pas prêtes de disparaître.

Faudrait voir à pas mélanger
Les torchons avec les serviettes...

[...] Moi j'dis que l'hiver a pas l'même goût
À Megève ou sous le pont de Saint-Cloud

Nouveau coup de gueule d'une autre nature, *La Romance*[12] constate que tout fout le camp dans la chanson française en ces temps de rock et de twist (« Elle est bien finie la romance »), ce qui poussera l'auteur de cette chanson à laisser tomber le métier deux ans plus tard. Et avant *Le Clown* de Giani Esposito, dont Christine Sèvres s'approprie la dimension tragique et désespérée[13], *400 enfants noirs* (dont Ferrat a composé la musique sur un texte de Michelle Senlis et qu'il enregistre de son côté) enfonce gravement le clou sur un thème musical obsédant, culpabilisateur pour qui cultive son petit bonheur tranquille :

Quatre cents enfants noirs
Dans un journal du soir
[...] M'empêchent de dormir

En décembre, à peine ce remarquable 45 tours est-il dans les bacs que sort celui de Jean avec l'antiraciste *Quatre cents enfants noirs* précédé par *Les Enfants terribles*, *Horizontalement*, et suivi par *Sainte Canaille*. Ce dernier titre ne figure pas parmi les huit du 25 cm qui paraît le même mois, avec trois futurs grands succès : *C'est beau la vie*, *Nous dormirons ensemble* et surtout *Nuit et brouillard*. Clin d'œil volontaire ou non aux *Noctambules* (« À Saint-Tropez, à Sainte Canaille »), le titre écarté cultive à nouveau – sous la plume de Pierre Cour – une vision convenue, courtoise, de l'amour (« Petite Sainte Nitouche / Tu viens sur ma bouche / Chercher ton plaisir / Mais tu t'effarouches / Quand ma main te touche »), que Ferrat va de plus en plus abandonner pour suggérer une autre image de la femme, qui pour l'heure ne lui semble pas tout à fait représenter « l'avenir de l'homme ». Même constat, mêmes réserves pour *Horizontalement*, exercice de style cruciverbiste commis par Roland Valade (« Verticalement / Tu n'es pas une affaire / Je sais bien / Mais horizontalement / C'est toi que je préfère / Et de loin ») qui d'ailleurs, pas plus que *Sainte Canaille*, ne suscitera un très grand écho. Ce sont pourtant ces deux chansons qui connaîtront d'abord les honneurs de la télévision, dès le mois de novembre. Il faudra attendre le 26 janvier 1964 pour que *Nuit et brouillard* arrive sur le petit écran, et dans *Discorama* de Denise Glaser qui trouve qu'on ne parle pas assez de Jean et qu'il en est un peu responsable. Pas parce qu'il ne fréquente pas les boîtes de nuit et autres endroits à la mode mais pour une raison plus profonde : « Dans votre manière de composer, d'écrire des chansons, précise l'animatrice, il y a une audace certaine ; or, je ne suis pas sûre que, dans la manière de mener votre carrière, il y ait cette audace-là. Et je le répète, ce n'est pas un jugement de valeur : on peut n'avoir pas envie de faire une carrière d'interprète… » Ce à quoi Ferrat répond qu'il en a tout à fait envie, même si ce qui le passionne d'abord, c'est d'écrire des chansons. Et elle poursuit : « Vous chantez, vous composez, vous écrivez des chansons où il est question des fleurs, des petits oiseaux, des enfants au soleil, de la mer, d'une part ; et d'autre part – en cela, vous êtes un des rares – vous écrivez des chansons qu'on pourrait appeler engagées. Je n'aime pas du tout les chanteurs à message, mais dans votre cas la chanson engagée me paraît une chose essentielle, c'est-à-dire qu'il semble que vous considériez la vie d'une façon normale (comme tout le monde devrait la considérer) avec l'importance qu'a le plaisir, mais aussi l'importance qu'a le malheur et surtout le malheur des autres. [...] Je pense que c'est très réconfortant d'entendre un auteur de variétés dire que le monde existe en dehors et au-delà des variétés. En tous les cas, vous avez un jour écrit une très belle chanson qui s'appelait *Federico Garcia Lorca*, vous venez d'écrire *Quatre cents enfants noirs* et puis maintenant *Nuit et brouillard.* »

Nuit et brouillard est sans nul doute la première réussite majeure, conçue paroles et musique par Jean Ferrat. Une gageure, d'une écriture à la fois très accessible et très dense, quatre couplets et une manière d'envoi final qui s'adresse directement aux protagonistes, aux victimes des camps, passant du « Ils étaient vingt et cent » au « Vous étiez vingt et cent ». Qui bien sûr s'appuie aussi sur la mémoire personnelle du drame familial vécu, de ce père arraché, disparu brutalement dans le Paris de l'Occupation, et dont la femme et les enfants n'apprendront la déportation et la mort que beaucoup plus tard [14]. Devenu Jean Ferrat, le dernier des Tenenbaum cherchera longtemps l'angle adéquat pour que l'évocation terrible reste une chanson : « J'ai mis des années à l'écrire ! précisera-t-il à Fred Hidalgo [15], l'un des rares journalistes à l'avoir régulièrement rencontré depuis 1980. Je veux dire que j'en avais l'idée depuis longtemps et qu'il m'a fallu des années pour que j'arrive à la faire. Mais à partir de là, les gens ont eu non seulement une connaissance plus juste de moi, mais aussi comme un sentiment de reconnaissance à mon égard. Et ça, c'est une chose que j'ai toujours sentie depuis, à travers tout ce que j'ai fait, et qui est tout à fait fondamentale. »

Le déclic qui va permettre au chanteur d'écrire la chanson d'une traite, « en une seule journée », confiera-t-il [16], tient au hasard, ou plutôt à l'une de ces rencontres inopinées qui nourrissent les imaginaires en éveil organique. « Un jour que j'étais en vacances sur une plage perdue de Bretagne, raconte Ferrat, j'ai entendu une jeune fille demander à sa mère en désignant les blockhaus encore dressés là : "Qu'est-ce que c'est ?" La mère a fait une vague réponse et j'ai pensé qu'il y avait des tas de gens qui avaient oublié ou qui ignoraient ce qu'avait été la guerre [17]. » D'où les deux vers du quatrième couplet avant l'envoi final précédemment souligné : « Je twisterais les mots s'il fallait les twister / Pour qu'un jour les enfants sachent qui vous étiez. » Aujourd'hui, Ferrat écrirait sans doute « je rapperais » ou « je slamerais ». Émouvant sans céder au pathos, il raconte l'irracontable. L'inimaginable, pour ces hommes « nus et maigres tremblants », entassés comme du bétail, emportés dans la nuit sans comprendre pourquoi, sans savoir vers où. Qui parfois espèrent encore, prient « Jésus, Jéhovah ou Vichnou » ou ne prient pas (tels « Celui qui croyait au ciel, celui qui n'y croyait pas [18] », d'Aragon) et se retrouvent tous, en ces moments ultimes, si semblables malgré leurs différences. Que l'athée Ferrat singularise ici seulement à travers leurs prénoms : « Jean-Pierre, Natacha ou Samuel ». En revanche, avec le recul, le terme « Allemands » et pas « nazis » (« Les Allemands guettaient du haut des miradors »), fondé de fait, soulèvera des réticences, voire des rejets [19], mais l'adhésion immédiate et massive du public s'attachera surtout au propos essentiel, avalisant le parti pris du chanteur à contre-courant de la mode décervelante du moment :

On me dit à présent que ces mots n'ont plus cours
Qu'il vaut mieux ne chanter que des chansons d'amour
Que le sang sèche vite en entrant dans l'histoire

Une réaction des gens, un succès énorme de la chanson que Ferrat s'explique ainsi : « Elle a touché leur fibre sensible. Je ne parle même pas de ceux qui avaient été victimes de la guerre et de la déportation, ceux-là évidemment, mais de tous les gens qui avaient gardé, disons, l'esprit de la Résistance, de l'union. Cette chanson, qui disait qu'il ne faut pas oublier les choses mais essayer de les maintenir dans l'esprit des jeunes, les a vraiment touchés, je crois[20]. »

Outre la mémoire familiale, *Nuit et brouillard*, le film éponyme réalisé en 1955 par Alain Resnais (avec un texte de l'écrivain Jean Cayrol dit par Michel Bouquet), a évidemment inspiré Ferrat, qui a d'ailleurs demandé aux auteurs l'autorisation de reprendre le titre. Celui-ci fait lui-même allusion à un décret signé le 7 décembre 1941 par le maréchal Wilhelm Keitel ordonnant la déportation de tous les ennemis du Troisième Reich (y compris pour les infractions commises contre les forces d'occupation dans les territoires occupés) dans le cadre de dispositions dites « Nuit et brouillard » ; transférés en Allemagne, tous ces opposants disparaîtraient dans le secret le plus absolu. Bien qu'il s'agisse d'un court métrage de trente-deux minutes, le film de Resnais et Cayrol[21] provoqua un choc violent, en donnant à voir l'horreur concentrationnaire et en alternant images d'époque en couleurs et archives en noir et blanc. « Toute la force du film réside dans le ton adopté par les auteurs : une douceur terrifiante ; on sort de là ravagé, confus et pas très content de soi », déclarait François Truffaut en 1975. Cela étant, une décennie à peine après la fin de la guerre, l'extermination spécifique des juifs n'y est pas abordée (les survivants – 4 % des déportés, pour la France – ont alors tendance à se réfugier dans leur douleur et les travaux d'historiens n'ont pas encore suffisamment mis au jour le génocide), comme dans la chanson de Jean Ferrat[22]. Autre point commun, l'œuvre de Resnais/Cayrol subira immédiatement les pressions de la censure (masquage d'un képi de gendarme français et déprogrammation de la sélection officielle du Festival de Cannes à la demande de l'ambassade d'Allemagne[23]), alors que la chanson sera implicitement écartée des antennes.

En ce début d'année 1964, où le pouvoir gaulliste s'est renforcé[24] considérablement, ce n'est pas le passage de ladite chanson dans l'exemplaire émission de Denise Glaser du 26 janvier qui va la « lancer », mais sa diffusion quelques jours plus tôt sur l'antenne d'Europe n° 1, radio dite périphérique[25] d'un impact très important à l'époque, où Gérard Meys a d'efficaces connaissances. Dans le même temps, *Nuit et brouillard* est considérée comme inopportune par le directeur général de la RTF, Robert Bordaz[26]. « En fait, elle n'était pas interdite mais "déconseillée", se souvient Jean Ferrat[27]. C'est-à-dire qu'en principe on ne la diffusait pas. Bien sûr, c'était une consigne orale, on n'a jamais vu une note de service, mais on a su qu'il avait été déconseillé aux programmateurs de la diffuser, déconseillé par… l'autorité dans l'ombre. » Et il ajoute : « Je l'ai quand même chantée dans une émission TV qui s'appelait *Télé-Dimanche*[28], et surtout dans une émission d'Europe n° 1 qui a eu un écho extraordinaire (pourtant Cogoni[29] disait : "On ne peut pas parler de ça en chanson !", mais il avait quand même fait l'émission). Les auditeurs appelaient, ils doivent encore s'en souvenir, et *Nuit et brouillard* a été plébiscitée par une très large majorité, à 90 ou 95 %… » Guy Silva lui consacre un article à chaud dans *L'Humanité*[30] qui, de plus en plus, va devenir logiquement « son » journal. En l'occurrence, Ferrat y est « en visite » avec Isabelle Aubret, et le journaliste écrit : « Six cents lettres en quarante-huit heures ! Tel est le courrier reçu par Jean Ferrat à la suite du passage de *Nuit et brouillard* sur les ondes d'un poste périphérique. Ces mots étaient inscrits sur les wagons plombés qui transportaient des êtres humains dans les camps de la mort lente. [...] Si l'on se réfère au test constitué par ces six cents lettres, 80 % des correspondants, en majorité des jeunes et des déportés, ont écrit pour le féliciter "d'avoir exprimé si douloureusement, d'une façon si poignante, les sentiments étreignant ces malheureux". » Et le quotidien publie notamment le témoignage émouvant et reconnaissant d'une jeune femme dont le père mort à Dachau se prénommait Jean-Pierre et la mère, décédée dans le convoi, s'appelait Natacha... comme dans la chanson.

En cette époque de rapprochement franco-allemand[31], le sujet reste sensible et *Nuit et brouillard* réveille trop de mauvais souvenirs aux yeux de certains[32]. De manière directe ou camouflée, cela se paie. Dans *L'Humanité* du 9 avril 1964, un encadré signé G.G. annonce : « Jean Ferrat pourra-t-il continuer à chanter à la télévision ? » Et le journal précise « les faits » en date du 20 mars, à Télé-Nice, où un cachet « syndical » ayant été refusé à Jean Ferrat, celui-ci a décidé de ne pas participer à l'émission ; du coup, « Réaction de Paris : les stations régionales de radio et de télévision seront interdites du 23 mars au 15 avril à Ferrat. Pire, la diffusion de ses œuvres ne sera plus autorisée ». Et l'article ajoute que les chanteuses Chantal Simon et Isabelle Aubret, n'ont ainsi pas pu interpréter des chansons de l'éternel « raisonneur[33] » à Lille et à Marseille. Prétexte syndical ou pas, toujours est-il que le chanteur connaît sa première escarmouche avec la censure larvée télévisuelle et que ce ne sera pas la dernière...

Outre *Nuit et brouillard*, l'album comporte un autre énorme succès : *C'est beau la vie*. Sur un texte de Claude Delécluse et Michelle Senlis destiné encore à Isabelle Aubret qui se remet courageusement de son accident, Jean Ferrat a dessiné une de ces mélodies dont il a le secret, et sa voix ample et chaleureuse porte l'espoir avec une espèce d'évidence.

Un oiseau qui fait la roue
Sur un arbre déjà roux
Et son cri par-dessus tout
Que c'est beau c'est beau la vie

L'exemple même d'une grande chanson populaire sans populisme aucun, où chanson et « variétés » se rejoignent. « Je crois qu'il faut être simple, direct et efficace et qu'il faut essayer de se faire comprendre du public », explique Jean Ferrat à Guy Silva[34], qui note : « Ses microsillons (33 ou 45 tours) représentent actuellement l'une des premières ventes : 50 000 exemplaires environ ont été vendus en trois mois. »

La volonté affichée de simplicité du chanteur ne l'empêche pas de piocher à nouveau avec bonheur dans l'œuvre d'Aragon, pour un *Nous dormirons ensemble* en parfaite adéquation avec l'image médiatisée de son couple, et qu'il interprète à l'occasion en face de Christine Sèvres sur le petit écran[35].

C'était hier et c'est demain
Je n'ai plus que toi de chemin

J'ai mis mon cœur entre tes mains
Avec le tien comme il va l'amble

D'une notoriété moindre, mais dont nombre des pairs de Ferrat se contenteraient, *À Brassens* rend un hommage empreint d'humour tendre à un grand ami de Christine. « J'ai eu envie de l'écrire en allant voir Brassens à l'Olympia en 1962, dit Jean à Fred Hidalgo [36]. C'était la pleine époque du "yé-yé" sur les antennes ; moi, je trouvais ça débile, n'empêche que c'était ce qui marchait ! Personnellement, je n'avais pas à me plaindre, je chantais, mais je me demandais comment les autres allaient faire pour s'en tirer. Filipacchi me disait (parce que je discutais avec lui à ce moment-là, quand même, et c'était un grand connaisseur de jazz) : "C'est avec ça que les jeunes viendront au jazz !" [*Silence.*] On avait l'impression, pourvu qu'il y ait trois guitares électriques, que les gens se foutaient du reste... Et puis, je suis allé voir Brassens à l'Olympia. Lui, il arrivait avec sa guitare, il parlait, il disait des mots, il chantait, et les gens écoutaient ! C'était encourageant ! Alors j'ai écrit cette chanson parce que j'ai senti qu'il se passait quelque chose d'important : une salle qui écoutait un chanteur. » Pertinente réaction ; dans une ambiance musicale proche de celle du « maître », les trois couplets conjuguent savoureusement les références (« moustache » avec « mort aux vaches », « fesses » avec Bardot... et « confesse », « mauvais drôle » et « Auvergnat ») et l'auteur athée se paie le luxe d'un narquois remerciement à Dieu, en latin et aux sous-entendus rien de moins que sexuels :

Et puisque les dames en raffolent
On n'peut pas dire qu'elles soient folles
Deo Gratias

Les deux autres titres de ce premier album de la décennie Barclay restent aujourd'hui très méconnus, et l'on ne s'en plaindra pas exagérément pour *Toujours la même g…*, une variation ratée entre le paraître et l'être, la « gueule[37] » et ce qu'il y a « derrière la façade » ; en revanche, *Les Enfants terribles*[38], également de Ferrat paroles et musique, recèle une tout autre substance et pressent l'appétit de liberté et d'absolu qui va agiter la jeunesse, une poignée d'années plus tard, en mai 68 :

Avec leurs grands rires avec leurs façons
De toujours remettre le monde en question
Ce sont eux qui font les révolutions
Les enfants terribles ont toujours raison

De *Nuit et brouillard* (« Pour qu'un jour les enfants sachent qui vous étiez ») à ces *Enfants terribles*, en passant par les *Quatre cents enfants noirs*, beaucoup d'enfants traversent décidément ce disque capital de Jean Ferrat, dont le regard navigue désormais à plein entre la mémoire et l'avenir de l'homme.

Notes

1. N° 22, de janvier. Une vingtaine de pages plus loin, on peut néanmoins y lire : « L'Échelle de Jacob reste le seul laboratoire de la chanson française. »
2. Le 24 février 1961.
3. Le 18 novembre.
4. *Le Figaro*, 25 juin 1963.

5. Au gré de l'actualité, Léo Ferré a écrit différents couplets pour cette chanson. Fin 1961 (Alhambra), sa condamnation de la torture en Algérie (« Fil'–moi ta part mon p'tit Youssef / Sinon j'te branch'-sur l'EDF ») lui vaudra d'être plastiqué par l'OAS.

6. Né Édouard Ruault, dix ans (moins un mois, jour pour jour) avant Jean Ferrat. Décédé dans la nuit du 12 au 13 mai 2005 à l'âge de quatre-vingt-quatre ans.

7. Éd. Robert Laffont, 1989. Avec la collaboration d'André Bercoff et Christian Brincourt.

8. *Music-Hall* n° 29/30 d'août-septembre 1963.

9. « Quelque part, ils étaient comme des frère et sœur... avec aussi leur passion pour les chats » (Véronique Estel, à l'auteur, art. cit.).

10. Avec notamment Jean Arnulf, Jean Obé – auteur du savoureux *Oscar et Irma* qu'elle va interpréter – et Boby Lapointe.

11. Texte de Martine Merri, musique de Jean Arnulf.

12. De Joël Holmès.

13. Un trait que Jean Ferrat lui-même soulignera vingt-cinq ans plus tard (le 18 mars 1989) dans *Opus* (France Culture), émission déjà citée de David Jisse et Véronique Estel, où le chanteur précisera : « C'est ce qui était peut-être [chez elle] le plus apparent. J'ai toujours ressenti cela, dès que je l'ai connue, et je pensais que c'était une chose qui, au fur et à mesure qu'elle ferait des progrès, s'améliorerait, arriverait à s'exprimer, disparaîtrait... Je me trompais. »

14. Quand, prenant sa guitare, lors de « vacances méridionales », Jean montrera *Nuit et brouillard* à Georges Coulonges, celui-ci lui parlera de « chef-d'œuvre ». Il s'en souviendra : « Je crois qu'il ne s'en rendait pas compte. [...] Étayée par nos sentiments communs sur l'Occupation, notre amitié s'appuyait sur une même pudeur. Il ne me dit pas la source de son inspiration. J'appris par d'autres le drame de sa jeunesse : je ne lui ai jamais dit que j'avais été résistant » (*Ma communale avait raison*, *op. cit*).

15. Pour le dossier Ferrat du n° 7 du mensuel *Paroles et Musique* qu'il a créé en juin 1980.

16. À Guy Silva, *L'Humanité*, 22 janvier 1964.

17. À Bella Laurence, *L'Humanité*, 21 novembre 1963.

18. *La Rose et le Réséda*, dédié à quatre grands résistants de sensibilités idéologiques différentes et qui furent fusillés par l'armée allemande : Gabriel Péri et Guy Môquet, communistes ; Honoré

d'Estienne d'Orves, gaulliste ; Gilbert Dru, membre de la Jeunesse chrétienne. Le poème fut publié en 1943 dans la brochure résistante *Mot d'ordre*, dans de nombreuses éditions clandestines et en décembre 1944 dans *La Diane française*.

19. Ainsi, en avril 1965, Leny Escudero enregistrera *Tans pis pour Verdun*, contre la haine encore vivace des Allemands (« Dans ma chanson, je parle d'un mec qui dit à son grand-père mort à Verdun : "Demain, je me marie à Berlin, es-tu content ?" Et le grand-père fait la gueule... Et je disais, toute la France encore fait la gueule quand un Français veut épouser une Allemande ou l'inverse... C'est vrai que je m'étais fait ramasser par toute la presse et j'avais eu droit à l'éditorial de *Combat* ! » (à l'auteur, pour le dossier « Leny Escudero » de *Chorus*, n° 18, décembre 1996).

20. À Fred Hidalgo, entretien cité (février 1981).

21. Lui-même rescapé des camps.

22. En janvier 2005, à l'occasion du soixantième anniversaire de la libération du camp d'Auschwitz, le mensuel *Nouvelles d'Arménie Magazine* publiait une interview de Meïr Waintrater, directeur de la direction de *L'Arche*, le « Mensuel du judaïsme français ». À propos de cette absence de référence explicite aux juifs, ce dernier cite en exemple *Nuit et brouillard*. Estimant que la chanson évoque « les résistants, essentiellement les résistants communistes puisque c'était la mouvance à laquelle appartenait Jean Ferrat » et que « le seul moment où l'identité juive apparaît est dans "Samuel" et "Jéhovah" », il en conclut (tout en reconnaissant qu'il était « à l'époque très content de cette chanson » que sa génération avait « accueillie avec soulagement ») : « Aujourd'hui, un tel texte serait attaqué pour négationnisme implicite. » Le 24 février 2005, soulignant que c'était la première fois depuis quarante-deux ans que sa chanson suscitait « une réaction de cette nature », Jean Ferrat réagissait par une lettre aussi vigoureuse qu'indignée, soulignant que « justement, *Nuit et brouillard* est dédié à toutes les victimes des camps d'extermination nazis quelles que soient leurs religions et leurs origines, à tous ceux qui croyaient au ciel ou n'y croyaient pas et, bien sûr, à tous ceux qui résistèrent à la barbarie et en payèrent le prix ». Réfutant également les « interprétations tendancieuses » au sujet des résistants « essentiellement communistes », Jean Ferrat poursuit : « Si j'avais aujourd'hui à regretter quelque chose, c'est de n'avoir pas cité les autres victimes

innocentes des nazis, les handicapés, les homosexuels et les Tsiganes. » Et il conclut, à propos de l'accusation supposée de « négationnisme implicite » : « Je me demande par quelle dérive de la pensée on peut en arriver là, et si vos propos ne relèvent pas simplement de la psychiatrie. » Meïr Waintrater lui répondra par une longue lettre, mais estimera par la suite que la polémique est close.

23. Différents organes de presse soutenant le film, Jean Cayrol écrira dans *Le Monde* (11 avril 1956) : « La France refuse d'être la France de la vérité, car la plus grande tuerie de tous les temps, elle ne l'accepte que dans la clandestinité de la mémoire. Pour des motifs politiques d'opportunités que notre propre pays n'aurait pu se permettre d'avoir, tout de même, sans le sacrifice de tant de concentrationnaires, elle arrache brusquement de l'Histoire les pages qui ne lui plaisent plus, elle retire la parole aux témoins ; elle se fait complice de l'horreur, car notre dénonciation ne portait pas seulement sur le système concentrationnaire nazi mais sur le système concentrationnaire en général, qui fait tache d'huile et tache de sang sur toute la Terre encore sinistrée par la guerre... »

24. Fin octobre 1963, par référendum, le Général a entrepris de réviser la Constitution, et 62 % des votants ont approuvé l'élection du président de la République au suffrage universel.

25. Dont l'émetteur est implanté en Sarre, à l'est du Luxembourg, l'État français détenant néanmoins à cette époque (et jusqu'en 1986) une partie du capital de la société par l'intermédiaire de la Sofirad (Société financière de radiodiffusion).

26. Le 18 avril 1964, il inaugurera à ce titre la « deuxième chaîne », programme quotidien « complémentaire » de celui de la première, et revendiqué novateur, etc., mais – vertu initiale mise en avant par M. Bordaz – « en essayant d'être aussi gai, aussi récréatif que possible ». Alors, *Nuit et brouillard*, évidemment... Trois mois plus tard, le 25 juillet, la RTF devenait l'ORTF (Office de radiodiffusion télévision française) et Robert Bordaz cédait la place à Wladimir d'Ormesson, sous la houlette du ministre de l'Information en exercice, Alain Peyrefitte... venu « quoique légèrement souffrant » (sources INA).

27. Propos recueillis par Fred Hidalgo en décembre 1980.

28. Absent des fiches de l'INA, mais a priori le 3 janvier 1965. Et Jean chantera *Nuit et brouillard* (ainsi que *La Montagne* et *C'est beau la vie*), le 26 février suivant dans *Music-Hall de France*.

29. Michel Cogoni, animateur de radio, de télévision et également chanteur, mort quelques années plus tard dans un accident de la route.

30. Du 22 janvier 1964.

31. Un traité bilatéral a été signé à l'Élysée le 22 janvier 1963 par le général de Gaulle et le chancelier Konrad Adenauer, et l'accord pour la création de l'Office de la jeunesse, le 5 juillet suivant à Bonn.

32. Dans la même période, Georges Brassens ne calme guère le jeu avec *Les Deux Oncles* (où il renvoie dos à dos « Tommies » et « Teutons ») et *La Tondue* (être allemand n'est pas un crime, ni coucher avec l'un d'entre eux) alors que Barbara appelle à la réconciliation avec *Göttingen*.

33. Comme l'avait qualifié son premier patron, à l'époque du labo.

34. *L'Humanité*, 25 avril 1964.

35. Dans un décor de bar nocturne à La Grande Séverine, le 22 février 1964.

36. Pour *Paroles et Musique*, 1981, revue citée.

37. À l'époque, on n'ose pas écrire ce genre de mot sur une pochette ou sur la couverture d'un livre, à l'image de *La P... respectueuse* de Jean-Paul Sartre, pièce de théâtre de 1952.

38. Titre d'un roman publié en 1929 par Jean Cocteau, scénariste du film homonyme de Jean-Pierre Melville, en salles début 1950. Cocteau venait de disparaître, le 11 octobre 1963, quelques heures après son amie Édith Piaf.

Chapitre 11

Que la montagne est belle

Le 14 février 1964, en tournée depuis la veille avec Georges Brassens pour cinq semaines, Christine Sèvres chante *Point de vue* (en robe du soir !) dans l'émission *Chansons pour une caméra* de Jacqueline Joubert, qui a décidé de monter une émission cent pour cent française (Robert Cartier, Jean-Louis Stains, Anne Kern, Hélène Martin, Alain Barrière, Paul Louka) pour « réagir contre l'envahissement abusif de la chanson étrangère ». À cette occasion, Christine donne au journaliste Jean Heinemann une interview qui sera reproduite dans plusieurs éditions régionales [1]. En particulier, elle précise ce que signifie pour elle une bonne chanson : « Il faut qu'elle raconte quelque chose. Et aussi que les mots puissent être compris de tout le monde. Je ne recherche pas le "difficile", ni l'"élite", mais ce qui est bon pour tout le monde : par exemple, Aragon dit des choses formidables avec des mots tout simples. Les gens aiment et retiennent ce qu'on leur donne avec persuasion : si on leur serine du "yéyé", ils chanteront du "yéyé", mais si on leur serine *Les Feuilles mortes*, ils adopteront *Les Feuilles mortes*. En fin de compte, le public n'est pas le grand coupable, en matière de chansons, ce sont les producteurs qui le sont. » Dans le même temps, elle reconnaît choisir son répertoire de façon très circonspecte : « Évidemment, je reçois bien des partitions, environ une cinquantaine par mois. Mais en général… enfin, j'en garde trois ou quatre par an… » Autrement dit, même pas une pour cent.

De son côté, alors qu'il commence sérieusement à accumuler les distinctions (en l'occurrence le Grand Prix international du disque de l'Académie Charles-Cros pour son 25 cm avec *Nuit et brouillard*), Jean Ferrat, qui se prépare à élargir l'horizon maison du couple, reçoit Anne-Marie Carrière *in situ* pour trois minutes de reportage télévisé à la fois écrit et décontracté[2] : « Vous savez, les artistes, ils habitent des quartiers chics et ils ont des collections d'ivoires chinois ou alors ce sont des oiseaux et ils vivent dans un nid modeste. Ferrat est de l'espèce des oiseaux. Il perche à Ivry et voici les signes extérieurs de sa richesse : la banlieue, les cheminées, les toits d'usines et la poésie spéciale des HLM[3]… »

L'oiseau en question, lui, trouve que son quotidien urbain manque d'arbres, d'espace, et la nature l'inspire tellement mieux qu'il va acheter au cours de l'été une maison à Antraigues-sur-Volane en Ardèche, où il loge, pendant les travaux, dans le bistrot-auberge Lo Podello d'Hélène Baissade, une figure hors norme de la commune. L'écho qu'en donne bientôt *Music-hall*[4], grande photo à l'appui, revêt une tonalité aux antipodes de celle du reportage d'Anne-Marie Carrière. Après un gros titre lapidaire, « Jean Ferrat se repose sur ses lauriers », on peut lire : « Dans sa propriété de la Drôme, entre Montpellier et Valence, Jean Ferrat passe des vacances de solitaire. Pas d'électricité, pas de téléphone mais une grande cheminée et vingt-quatre hectares de champs et de bois pour rêver à de nouvelles chansons. »

En juin[5], Christine est à l'affiche parisienne du Théâtre de Plaisance, dans *Vivre*, un « oratorio profane » composé par Jean Wiener ; une espèce de soirée poétique avec chanteurs, comédiens, marionnettistes... À cette occasion, elle suscite une véritable déclaration d'amour dans l'hebdomadaire *Arts*[6], où, titrant « 15 minutes de Christine Sèvres rachètent un spectacle », Jean Monteaux déglingue sans pitié *Vivre* et écrit : « Que Christine Sèvres paraisse et le monde change. Il devient à son image, dur mais point sec ni féroce ; cette dureté n'est même que l'écorce protectrice d'une grande bonté et d'une infinie tendresse humaines. Elle l'éclaire, elle le chauffe, elle le rend fraternel par sa voix. » Intarissable, il développe : « La voix de Christine Sèvres a la richesse, la variété d'expression d'un orgue ; et elle en joue comme une organiste sensible jusqu'à la subtilité. C'est une voix assez forte pour n'avoir jamais besoin d'être forcée, et assez solide pour se passer de toute amplification ; mais aussi une voix si parfaitement modulée qu'elle donne l'impression confortable d'être une voix de conversation... » Après avoir évoqué les six chansons qu'elle présente, le critique conclut : « Christine Sèvres prouve combien le rôle de l'interprète est capital ; il donne à une chanson – à condition d'avoir cette qualité de talent – le complément indispensable que l'auteur-compositeur-interprète peut rarement lui ajouter. »

Après que l'intéressée s'est produite sur la scène centrale de la Fête de *L'Humanité*, Jean Monteaux va récidiver lors du passage de Christine sur la scène de Bobino (sa première grande salle parisienne sur la durée) en « vedette américaine[7] » de Georges Brassens : « À Bobino, pendant les trois semaines du nouveau programme, Christine Sèvres va donner la note tendresse noire. Elle est une haute et dure silhouette immobile surmontée d'un visage aux arêtes vives, aux yeux mi-flammes, mi-velours, et entourée de quelques gestes indispensables – ils ont dans l'expression une importance égale à celle du texte, de la musique, de la voix. Les Parisiens qui ne fréquentent guère les cabarets ne la connaissent pas davantage qu'ils ne connaissaient Barbara. Elle sera, pour eux, la seconde révélation de la saison. » De fait, Christine Sèvres y succède à la « longue dame brune » (avec Brigitte Fontaine et Serge Lama au même programme) et si elle éprouve un trac « fou » le soir de la première [8], l'accueil du public et les nombreux rappels lui auront permis de se détendre en coulisses au moment d'embrasser deux visiteurs tout sourires : un mari « comblé » nommé Jean Ferrat et Aragon, exceptionnellement présent.

Avec cette rentrée, qui constitue pour elle un pari sur l'avenir, il faut dire que Christine a pris des risques d'entrée de jeu en interprétant *Je bois* de Boris Vian, un verre de vin rouge à la main. Accompagnée à la basse et au piano, vêtue d'un fourreau argenté, elle chante ensuite *Berceuse* de Ferrat, *J'entends j'entends* (qu'il a composé sur le poème d'Aragon), *Trois cigarettes* [9], *Le Bal des gens de maison*, *Chanson populaire espagnole* [10], *La Romance*, *Point de vue*… « Barbara avait à son répertoire des œuvres belles et sentimentales. Christine Sèvres ne fait aucune concession, relève René Quinson [11], on pourrait même croire qu'elle cherche la provocation si elle ne paraissait aussi sincère. » Et la sentant pleine de doutes, « à nouveau, l'inquiétude et l'angoisse » dans ses « beaux yeux », il conclut : « Dans tous les domaines de l'expression culturelle, seuls les purs, les sincères, les convaincus, remettent constamment en question la valeur de leur art. Christine Sèvres est de cette race. » Évidemment, malgré cette avalanche d'éloges, voire de sentiments admiratifs, certains ne vibrent guère, à l'image du *Figaro*[12] où l'on peut lire : « Quant à la glaciale Christine Sèvres, on lui souhaiterait de vivre un tant soit peu les sentiments des poètes qu'elle chante. »

En ce mois de novembre où sa femme se risque sur la scène de Bobino, Jean réapparaît avec dans sa besace un nouveau 45 tours et une chanson qui va définitivement enfoncer le clou, un an après *Nuit et brouillard*. Invité à nouveau dans le *Discorama* de Denise Glaser, il interprète d'abord *Hourrah !*, hymne chaleureux à la rencontre humaniste sur une mélodie entraînante et limpide, la version positive, joyeuse, du futur *Camarade*, en quelque sorte :

On a les yeux de toutes les couleurs
Le rire aux lèvres et la colère au cœur
Et des milliers de chansons dans la voix
Vous mes amis que je ne connais pas

Au cours de l'entretien qui suit et qui va servir à lancer *La Montagne*, l'animatrice lui rappelle qu'il a effectué ses premiers pas télévisuels dans son émission (ce en quoi elle se trompe, comme nous l'avons vu[13]) et, sur un ton mystérieux, suggère qu'il a fait une rencontre extraordinaire. « Oui, répond Ferrat, j'ai rencontré un pays, que j'ai aimé, que j'aime ; et je crois que j'irai très souvent, parce que je me sens bien, là-bas. Moi, je suis né à Paris, j'y ai toujours été élevé, je suis une fleur de pavé [*rires*] si j'ose dire [...] et je n'étais jamais allé dans un pays qui m'avait frappé autant, par sa beauté, par son calme, et par sa population aussi. Là-bas, on a l'impression qu'ils savent vivre, qu'ils ont le sens de ce qu'est leur vie. » Comme il n'a toujours pas dévoilé quel est ce « là-bas » extraordinaire, dans une de ces îles du bout du monde qui font rêver, peut-être, elle le presse, l'œil complice, et il précise : « C'est dans les Cévennes. Là, il y a un petit hameau, où il n'y a plus que deux feux, maintenant, tous les gens sont partis. Il y a une vieille qui a dans les quatre-vingt-dix ans [...] mais elle sait très bien s'exprimer. Quand je parle avec elle, je n'ai pas l'impression de perdre mon temps ; elle parle des saisons, des choses qui se passent, et le jour où j'y étais, il y avait une grande marmite dans la cheminée, où une soupe cuisait là depuis des heures. Et moi, j'ai l'impression que pour arriver à faire une soupe comme ça, il faut des générations, des millénaires, même ! Alors, les gens vont partir, ils vont s'en aller ailleurs, ils vont s'entasser souvent dans des conditions pas du tout comparables et ils n'auront jamais le temps de faire une soupe pareille. Je suis pour le progrès technique, bien sûr, pour que les gens s'en aillent dans la lune, ou ailleurs, mais je suis aussi pour les choses bonnes qui sont essentielles et qui restent. Et je me demande ce qui restera d'une civilisation qui va dans la Lune et qui ne sait plus faire la soupe ! »

Curieusement, Jean Ferrat ne prononce à aucun moment le mot « Ardèche », il nomme une région, il raconte un « pays », mais déjà l'essentiel est dit, en osmose parfaite avec cette *Montagne*, qui va s'imposer immédiatement pour devenir « sa » chanson de référence, dans laquelle des générations vont se retrouver. « Oui, je crois que dans l'esprit des gens, maintenant, Ferrat restera toujours associé à *La Montagne*, l'Ardèche... répondra-t-il à Fred Hidalgo[14]. C'est un peu logique, parce que je vis à Antraigues depuis cette année-là, mais j'avoue que je ne m'attendais pas à un tel succès [...] en ce qui concerne *La Montagne*, [...] d'autant que je l'ai écrite très vite pendant les vacances que j'ai passées là-bas, la première année que j'allais en Ardèche, mais alors très facilement parce que c'était un contact vrai avec la réalité d'un pays[15], et ça m'est venu très simplement. » Dans une interview publiée le 5 janvier 1965 dans *L'Humanité*, il confie qu'il n'aurait jamais réussi à écrire toutes ces chansons à Paris, qu'il en a envoyé deux à sa femme qui ne les a finalement pas retenues pour son tour de chant, « mais, ajoute-t-il, je me sens une dette envers elle : c'est pour Christine[16] que j'avais fait la musique de *La Montagne*, que j'ai gardée pour moi ».

Difficile de tout prévoir, de tout organiser. Ainsi, lors de ces vacances, Jean n'est pas non plus venu pour acheter, mais lorsqu'il découvre sa future maison, il ne peut – selon ses propres mots – lui « résister » : « L'église, l'école, un bistrot, il n'y a rien d'autre à Antraigues. À un jet de pierre d'un torrent à truites[17], j'ai acheté une maison dont il ne restait que les murs extérieurs, puis j'ai commencé à aménager. “Faites sauter ça, puis ça, arrangez ce mur, refaites le plancher...” Heureusement, les travaux coûtent moitié moins cher qu'à Paris, là-bas[18] ! » C'est Jean Saussac, artiste-peintre (maire de la commune de 1965 à 1977) que lui a présenté leur ami commun Gabriel Monnet (directeur de la Comédie de Bourges[19]), qui a été l'artisan direct de ce coup de foudre : « Il m'a dit que de toute façon, il n'y avait rien à louer. C'est un des personnages que j'ai rencontrés qui a orienté ma vie, qui aurait certainement été tout à fait autre si je n'étais pas allé le voir sur les conseils de Monnet ; et le fait que celui-ci soit monté un jour dans mon trois-pièces à Ivry pour me dire bonjour a fait basculer ma vie, c'est évident[20]. »

Francesca Solleville apporte quelques précisions aux circonstances concrètes de cet engouement pour l'Ardèche, qui allait la gagner à son tour : « Jean Saussac est venu nous chercher à Valence alors qu'on était en tournée avec Jean ; Christine nous accompagnait avec Oural (le chien) et on avait deux jours sans chanter qu'on a passés à Antraigues. C'est là que Jean est tombé amoureux du village ; il a décidé de revenir et il est revenu durant l'été où il a acheté une baraque (Brel avait déjà acquis une maison à Antraigues, mais il l'avait revendue, Catherine Sauvage et Pierre Brasseur en possédaient aussi une). Du coup, l'été, lorsque je passais dans le coin, je m'y arrêtais, à "La Montagne" et surtout au "Podello", chez Hélène Baissade. En 1973, j'avais un peu d'argent et j'ai téléphoné à Jean en lui disant : "Trouve-moi un truc !" Il m'en a trouvé un, mais il était furieux que je l'achète parce qu'il n'y avait pas de toit, ni de plancher, ni l'eau… Rien. C'était une ruine avec un bel escalier devant, et à cause de ça, j'ai craqué ; dans ma famille, on craquait pour les escaliers ! [*Rire.*] On a trouvé un petit entrepreneur et il a tout remis en état en trois mois. Après, on se voyait tout le temps ; l'été, on allait se baigner, on allait au bord de la mer avec Christine[21]… »

Deux années durant, pendant la restauration de la « carcasse de maison » qu'il a acquise, chaque fois qu'il viendra à Antraigues dans les périodes de pause professionnelle, Jean Ferrat habitera chez Hélène Baissade, femme d'exception originaire de Marseille, peintre, poète, musicienne, qui a ouvert Lo Podello en 1960 avec son mari Jean, surnommé « le général ». Situé en face de l'hôtel-restaurant La Montagne[22], de l'autre côté de la place de la Résistance, au cœur d'Antraigues, Lo Podello[23] va constituer un centre culturel et culinaire permanent sous la houlette de son infatigable hôtesse, tout de suite emballée par la rencontre avec Jean : « On me l'a présenté, il voulait s'installer ici et il m'a dit : "Cherchez-moi quelque chose !" J'ai cherché et j'ai trouvé. Il a eu le coup de foudre, et le temps d'arranger sa maison, il est resté chez moi, où il a composé *La Montagne*. Il couchait là-haut et, tous les après-midi, on était assis sur son lit et on l'écoutait ; il avait sa guitare et c'était fantastique ! *La Montagne*, il me l'a montrée comme ça, et beaucoup d'autres chansons, en me demandant : "Qu'est-ce que tu en penses ?" Des fois, quand ça n'allait pas, je me permettais de le lui dire[24] ! [*rire*] »

Hélène organisera régulièrement des soirées à thème (« étranger » notamment), donnant très souvent droit à des invitations gratuites ; elle régalera de très nombreux artistes venus dans le sillage de Jean à la table du Podello (Jacques Brel, Pierre Brasseur et Catherine Sauvage, bien sûr, mais aussi Isabelle Aubret, Lino Ventura, Pierre Perret, Jean-Louis Trintignant, Jean-Pierre Chabrol, Mouloudji, Claude Nougaro[25]...), ainsi qu'une personnalité politique comme François Mitterrand. « On a passé des moments terribles dans la maison ! » ajoute-t-elle simplement. Elle qui se déclarait au début incapable de faire cuire un œuf a patiemment appris des gens du pays, au point de devenir, si l'on en croit Gault et Millau, « une véritable enragée de la cuisine » ayant « voué sa maison au terroir ardéchois ». Devenue très amie avec Jean et Christine, elle accueillera régulièrement le week-end leur fille Véronique (alors au lycée à Montélimar) tant qu'ils seront en tournée ou contraints d'habiter principalement à Ivry ; plus tard, c'est elle qui viendra longuement loger chez eux à la suite d'une opération de la cataracte. Toujours amateur de peinture et très touché par la sienne, Jean Ferrat lui dédiera ces quelques mots : « Un mur de pierres jointes, un toit de tuiles rondes, le visage d'une vieille, un dessin d'Hélène témoin d'un passé et d'un présent qui s'effacent déjà sous nos yeux, sous ses yeux et qu'elle nous "donne à voir" pour l'avenir[26]. »

Une autre Hélène, l'institutrice d'Antraigues Hélène Terrisse – bientôt correspondante de presse pour *Le Dauphiné Libéré* –, rappelle l'expression employée par l'avisé Jean Saussac pour annoncer l'arrivée du chanteur Jean Ferrat : « Je vous amène la tour Eiffel ! » Et elle ajoute : « Jean a été très bien accueilli ; il était très simple, extrêmement gentil, prévenant avec tout le monde. Je me souviens de l'histoire de cette petite vieille du Mas qu'il avait prise en stop alors qu'elle descendait à pied avec son cabas. Elle était tout émue de monter dans sa voiture. Elle n'osait pas bouger, et au bout d'un moment quand même, elle lui dit : "Monsieur, je voulais vous demander quelque chose : est-ce que vous vous appelez Ferrat ou Ferré ?" Et Jean répond : "Ferré ? Mais pourquoi Ferré ? – Parce qu'à l'école, quand j'étais petite, j'ai appris le Grand Ferré, qui se battait contre les Anglais jusqu'à la mort ! – Non, non, madame, moi c'est Ferrat !" » Un Ferrat que les petits écoliers d'Hélène étaient tout contents d'accueillir de temps en temps dans leur classe. « Je me souviens qu'il leur avait dit : "Aimez votre école, respectez vos maîtres ! C'est votre départ dans la vie !" Et dans les années soixante-dix, comme il m'avait demandé si j'avais besoin de quelque chose, j'ai répondu : "Je n'ai pas d'électrophone." Alors, il en a offert un à l'école. »

Pour en revenir à cet hymne naturel que sa découverte étoilée d'Antraigues a inspiré à Jean, *La Montagne* (« notre chanson », diront bientôt les gens du pays, à la grande fierté de son auteur) n'est pas comme on le postule parfois, un peu vite, *a posteriori* la « première chanson écologiste ». À l'époque, quinze ans après la fin de la guerre, en plein essor de la fameuse société de consommation, qui est éco-lo ? Pas grand monde et certainement pas Jean Ferrat qui, aux côtés du PCF, inclut alors de façon implicite et globale l'avenir de la planète dans la lutte des classes... et qui, par corollaire, considérera comme « diviseur de la classe ouvrière » tout candidat indépendant de ce type à une élection[27]. En fait, ce qui a frappé l'auteur-compositeur littéralement émerveillé par sa découverte du pays et des gens, c'est l'« exode rural » qui s'y manifeste. D'où l'introduction de la chanson :

Ils quittent un à un le pays
Pour s'en aller gagner leur vie
Loin de la terre où ils sont nés

Après la guerre, en moins de vingt-cinq ans, la population française s'est accrue d'un quart, mais, entre 1954 et 1968, celle des campagnes ne cessera de diminuer au profit des villes, la motorisation accélérant encore les disparitions d'exploitations. Pour autant, Ferrat ne tombe à aucun moment dans le discours et réussit à dire, à suggérer, à toucher, par la force d'images quotidiennes, à nouveau sur une mélodie inspirée qu'on garde instantanément en tête. Et qui plus est, avec un refrain qu'on a tout de suite envie de chanter en chœur.

Outre *Hourrah !* et *La Montagne*, ce même 45 tours de novembre 1964 réunit *Autant d'amour, autant de fleurs* et

Que serais-je sans toi ? sur des textes respectifs d'Henri Bassis et d'Aragon. Après *Quatre cents enfants noirs*, la première chanson revient sur le thème du racisme en chantant non seulement le droit à la différence mais sa beauté, et tempo jazzy aidant, dans la relation amoureuse :

Qu'importe au long des rues
Les regards qui s'attardent
Qu'importe les échardes
Aux amours défendues

Puisé dans *Le Roman inachevé*, le texte d'Aragon devenu chanson en parfaite osmose avec la mélodie est un exemple très significatif du travail de Ferrat à partir de l'œuvre du poète. D'ailleurs, il emploiera volontiers l'expression « mon Aragon » pour exprimer – loin de tout égocentrisme – les limites de ses interventions, ses choix précis et sa volonté de privilégier la forme chansonnière, alors qu'un Léo Ferré optera pour une mise en musique plus stricte[28]. De fait, l'Aragon de Ferré est moins populaire, et l'écrire ne constitue pas un jugement de valeur, mais le constat d'une optique artistique différente permettant à de nombreux auditeurs de s'approprier naturellement un *Que serais-je sans toi* sans savoir même qu'il s'agit à l'origine d'un poème complexe (*Prose du bonheur et d'Elsa*) de plusieurs pages ; très exactement de vingt-deux strophes de six alexandrins, suivies de cent trois vers de quinze à dix-sept pieds. Avec son espèce de cri d'amour réitéré, le refrain chanté semble pourtant évident :

Que serais-je sans toi qui vins à ma rencontre
Que serais-je sans toi qu'un cœur au bois dormant

Que cette heure arrêtée au cadran de la montre
Que serais-je sans toi que ce balbutiement

En réalité, Ferrat a extrait ces quatre vers de la treizième strophe ; la seizième, la dix-septième, et la vingt et unième qui affirme mordicus « que le bonheur existe », ont fourni les trois couplets. Rien n'est plus difficile que de faire simple, et là le pari est gagné haut la main.

Un second poème d'Aragon, complémentaire en quelque sorte, mais à la tonalité d'illusions perdues prématurées figure parmi les quatre autres titres du 25 cm qui paraît en décembre, avec là aussi un refrain limpide :

Au bout de mon âge
Qu'aurais-je trouvé
Vivre est un village
Où j'ai mal rêvé

En contrepoint, pourrait-on dire, *La Jeunesse* conjugue la mémoire et l'avenir en une thématique chère à Ferrat, ici sur un texte de Georges Coulonges qui prolonge à sa manière *Les Enfants terribles* du disque précédent. Scansion verbale, rythmique accentuée par l'omniprésence de la guitare électrique, Ferrat se place résolument aux côtés de cette jeunesse symbole de beauté planétaire (« aux torses de couleurs ») et d'espoir, qu'il invite à aimer et à saluer par-delà les agacements qu'elle peut susciter chez les personnes d'un autre âge. Les références se nomment Vilar et Planchon, Alain-Fournier[29] et Guy Môquet[30], et l'idée finale est sans ambiguïté :

Le temps d'aimer se perd le temps est ce qui passe
Le temps est ce qui meurt l'espoir est ce qui naît

Regarde ces garçons ces filles qui s'embrassent
Il va naître pour eux le temps que tu voulais

De la jeunesse à l'enfance, il n'y a qu'un pas et Ferrat aborde à nouveau ce thème avec *Berceuse*[31], où à voix douce et fraternelle il décrit la vie de misère de ces petits Brésiliens qui dorment « Près des fûts abandonnés / Poings fermés dans la poussière ». Et si leur rêve d'oiseau libre des derniers vers a du plomb dans l'aile, il laisse quand même la porte entr'ouverte à des lendemains possibles. Cette condamnation d'une société qui baigne dans « les eaux glacées du calcul égoïste », Jean Ferrat la poursuit de façon ironique à travers un nouveau texte de son cru, *Le Jour où je deviendrai gros*, un ton polémique, voire polémiste, qu'il affectionnera tout au long de sa carrière. Ici, le terme de « gros » renvoie à l'idée de riche, de notable, d'installé dans ce système libéral qu'il combat, et s'il introduit la chanson par des considérations faussement amoureuses en apostrophant ses « belles maîtresses », il fustige bientôt dévôts, bourgeois et légionnaires, et conclut sans faire de détails avec des images marquées d'un bon sens paysan, ardéchois peut-être, et un mot en trois lettres qu'il réutilisera souvent :

Si je suis gras comme une figue[32]
Je serai con comme un pruneau

En dehors de sa propre activité de chanteur, Jean Ferrat est présent en cette fin d'année en tant qu'auteur-compositeur dans un long métrage, *Le Coup de grâce*, de Jean Cayrol[33] et Claude Durand[34], et il apparaît à la télévision, où il fredonne une chanson destinée à Danielle Darrieux dans le film[35]. Outre *Les Beaux Jours*, qu'il chantera lui-même, Jean Ferrat a composé deux instrumentaux pour *Le Coup de grâce,* dont la B.O.F. sortira en mai 1965 : *Thème de Miguel* et *Désaccord-danse.* En cette même année 1965, Odile Ezdra enregistrera également *Les Beaux Jours* sur un super 45 tours comportant une autre chanson de Jean, cette fois sur un texte de Georges Coulonges : *Les Artistes.* Elle précise : « Jacques Boyer m'avait présenté Georges, on est devenus amis et il a écrit cette chanson pour moi ; Jean a été très gentil, il est allé dans les radios pour demander qu'on diffuse ma chanson plutôt que la sienne ! Et on s'est fréquentés jusqu'au moment où on a quitté Paris. »

Un mois plus tard, alors que Jean interprète *Autant d'amours, autant de fleurs* et *Berceuse* dans *Ni figue ni raisin,* l'émission de la chanteuse Michèle Arnaud[36], il occupe déjà la scène de l'Alhambra depuis trois jours, pour la première fois en vedette d'une grande salle parisienne, et c'est précisément un homme de télévision qui le met en scène : le sulfureux Jean-Christophe Averty, réalisateur inventif, bidouilleur d'images, qui a fait scandale en 1963 avec ses *Raisins verts,* où il se plaisait notamment à passer un poupon à la moulinette ! À la veille de la première, il annonce sans ambages la couleur à Guy Silva de *L'Humanité*[37] : « Je peux vous dire que vous écouterez des chansons, que vous verrez des ballets et des sketches avec des gens qui débutent et d'autres qui terminent. Vous savez bien, j'ai toujours eu un faible pour les bébés et pour les vieillards. N'allez pas croire que je me moque de ces derniers. Je leur fais faire quelque chose qui leur plaît. Et ils sont rémunérés. Alors qu'y a-t-il d'indécent ? Les adultes ne m'intéressent pas. Je préfère ne pas les connaître… » Et il prévient encore pour que tout soit clair : « Ce qu'il y a de sûr, c'est que le public va être, disons… surpris. Je reconnais que mon travail est ambigu. »

Le fait est que cette première partie du spectacle, concoctée en compagnie du danseur-chorégraphe Dirk Sanders, décoiffe ! Entre les vénérables artistes de type « attractions » issus d'une boîte de Pigalle et les comiques Muller et Ferrière qui n'hésitent pas à parodier Hitler en uniforme, vociférations à l'appui, une partie du public et des journalistes renâcle. Après Roger Riffard, Boby Lapointe, Pia Colombo et le bluesman Memphis Slim, un peu ballottés dans cette déferlante avertyenne, Jean Ferrat lui-même n'est pas valorisé au mieux par ce « jeu de massacre simpliste » introductif qui se plaît à bafouer les idées reçues et à « choquer le bourgeois ». Ainsi réagit Gilbert Bloch, le troisième journaliste de *L'Humanité* à consacrer en moins de dix jours un article important à Ferrat[38]. S'il soutient sans sourciller le chanteur, la passion n'y est pas tout à fait et l'argumentation convenue tourne un tantinet en rond : « On sent tout de suite que Ferrat ne chante pas pour "faire de l'argent", mais pour dire, et ce qu'il a à dire, c'est tout ce qui préoccupe ou émeut un homme qui aujourd'hui veut rester un homme. »

Et celui-ci, qui présente une quinzaine de chansons dont une petite moitié de nouvelles[39] à l'occasion de cet Alhambra où il avait débuté trois ans plus tôt aux côtés de Zizi Jeanmaire, reconnaîtra plus tard que cette première partie « démente, très "rive gauche", avec tous les copains de l'époque, Pia Colombo, Boby Lapointe, Muller et Ferrière, et puis ses "dadas" à lui [Jean-Christophe Averty] […], a fait hurler les gens […], mais je la trouvais intéressante parce qu'elle rompait avec la tradition du music-hall. Et j'ai toujours voulu favoriser la création, ce qui est nouveau. […] J'avais un peu de mal, sans doute, à “rattraper” cette première partie, parce que les gens étaient décontenancés, mais je ne regrette pas, au contraire ! ».

Un « tohu-bohu » que n'apprécia pas, à chaud, André Ransan de *L'Aurore*[40] : « Quel dommage ! Car c'est un chanteur délicieux, un compositeur de qualité, [...] qui vient enrichir la chanson d'originales nouveautés. [...] Nous souhaitons seulement revoir Jean Ferrat dans une atmosphère plus sereine, plus en rapport avec sa nature et son talent. » Néanmoins, Paul Carrière, son confrère du *Figaro*, semble avoir ressenti presque le contraire : « Ferrat réussit à faire écouter attentivement seize chansons. Belle gageure. L'artiste la tient pour des raisons très claires : sa simplicité, sa nonchalance même, sa voix grave et musicale au charme paisible. Enfin, parce qu'en dehors des facilités de la chanson à succès et aussi d'un certain prosélytisme anti-bourgeois, il est un auteur sensible et un mélodiste de bonne veine. » Et s'il ressort d'une critique logiquement partagée que Ferrat a encore des progrès scéniques à faire, l'analyse de Jean Monteaux[41] (le journaliste d'*Arts* qui ne tarit pas d'éloges sur Christine Sèvres) s'achève sur une pittoresque suggestion d'ordre alimentaire. Saluant « la voix chaude, prenante, enveloppante, vibrante » du chanteur, il évoque son charme et ajoute : « Interprète, il a le geste sobre et mesuré ; il suggère, il esquisse, au maximum il indique mais jamais ne souligne ; tout, en ses attitudes, est indispensable, rien n'est superflu. Que lui manque-t-il ? Rien, ou presque : un peu de souffle, de force, de muscles, de poids ; il me semble que plus “étoffé” physiquement, il décuplerait ses moyens. » À croire qu'il n'a pas écouté *Le Jour où je deviendrai gros*... Quant à *Combat, le Journal de Paris*, qui a annoncé le spectacle dans un article non signé aussi inattendu que sympathique pour Jean, il revient sur la soirée d'étonnante façon le jour de la première [42]. Après avoir évoqué « l'humour noir – bête et grinçant d'Averty », il cite, « en seconde partie, le jeune chanteur Jean Ferrat » et glisse presque distraitement cette nouvelle dénichée on ne sait où : « Ajoutons qu'il ne faudra point manquer Jean Ferrat puisque celui-ci a décidé après ce spectacle de ne plus monter sur scène et de se consacrer à son métier d'auteur et de chanteur de disques. » Pas mal vu… mais avec un bon septennat d'avance !

Plus sérieusement, sur le fond de sa démarche créatrice, filmé une guitare historique à la main dans le cadre du Musée instrumental de Paris, Ferrat se trouve peu après interrogé par la journaliste Thessa Sigrist [43] : « Quelle importance donnez-vous à la musique dans vos chansons par rapport aux paroles ? » Réponse de l'intéressé et clé essentielle de sa démarche qu'il réaffirmera à diverses occasions : « Dans la chanson, si vous voulez, la musique – pour le public, je veux dire – a autant d'importance que les paroles. Moi, dans la chanson, j'attache moins d'importance à la musique qu'aux paroles. Étant donné que pour moi, la chanson est un moyen d'expression, il est certain que l'expression est surtout dans ce qu'on dit plus que dans ce qu'on chante. Mais encore une fois, la chanson est un tout que le public reçoit directement et qui doit être un mariage heureux entre les paroles et la musique. » Cette clarification, cette honnêteté méritent d'autant plus d'être soulignées que de tout temps – et particulièrement aujourd'hui, les grands médias audiovisuels (radios en tête, décisives pour l'avenir d'une chanson) ont adopté en majorité le parti pris exactement inverse, mais eux sans vouloir le reconnaître.

Notes

1. *La Marseillaise*, *Le Petit Varois*, *Liberté* (Lille)…

2. Humoriste, comédienne, Anne-Marie Carrière (décédée fin 2006) fut une des premières « chansonnières », au sens satirique du terme, des animateurs du Théâtre des Deux-Ânes ou du Caveau de la République.

3. *Au-delà de l'écran*, 15 mars 1964.

4. N° 41, août-septembre 1964.

5. Le 23 juin, elle fera partie des quatre-vingts artistes présents au Théâtre de l'Ambigu (dont Jean Ferrat, Guy Béart, Maurice Fanon, Henri Gougaud, Hélène Martin, Francesca Solleville, Anne Sylvestre, Jean Vasca, Claude Vinci…) pour saluer une dernière fois le cabaret La Colombe, fermé depuis le début du mois. Écrasé par les charges, Michel Valette a décidé de jeter l'éponge, mais non sans se battre, notamment en alertant la presse. Alors dirigé par André Malraux, le ministère de la Culture qui n'avait pas daigné répondre à ses courriers ne bougera pas davantage. Fin du temps heureux des cabarets. « La Colombe sera le premier à cesser son activité, préfigurant le lent mais inexorable déclin d'un concept économique fragilisé, écrit Gilles Schlesser dans son ouvrage de référence (*op. cit.*). Dans les années suivantes, les taxes ne cesseront d'augmenter, les "petits lieux" étant assimilés par l'administration aux cabarets rive droite présentant des vedettes confirmées ou aux boîtes de strip-trease de Pigalle, avec champagne obligatoire. »

6. Juin 1964.

7. En fin de première partie, donc, après Alex Métayer (humoriste), Maurice Fanon (*Avec Fanon*, *L'Écharpe*, *Paris-Cayenne*, *La Petite Juive*), Desmonds and Marks (cascadeurs anglais), Eva (chanteuse d'expression française née en Allemagne), Dupont et Pondu (fantaisistes).

8. « J'avais l'impression que mes chansons étaient trop difficiles, que j'allais au suicide… Il n'y a qu'un sourire dans ce tour de chant :

Le Bal des gens de maison, de Ledru et Coulonges », confiera-t-elle à Georges Quiquéré de *La Vie Ouvrière* (25 novembre 1964).

9. Jacques Audiberti/Jorge Milchberg.

10. Gaston Baissette.

11. *Courrier de l'Ouest*, 10 décembre 1964.

12. Du 17 novembre 1964.

13. Le premier *Discorama* effectif (après des « essais génériques ») a été diffusé le 4 février 1959 et Jean avait participé à une émission publique, *Bouquet de joie*, dès le 3 décembre 1956... et on l'avait revu dans *À l'école des vedettes* le 11 janvier 1960, avant de le découvrir dans *Discorama* le 12 avril 1961.

14. Pour *Paroles et Musique*, février 1981, art. cité.

15. « *La Montagne*, je l'ai écrite en une demi-heure. » À Jean-Claude Lévy et Dominique Vidal, *Révolution*, 28 novembre 1980.

16. Dans une interview de Raoul Bellaïche et Colette Fillon publiée dans *Je Chante/Discographies* (n° 16, hiver 1994), il nuancera le propos. À la question : « *La Montagne* lui était-elle destinée au départ ? », il répondra : « Pas du tout. Quand j'ai écrit cette chanson, c'est l'année où j'ai acheté la maison à Antraigues. À la fin de l'été, j'écrivais. Je crois que Christine était rentrée à Paris. Je lui ai envoyé le texte et la musique en pensant peut-être que ça l'intéressait... »

17. « Ce qui m'a séduit, se souviendra-t-il, c'est la rivière si claire, si rapide, si secrète, qui coulait libre au bas de la pente. Il y avait des ronces et des pierres partout. Le bout du monde sur un fond de châtaigniers qui faisaient leurs feuilles. Je ne pensais pas que j'habiterais un jour toute l'année dans un univers aussi peu apprivoisé. On fait parfois des choses définitives comme ça. C'est un éclair qui vous frappe... » (*Magazine du conseil général de l'Ardèche*, juillet 1990).

18. *Music-Hall* n° 46, février-mars 1965.

19. Comédien et metteur en scène d'origine ardéchoise, directeur (dès son ouverture en 1964) de la Maison de la culture de Bourges ; en novembre de l'année précédente, il avait mis en scène *La Provocation*, de Pierre Halet, qui comportait six chansons de Ferrat.

20. À Fred Hidalgo et à l'auteur, propos recueillis en octobre 1994.

21. À l'auteur, avril 2010.

22. Que Ferrat, son ami Jacques Boyer (chanteur puis régisseur et administrateur de ses tournées) et sa femme Odile Ezdra vont acquérir en 1972. Cf. Annexes.

23. Nom d'une grande poêle à tout cuire, en particulier les pommes de terres – « Tout est à base de pommes de terre, ici ! » souligne Hélène Baissade – et les châtaignes.

24. À l'auteur, avril 2010.

25. Qui laissera un dessin et un poème tout aussi graphique, le 17 mai 1992 : « Encore une Hélène / Une cuisse de soie / Dans un bas de laine / Encore une Hélène / Avec dedans soi / Une même haleine / L'haleine de l'amour / Toujours toujours » (*Hélène Baissade, Parcours*, brochure mise en page par Guy Lauzin, 1993).

26. *Idem.*

27. Le mouvement écologiste va se développer en France après mai 1968, et s'il a publié dès 1962 *L'Afrique noire est mal partie*, l'agronome René Dumont attendra 1974 pour devenir le premier candidat écologiste à l'élection présidentielle, obtenant 1,32 % des suffrages exprimés au premier tour, en sixième position, juste derrière Arlette Laguiller.

28. Ainsi, dans ce même recueil, à travers *Strophes pour se souvenir* – rebaptisé quand même *L'Affiche rouge* –, *Je chante pour passer le temps* ou *Il n'aurait fallu.*

29. Auteur du *Grand Meaulnes* en 1913, disparu l'année suivante à vingt-sept ans au tout début de la guerre.

30. Militant communiste, fusillé le 22 octobre 1941 par les nazis à l'âge de dix-sept ans, et dont la « lettre » adressée à ses parents à l'aube de sa mort est censée être lue chaque année dans les établissements scolaires français depuis septembre 2007.

31. Une chanson à laquelle il tient beaucoup et dont il regrettera qu'elle reste si peu connue : « Elle m'avait été inspirée par un livre de Jorge Amado que j'avais lu des années auparavant, *Capitaines des sables*. C'était ça : la vie des jeunes garçons abandonnés et qu'on tue maintenant avec les escadrons de la mort » (à l'auteur et à Fred Hidalgo, 1994, entretien cité).

32. Qu'on me permette un petit souvenir personnel. En 1972, lors d'une permission d'appelé du contingent, je me suis retrouvé avec un collègue très « fan » de Ferrat, invité à déjeuner chez Georges Coulonges, dans sa maison du Lot, *La Cachotte*. Tout à coup, Maïté,

son épouse, lance : « Tiens, voilà Ferrat ! » Mon copain sursaute, change de couleur, mais c'est un grand chien bâtard qui débarque. Comme je demande à Maïté pourquoi elle l'appelle Ferrat, elle me répond en riant : « T'as pas vu comme il est maigre ! » Vingt-deux ans plus tard, lors de notre déjeuner avec l'artiste avant l'entretien pour le dossier de *Chorus* déjà évoqué, je lui raconte cette anecdote et, un brin piqué au vif, il se redresse et rétorque très « sérieusement » : « Mais je suis un faux maigre ! »

33. Qu'il a connu peu de temps auparavant, lorsqu'il a écrit *Nuit et brouillard* et lui a demandé l'autorisation d'utiliser le titre du film conçu en 1955 avec Alain Resnais.
34. Futur P-DG des éditions Fayard, de 1980 au printemps 2009.
35. *Grand écran*, 3 décembre 1964.
36. Le 11 janvier 1965.
37. Du 7 janvier 1965.
38. Le 13 janvier 1965.
39. Accompagné comme en disque par Alain Goraguer et son orchestre, dans des décors de son ami Jean Saussac.
40. Le 13 janvier 1965.
41. Le 20 janvier 1965.
42. Le vendredi 8 janvier 1965.
43. *Journal de Paris*, 19 janvier 1965.

Chapitre 12

Le censuré Potemkine

À la suite de son passage en tête d'affiche à l'Alhambra, Jean Ferrat ne va plus cesser de tourner, en France et à l'étranger. En mars 1965, il revient à l'Ancienne Belgique où il s'était produit en mai 1963. Dans ses fiches, Eddy Marouani[1] note la progression : de « 5 000 F belges par jour – beau succès – des chansons bien faites – bonne voix – bonne diction mais manque de présence – ne s'impose pas – n'amène personne », il passe à « 60 % des entrées garantie 15 000 F par jour – 45 minutes – très bon succès – répertoire solide – interprète sobre – très décontracté – une présence – accompagné par son trio – en net progrès – légère perte d'argent. À réengager ». Cette décontraction, ce jeu scénique aux antipodes de l'hyper-expressivité d'un Brel – Ferrat garde fréquemment les mains dans les poches, et toute sa concentration habite son visage et son regard –, caractérisent profondément le chanteur, par-delà la scène ; c'est sa manière d'être, de vivre. En « homme tranquille », selon le titre d'une double page que lui consacre alors *Music-Hall*[2] : « Je ressens les choses vivement, mais je ne veux pas le laisser voir. [...] À mes débuts, j'étais timide. [...] Maintenant, je ne suis plus timide, mais je suis devenu réservé. » Et aux professionnels du show-business qui le trouvent souvent un peu lent, il répond : « Ce n'est pas dans ma nature d'aller vite... Cela me permet de mieux apprécier les gens et les choses, d'être plus sincère dans mes réactions, plus indulgent aussi : je ne me laisse pas entraîner par mes nerfs, je ne sais pas me brouiller définitivement avec quelqu'un. »

En tout cas, dans cette année d'élections – municipales en mars, présidentielle en décembre –, il mobilise un public de plus en plus nombreux qui apprécie autant les engagements de l'homme que les qualités de l'artiste. Pour preuve, courant mai, un gala organisé à la Mutualité[3] affiche complet autour de Jean Ferrat et d'Anne Sylvestre, copine du temps de La Colombe qui vient de sortir son cinquième album, avec *Lazare et Cécile.*

Emballée comme jamais, Claude Sarraute ne mégote pas sur les comparaisons dans *Le Monde*[4] : « Vous vous rappelez la fameuse "Nuit de la Nation", les cent cinquante mille jeunes gens venus applaudir sur la place du même nom, à l'invitation plusieurs fois réitérée d'Europe n° 1, Johnny (Hallyday) et Sylvie (Vartan), la stupeur respectueuse provoquée dans l'opinion par l'ampleur – soigneusement orchestrée – de cette manifestation. Eh bien, je tiens pour un phénomène tout aussi important, tout aussi significatif, le fait qu'une Sylvestre (Anne), qu'un Ferrat (Jean), aient pu attirer l'autre soir à la Mutualité une foule enthousiaste, passionnée. Pas un sou, pas une ligne de publicité n'avaient été consacrés, il va sans dire à ce gala improvisé. La nouvelle s'en était répandue cependant, et dès 21 heures, on ne trouvait plus dans la salle archicomble un pan de mur auquel s'appuyer, un bout de tapis où s'installer. » Et la journaliste – qui a titré son article « Jean Ferrat », mais n'est pas, loin s'en faut, une « fan » – poursuit dans le même élan : « Après deux ou trois ans de prostration, de sommeil abruti par le pilonnage yé-yé, ceux qui demandent à la chanson autre chose que des rythmes à danser semblent s'être réveillés. [...] Ici, Jean Ferrat prend utilement le relais de Francis Lemarque. Il n'a ni le génie d'un Brassens, ni la fureur désespéré d'un Ferré, ni l'emportement lyrique d'un Brel, il n'impressionne pas, il n'inquiète pas, il reflète, et son succès témoigne hautement en faveur de la *Jeunesse*, d'une certaine jeunesse, d'une nombreuse jeunesse. » Intéressant constat, à ce détail près que celui qui « n'impressionne pas », qui « n'inquiète pas », doit tout de même sérieusement déranger le système en place, à commencer par l'ORTF qui vient de lui mettre des bâtons dans les rimes à propos de *Nuit et brouillard* et se prépare à récidiver. Quant à l'adéquation du chanteur avec « une certaine jeunesse », elle est beaucoup plus signifiante que la journaliste ne peut l'imaginer, une pincée d'années avant Mai 68.

S'il chante ainsi la jeunesse, Jean Ferrat vient paradoxalement d'apparaître au générique d'un film intitulé *La Vieille Dame indigne*, sorti en salles fin mars et où il signe trois chansons : *On ne voit pas le temps passer*, qu'il enregistrera sur son album à venir, *Loin* et *Tu ne m'as jamais quitté* et qui figureront l'année suivante sur une compilation. Dans ce premier long métrage qu'il réalise, le peintre et décorateur de théâtre René Allio met en scène une vieille dame qui, disposant tout à coup d'un peu d'argent, découvre une nouvelle manière de vivre loin des privations et du dévouement pour les autres qu'elle a toujours connue.

Adapté d'une nouvelle de Bertolt Brecht extraite du recueil *Histoires d'Almanach*, qui ont toutes la qualité, selon le cinéaste, « d'être d'un monde de bon sens populaire[5] », *La Vieille Dame indigne* trace le portrait de cette femme qui rompt avec le socialement convenu. « Elle change et cela produit autour d'elle un grand scandale, ajoute René Allio. Elle va un peu à la découverte des choses, des gens, de la vie, de tout ce qui l'environne, avec un œil assez objectif. Et je crois en fait que le scandale qu'elle cause autour d'elle, c'est cela ; c'est qu'elle se comporte comme quelqu'un d'objectif. [...] C'est sûrement encore en peintre que je fais du cinéma, mais c'est aussi parce que le cinéma est un langage qui permet de décrire la réalité, même en la transposant (et là, la liberté artistique me semble aussi totale qu'en peinture) et permet peut-être de rendre davantage compte de notre environnement, de la vie autour de nous, ce qui est une bonne chose, même si la part d'actualité qui s'insère dans cette préoccupation peut être considérée par certains comme un vers dans le fruit de l'art. » Il est clair qu'Allio au pinceau-caméra et Ferrat qui chante : « Il se peut que je vous déplaise / En peignant la réalité », ont alors tout pour s'entendre, au plan des idées et de la démarche artistique.

Sans grande vedette dans ses rôles principaux (Sylvie, Malka Ribowska, Victor Lanoux...), ce film obtiendra un certain succès public, alors que *Le Coup de grâce* de Jean Cayrol et Claude Durand déjà évoqué (avec Danielle Darrieux, Michel Piccoli et Emmanuelle Riva) connaîtra un flop sévère, et ne sortira d'ailleurs officiellement qu'un an plus tard. Ancien déporté, Jean Cayrol s'y inspire de l'histoire de son dénonciateur (Capri), personnage qui revient vivre auprès des proches de ceux qu'il a envoyés dans les camps de la mort ; en reprenant sa place parmi ses victimes, il mise sur leur oubli, leur pardon implicite, pour effacer ses propres souvenirs. « En rentrant dans une fiction romanesque, explique Cayrol lors d'un journal télévisé [6], nous avons essayé tout de même de rendre la vérité de cette histoire, et surtout la sincérité de cette histoire. [...] Si, par exemple, Capri se trouvait devant moi, je ne sais pas ce que je ferais. Certainement, je ne l'abattrais plus ; les premiers temps, on peut abattre un homme qui vous a fait du mal, mais après, au bout de quelque temps, on se dit qu'il a tout de même une vie, qu'il a peut-être une femme, des enfants, et le problème devient tout autre, parce qu'on se refroidit, parce qu'on pense que tout de même la vie est plus importante que la mort. »

Jean Ferrat, qu'on aperçoit au début de l'été dans une émission de télévision où figure Christine Sèvres [7], traverse décidément une période liée au cinéma, puisque la chanson maîtresse de son cinquième album, qui paraît en décembre, s'intitule *Potemkine* et a été inspirée à son auteur, Georges Coulonges, par *Le Cuirassé Potemkine*, film soviétique réalisé quarante ans plus tôt par Sergueï Mikhailovitch Eisenstein. Il y est encore question d'histoire : en rade d'Odessa, pendant la Révolution russe de 1905, une mutinerie éclate à bord du cuirassé *Potemkine*, navire de guerre du pouvoir tsariste, où l'équipage, commandé par des officiers cyniques et cruels, est contraint de consommer de la viande avariée. Trente matelots refusent et sont condamnés à être fusillés. Exhortés par l'un d'entre eux, les fusilleurs désignés se solidarisent, jettent les officiers par-dessus bord et se rendent maîtres du navire. Les habitants de la ville prennent parti pour les insurgés, mais l'armée envoie un détachement d'infanterie qui se livre à une sanglante répression. Considéré comme un chef-d'œuvre, le film-choc d'Eisenstein, âgé alors de vingt-sept ans, allait bouleverser à son tour Georges Coulonges qui, trois ou quatre jours après avoir « vécu sous l'emprise de ces images en noir et blanc [8] », écrivait le texte *Potemkine* et le proposait à Jean Ferrat, immédiatement touché et inspiré pour composer la musique.

Là, fini le cinéma. Retour à la case ORTF. Ce Ferrat est décidément un « emmerdeur », un empêcheur de diffuser politiquement correct en rond : à peine sortie de l'épisode *Nuit et brouillard*, la direction de la télévision d'État s'empêtre dans *Potemkine*, qui commence ainsi :

M'en voudrez-vous beaucoup [9] si je vous dis un monde
Qui chante au fond de moi au bruit de l'océan
M'en voudrez-vous beaucoup si la révolte gronde

Et après avoir raconté à sa manière la fraternisation des fusiliers marins, le texte ose l'insulte suprême, qui équivaut sans doute à une trahison de classe larvée, non dite, pour l'*establishment* gaulliste de l'époque, venant d'une vedette qui gagne désormais beaucoup d'argent :

M'en voudrez-vous beaucoup si je vous dis un monde
Où l'on n'est pas toujours du côté du plus fort

Servie par une mélodie obsédante avec un refrain qui se niche instantanément dans la tête entre évidence et émotion, la chanson de Ferrat fait l'effet d'une bombe aux yeux des dirigeants de la télé institution nationale. Circonstances aggravantes sinon décisives, la France – qui compte désormais près de six millions et demi de récepteurs cathodiques, 42 % des foyers en étant équipés, les Français passant en moyenne « vingt-deux heures par semaine devant leur poste[10] » – touche alors au terme d'une campagne électorale historique : pour la première fois depuis 1848 et Louis-Napoléon Bonaparte, le président de la République va être élu au suffrage universel. À soixante-quinze ans, le général de Gaulle, qui entre très tardivement en campagne (le 4 novembre), mène celle-ci sur un thème éminemment personnel souvent résumé par une formule aussi lapidaire qu'édifiante : « Moi ou le chaos ». En face de lui, François Mitterrand, plusieurs fois ministre sous la IVe République, investi par la SFIO[11], reçoit dès le premier tour du 5 décembre le soutien du PCF[12]. Avec 31,72 % des suffrages, il réussit à mettre en ballottage le général de Gaulle (44,65 %). Au second tour du 19 décembre, le Général l'emportera confortablement avec 55,2 % contre 44,8 % au candidat socialiste.

L'affaire *Potemkine* éclate dans ce contexte national. Le mercredi 24 novembre 1965[13], Jean Ferrat est programmé dans l'émission d'Albert Raisner, *Têtes de bois et tendres années*, mais là, il se heurte à la censure directe, frontale : « Le lundi qui précédait *Têtes de bois*, témoigne à chaud le chanteur[14], j'ai su que la direction de la télévision avait demandé à lire les paroles de *Potemkine*. Il n'y avait alors aucune remarque venant d'elle et la répétition s'est faite comme prévu. Je suis reparti en province, car j'ai une tournée en cours, le mardi soir je chante à Brest. Le mercredi à 18 heures, je me présente au Moulin de la Galette, où se fait l'émission publique. Albert Raisner, "très gêné[15]", m'annonce l'interdit de la direction de l'ORTF. Je proteste. J'ai au bout du fil un adjoint de M. Thibau, directeur général de la télévision avec M. Contamine[16]. Cela donne à peu près ceci : "Nous sommes désolés, M. Ferrat... Personnellement, j'aime beaucoup votre chanson, mais il nous est impossible de la diffuser actuellement sur les ondes…

– Pourquoi ?

– Comprenez-nous : nous sommes en période électorale… Après le 5 décembre, si vous voulez… car les paroles…

– Ont-elles quelque chose de répréhensible ? De scandaleux ?

– Je ne dis pas ça… Mais nous avons déjà eu l'affaire Bécaud avec *Vous le regretterez*[17]…

– Ce n'est pas comparable[18]. Elle parle d'un fait historique vieux de soixante ans ! Elle n'a rien à voir avec la campagne électorale.

– Chantez autre chose…"

J'ai raccroché, le dialogue était impossible. Je suis parti. »

Le lendemain, Jean Ferrat et Georges Coulonges écrivent à Wladimir d'Ormesson, président du conseil d'administration de l'ORTF : « Avec la meilleure volonté, nous ne voyons pas, nous ne comprenons pas comment l'exaltation du courage, l'exaltation d'un sentiment noble incitant l'homme à se vouloir non du côté de la force, mais du côté de la justice, pourrait être condamnable. » Et Georges Coulonges, éberlué, confie à Raymond Lavigne[19] : « Pendant plus de dix ans, j'ai voulu voir en vain le film *Le Cuirassé Potemkine.* Jamais libre, jusqu'au jour où on l'a projeté… à la télévision sur la deuxième chaîne ! J'ai été bouleversé. J'ai écrit ma chanson. Ainsi, c'est grâce à la télé si j'ai pu voir ce chef-d'œuvre, et c'est la faute à la télé si la chanson que j'ai écrite sur lui est interdite ! »

Le 25 novembre, dans un court encadré, *L'Humanité* a résumé l'affaire et cité les propos révoltés du chanteur : « Je considère qu'il s'agit d'une atteinte à la liberté d'expression de l'artiste ! » Le lendemain, le journal récidive de façon plus développée et titre : « L'interdiction de la chanson *Potemkine* à l'ORTF provoque de vives réactions. » Soulignant l'« émotion » suscitée dans « les milieux artistiques », le journal poursuit : « Diverses organisations ont déjà pris position contre cet acte arbitraire comme l'association Télé-Liberté, dont nous publions ci-dessous le communiqué, et l'Association pour le respect de l'objectivité à l'ORTF pendant la campagne présidentielle, par la voix de son secrétaire général, M. Pierre-Bloch, qui "dénonce une fois de plus l'abus de la censure réelle et déguisée de la direction de l'ORTF", et qui signale que les artistes les plus connus ont apporté leur adhésion à cette association. »

Le 12 décembre, entre les deux tours électoraux, même ukase [20] à *Télé-Dimanche*, l'émission sportive de Raymond Marcillac, gaulliste bon teint, et même refus de Ferrat qui, avec le recul, en tirera différents enseignements. Dans *Paroles et musique* de février 1981, il reconnaît [21] : « C'était la première fois que je me trouvais vraiment confronté à la censure directe. Évidemment, ça a provoqué des réactions difficiles et diverses, mais ce n'était pas grave parce qu'on peut répondre à la censure directe. Beaucoup plus grave est la censure indirecte, quand on "oublie" volontairement de programmer une chanson, parce qu'on ne peut rien faire contre ça. » Quatre ans plus tard, au cours de l'émission de Bernard Pivot [22], il conclura : « Moi, c'était plutôt d'origine politique, je faisais peur ! Alors, ça peut paraître rigolo, maintenant qu'une chanson comme *Potemkine*, ça fasse peur ! On m'avait dit à ce moment-là : "On ne peut pas la passer parce que nous sommes dans une période électorale !" Préélectorale ! [*Rire.*] D'abord, en France, on est toujours dans une période préélectorale, et je ne voyais pas du tout ce que les marins du *Potemkine* avaient à faire avec les électeurs français... Mais ça s'est renouvelé constamment. En fait, je crois que ce sont les gens qui étaient à la direction des télévisions et des radios qui ouvraient le parapluie. Étant donné que quelques chansons parlaient de la justice, de la liberté et des choses comme ça qu'il n'était pas tellement bon de clamer, ils avaient peur de recevoir des coups sur les doigts. Et ils disaient : ce type-là, tant qu'à faire, il vaut mieux ne pas le prendre... »

Malgré tout, réactions diverses aidant, Jean Ferrat réapparaît sur le petit écran la veille du second tour de l'élection, dans une émission publique enregistrée, *Music-Hall de France*[23], où il interprète *La Montagne* et deux chansons de son nouvel album : *C'est toujours la première fois* et *Je ne chante pas pour passer le temps*. Mais comme toujours ou presque, c'est Denise Glaser qui diffusera sans plus attendre l'objet chansonnier du délit, et, suprême élégance, le jour de l'anniversaire de Jean[24], qui interprète également *C'est toujours la première fois* et *La Montagne*, mais sans dire un mot. C'est Jean-Pierre Chabrol, écrivain et conteur, qui s'en charge.

Invité de l'émission, rappelant l'anecdote de la soupe merveilleuse cuite par une vieille dame des Cévennes racontée par Ferrat l'année précédente, le Cévenol Chabrol précise que cela lui a donné envie d'aller le rencontrer sur place. « Notre amitié est née finalement de cette chanson [*La Montagne*]. Et, vous savez, il y a des phrases-clés : lorsque quelqu'un prononce telle phrase, on sait qu'il y a un tas de choses d'entendues. Avec Ferrat, on ne s'est jamais vouvoyés, tout de suite on s'est tutoyés, on se connaissait très bien. On savait ce qu'on pensait l'un et l'autre, et à la suite de ça, je l'ai invité à venir à la fête de mon village, à Chamborigaud. [...] J'ai battu le rappel de tous les copains, j'ai demandé à Francis Lemarque de venir chanter, et puis j'ai demandé à Ferrat, qui lui était en vacances (qui n'avait pas d'orchestre, qui n'avait rien), de venir en voisin. Et il n'a pas chanté ! Voyez la gentillesse de mon village… Quand Francis Lemarque était sur scène et chantait, Jean Ferrat était au premier rang et l'applaudissait. Tout le monde le voyait, on lui a demandé une chanson et il a expliqué qu'il ne pouvait pas chanter… Dans n'importe quel autre village du monde, on l'aurait écharpé, on l'aurait lynché. » Et Chabrol évoque l'accueil émouvant auquel le chanteur a eu droit : « On lui avait réservé une surprise. […] J'avais dit aux garçons et aux filles du village, qui sont des fils et des filles de mineurs et de paysans : […] "Il m'a dit qu'il arriverait samedi vers dix heures, onze heures, par la route de Génolhac." Alors, tous ces gars et toutes ces filles lui ont préparé un accueil ; c'est-à-dire que, dans les derniers virages de la route, il y avait un guetteur. […] Et quand il est arrivé sur Chamborigaud, […] il y a un jeune garçon en costume cévenol qui s'est jeté devant la voiture, a bloqué la voiture […] et avec la trompette il a joué le thème de *La Montagne*. Et à ce moment-là, des rochers de la montagne sont descendus des centaines de garçons et de filles costumés à l'ancienne, qui ont commencé une farandole. Et Ferrat est entré avec ce garçon qui ouvrait la route avec sa trompette, et tous les autres qui dansaient autour. Ferrat était là, au volant de sa voiture, il faisait une entrée d'empereur, au pas. Et je crois qu'il était bouleversé. » Du coup, voyant l'effet produit, les jeunes décidèrent de récidiver, non seulement avec Francis Lemarque, l'après-midi, mais avec d'autres qui le méritaient tout autant à leurs yeux : les mineurs qui rentraient du travail. « Et tout ça, conclut Jean-Pierre Chabrol, a donné une atmosphère très extraordinaire à la fête ! »

Outre *Potemkine*, ce premier 30 cm de Jean Ferrat comporte neuf autres chansons, dont six entièrement signées par lui, les trois autres s'appuyant respectivement sur trois de ses complices fidèles : Louis Aragon, Michelle Senlis et Claude Delécluse. Ainsi en va-t-il avec *C'est si peu dire que je t'aime*, d'une beauté exigeante en osmose avec la mélodie rassérénante et l'arrangement d'Alain Goraguer. Ce constat accepté de la brièveté de la vie vivre sauvé par la force du sentiment amoureux que les mots semblent impuissants à dépeindre, est l'une des chansons relativement moins connues d'Aragon/Ferrat. Assez courte, classique dans sa forme de vers octosyllabiques avec titre comme leitmotiv, elle s'inscrit parmi celles qu'un très sérieux ouvrage universitaire de Bruno Joubrel[25] situe dans « la confrontation de l'idéal humain à la vie réelle et au malheur » et plus précisément, ici, où « l'aimée et chaque chose qui la concerne sont sublimées ». D'un langage moins direct, plus poétique sans doute aux yeux du « grand public », elle constitue une incontestable réussite, à l'image de son premier couplet :

Comme une étoffe déchirée
On vit ensemble séparés
Dans mes bras je te tiens absente

Après deux remarquables chansons, *La Corrida* de Gilbert Bécaud[26] et *Les Toros* de Jacques Brel[27], Ferrat aborde le même thème sous un angle différent, celui d'un certain public huppé, *Les Belles Étrangères*, par la plume rarement aussi serrée et accusatrice de Michelle Senlis. Légèreté, élégance extérieure et insouciance, pour ne pas dire indécence, suggérées par le sifflotis introductif contrastent avec la tension dramatique induite par les guitares espagnoles, et derrière le chromo chapeauté de ces dames bientôt révulsées, c'est toute l'ambiguïté d'une société qui apparaît (on tue les taureaux, mais on traîne les bœufs à l'abattoir) à travers une morale aussi culpabilisatrice qu'étrangement végétarienne chez Ferrat – il ne se met d'ailleurs pas hors du coup –, même s'il n'a pas écrit lui-même le texte :

On chasse on tue on mange
On taille dans du cuir
Des chaussures on s'arrange

Morale végétarienne d'autant plus contradictoire qu'au final, le texte se désintéresse du sort du taureau pour condamner la tauromachie à travers la situation dramatique de ceux qui souvent la pratiquent, non par choix mais par nécessité :

C'est que l'Espagne a trop
D'enfants pour les nourrir
Qu'il faut parfois choisir
La faim ou le toro.

La chanson dont Claude Delécluse a écrit le texte, *Raconte-moi la mer*, prend son temps pour une superbe invitation au voyage, au rêve, à l'envol maximum, où Ferrat a su dessiner une mélodie lyrique à plusieurs étages parfaitement servie par sa voix ample au creux des vagues successives de cordes dirigées par Alain Goraguer. Arrangeur du chanteur depuis ses tout débuts[28] et qui le restera jusqu'à la fin, celui-ci apprécie particulièrement cette chanson (« C'est l'un des plus beaux titres que l'on ait faits ensemble ») et connaît par cœur la musique de Jean Ferrat : « Dans l'ensemble, ce serait une sorte de lyrisme, même si cela semble un petit peu prétentieux ou solennel ; un lyrisme jusque dans la façon de chanter. Dans une chanson comme *La Montagne*, il y a un côté populaire au sens noble du mot, mais aussi quelque chose de lyrique, de l'envol de la mélodie à la façon dont Jean l'interprète. Bien sûr, il a touché à beaucoup de rythmes différents, il a fait des chansons amusantes, rythmiques, satiriques, polémiques, politiques, mais dans ce type de chansons, la mélodie est moins riche dans le sens du lyrisme dont je parle... En revanche, avec les chansons d'Aragon, il y a eu de très heureuses rencontres à cet égard[29]. »

Ici, au milieu de titres aux contenus très combatifs, cette ode à la mer apporte une respiration nécessaire, salutaire même :

C'est voler comme Icare
Au-devant du soleil
En fermant sa mémoire
À ce monde cruel

Car outre le brûlot *Potemkine*, trois chansons cognent fort dans ce disque, dont la première annonce la couleur sur un ton générique : *Je ne chante pas pour passer le temps*. Loin de s'opposer, comme il a été écrit ici et là de façon simpliste, au *Je chante pour passer le temps* d'Aragon[30] mis en musique par Léo Ferré et qui se situe sur un autre plan, plus politique qu'existentiel, mais dans lequel le combat quotidien trouve sa place, se fond et se fonde. Pour Ferrat, cet arrière-plan-là, comme l'Histoire, éclaire le présent et l'avenir, mais, justement, sans passéisme. Qu'il choisisse de ne pas se référer alors à l'actualité immédiate, comme les bombardements américains sur le Nord-Vietnam, tient à un choix artistique, une culture, sensiblement différents de ceux – par exemple – des *folksingers* américains de l'époque, avec lesquels toute comparaison n'aurait guère de sens. En revanche, quand on sait l'importance qu'a prise aujourd'hui l'intégrisme religieux de tous bords dans les pires conflits internationaux, on ne peut pas ne pas remarquer ces trois vers :

Le monde ouvert à ma fenêtre
Avec sa dulie ses horreurs
Avec ses armes et ses reîtres

Certes, les mots « reîtres » et surtout « dulie » n'ont sans doute pas parlé immédiatement à de nombreux auditeurs ; alors, rappelons que la dulie désigne le culte des saints et des anges, et que reître signifie soudard, homme brutal et grossier, ou historiquement cavalier mercenaire allemand. Bref, *Je ne chante pas pour passer le temps* constitue pour Ferrat une véritable profession de foi, sciemment intemporelle, écrite avec un soin non polémique, à l'inverse des deux autres chansons de l'album intitulées *La Voix lactée (S.G.D.G.)* et *Le Sabre et le Goupillon*, complémentaires en quelque sorte.

Filant la métaphore fromagère (camembert, concoyotte, fourme, petits carrés à la crème pâlotte, coulant), la première cultive le ton caustique initié par *Le Jour où je deviendrai gros* du disque précédent. Même bon sens de type paysan, même attaque du système (et du « monde des affaires[31] »), Jean Ferrat ironise sur la perception tarifée que d'aucuns tendraient à donner de lui-même dans les situations contradictoires que lui impose la société, tel le recours aux « flics » quand la foule d'admirateurs devient trop pressante.

Je tapote des joues, j'embrasse des enfants
Et je fais des risettes autant qu'un président
Si je n'avais encore un peu d'égard pour moi
Je dirais que je suis une vraie fille de joie

Sur une mélodie simple et rythmée, sa fibre narquoise volontiers anticléricale, n'épargne pas au passage la religion, chaque refrain s'ouvrant sur « Jésus-Marie quelle décadence », une association lexicale qu'on s'attendrait peu à trouver dans sa bouche. C'est en revanche un élément central de la seconde chanson, perceptible dès son titre, *Le Sabre et le Goupillon*. Au fil d'une musique à nouveau efficace, parallèle à la précédente, le chanteur s'offre un tir groupé contre le tandem historique armée-Église ; irrévérence garantie, mais affirmation par contrecoup de la primauté farouche à ses yeux de la démocratie et de la laïcité :

Comme cul et chemise comme larrons en foire
J'ai vu se constituer tant d'associations
Mais il n'en reste qu'une au travers de l'histoire
Qui ait su nous donner tant de satisfaction
Le sabre et le goupillon

Les trois chansons restantes participent de deux inspirations permanentes chez Jean Ferrat, la veine romantique et l'humanisme au quotidien. Nombre de ceux qu'irrite l'ironie pamphlétaire illustrée par les deux titres précédemment évoqués ne résistent pas à la voix et au lyrisme inspiré de l'artiste, dans une déclaration d'amour absolue comme *C'est toujours la première fois*. L'osmose avec l'arrangement musical de Goraguer est parfaite et l'esprit d'Aragon souffle sur chaque strophe, à l'instar de la dernière :

L'amour de toi par quoi j'existe
N'a pas d'autre réalité
Je ne suis qu'un nom de ta liste
Un pas que le vent sur la piste
Efface avant d'avoir été

Plus directe, sur un tempo joyeusement jazzy, accents de sax à l'appui, *À l'été de la Saint-Martin* croque une rencontre amoureuse très charnelle, où curieusement là encore traînent des références chrétiennes entre « vieux sacristains » et « Sa peau de porcelaine blanche / Et son frémissement des hanches / Vous aurait fait chanter latin ». Enfin figure dans cet album *On ne voit pas le temps passer*, générique du film de René Allio *La Vieille Dame indigne*, un portrait individuel d'une personne ordinaire qui retrouve le ton émouvant de *La Montagne*, portrait collectif, finalement, assorti d'une mélodie de la même fibre. L'un commençait par : « Ils quittent un à un le pays », l'autre emprunte le « on » pour passer au « elle » :

On se marie tôt à vingt ans
Et l'on n'attend pas des années
[...] Faut-il pleurer, faut-il en rire
Fait-elle envie ou bien pitié

Un joli succès en tout cas que Jean Ferrat reprendra bien entendu sur scène dès son passage à Bobino qu'il amorce le 29 décembre 1965. Il vient d'avoir trente-cinq ans.

Notes

1. *Pêcheurs d'étoiles*, *op. cit.*
2. N° 46, février-mars 1965.
3. La « Mutu », salle historique du Ve arrondissement de Paris, lieu de meetings ouvriers, syndicaux et politiques.
4. Du 15 mai 1965.
5. Lors d'une interview télévisée, le 25 mars 1965, dans *Les Écrans de la ville*, émission de Philippe Collin et Pierre-André Boutang.
6. *Rhône-Alpes Actualités*, le 21 avril 1965.
7. *Parlez-nous d'amour*, le 5 juillet, où elle chante *J'entends j'entends* et lui *Nous dormirons ensemble.*
8. Georges Coulonges, *Ma communale avait raison*, *op. cit.* Dans une correspondance avec l'auteur en date du 4 janvier 1972, il écrivait : « Quant à la chanson à laquelle je crois (celle qui a tant de mal à vivre ou même à survivre aujourd'hui), elle est là pour dire les joies et les peines des hommes, les aider à supporter leurs misères, leur donner l'espoir et rendre compte de leurs luttes. C'est dire que ceux qui sont les plus attentifs à la vie de leur frères sont les mieux armés pour dire cela. Une règle : ne pas imiter ; ne pas chanter l'usine pour plaire à l'ouvrier, en pas chanter la paix pour plaire aux pacifistes. Non, dire, écrire, chanter ce que l'on voit le mieux, ce que l'on sent le plus profondément. »
9. « Pourquoi demander au public s'il m'en voudrait d'écrire ma chanson ? On l'a compris : ce n'était pas à lui que la question était posée. C'était aux antennes vigilantes de la radio, de la télévision gaulliennes. J'avais des raisons de me méfier d'elles. J'avais présenté à Bourvil *Du côté de l'Alsace*, histoire très simple d'un homme regrettant d'avoir connu son vingtième anniversaire à la guerre. [...] Bourvil l'avait reçue avec émotion. [...] Il l'avait enregistrée tout de suite. Et voilà que cette chanson inoffensive est censurée. Motif : peut nuire au rapprochement franco-allemand... » (*ibid.*).
10. Comme le relève Serge Dillaz dans *Vivre et chanter en France*, tome 1, *op. cit.*

11. Section française de l'Internationale ouvrière (future base du Parti socialiste actuel, fondé au congrès d'Alfortville de 1969), dont il n'est pas membre ; il appartient à la Convention des institutions républicaines.

12. Dès le 10 janvier 1964, l'un de ses dirigeants historiques, Jacques Duclos, ne s'était-il pas exclamé : « Le programme commun peut seul assurer l'alternative économique au régime du pouvoir personnel. » Sans chercher à y voir la moindre raison de cause à effet, on notera la disparition le 12 juillet de la même année du président du PCF, Maurice Thorez, terrassé par une crise cardiaque alors qu'il gagnait en bateau l'Union soviétique !

13. Date d'une atteinte somme toute relative aux libertés, si l'on considère que, le même jour, un coup d'État portait Joseph-Désiré Mobutu, dictateur en puissance, à la tête de la République démocratique du Congo, futur Zaïre... à l'issue d'une année marquée par l'assassinat de Malcom X à New York, les premiers bombardements des B52 sur le Vietnam du Nord par l'aviation américaine, le coup d'État de Houari Boumediene en Algérie, l'enlèvement en plein Paris du Marocain Mehdi Ben Barka, ou la répression de plus d'un demi-million de communistes et sympathisants en Indonésie par l'armée du général Suharto, qui allait précéder l'instauration d'une dictature aussi violente que corrompue.

14. Propos recueillis par Raymond Lavigne et reproduits sur le site officiel de Jean Ferrat :/www.jean-ferrat.com/.

15. Et pour cause ! Le mardi précédent, dans son émission publique, *Feux de Joie*, enregistré au Marcadet-Palace (Paris, XVIIIe) et diffusée en différé sur France Inter, Jean Ferrat avait déjà chanté *Potemkine*.

16. Jacques Thibau et Claude Contamine, alors respectivement directeur général de la deuxième chaîne et directeur général adjoint de l'ORTF.

17. En réalité, il s'agit de *Tu le regretteras*, sur un texte du très gaulliste Pierre Delanoë, dans un super 45 tours de septembre 1965. Détail amusant, dans son livre de septembre 1987 intitulé *Et à part ça, qu'est-ce que vous faites ?* (Michel Lafon éditeur), Delanoë cite *Potemkine* dans son annexe *Les chansons françaises que j'aime*.

18. La chanson de Bécaud était un éloge de De Gaulle, note de l'auteur.

19. Art. cit.

20. C'est le mot (historiquement : édit du tsar de Russie) !

21. Auprès de Fred Hidalgo.

22. *Ferrat 85*, France 2, 2 novembre 1985.

23. De Michèle Arnaud, le 18 décembre 1965.

24. *Discorama*, le 26 décembre 1965.

25. *Jean Ferrat, de la fabrique aux cimes*, Les Belles Lettres/Presses Universitaires de Valenciennes, coll. « Cantologie », juin 2003. Musicologue, titulaire d'un doctorat obtenu en Sorbonne, Bruno Joubrel est lui-même auteur-compositeur-interprète depuis 1986. Il a enregistré quatre albums, dont le dernier, *L'Air du temps*, en 2006.

26. 1956, texte de Louis Amade.

27. 1963, musique de Gérard Jouannest et Jean Corti.

28. Hormis pour le premier super 45 tours – Vogue – de 1958, où officiait Jean Lemaire.

29. À l'auteur, entretien cité.

30. Extrait du *Roman inachevé* de 1956.

31. Si *La Voix lactée (S.G.D.G.)* présente des analogies de forme et de ton avec *Les Trompettes de la renommée* enregistré trois ans plus tôt par Georges Brassens, l'axe central en diffère sensiblement. Dans la présentation du disque (n° 7) de ce dernier, René Fallet a écrit : « C'est d'une conversation entre amis que sont nées *Les Trompettes de la renommée*. Thème de la discussion : les exigences de la publicité, l'impérieuse nécessité d'y sacrifier, nécessité qui ne paraissait pas évidente à Brassens. » À Ferrat non plus, d'ailleurs…

Chapitre 13

En haut de l'affiche

En ce milieu des années soixante, Bobino constitue le concurrent direct de l'Olympia : deux quartiers parisiens bien distincts, Montparnasse et l'Opéra ; deux directeurs qui ont un temps travaillé ensemble, Bruno Coquatrix et Félix Vitry[1] ; deux programmations désormais identifiées. « Dorénavant, conclut sans nuance Jacqueline Cartier[2], l'Olympia va devenir exclusivement le temple du rock et Bobino gardera de son mieux la chanson française, la romance pour Margot et la chanson "qui veut dire quelque chose" pour son Jules. » La réalité se révélera sensiblement plus complexe et les plus grands (Piaf, Brassens, Brel, Bécaud, Montand...) passeront à l'Olympia, mais pas Ferrat qui – comme nous l'avons évoqué – n'y sera apparu qu'occasionnellement à travers des *Musicoramas*, jamais pour des rentrées parisiennes : « C'est un choix, confirmera-t-il. Un jour, alors que j'étais déjà très connu, Coquatrix m'a demandé d'y passer et j'ai refusé. "Pourquoi ? – Ça fait dix ans que vous me connaissez, vous ne m'avez jamais invité, et maintenant que ça marche vraiment bien, vous me demandez de passer ? Non, je ne passerai jamais chez vous." Et je ne suis jamais passé à l'Olympia. Mais je ne lui en voulais pas, il avait le droit de ne pas m'apprécier[3]... »

Trois ans après *La Fête aux copains* organisée en l'honneur de Christine Sèvres, c'est sur la scène de Bobino qu'il remonte, mais cette fois-ci en tête d'affiche. Le jour de la première, dans *L'Humanité*[4], Guy Silva lui consacre un article intitulé « Le monde ouvert à sa fenêtre, Jean Ferrat ne chante pas pour passer le temps ». Alors qu'il vient de publier l'album que l'on sait, d'une belle densité, d'une cohérence affirmée, le chanteur avoue : « Pourtant, le 20 septembre, je n'avais pas écrit la moindre phrase, inscrit une seule note. Il a bien fallu que je m'y mette... Et je ne disposais que de trois semaines pour donner le jour à quatorze chansons. » Belle marge, pour un disque qui n'en contient que dix ! Le miracle, en tout cas, s'appelle l'Ardèche. Antraigues-sur-Volane. En aucun cas Paris, comme Ferrat l'avait souligné dès son arrivée dans les Cévennes, ce qu'il réitère dans l'article de *L'Huma* : « Paris, c'est bien... pour les vacances. Moi, je suis incapable de composer dans une voiture ou dans une chambre d'hôtel. Je ne suis pas le genre d'homme qui peut travailler n'importe où avec une guitare et un magnétophone... Il me faut un décrochage complet. » D'ores et déjà, une chose est certaine, l'auteur-compositeur Ferrat ne concurrencera jamais un Vincent Scotto, l'homme aux quatre mille chansons ; pire, il reconnaîtra toujours éprouver des difficultés à composer ses dix ou douze nouveautés annuelles pour chaque 30 cm à venir.

Ce même 29 décembre, date du premier concert à Bobino, fait en outre l'objet d'une *Journée Jean Ferrat* sur France Inter, avec notamment un invité nommé Aragon. Le 31, une interview du chanteur (enregistrée un mois plus tôt par Jean-Pierre Lannes pour la première chaîne, mais non diffusée) passe au journal télévisé de 13 heures sur la deuxième chaîne. Extraits du dialogue :

« Jean Ferrat est un monsieur très caché, finalement ! On l'entend beaucoup, on le voit beaucoup, mais on ne sait absolument rien de lui. Pourquoi ça ?

– Eh bien, je suis un désespoir pour les faits divers ! Et pour mon attachée de presse ! La pauvre ! [*Rire.*]

– Vous n'aimez pas qu'on parle de vous en dehors du métier ?

– Non ! Je trouve que ce n'est pas utile. Moi, mon métier c'est de faire des chansons ; alors, je trouve que ça n'intéresse personne si je vais jouer au poker ou à la pétanque. Ce n'est pas très indispensable ! »

Il réagit néanmoins à diverses questions ; à celle demandant si ses prises de position correspondent à « un procédé », il répond : « Ça correspond à une façon de voir la vie et de comprendre les choses, [...] pas tellement les faits divers, [...] mais surtout le monde qui nous entoure, essayer de répondre à des questions que je me pose, et que sans doute aussi beaucoup de gens se posent. » Et puisque l'actualité s'appelle Bobino et que le journaliste aborde la mise en scène de ses chansons, il ajoute sans détour : « Non, je n'y accorde pas beaucoup d'importance ; parce que je pense que je ne dois pas faire grand-chose dans ces chansons, étant donné que la plupart sont des choses qu'il faut écouter et que la sauce qui les entoure n'a que peu d'importance. » Une réflexion à rapprocher d'une confidence de l'article précédent de *L'Humanité*, qui révèle en creux l'intérêt relatif du chanteur pour la scène, même s'il y a pris goût au fil des années : « Son rêve, d'ailleurs, serait de chanter un peu moins et composer un peu plus. » Rêve qui ne coïncide décidément pas avec sa trajectoire marchande vue du show-business, fût-il le mieux intentionné, à l'image d'Eddy Marouani, l'homme aux fiches pointues[5] : « 29.12.1965 : Bobino : gros succès – (recettes plus fortes que Barbara et Fernand Raynaud même en dehors des jours fériés) – cachet 2 000 F par jour – 2 500 par matinée – 3 000 le dimanche. »

Dès le lendemain de la première et les jours suivants, les articles pleuvent dans la presse parisienne. Dirigé par Aragon, l'hebdomadaire *Les Lettres Françaises*[6] se fend d'une page entière de reportage lors des répétitions sur la scène même de Bobino. Titrant *Jean Ferrat, « camembert » de tout premier choix* – par référence à *La Voix lactée (S.G.D.G.)* –, René Bourdier passe quasiment la pommade à Jean Ferrat : « Vos œuvres, la grande qualité de vos œuvres… […] On dit aujourd'hui que vous êtes le véritable numéro un ? » Opposé implicitement à Johnny Hallyday par le journaliste, Ferrat en vient à le défendre en le re-situant dans le contexte : « Il est le meilleur, mais pas plus responsable qu'un autre, pas responsable du tout. Le yé-yé, c'est d'abord un problème démographique. Il y a trois, quatre ans, une marée d'adolescents s'est trouvée devant un mur. On n'avait rien prévu, rien préparé pour eux : ils se sont cognés à la digue avec une sorte de désespoir. Les marchands les ont entendus. Ils ont pensé les utiliser. Je ne sais qui a inventé le mot "idole", mais l'"idole" est devenue un commerce florissant. Je me souviens d'une affiche qui disait : "Devenez millionnaire en achetant une guitare électrique". C'est incroyable le mal que les publicités semblables ont pu faire… » Et reconnaissant qu'il s'est fait connaître « à contre-courant » de ce mouvement, le chanteur poursuit l'analyse : « Je chante depuis dix ans, et je ne sais pas si ma carrière aurait été ce qu'elle est sans le yé-yé. Je crois que ça m'a tout de même aidé, que j'ai profité d'une réaction du public. »

Il n'est pas sûr que la plupart de ses copains et copines de la rive gauche partagent cet avis, à commencer par sa femme, Christine Sèvres, qui le dirige alors scéniquement depuis la salle. Et sans concessions : « Ferrat, tu sais pas quoi faire de tes mains ? Si tu veux les mettre dans tes poches, bon, vas-y, mais place tes coudes en arrière. [...] Ferrat, fais pas ce geste, tu sais bien que tu ne sais pas le faire ! » Au passage, on apprend que si on ne l'entend plus, elle, c'est qu'elle a décidé de s'arrêter un an, notamment pour écrire, et pas seulement des textes de chansons : « Des choses plus sérieuses. J'écris depuis longtemps... Je voudrais reprendre des textes qui dorment chez moi, et en écrire de nouveaux. La chanson, vous savez, on s'en fatigue. »

Si Christine était en coulisses, ce sont la blonde Isabelle Aubret et la brune Juliette Gréco qui embrassent simultanément un Ferrat tout sourire, sur la photo de *L'Humanité* illustrant l'article de Gilbert Bloch le 1er janvier de l'année nouvelle. Pour lui, guère de réserves dans ce « programme éclectique et réussi » présenté (comme à l'Alhambra, un an plus tôt) par Michel Muller et Jacques Ferrière : le jongleur sur cylindre Jim Cuny, le « comique farfelu » Noberti et les quatre représentants de la chanson, du « jeune espoir » José Thomas « au mécanisme toujours bien réglé » des Cinq Pères en passant par Corinne Marchand, « peut-être encore plus "diseuse" que chanteuse », et surtout Jean Ferrat « un authentique artiste qui se refuse dignement à être une "vedette". [...] Il lui suffit d'une émotion pour cristalliser ses sentiments, pour trouver l'accent qui nous touchera ». Est-ce l'envie de soutenir, de défendre par définition ce proche du « parti », mais ces deux colonnes manquent totalement d'inspiration, alors même que les comptes rendus du *Figaro* ou de *France-Soir* se révèlent d'une autre pertinence et dans l'ensemble très favorables au chanteur ?

En revanche, la plupart des critiques ne sont pas convaincus par la comédienne Corinne Marchand qui s'essaie selon eux au tour de chant[7], domaine où elle a en réalité débuté sa carrière « comme commère de revue dans un cabaret[8] » avant de jouer dans des opérettes. Passionnée de poésie, de « textes intéressants à dire », elle avoue à propos de son passage à Bobino : « Si j'avais pu, j'aurais même été jusqu'à dire des poèmes, mais c'est parfois inaccessible au grand public, alors j'ai été à mi-chemin entre le music-hall et la poésie[9]. » Et peut-être en réponse à Paul Carrière du *Figaro*[10], qui la qualifie de « Cléo de scène et de déception, qui s'est composée un personnage moitié Marlène moitié Marylin, en robe-manteau d'hermine entravant toute spontanéité » et parle d'un « tour de chant hétéroclite », elle répond : « On est tributaire de son physique ; ça, ça m'ennuie un petit peu d'ailleurs, parce que... [*elle hésite*] bien souvent, les gens vous regardent plutôt qu'ils ne vous écoutent et ça, ça me déplaît. J'aimerais souvent chanter sans qu'on me voie ; j'accorde beaucoup plus d'importance à ce que je dis qu'à ce que je suis en réalité. [...] En ce qui me concerne, je ne sacrifie rien à la mode[11]. » On croirait entendre Jean Ferrat ; on comprend qu'il l'ait accueillie en première partie de son spectacle (les points communs ou coïncidences vont un peu plus loin, puisqu'elle a de la famille du côté de Perrier – en Auvergne, là où le petit Jean Tenenbaum s'est réfugié quelques semaines avant la guerre – et qu'elle vient alors d'enregistrer *Les Montagnes bleues*, chanson qu'elle appelle souvent *La Montagne*).

Sur Jean Ferrat, « artiste attachant », Carrière ne fait pas la fine bouche : « Malgré quelques hésitations, il s'est créé un style très personnel. Seule une de ses nouveautés y échappe : *La Voix lactée*, du très bon simili Brassens. Mais l'originalité de Ferrat est surtout "physique". Cheveu noir, visage buriné, œil flegmatique, allure un peu gauche, il fait rimer "aime" et "H.L.M." et dégage nonchalamment un charme très simple qu'amplifie sa voix aux inflexions graves. La satire avec lui devient du sourire, l'engagement politique, du sentiment. Il excelle dans les demi-teintes du cœur où, usant de mélodies souvent cousines, il perpétue un romantisme de bon aloi. »

Même type de réaction pour Christophe Izard[12], qui « ne pense pas qu'elle [Corinne Marchand] soit faite pour cette discipline » et vote Ferrat haut la plume : « Le regard franc, la bouche large, Jean Ferrat a le visage modelé d'un héros révolutionnaire. Ce n'est pas une bête de scène. C'est un homme qui interprète parfaitement, tantôt avec l'ironie détendue de Gavroche et tantôt la dignité d'un chef syndicaliste, les très belles chansons dont il est l'auteur. » Après avoir cité quelques titres phare, « chansons tendres » et « chansons engagées », il se lâche : « Ferrat touche droit au cœur. C'est plus qu'un grand chanteur, c'est un grand homme. » Mieux, à la suite de cette critique, un encadré témoigne de son enthousiasme, sinon de son admiration (dans un journal qui affiche alors un des plus forts tirages de la presse nationale !) : « L'auteur de *Potemkine* ne veut faire que ce qu'il aime. » Évoquant les démêlées du chanteur avec l'ORTF à propos de cette chanson, Izard écrit : « Jean Ferrat est content. Quatre jours avant ses débuts hier soir[13] à Bobino, il a gagné dimanche sa bataille contre l'ORTF ; il a chanté à *Discorama Potemkine*, sa chanson qui depuis un mois était déconseillée par la direction de l'ORTF. […] Cet ancien apprenti du bâtiment ne veut faire que ce qu'il aime. Il a des idées et il s'y tient. Jamais on ne le voit dans les cocktails mondains. Il leur préfère la tournée que l'on joue au 421 dans le petit café du coin. […] Cette discrétion, cette vie simple qu'il veut sans histoires aux côtés de sa femme, la chanteuse Christine Sèvres, ne l'empêche pas de vendre autant de disques que les idoles. *Nuit et brouillard* s'est vendu à plus de 300 000 exemplaires, et *La Montagne* vient de dépasser 350 000 disques en un an. »

La tonalité change quelque peu avec Claude Fléouter du *Monde*[14], sensible à Corinne Marchand « blanche et blonde, […] la belle "diseuse" à la voix d'or », et dont le papier assez hypocrite contourne le fond idéologique et politique qui le dérange pour s'en prendre d'abord au physique du chanteur, aligner des comparaisons oiseuses et porter l'estocade aux prétentions déstabilisatrices. Après une ouverture honnête où il reconnaît que d'emblée Ferrat « annonce la couleur » (« Il ne chante pas pour passer le temps, mais pour dire la réalité des êtres et des choses, le drame et la beauté du quotidien »), il écrit en effet : « Avec la silhouette d'un adolescent qui a grandi trop vite, le sourire qui s'achève en rictus sur le long visage maigre d'un gosse de Paris, Jean Ferrat, à trente-cinq ans, reste tout étonné de s'être réveillé un jour vedette. Il est le nouveau chef de file des chanteurs "engagés". Il n'a ni le mordant de Francis Lemarque, ni la satire tendre de Brassens, ni l'esprit subversif de Brel. Et rien n'est plus éloigné de lui que l'anarchisme bohème de Ferré. Jean Ferrat se veut le témoin, le troubadour de l'actualité. C'est le grand frère sympathique et aux bonnes intentions. La main est parfois heureuse (*La Montagne*, *Nuit et brouillard*), mais le plus souvent le souffle poétique est bien court et n'est pas compensé par une présence scénique. »

Pour être plus frontalement critique, le « papier » de Michel Pérez dans *Combat* de ce même dernier jour de l'année développe une argumentation guère plus substantielle mais d'un autre esprit. Accordant un bon quart de sa chronique à Corinne Marchand en laquelle il voit une « autre Gréco dans dix ans [15] », se demandant « pourquoi on ne l'a pas placée en fin de première partie, après le numéro des Cinq Pères, décidément trop connu », Pérez écrit à propos de Ferrat : « Il y a de l'humeur batailleuse et revendicatrice dans ses chansons. C'est bien, mais chanter la révolte des marins du *Potemkine*, cela équivaut quelque peu à chanter les douceurs de l'amour à Tahiti. C'est aussi lointain, aussi littéraire, aussi faux. » Chacun appréciera référence et déduction, mais la suite vaut son pesant de réflexion : « Ferrat fait paraître un Ferré cent fois plus courageux, intransigeant, héroïque qu'il ne l'est en fait [16]. Que la radiodiffusion française interdise *Potemkine* ne fait qu'indiquer un degré de sottise. Cela n'ajoute pas à la violence d'un cri que nous voudrions plus actuel. Il est vrai qu'il est extrêmement difficile à un chanteur de s'inspirer de l'actualité immédiate, de s'inspirer de ce qui le touche au plus profond ou de ce qui l'écorche à vif. *Potemkine* rappelle trop le flou poétique des poètes impuissants à chanter l'amour. » Là, le flou incriminé semble avoir gagné le journaliste, dont l'argumentation devient absconse. Cela dit, Ferrat le répétera à maintes reprises, il est lent, il a besoin de temps, mais ne vaut-il pas mieux une chanson pesée, écrite avec le recul et qui va marquer les mémoires qu'une réaction viscérale, à chaud, attendue au bout du compte, sur l'événement ? Ferrat s'y prêtera d'ailleurs à l'occasion, et chaque fois de belles âmes le lui reprocheront sèchement. D'une certaine manière, le journaliste de *Combat* doit en être conscient, puisqu'en dernier recours, il se sent comme obligé de se justifier : « Le succès de Jean Ferrat nous fait sans doute l'attaquer avec moins de remords. Si on l'accueillait avec moins d'enthousiasme, nous serions parmi les premiers à le défendre, car tout ce qu'il fait reste sympathique et force l'indulgence. Mais cela ne nous fait jamais oublier qu'il y a chez nous une tradition de "chanteurs de gauche" qu'on se doit de dépasser aujourd'hui, sous peine de mener le public à l'assouplissement sans rémission avec plus de célérité que "l'amour à Tahiti [17]". »

Le 17 février 1966, alors qu'il est reparti sur les routes ordinaires du métier de chanteur [18], il est l'invité télévisuel principal sur la première chaîne du *Palmarès des chansons*, animé par Guy Lux et Anne-Marie Peysson et accompagné par le grand orchestre de Raymond Lefebvre. Cette émission populaire nouvellement créée où l'on chante en direct et en public accorde à Ferrat une place considérable, l'une des trois parties étant réservée à son amie Isabelle Aubret qui interprète cinq chansons dont il est l'auteur ou le compositeur, sinon les deux (*Deux enfants au soleil*, *On ne voit pas le temps passer*, *C'est toujours la première fois*, *Les Amants de Vérone* et *C'est beau la vie*), avant que lui-même n'en présente également cinq : *Je ne chante pas pour passer le temps*, *Que serais-je sans toi*, *Nuit et brouillard*, *La Montagne* et *Potemkine*). En précurseur, sur le service public, de la télévision commerciale moderne et interactive, le bateleur Guy Lux annonce Jean Ferrat par une formule choc : « Celui qui ne fait véritablement aucune concession et qui fait les chansons parmi les plus extraordinaires ! » et a assorti les deux prestations d'un jeu. Comme il a un goût obsessionnel du tiercé – et que cela fonctionne –, il s'agit de voter pour les trois meilleures chansons proposées par Isabelle Aubret d'une part, et par Jean Ferrat d'autre part, le vote du jury présent sur le plateau étant complété par celui des téléspectateurs. Bref, *C'est beau la vie* l'emporte devant *Deux enfants au soleil* et *On ne voit pas le temps passer*, tandis que *La Montagne* – pardi – coiffe au poteau *Nuit et brouillard* et *Potemkine*. Tout ce dispositif n'a guère d'intérêt, à l'essentiel près que le chanteur a pu s'exprimer en toute liberté à une heure de grande écoute, deux mois à peine après ses tracas avec la censure. Guy Lux est ce qu'il est, mais d'abord pragmatique. Tout comme son homologue de l'ombre version scènes et tournées, Eddy Marouani, qui inscrit un mois plus tard dans ses fiches[19] : « 18.3.1966 : Ancienne Belgique, Bruxelles : 25 000 F par jour – (en "américaine" Suzanne Gabriello, en "anglaise" José Thomas) – gros succès – silhouette ascétique – un répertoire parfois "rouge" mais inoffensif et toujours de belle qualité – voix bien timbrée – diction paresseuse – bon résultat financier. »

Escale d'envergure à sa tournée, *Télé-Dimanche* accueille à nouveau Jean Ferrat à la fin mars sur la première chaîne. Présenté en public par Roger Lanzac[20], accompagné par son quartette de scène du moment[21] qui adapte les arrangements discographiques d'Alain Goraguer et son grand orchestre, Ferrat interprète pas moins de dix chansons, de *Je ne chante pas pour passer le temps* à *C'est beau la vie*, sans oublier *La Montagne*, mais aussi *Nuit et brouillard* et *Potemkine*. Malgré le trac perceptible du chanteur « parti un peu en fusée » de son propre aveu, cette chanson obtient un succès particulier, ici comme – notamment – à Decazeville, ville minière où Ferrat se produit le jour même où l'on ferme le dernier puits[22].

À cette occasion, la deuxième chaîne consacre à Jean une émission de vingt-cinq minutes de la série *Seize millions de jeunes*[23]. D'un ton assez nouveau pour l'époque, une première partie témoigne des réactions d'ouvriers de la mine et de jeunes sur le contenu des chansons de Ferrat, d'autres jeunes venant l'interroger de façon à la fois maladroite et directe pendant la répétition ; dans une deuxième partie, le journaliste de l'émission effectue une sorte d'interview de synthèse qui tente ici et là de pousser l'artiste dans ses retranchements. C'est qu'il ressort de la plupart des témoignages que les gens applaudissent *Nuit et brouillard* et surtout *Potemkine* sans savoir vraiment de quoi il s'agit. Après avoir trouvé cela « un peu décourageant », le chanteur rebondit sur la question : « Je crois aussi, finalement, que c'est une chanson, techniquement, qui impressionne. Parce qu'il y a la musique qui joue beaucoup, parce qu'il y a une sorte de suspense, [...] quelque chose qui se passe dans cette chanson, indépendamment du sujet. [...] Je crois qu'il y a un phénomène de forme qui compte énormément, c'est-à-dire qu'il faut dans certains cas faire passer des choses qui ne passeraient pas s'il y avait une musique autre ; c'est le problème de l'efficacité, qui est prépondérante. Par exemple, j'ai reçu une lettre d'une jeune fille, il y a à peu près un an, qui me disait : "Monsieur, je vous écris parce que j'ai un frère qui a huit ans, neuf ans, et qui aimait jusqu'à présent – évidemment – beaucoup de chansons de Claude François, etc., et depuis qu'il a entendu *Nuit et brouillard*, il ne jure que par vous !" Comment peut-on expliquer ça ? Cet enfant ignorait absolument tout ce qui s'est passé dans la dernière guerre... Pourquoi ? Parce qu'il y avait une sorte de climat [...] qui l'a impressionné. »

À l'inverse, les membres de l'ensemble Sébastopol, chanteurs de la flotte soviétique en tournée en France[24], connaissent beaucoup mieux l'histoire de *Potemkine* que celle des auteurs-compositeurs hexagonaux. Cela ne les empêche pas d'inclure avec un accent d'anthologie la chanson en version originale dans leur spectacle... alors qu'à son grand désappointement son créateur ne peut pas aller chanter dans leur pays où, effrayé par ce souffle épique de liberté et d'insurrection, le pouvoir soviétique préférera dérouler le tapis rouge à une Mireille Mathieu : « En 1966, je voulais aller chanter en URSS. Mais ma venue a été "déconseillée". Je venais d'écrire *Potemkine*. L'argument avancé était que mon répertoire était "trop intellectuel et difficile à comprendre pour le public d'Union soviétique". Je me suis alors demandé si la révolte contre l'injustice avait toujours cours là-bas[25]. »

Le chanteur pouvait d'autant plus se poser cette question que, quelques mois plus tôt, son ami Aragon avait pour la première fois pris sévèrement ses distances avec l'URSS, à la suite du procès intenté à deux écrivains, Andreï Siniavski et Iouli Daniel, condamnés pour avoir publié à l'étranger des œuvres qui « calomniaient le régime et sapaient le pouvoir soviétique ». Sur deux colonnes, *L'Humanité* du 16 février 1966 publiait ainsi « Une déclaration d'Aragon[26] » : « Je ne puis pas imaginer qu'un communiste considère avec indifférence le verdict rendu à Moscou dans l'affaire Siniavski-Daniel. C'est là un fait grave par sa portée, notamment en France. [...] Qu'on soit en désaccord avec ce que ces hommes-ci ont écrit, qu'on le leur signifie, qu'on leur fasse payer d'une amende la contravention à une loi existant interdisant l'exportation non contrôlée de leurs œuvres, cela pourrait parfaitement être admis, quelles que soient mes réserves personnelles concernant la loi elle-même. Mais qu'on les prive de leur liberté pour le contenu d'un roman ou d'un conte, c'est faire du délit d'opinion un crime d'opinion, c'est créer un précédent plus nuisible à l'intérêt du socialisme que ne pourraient l'être les œuvres de Siniavski et Daniel.

« Il est à craindre, en effet, qu'on puisse penser que ce genre de procédure est inhérent à la nature du communisme, et que le jugement rendu ce jour-ci préfigure ce que sera la justice dans un pays qui aura aboli l'exploitation de l'homme par l'homme. Il est de notre devoir de proclamer que cela n'est pas et ne saurait être en France, au moins où c'est de notre responsabilité. [...] Nous voulons espérer que, pour le bien de la cause qui nous est commune, il y aura un appel au procès d'hier. Il ne nous appartient pas de dicter à un grand pays ami sa conduite, mais nous serions coupables de lui avoir caché notre pensée. »

Notons au passage que, dans le même temps, en France, le film de Jacques Rivette, *La Religieuse – Suzanne Simonin, la religieuse de Diderot*, se retrouve interdit par le secrétaire d'État à l'Information Yvon Bourges sous la pression de certains milieux catholiques[27], et que la pièce de Jean Genet, *Les Paravents*[28], qui dénonce la colonisation, suscite des manifestations de groupuscules d'extrême droite – tel Occident – qui essaient d'empêcher les représentations.

Cette année 1966 aura en outre été marquée par un événement local tout à fait remarquable dans la commune ardéchoise de Jean Ferrat. À deux jours de la fin de sa dense tournée d'été[29], le 13 août, se déroulait la Nuit d'Antraigues. Un « truc sensationnel » selon les propres mots du chanteur recueillis par Quiquéré, qui précise[30] :

« Ce soir-là, sur la petite place, il y avait 4 000 spectateurs pour applaudir – tenez-vous bien – un excellent ballet, Muller et Ferrière, Isabelle Aubret, Jean Ferrat, Catherine Sauvage, Pierre Brasseur et Jacques Brel... La petite mairie avait été assaillie de communications téléphoniques pendant les quinze jours qui précédaient cet extraordinaire spectacle. Des amateurs retenaient des places depuis Lyon, Marseille et même Genève. » Un moment « très beau », vécu de l'intérieur par Hélène Terrisse, l'institutrice : « De grands fanions qu'on avait confectionnés tombaient aux fenêtres sur le rebord desquelles il y avait des lampions. Le village était tout illuminé et, avant le spectacle, on avait sonné les cloches pour l'événement et pour rassembler les gens. C'était magique comme spectacle, avec Brel, Catherine Sauvage... et une vieille du village disait : “Le maire est complètement fou de faire venir quatre mille sauvages ! Où on va les mettre ?”... »

Notes

1. En avril 1958, le propriétaire de Bobino, Alcide Castille, céda la salle à Bruno Coquatrix en association avec Félix Vitry. Il y eut alors fréquemment échange de vedettes entre les deux music-halls jusqu'en août 1959, où Coquatrix, trop occupé, l'abandonna à Vitry qui la dirigea jusqu'en 1963, puis de 1965 à 1971.

2. Journaliste réputée – et mondaine – de l'époque (aux quotidiens *L'Aurore* puis *France-Soir*), dans *Bobino ou cent cinquante ans de coulisses*, Éditions du Tertre, 1972.

3. À Fred Hidalgo, *Chorus* n° 10, revue citée.

4. Le 29 décembre 1965.

5. *Pêcheurs d'étoiles*, *op. cit.*

6. Du 30 décembre 1965.

7. Après avoir incarné une jeune chanteuse connue et angoissée par un possible cancer dans *Cléo de 5 à 7*, film d'Agnès Varda, 1962.

8. Entretien, dans *Vies parallèles – Central variétés*, 2e chaîne, 25 mars 1966.

9. À Marie-Claire Gautier, JT nuit, 29 décembre 1965.

10. Du 31 décembre 1965.

11. *Vies parallèles*, émission citée.

12. *France-Soir*, 31 décembre 1965.

13. En réalité, il aurait fallu écrire « avant-hier soir », la parution de l'article a dû être décalée…

14. Du 31 décembre 1965, « par intérim ».

15. Malheureusement pour elle, ce ne sera pas le cas et, après avoir enregistré différents disques jusqu'au début des années soixante-dix, elle a poursuivi sa carrière de comédienne au théâtre, à la télévision et surtout au cinéma, sa dernière apparition datant de décembre 2005 dans *Cléo de 5 à 7 : souvenirs et anecdotes*, court métrage d'Agnès Varda avec des protagonistes du film initial.

16. Et toc sur le père Léo, au passage !

17. Étonnante fixette tahitienne doublée d'une coïncidence malencontreuse et totalement imprévisible : dix-huit ans plus tard, en 1983, Francis Lopez signera une opérette intitulée *L'Amour à Tahiti*, dont la vedette masculine sera Georges Guétary… Le même Guétary qui remplaça finalement Jean Ferrat dans le *Télé-Dimanche* où *Potemkine* lui fut interdit et où il refusa de chanter !

18. Avec notamment en première partie ses amis Francesca Solleville et Jacques Boyer.

19. *Pêcheurs d'étoiles*, *op. cit.*

20. Qu'on retrouvera quelques mois plus tard dans le même rôle sur la grande scène de la Fête de *L'Humanité*… avec quatre grandes vedettes très différentes : Hugues Aufray, Gilbert Bécaud, Johnny Hallyday, Mireille Mathieu…

21. Guy Boulanger, piano ; Jean-Claude Fohrenbach, saxophone ; Roland Evans, basse ; Robert Barnett, batterie.

22. En 1961, une importante grève s'est déroulée à Decazeville, site menacé par le « Plan d'adaptation des Houillères » du ministre de l'Industrie Jean-Marcel Jeanneney et en mars-avril 1963, le mouvement a gagné l'ensemble de la profession – soit des dizaines de

milliers de mineurs – et suscité un vaste élan de solidarité, bien au-delà du secteur concerné et même du cadre national.

23. *Ferrat à Decazeville*, d'André Harris et Alain de Sédouy, commentaires de Jean-Francis Held, 21 avril 1966.

24. *Crêpes et blinis*, de Janette Hubert, 25 septembre 1966, 2e chaîne. Outre cette « curiosité » télévisuelle, la même chaîne était le lieu un mois plus tôt d'une « rencontre » estivale improbable dans *Bons baisers de Canet Plage*, du 18 août : avant Jean Ferrat interprétant trois chansons, un débutant nommé Bernard Tapy lançait (en vain) *Passeport pour le soleil.*

25. À Danièle Heymann, *Le Monde*, 28 octobre 1991.

26. Reprise à son compte le mois suivant par le Parti communiste français, lors de sa réunion du comité central (Argenteuil) consacrée aux questions de l'idéologie et de la culture.

27. Après une bataille autant d'opinion que juridique, le film sortira en 1967, mais « interdit aux moins de dix-huit ans ».

28. Mise en scène par Roger Blin.

29. Du 10 mai jusqu'au 16 juin dans différentes régions, puis huit jours au Maroc, et Béziers, Montpellier, Sète, les Arènes de Nîmes, le Théâtre antique d'Orange… « Ferrat ne dit pas – mais les statistiques sont là, facilement contrôlables – que, parmi toutes les vedettes qui se produisaient cet été, c'est lui qui a attiré le plus grand nombre de spectateurs » (Georges Quiquéré, *La Vie Ouvrière* n° 1150, 14 septembre 1966).

30. *Ibid.*

Chapitre 14

Maria et Boris

Avec une régularité dont il ne se départira quasiment pas jusqu'au décrochage de sa carrière scénique (un disque par an, chaque hiver, fin décembre ou en début d'année), Jean Ferrat sort en janvier son sixième album, qui va s'avérer très combatif. S'il en a dévoilé deux titres (*Heureux celui qui meurt d'aimer* et *La Liberté est en voyage*) quelques semaines plus tôt lors d'un *Télé-Dimanche*[1], il va en interpréter six en direct sur la scène du Théâtre 102 de la Maison de la Radio, à l'occasion d'un nouveau *Palmarès des chansons*[2] de Guy Lux et Anne-Marie Peysson. Le matin même, *L'Humanité* publie un article comportant une interview de l'artiste, dont certaines déclarations frisent le prémonitoire et fleurent bon l'Ardèche, sur le thème « Je ne veux pas être l'esclave de mon métier », qu'il décline en « moins chanter, pour mieux écrire, mieux composer et prendre le loisir d'organiser une vie d'homme digne de ce nom ».

S'il se réjouit néanmoins de revenir un mois à Bobino et d'enchaîner sur une tournée passant par la Hollande, le

Maroc et de nombreuses Maisons de la Culture, il avoue au journaliste Guy Silva que la télévision, où il apparaît pourtant de plus en plus, ne l'enthousiasme guère : « On y travaille dans des conditions très éloignées de l'idéal. Pas assez de répétitions. Peu de moyens. Et des cachets très faibles par rapport à ceux accordés par les télévisions étrangères. En France, on part du principe que la TV est un support publicitaire pour les artistes. C'est vrai d'ailleurs. N'empêche qu'on fait un certain travail. À mes débuts, au cabaret, on me payait 5 francs ou 10 francs par soirée[3] en me disant : "On vous fait de la publicité." En définitive, qui a le plus besoin de qui ? Eh bien, pas nous ! En tant qu'artistes, nous existons. Les radios et la TV, si elles n'avaient pas d'artistes à utiliser, elles n'existeraient pas. » D'une certaine manière, le chanteur conceptualise son attitude passée et à venir à l'égard du « petit écran » et surtout de ceux qui le dirigent en liaison plus ou moins vassale avec le pouvoir politique en place. D'escarmouches en censures, ce dernier ne lui fera pas de cadeau, mais toujours, talent et audience record obligent, des animateurs et producteurs (peu suspects de rougeurs révolutionnaires, mais réalistes sinon opportunistes) l'inviteront et le réinviteront.

Introduit par son titre choc, *Maria* (comme le précédent avec *Potemkine* et le suivant avec *Cuba si*), le nouvel album va susciter des réactions d'autant plus tranchées que son auteur est désormais en haut de l'affiche et touche un public considérable. Avec cette première chanson sur un texte de Jean-Claude Massoulier, c'est cette fois largement sur sa gauche que le malaise s'installe : tout en ayant pris parti pour les républicains espagnols contre Franco, Jean Ferrat se place ici du point de vue de la mère dont les deux fils ont été broyés par la guerre civile au nom de leurs idéaux opposés : « L'un était rouge et l'autre blanc. » Comme une quinzaine d'années plus tard avec *Le Bilan*, quitte à froisser ses amis politiques, il affirme le caractère indivisible de son humanisme, de sa conception du monde. Obsédante à la manière de celle de *Potemkine*, la mélodie conduit à une dramatisation, vers l'implicite cri poussé de « Quelle connerie la guerre ! » :

Si vous lui parlez de la guerre
Si vous lui dites liberté
Elle vous montrera la pierre
Où ses enfants sont enterrés

Dans *Les Lettres Françaises*[4], René Bourdier avoue avoir pensé aux *Deux Oncles* de Brassens[5] en écoutant *Maria* (même s'il sait que Ferrat ne partage certainement pas la conclusion de son aîné : « Qu'aucune idée sur terre est digne d'un trépas »), et soulignant « une musique qui ressemble à une blessure », il dit du chanteur : « Il a “mal à l'Espagne”, cela se sent et s'entend, et vous savez ce qu'on dit des chants désespérés… » Un sacré compliment quand les journalistes de la presse « directement » communiste s'appliqueront à évacuer le sujet…

Curieusement, deux autres chansons de ce cru 67 peuvent encore rappeler le « père Georges », l'une (*Alléluia*) parce qu'elle évoque un enterrement sur un ton épicurien et jubilatoire, l'autre (*En groupe en ligue en procession*) parce qu'elle répond de façon directe et transparente au *Pluriel* du moustachu (« Le pluriel ne vaut rien à l'homme et sitôt qu'on / Est plus de quatre on est une bande de cons ») paru deux ans plus tôt. Là, Ferrat ne fait pas de détail : il est de ceux qui manifestent, et aux côtés des prolos, contre la vie dure, les guerres coloniales et assimilées. Quand on est militant – communiste, en particulier –, quoi de plus excitant que d'entendre une personnalité comme lui se solidariser ainsi de ses luttes quotidiennes et de renvoyer l'ami Jojo et son *Pluriel* dans les cordes, en lançant :

On peut me dire sans rémission
Qu'en groupe en ligue en procession
On a l'intelligence bête
Je n'ai qu'une consolation
C'est qu'on peut être seul et con
Et que dans ce cas on le reste

Certes, au passage, le verbe s'est durci, truffé de « verdeurs » (cul, con, gueule…) et Bourdier[6] déplore « une œuvre d'humeur, de mauvaise humeur […] pas convaincante du tout ». Avec le recul, il est clair que Ferrat s'est « lâché », privilégiant l'uppercut expéditif et jouissif[7], mais aussi le combat de classe immédiat à une alchimie plus fine, plus complexe, plus gratifiante effectivement au plan de l'œuvre. Fin 1980, il s'en expliquera auprès de Fred Hidalgo[8] : « On a dit que j'ai fait des "chansons-tract" : on peut le dire en effet de certaines chansons directement politiques. Parfois il faut dire les choses comme elles sont, il faut les balancer, et peut-être qu'une chanson comme *En groupe en ligue en procession* est une sorte de tract ? Mais j'essaie toujours d'opérer une transposition poétique, qui est en fait le propre de l'art. Et c'est extrêmement difficile. On y réussit parfois, et parfois on échoue. »

Dans un esprit voisin mais d'une plume plus subtile, *Pauvre Boris* salue Boris Vian d'une espèce de lettre ouverte parallèle à celle que celui-ci avait postée quinze ans plus tôt à travers *Le Déserteur*. Ferrat ironise sur le fait que ces mêmes couplets pacifistes de Vian interdits à leur création soient devenus soudain un succès dans la bouche d'un Richard Anthony, icône de la nouvelle vague yé-yé. « Que des chanteurs américains, victimes dans leur pays de notre bel héritage, la reprennent à leur tour, c'était logique, c'était bien et cela témoignait de sa qualité et de son authenticité. Mais qu'un chanteur français l'enregistre parce qu'elle était devenue un succès là-bas et qu'elle ne présentait plus de risques ici, c'était triste, pire : révoltant. Comme cette course au "tube", au "fric" dans tous les domaines était, je crois, le plus évidemment contraire à l'esprit de Boris Vian, j'ai eu envie simplement, dans cette chanson, d'en parler un peu avec lui. [...] L'orchestration de ma chanson a été faite par Alain Goraguer qui était son pianiste et qui a écrit de nombreuses musiques sur ses textes. Il était donc qualifié pour trouver le meilleur climat musical et je crois qu'il a bien réussi[9]... »

Ils vont chercher en Amérique
La mode qui fait les dollars
[...] Et quand ça marche avec Dylan
Chacun a son petit Vietnam

Là aussi, le mot « con » (que Ferrat emploiera de plus en plus) est de sortie. Interrogé systématiquement sur son engagement dans la chanson, il précise dans *L'Humanité Dimanche*[10] : « Je suis contre les chanteurs engagés pour une certaine période, celle où "ça marche"... Alors, si c'est ça, être engagé, je ne le suis pas. » Reprenant l'antinomie développée dans différentes interviews entre « chanson d'expression » et « chanson de consommation », il explique : « Pour moi, la chanson, c'est un moyen d'expression. Les uns disent mineur, les autres le contraire, en tout cas, c'est le mien. Jean Ferrat qui écrit, c'est Jean

Ferrat dans la vie. Je ne monte pas sur scène comme on fait sa B.A. La bonne action du jour, quelle hypocrisie ! On doit donner dans le domaine de l'art ce que l'on donne dans la vie, on forme un tout. J'ai chanté *Deux enfants au soleil*, puis *Nuit et brouillard* parce que, dans la vie, il y a l'amour et il y a les massacres… » À la question un brin provocatrice de Claude Angeli dans l'émission *Tilt Magazine*[11] : « Est-ce que vous ne risquez pas ainsi de transformer des chansons en éditoriaux politiques, avec tous les risques que ça comporte ? », il répond : « Mais tous les risques… je ne sais pas ce que ça comporte comme risques. Je ne veux pas les voir, les risques », et après avoir fait un distinguo entre chanteurs opportunistes et chanteurs sincèrement engagés, il concède au final une vision « un petit peu idéaliste ».

Il ne se fait cependant aucune illusion sur la chance de ce type de chansons polémiques, frontales, d'accéder à la télévision gaulliste de l'époque, et dans l'entretien qu'il a accordé un mois plus tôt à Denise Glaser[12], celle-ci a osé à cet égard un commentaire très révélateur avant de lancer *Maria* : « Je sais très bien qu'il y a un certain nombre de choses que vous ne pouvez pas dire ici, mais il faudrait quand même dire que dans ce disque très engagé, […] il n'y a ni méchanceté, ni acrimonie, ni amertume, ni dédain, et surtout une espèce de détermination, d'aller jusqu'au bout, et de continuer. » Ce qu'après un silence de plusieurs secondes, le chanteur a confirmé dans un rire : « Oui, j'irai jusqu'au bout ! »

Parmi les six autres chansons présentes sur l'album, une seule est entièrement de lui, *La liberté est en voyage*, dont le titre même désigne au plus près et son contenu et sa forme. Dans une écriture hors norme, débridée et jubilatoire – un lâcher de ballons surréalistes rare chez lui –, l'artiste a donné libre cours à son imaginaire lexical de « zoulis zoulis » en « reindibus », multipliant les associations d'idées et les métaphores farfelues, sur une musique qui elle-même, au refrain, insuffle de l'onomatopée au « voya-a-a-a-a-a-ge », menant la symbolique jusqu'à son terme :

Fermez vos grilles fermez vos cages
La liberté est en voyage

Le chanteur concédera volontiers alors à Guy Silva[13] : « Cette chanson-là [...] est un peu hors de mon style. On y trouve des images et des mots que j'ai inventés souvent pour des questions de sonorités. Cela m'a amusé de faire quelque chose de différent. » Il n'aura pour autant pas résisté à se priver des « petits Ducon » et autres « Ma Sœur bien-pensant », sans oublier « L'inutile grandasse / Et ses cocoricos » visant le général de Gaulle, qu'il s'était – l'insolent – amusé à parodier en 1964 dans *Le Jour où je deviendrai gros*.

En veine de recherche vocale, c'est l'effet étonnant d'une sirène d'usine qu'il imite dans *Un enfant quitte Paris*, réquisitoire contre le « vacarme infernal » de la ville moderne signé par Georges Coulonges, alors que lui-même vit beaucoup moins à la campagne – affirme-t-il –, que ne le prétend la « légende[14] ». Celle-ci se conforte sans doute de morceaux comme le très sentimental *Chanson pour toi*, écrit une fois de plus par Michelle Senlis, qui associe les trois moments de la journée (matin, midi et soir) à des paysages bucoliques et à des peintres (Matisse, Cézanne, Renoir et Manet).

Quand l'aube se prend pour Matisse

Quand les papillons se déplissent
Comme la fleur de grenadier

Pour sonner agréablement à l'oreille, cette déclaration d'un esthétisme ostensiblement soigné semble un peu diaphane et en rappelle de précédentes plus habitées. Elle subit d'autre part la concurrence directe des trois dernières chansons de l'album, nouvelle rencontre poétique formidable du compositeur-chanteur Ferrat avec les poètes, en l'occurrence Guillaume Apollinaire et de nouveau Louis Aragon. C'est la substantifique moelle de ce 30 cm au demeurant très dense ; la voix grave, fluide et de mieux en mieux maîtrisée fait corps avec des mots et une musique déjà en symbiose. Extrait des *Poèmes à Lou*[15] écrits (à Nîmes en 1915) au jour le jour par Apollinaire, engagé volontaire de trente-quatre ans qui disparaîtra quelques mois à peine après la fin de la guerre, *Si je mourais là-bas* conjugue le sublime et le déchirant dans un chant d'amour extrême, à partir d'une passion aussi brève qu'intense :

Si je mourais là-bas sur le front de l'armée
Tu pleurerais un jour ô Lou ma bien-aimée
Et puis mon souvenir s'éteindrait comme meurt
Un obus éclatant sur le front de l'armée[16]
Un bel obus semblable aux mimosas en fleurs

Si son titre paraît malicieusement lui répondre (mais Elsa n'est pas Lou et son histoire d'amour avec Aragon s'inscrit, elle, dans la durée), *Heureux celui qui meurt d'aimer* constitue une tout aussi belle réussite. Ferrat tient toutefois à prévenir : « Mis à part le refrain, le texte n'est pas très facile, le langage est resserré, très concis. Il faut l'écouter attentivement[17]. » Il a raison, mais – la suite le prouvera – son public populaire (son « cœur de cible », dirait-on à mots comptables aujourd'hui) écoute déjà telle chanson de cet amoureux des peintres comme on reçoit un tableau ; bercé, enveloppé, rassuré par cette voix fraternelle d'exception, emporté par cette musique inspirée, il est prêt à tous les efforts, à tous les voyages, sachant qu'au bout il va découvrir une beauté qu'il imaginait hors de sa portée. Il va être ému.

Ô mon jardin d'eau fraîche et d'ombre
Ma danse d'être mon cœur sombre
Mon ciel des étoiles sans nombre
Ma barque au loin douce à ramer

C'est cela aussi l'engagement indivisible de Jean Ferrat, cette envie de partager le meilleur trop souvent réservé à une élite, dont une fraction réagira chaque fois à travers certains plumitifs de circonstance. Tant pis pour eux, la lutte des classes passe également par là, même si prétendument elle n'existe plus depuis des lunes… En ce début 1967, l'auteur de *Je ne chante pas pour passer le temps* balaie ce faux débat par une profession de foi totale, son plus beau chant d'espoir, peut-être, *Un jour un jour*, sur un poème d'Aragon extrait du *Fou d'Elsa* (comme *Heureux celui qui meurt d'aimer*). Y alternent six strophes de quatre alexandrins qui survolent les crimes et les malheurs du monde, incitant d'abord à baisser les bras (« Ah je désespérais de mes frères sauvages ») et le refrain d'utopie nécessaire, le carburant mental devenu signe de reconnaissance politique.

Un jour pourtant un jour viendra couleur d'orange
Un jour de palme, un jour de feuillages au front

Un jour d'épaule nue où les gens s'aimeront
Un jour comme un oiseau sur la plus haute branche

Une chanson centrale chez Ferrat, selon ses propres mots[18] : « Elle est significative de ce que pense Aragon et de ce que je pense. » Malgré son caractère poétique évident, elle ne sera quasiment pas (elle non plus) diffusée à la télévision, sauf dans l'émission de l'avisé Guy Lux[19] où les cinq autres chansons nouvelles interprétées par Jean donnent lieu aux votes de trois jurys débouchant sur le classement suivant : *Heureux celui qui meurt d'aimer*, *Alléluia*, *Un enfant quitte Paris*, *Maria*, *La liberté est en voyage*. Sans accorder à ce jeu plus d'intérêt qu'il ne le mérite, force est de constater que les deux titres classés derniers sont ceux dont le contenu, les propos, les saillies verbales, sont susceptibles de déranger. Sans doute est-ce un hasard ou sont-ils « moins bons » (rayez la mention inutile) selon l'argumentaire médiatique ordinaire ?...

Du disque à la scène, il ne s'écoulera qu'un mois ; un an après son passage à Bobino en tête d'affiche, Jean Ferrat y revient pour quatre semaine dès le 15 février. « À chaque retour à Paris, confie-t-il à Claude Kroes[20], j'ai l'impression de passer un examen. Ça me rend nerveux. Heureusement, ça ne dure pas, je sens vite les réactions du public et je n'ai jamais peur de lui. » Et il ajoute : « Mes seize chansons, je les ai présentées telles qu'à Bobino, cinquante-huit fois en province. » En première partie, on retrouve d'ailleurs ceux qui ont parcouru les scènes avec lui depuis la mi-novembre : Francesca Solleville, Dupont et Pondu, Jacques Boyer, Daniel Laloux, Jean-Paul Hubert et Yvan Labejof. La veille de la première, René Quinson revient dans *Combat*[21] sur le disque de Jean et souligne que « le précédent enregistrement s'est inscrit chez Barclay en tête de toutes les ventes de la marque ». À une question liée à son engagement, le chanteur répond : « Chacun sa manière, la mienne est celle du témoignage. Je veux d'abord constater, ensuite faire naître une inquiétude. Cette inquiétude entraînera forcément une réflexion. Par l'intelligence et la discrétion de ses orchestrations, Alain Goraguer sent ma chanson dans ce sens. » Et il complète bientôt sa pensée par : « Surtout, ne me transformez pas en auteur intellectuel. J'aime aussi faire des chansons pour distraire, telle *À l'été de la Saint-Martin*[22]. »

Dans l'interview « traditionnelle » d'actualité qu'il accorde à Denise Glaser[23] (et qui adopte souvent les allures d'une conversation buissonnière sur une trame souple à loisir, avec silences, bifurcations et regards dans le vide de l'animatrice), celle-ci dit en préambule qu'elle trouve le disque « formidable », mais que surtout, elle a l'impression que « quelque chose est arrivé », qu'enfin le chanteur « respire ». « C'est bizarre, répond-il, parce que depuis des années, je fais mes chansons toutes en même temps, au mois de septembre, je rentre en retraite quasiment [...] et je ne bouge plus de chez moi, de ma maison, et je me mets à travailler depuis le matin neuf heures jusqu'au soir et quelquefois la nuit. Je ne vois pratiquement personne et je fais ça depuis trois ou quatre ans [...] mais cette année, là, j'ai eu vraiment énormément de mal à écrire les chansons qui devaient être sur ce disque. Et c'est très bien que vous ayez cette impression-là, parce que je ne l'ai pas eue du tout en le faisant, [...] c'est peut-être justement pour ça ! C'est peut-être que je cherche à sortir un peu des choses que j'avais l'habitude d'écrire, et que [...] plus ça va, plus j'ai envie de faire des choses différentes. »

Dans l'entretien en pleine page que lui consacrent *Les Lettres Françaises*[24] sur le thème « Jean Ferrat et les problèmes de la création », René Bourdier (encore lui) donne l'occasion à son invité d'aborder les questions de la censure et de l'autocensure qu'il estime « encore plus grave ». À cette occasion, il enfourche l'un de ses principaux chevaux de bataille à venir : la radio. Rebondissant sur la censure qui vient de frapper *La Religieuse*, le film de Jacques Rivette[25], il explique en connaissance de cause[26] : « Il y en a une aussi dans les radios, ce que le public sait moins, et je crois que c'est excessivement grave dans notre métier, parce que ça peut réduire au silence des tas de gens. Pourquoi ? Parce que le métier des variétés, vous le savez, ne dépend que du disque. Imaginez donc un jeune auteur-compositeur qui commence dans le métier, qui écrit quatre chansons dont il fait un disque et qui s'entend interdire trois de ces chansons. Bon. Son disque ne passe pas à la radio. Donc, personne ne le connaît. Donc, il ne vend pas de disques. On lui en fait refaire un autre, admettons. Si c'est la même chose, sa maison de disques lui dit alors : "Monsieur, ce que vous faites, c'est formidable, c'est très bien, mais ça ne nous intéresse pas du tout, étant donné qu'il n'y a pas de diffusion possible de vos disques." Pour cette raison, il y a des gens qui, actuellement, peuvent être réduits au silence s'ils ne font que des choses qu'ils aiment, qui leur paraissent prépondérantes… »

Pour en venir aux critiques – dans l'ensemble très positives – du spectacle lui-même, largement rodé en tournée[27] comme nous l'avons vu, le quotidien du PCF, visiblement gêné par le titre-phare du moment, *Maria*, élude sans grâce. Dans un article d'une colonne signé Edmond Gilles[28] (c'est-à-dire du pseudonyme collectif du journal alors bien utile pour accrocher à un papier « obligé » que personne ne souhaite nommément revendiquer), quatre chansons seulement sont citées, bien qu'il soit spécifié qu'aucune des dix nouvelles « ne laisse indifférent ». « La plus belle, précise l'article, est sans doute *Un jour un jour*, où Ferrat se livre tout entier, mais *Un enfant quitte Paris* n'est pas moins significative, ni la gaieté truculente de *Alléluia*… Une de ses œuvres qui ne saurait passer inaperçue, c'est bien *En groupe en ligue en procession*. […] Plus que jamais, l'interprète est à la hauteur de ses chansons. […] Le tour de chant de Jean Ferrat est de ceux qu'on ne doit surtout pas manquer. » Quel enthousiasme, dans cet article écrit à reculons, aux trois quarts à la forme négative, et qualifiant avec la même conviction la première partie de « programme un peu léger peut-être » !

Dans *Combat*[29], à l'inverse de René Quinson, le journaliste Pierre Devis (qui officie « par intérim ») fait un véritable « carton ». Sous le titre « Jean Ferrat faux croisé », il lâche les chiens : « On peut s'extasier devant un texte de Jean Ferrat (c'est presque devenu un rite) ; on peut porter aux nues son *Potemkine*, ou s'enorgueillir d'avoir enfin un porte-parole du socialisme interdit sur les ondes… Cela n'empêche pas que Jean Ferrat chante mieux l'amour que la politique. » Visiblement irrité, il ose une comparaison inattendue : « On avait reproché à Elvis Presley ses déhanchements frénétiques et ses coups de "braguette publicitaire"… On pourrait reprocher la même chose à Jean Ferrat. Ses "coups de braguette publicitaire" sont ses idées, et il les met en avant de la même façon, avec le même esprit public. » Poussant le bouchon à l'extrême, il reproche au chanteur de se présenter en victime et parle d'une « certaine fatuité » : « Sa propre apologie devient trop énorme ; mieux vaut penser que c'est par excès de timidité ! Les fleurs qu'il s'offre traduisent un opportunisme un peu gênant. »

Quand on observe le parcours de Jean Ferrat et quand on le connaît un tant soit peu, on ne peut qu'être surpris par ce type de propos plus proche du procès d'intention que de la critique. Celle qui tombe le même jour dans *Le Monde* ne fait certes pas de cadeau mais se place sous un autre angle, bien connu celui-là. Sur le thème « bons sentiments et manque de souffle », Claude Fléouter y redéveloppe sa copie précédente, charge physique incluse (« visage maigre de Gavroche ») et qualifie d'emblée *Je ne chante pas pour passer le temps* d'« air des lamentations ». Reconnaissant la constance dénonciatrice de la démarche du chanteur, qui parfois « réussit son coup » malgré « le handicap d'une absence totale d'humour », il ajoute : « Mais la plupart de ses textes sont faibles et manquent de souffle poétique. Collés, parfois sans une synchronisation précise, sur des mélodies uniformes et chantés avec une voix lente et traînante, ils ne peuvent produire le coup de poing qui leur est demandé : ils agissent vite comme des somnifères. » Fustigeant encore « l'absence de présence scénique », il conclut (avant de flinguer aussi la première partie : « Francesca Solleville déçoit. [...] Le reste de l'affiche est d'une médiocrité affligeante ») : « Enfin, Jean Ferrat joue aujourd'hui à la bonne conscience. D'où une certaine rancœur qui, apparue à plusieurs reprises sur scène, provoque de la gêne. »

En dépit de ses logiques réserves d'ordre politico-polémique, Paul Carrière, le journaliste du *Figaro*[30], rend compte plus honnêtement de cette seconde incursion de Jean Ferrat à Bobino. Soulignant son caractère « inchangé » et son répertoire « identique, à peine partagé entre le romantisme et la révolution », il poursuit : « Mais sa révolution en couplets, plus elle se veut percutante, moins elle devient convaincante. Lui qui possède un art de dire des choses fortes sans gros mots, il adopte désormais les vocables sonores, et sa voix de contrebasse tendre ne leur donne pas la résonance ou la gouaille picaresque propre à un Brassens (auquel il pense encore parfois). La partie romantique n'est pas négligeable. Elle ressort un peu moins ici que dans son nouveau disque où Ferrat donne deux jolies choses supplémentaires (*Chanson pour toi* et *Si je mourais là-bas*, d'après Apollinaire). Le meilleur du tour est *Maria* [...] et puis *Un enfant quitte Paris*, sur un rythme cassé avec importance égale donnée à la mélodie et aux paroles : un équilibre que ne trouve pas toujours cet auteur dont le charme insinuant tient d'abord à sa musique. » On notera que Paul Carrière (journaliste extrêmement apprécié pour son sérieux et son opiniâtreté, y compris par des artistes qu'il critiquait sans ménagement) accorde dans cet article intitulé « Ferrat et variétés intégrées » une place équivalente à la vedette et à la première partie, qu'il estime, lui, « assez plaisante et riche en gags » et trouve que si elle « ne ménage aucun effet de son répertoire gauchisant et de sa voix vibrante », Francesca Solleville émet cependant « un magnétisme certain ».

Notes

1. Le 27 novembre 1966, où il a présenté neuf chansons dont *Les Yeux d'Elsa* à la guitare.
2. Le 12 janvier 1967.

3. En ce début 1967, où les cabarets ont de plus en plus de mal à vivre, les choses n'ont guère changé pour les futures vedettes : « À La Méthode, Michel Colucci continue à chercher sa voie. Payé 15 francs par jour (plus un sandwich et un ticket de métro), il assure une partie de la programmation en engageant ses potes, Bouteille ou Lavilliers » (Gilles Schlesser, *Le Cabaret "rive gauche"*, *op. cit*).

4. *Dix critiques à Jean Ferrat*, 9 février 1967.

5. Enregistré en 1964 : « C'était l'oncle Martin, c'était l'oncle Gaston / L'un aimait les Tommies, l'autre aimait les Teutons / Chacun pour ses amis, tous les deux ils sont morts / Moi qui n'aimais personne, eh bien je vis encor… »

6. *Les Lettres Françaises*, art. cit.

7. Ainsi, au passage, une nouvelle paire de baffes à l'Église : après avoir fait rimer « Jésus-Marie » avec « Quelque chose est pourri » dans *La Voix lactée (S.G.D.G.)* du 30 cm précédent, c'est « plein le cul » qu'il associe à « Marie-Jésus ». Enfin, Jean, un peu de respect !

8. Pour *Paroles et Musique*, revue citée.

9. À Michel Fauré, *Les Vies posthumes de Boris Vian*, 10-18, 1975.

10. À Claude Kroes, n° 102, 5 février 1967.

11. Le 22 mars 1967, sur la première chaîne. Il est amusant de constater que dans cette émission de Michèle Arnaud animée par le tout jeune Michel Drucker, l'interviewer de Ferrat, Claude Angeli, est l'un des deux futurs rédacteurs en chef du *Canard Enchaîné*.

12. *Discorama*, 19 février 1967.

13. *L'Humanité*, art. cit.

14. « Tout le monde croit que je reste dans mes terres et que je fais une brève apparition, comme ça, une ou deux fois par an, à Paris, ou pour faire une télévision, pour passer dans un music-hall… Et que le reste du temps, je joue à la pétanque, au poker, […] ça serait vrai, ce serait très bien, mais, jusqu'à présent, je n'ai jamais eu le temps ! » (à Denise Glaser, *Discorama*, 19 février 1967).

15. Intitulés *Ombre de mon amour*, dans la première édition de 1947.

16. Le 17 mars 1916, il sera lui-même blessé à la tempe droite par un obus, ce qui le conduira à une trépanation près de deux mois plus tard.

17. À Guy Silva, art. cit.

18. À Guy Silva, art. cit.

19. *Le Palmarès des chansons* du 12 janvier 1967, où en revanche, selon René Quinson de *Combat* (14 février), *Pauvre Boris* fut « interdite ».

20. *L'Humanité Dimanche*, art. cit.

21. Du 14 février 1967, art. cit.

22. L'exemple n'est peut-être pas le plus probant ! Il ne semble pas que cet été-là ait marqué formidablement les esprits, y compris chez les aficionados de l'intéressé...

23. *Discorama*, émission citée.

24. Du 16 février 1967.

25. Voir fin du chapitre précédent.

26. « Cette année, glisse-t-il un peu plus loin, après une allusion aux déboires passés de *Potemkine*, *Pauvre Boris*, ça a l'air de faire des difficultés, et il y en a une autre, *En groupe en ligue en procession*. Celle-là, je ne la propose même pas – on en vient à ça tout naturellement... Je ne la propose pas parce que je me dis qu'elle ne passera pas. Alors, ça devient très fatigant, très, très fatigant. On en vient à se demander ce qu'il faut faire, s'il faut faire la grève. Dans ce cas, on ne passerait plus jamais à la télévision. »

27. Chose rare, une « chance » (de l'aveu même du chanteur) due à la longue grève des musiciens qui vient d'éclater : « Au mois d'octobre 1966 [...] tous les studios d'enregistrement à Paris sont fermés du fait du refus de l'industrie phonographique d'accorder les 35 F d'augmentation horaire. Les musiciens auront gain de cause après 6 mois de grève. » (Source : *Info Samup*, *Les Musiciens Intermittents*, Bulletin n° 6 – mai 2001.

28. *L'Humanité*, 18 février 1967.

29. Du 17 février 1967.

30. Du 22 février 1967.

Chapitre 15

Cuba si !

Indépendamment de l'appréciation artistique de son répertoire et de ses qualités vocales ou scéniques, l'hostilité ouverte d'une pincée de journalistes à l'égard de Jean Ferrat tient de toute évidence à ses positions politiques réaffirmées, c'est-à-dire proches de celles du Parti communiste français ; hostilité vraisemblablement renforcée par le succès de ce dernier aux élections législatives des 5 et 12 mars 1967, alors même que le chanteur triomphe sur la scène de Bobino. Ainsi, après le ballottage présidentiel infligé par le candidat de la gauche, François Mitterrand, au général de Gaulle deux ans plus tôt, cette nouvelle épreuve devant les électeurs prend une importance particulière pour les uns et les autres. Si les gaullistes obtiennent un bon score au premier tour (37,7 %) devant le PC (22,5 %) et la FGDS [1] (19 %), les résultats du 12 mars vont littéralement redessiner le profil de l'Assemblée nationale, les communistes passant de 41 à 73, la gauche non communiste de 105 à 121, la répartition finale donnant 247 sièges à la majorité et 240 à l'opposition, qui comporte des centristes de Progrès et Démocratie et des députés non inscrits. On n'imagine pas encore ce qui va se passer un an plus tard, et pas seulement en France, où dès janvier 1966 Georges Pompidou dirige son troisième gouvernement[2], qui va durer à peine quinze mois, et les deux suivants encore moins, avant et juste après Mai 68 ; en mars, le général de Gaulle a annoncé le retrait de la France de l'OTAN et fin août, il prononce un discours à Phnom Penh, où il enjoint aux États-Unis de retirer leurs troupes et de négocier avec les Vietnamiens[3] ; quelques jours plus tard le procès de l'affaire Ben Barka, l'opposant enlevé par des sbires du général et ministre de l'Intérieur marocain Oufkir… Dans le même temps, Indira Gandhi – fille de Nehru et dirigeante du Parti du Congrès – est devenue Premier ministre en Inde, la « révolution culturelle » s'est enclenchée en Chine, Leonid Brejnev a succédé à Nikita Khrouchtchev à la tête de l'URSS. Le 18 mars 1967, c'est sur les côtes britanniques et françaises que frappe la première « marée noire » de l'histoire avec la catastrophe du *Torrey Canyon*[4], pétrolier libérien chargé de près de 120 000 tonnes de brut ; un mois plus tard, la « dictature des colonels » commence en Grèce, sous la conduite du général Papadopoulos ; le 5 juin, Israël lance une attaque aérienne éclair contre l'Égypte, met en déroute son armée en six jours et s'empare de territoires (Sinaï, Golan, Cisjordanie, Gaza, Jérusalem-Est) qui restent aujourd'hui encore des « territoires occupés »…

C'est dans ce contexte que Jean Ferrat et Christine Sèvres décident de partir à Cuba, en juin 1967. En janvier de l'année précédente s'est tenue à La Havane une « conférence tricontinentale » (Afrique, Asie, Amérique) visant à « mettre en convergence les mouvements de libération du tiers-monde », comme l'explique l'historien Pierre Gallissot[5], qui précise qu'au moment de son enlèvement Mehdi Ben Barka travaillait activement à sa préparation et note : « L'Organisation de solidarité des peuples d'Afrique et d'Asie (OSPAA) s'était réunie pour la première fois à Accra, au Ghana, dès 1957. Près de cinq cents délégués venus de trente-cinq pays représentaient les mouvements de libération et les partis plus que les États – une sorte de mouvement international. Ismaël Touré, frère du président de la Guinée (Conakry) Ahmed Sékou Touré, présidait le conseil gérant le fonds de solidarité, assisté de trois vice-présidents, dont Ben Barka. La question posée dans les réunions de l'OSPAA était de savoir si le mouvement afro-asiatique devait s'élargir à Cuba, aux Caraïbes et à l'Amérique latine. » Et quelques lignes plus loin, l'article conclut : « C'est dans cet élan révolutionnaire de la Tricontinentale que se trouve la cause profonde de l'enlèvement et de l'assassinat de Ben Barka. »

Au cours de son dernier entretien en date avec Denise Glaser[6], Jean Ferrat avait annoncé qu'il devait partir beaucoup à l'étranger « un peu pour chanter et pas mal pour voir des choses », notamment dans « plein d'îles » : à Madagascar, la Guadeloupe, Cuba, et puis au Mexique, au Brésil… Début juin, en compagnie de son équipe de scène, Christine Sèvres et Gérard Meys, il débarque donc à La Havane[7] après quarante-huit heures de voyage, pendant lesquelles il affirme n'avoir pas fermé l'œil : « Passant par Prague, j'ai fait à l'aéroport de la figuration imprévue dans un film télé franco-tchécoslovaque que tournaient Pascale Audret et Jean-Claude Drouot[8]. » Dans cette « lettre » que Ferrat a – selon le journal – « envoyée », on apprend qu'à peine descendu d'avion, il a été accaparé par la télévision et les photographes, qu'il a déclenché une

« véritable révolution » populaire et se déplace en « avion spécial ». Si l'on en croit *France-Soir*, dès le premier concert dans la capitale cubaine, l'affluence est telle que plus de cinq cents personnes ne peuvent entrer et le lendemain, à Santiago de Cuba, c'est le délire total : « Les militaires appelés d'urgence bloquent toutes les issues : toutes les vitres de la façade du théâtre ont été brisées. Quand je chante, les filles (sur la scène) hurlent comme si j'étais les quatre Beatles à moi tout seul. J'ai cru qu'elles allaient me mettre en pièces. »

Après une année où il a donné près de trois cents représentations, de music-halls en galas, de casinos en plages et fêtes en plein air, Jean Ferrat aspire il est vrai à de grandes vacances, fatigué au sens physique et mental par un métier devenu à ses yeux beaucoup trop mécanique. Seulement voilà, les choses vont se passer autrement et sous l'amicale pression de ses hôtes cubains, il va devoir remonter sur scène : « On avait pourtant tout fait pour les décourager ! Mais rien ne les dissuadait ! Ils tenaient absolument à ce que je chante à Cuba, se souviendra-t-il quatorze ans plus tard, lors de son entretien avec Fred Hidalgo [9]. Les musiciens, les bagages, la sono, les femmes des musiciens [*rire*], on a cherché tous les arguments possibles pour les dissuader ! Mais ils acceptaient tout ! Il n'y a rien eu à faire [*rire*] ! Il a fallu que j'y aille… Finalement, on s'est retrouvés embarqués un beau jour dans l'avion, les musiciens, la sono, les femmes, les bagages, le sonorisateur et tout le bazar [*rire*], c'était formidable ! On a eu un grand accueil, parce que j'étais le premier chanteur occidental qui allait chanter à Cuba. Mais j'étais inquiet parce que c'était aussi le premier pays non francophone où je devais chanter, et je me demandais ce que ça allait donner. »

En réalité, Ferrat a déjà chanté en Hollande (mais moins longtemps) et, comme le soir initial à La Havane, les spectateurs ont peu apprécié la présence d'un orchestre du cru – leur « ordinaire » – en première partie, Jean doit se résigner à une formule à laquelle il se refuse en France : le récital. Résultat, au lieu des seize ou dix-sept chansons escomptées, il en interprétera vingt-quatre, en deux parties avec entracte. « Mais ça s'est très bien passé en définitive, raconte-t-il[10]. Il y a eu un travail d'explication avant, les chansons étaient traduites sur des feuilles qu'on distribuait aux gens dans les salles, et puis ils étaient contents de me voir, et intéressés aussi. Et l'ambiance était formidable. »

Ces prestations ont surtout eu lieu à La Havane, deux seulement se déroulant dans le sud de Cuba, l'une néanmoins à Santiago, l'autre dans l'Île de la Jeunesse (qui, d'après Ferrat, serait celle de *L'Île au trésor* de Stevenson). « À La Havane, précise le chanteur[11], c'était une salle de 2 500 places. À Santiago, la salle était de 2 000 places, mais le jour où j'y suis allé, il y avait 3 000 personnes à l'intérieur [*rire*]. Alors, là, ça a été absolument fantastique. C'était le délire. Surtout pour les trucs rythmés. Une ambiance folle. Ça m'a rappelé le Palais des Sports, il y a trois ans, quand j'avais chanté pour Renault. » Tiens, tiens, l'idée de son grand baroud d'adieu de 1972 l'aurait-elle vaguement traversé dès cette époque où l'envie de vivre commence à prendre le pas sur la « mécanique » des tournées ? Cela ne l'aura pas incité en tout cas à bouder son plaisir cubain, en particulier devant l'accueil des jeunes : « C'était plus terrible encore, assure-t-il à René Bourdier[12] dans un fou rire. Ils ne se tenaient plus, ils se levaient et ils dansaient (c'était en plein air) sur l'herbe. C'était vraiment spécial. Je me prenais pour Johnny Hallyday. »

Au total, sur deux mois et demi, Jean Ferrat aura donné une dizaine de concerts en début de séjour, avant d'aller à la découverte du pays et des gens, le reste du temps. En revanche, il n'aura pas rencontré Fidel Castro : « Il m'a cherché une nuit folle, où l'on était logés dans des cases perdues dans la jungle et il ne m'a pas trouvé. Heureusement, parce que j'étais mort. J'étais cuit. On menait une vie difficile, la rencontre n'aurait pas été… enfin pour moi, elle aurait été difficile[13]. » À son retour, à la mi-août, après un mois passé au Mexique à parcourir des milliers de kilomètres (sans chanter, mais en laissant pousser sa moustache), il se déclarera encore « plus crevé qu'en partant » et en même temps d'un enthousiasme total pour ce qu'il a vu de la révolution cubaine.

Représentant la France dans un festival intitulé « La Cancion de protesta », Claude Vinci croise son ami Jean à Santiago, après son retour du Mexique : « Je l'ai vu aux alentours du 26 juillet, date de la fête nationale. Ça dansait dans les rues et nous nous sommes retrouvés au milieu de tous ces gens en liesse (d'où sa chanson « Et moi qui danse comme une saucisse ») ; on a déconné avec un gars qui avait un revolver et des cigares dans les poches, et à sept heures du matin il nous a avoué qu'il était ministre de l'Agriculture ! [*Rire.*] Avec Jean, nous avons assisté à des conférences où on a dû mener une grosse bagarre, parce que des Sud-Américains nous reprochaient d'enregistrer dans des grandes maisons de disques (j'étais chez Philips, Jean chez Barclay) et de faire le jeu des *majors*[14]… »

Au cours d'un nouveau numéro de *Discorama*[15] où Denise Glaser posera ce préalable : « Dans la mesure où nous ne sommes pas ici pour parler politique, dans la mesure où tout le monde vous connaît, et sait ce que vous pensez, je voudrais qu'on parle de ce grand voyage, mais du point de vue du chanteur, du créateur, du voyageur… », il évoquera ses découvertes musicales avant d'aborder ses rencontres humaines. Et là, son émotion (que d'autres qualifieront de romantisme révolutionnaire, sinon de naïveté) déborde : « En particulier, j'ai rencontré un garçon, un Noir, qui nous a accompagnés pendant tout notre voyage (c'est lui qui s'occupait de nous, c'est un Noir athlétique, qui a tout du lion, avec un visage extraordinaire, comme certains Noirs), et ce garçon, si vous voulez, c'est un des exemples typiques – j'ai l'impression – de ce qui s'est passé et de ce qui se passe là-bas. Ce garçon est jeune, il a une trentaine d'années et il y a à peu près dix ans il coupait la canne à sucre et il gagnait quatre-vingts centimes (de nos centimes actuels) par jour, il ne savait ni lire, ni écrire. Depuis, il a appris, évidemment, à lire, à écrire, il a appris le français parce qu'on avait besoin de traducteurs. En six mois !… Il a appris le russe, parce qu'il est allé deux ans en URSS, […] il était l'aîné d'une famille de douze enfants, dont dix ont été tués, et c'est vraiment pour moi l'exemple typique de ce qui a été donné aux gens comme possibilités là-bas. Il est certain que s'il y avait toujours eu le même régime, ce garçon – et il le dit lui-même – aurait toujours coupé la canne à sucre pour quatre-vingts centimes par jour, quand il pouvait être engagé. […] Je crois qu'on donne, là-bas, les chances aux gens. »

Ce sentiment est on ne plus partagé par la femme de Jean, Christine Sèvres, présente avec lui à Cuba, et qui se prépare alors à relancer sa carrière de chanteuse et (enfin !) enregistrer son premier 30 cm. Plusieurs mois après la sortie de celui-ci, elle répond à Jean-Pierre Hauttecœur du quotidien *La Croix*[16] : « Là-bas, vous comprenez, ils ont fait quelque chose. Enfin, des hommes réagissent. Ils sont toujours inquiets, toujours sur la brèche, ce qui maintient leur enthousiasme. Jamais je n'ai vu un peuple travailler avec autant de joie. Il suffirait pourtant que les Américains lèvent le petit doigt et clac, plus de Cuba, plus de Cubains, rien. Ils vivent dans le défi. C'est forcément enthousiasmant, le défi, non[17] ? » Et soulignant son adéquation à la démarche, elle poursuit : « J'ai été heureuse de ce que je voyais parce que je commençais à désespérer de tout. Cela m'a rendu l'espoir en l'homme, une bouffée d'oxygène. Il faut que je le crie, que je le chante. C'est vraiment le défi dans toute sa jeunesse ; le défi, c'est magnifique, c'est dangereux, mais c'est magnifique. [...] Tant qu'on a du défi au cœur, je crois que l'on reste jeune. J'ai toujours été comme cela, capable de faire les choses les plus déraisonnables par défi. Il faut conserver cette faculté de révolte si l'on ne veut pas s'encroûter dans une personnalité, se promener avec une étiquette, s'enterrer dans un sarcophage. »

À la mi-septembre, après s'être accordé un mois de répit pour se reposer de ses « vacances » latino-américaines, Jean Ferrat entreprend d'écrire son nouveau 33 tours, qui va forcément être très imprégné de son expérience cubaine, quatre titres s'y référant directement. Chose curieuse, celui qui ouvre l'album, *Cuba si*, est antérieur au séjour dans l'île. Henri Gougaud avait alors proposé le texte à Ferrat, auquel il avait tout de suite inspiré une musique : « Finalement, je n'ai pas eu à la changer, explique-t-il à René Bourdier[18], elle collait très bien avec ce que j'ai entendu là-bas. [*Rire amusé.*] À la vérité, ça m'ennuyait un peu qu'il m'ait donné ce texte-là avant que je ne parte, parce que je me disais : "Probablement que j'aurais eu envie d'écrire quelque chose sur ce thème en revenant", et je l'aurais sûrement fait. Mais je ne regrette rien, parce que c'est une chanson que j'aime. » Et c'est à Christine, à laquelle Gougaud voue une admiration profonde, qu'il doit leur rencontre : « Quand elle arrivait sur scène, raconte-t-il, elle avait un tel rayonnement que tout le monde se taisait et était prêt à l'écouter. C'était une forte personnalité de femme. À l'époque où je passais à L'Écluse avec elle et où Brassens prenait des premières parties à Bobino toutes les trois semaines, il avait accueilli Barbara puis Christine, et elles étaient un peu en concurrence. Barbara a éclaté et pas Christine. À quoi ces choses-là tiennent-elles ? Je ne dis pas que Christine était une plus grande artiste que Barbara, mais s'il y a eu un match, il s'est joué à peu de choses ; peut-être à cause d'une plus grande rigueur, une plus grande intériorité et une plus grande absence de concessions de la part de Christine. [...] C'était une artiste qui m'impressionnait beaucoup, avec une sorte de dignité que je n'ai jamais connue à personne d'autre parmi les artistes de la chanson. Une dignité de diamant. [...] C'était magnifique d'être défendu par quelqu'un comme elle. Je crois qu'elle a élevé le travail d'interprète à son plus haut niveau ; parce que pour moi comme pour d'autres, elle a été plus qu'une interprète : une inspiratrice éclairée qui ne se gourait pas sur la qualité d'un texte. Elle aurait dû être co-auteur. D'ailleurs, les premières chansons que j'ai écrites pour Jean, c'est elle qui me les a demandées. Elle donnait envie qu'on écrive pour elle. C'est comme ça que j'ai commencé à travailler avec lui[19]. »

Il est clair qu'après les collaborations d'esprit « variétés de qualité » (de type Senlis et Delécluse), cette écriture d'une autre trempe, d'un enracinement poétique et humaniste viscéral, apporte au chanteur une couleur transitoire entre la sienne propre et ses déclinaisons d'Aragon. En l'occurrence, dans *Cuba si*, Gougaud scande le refrain éponyme très court (« Cuba Cuba Cuba si ») en forme de farouche volonté combative face au géant et hostile voisin américain, en alternance avec des quatrains d'une fibre charnelle où l'imaginaire embrase le quotidien :

La nuit quand je m'en vais à rêve découvert
Quand j'ouvre mon écluse à toutes les dérives
Cuba dans un remous de crocodile vert
Cuba c'est chez toi que j'arrive

Henri Gougaud signe d'ailleurs deux autres titres du disque et Jean Ferrat déclare à son sujet : « À mon avis, il est, actuellement, le meilleur auteur de chansons. Il a une simplicité, une précision, une poésie, une efficacité, quatre qualités qui, dans mon optique, sont indispensables pour faire de la bonne chanson[20]. » Cette description recouvre à merveille *Au point du jour*, texte d'esprit poétique à vers courts où se succèdent des notations de la vie quotidienne, contraste entre regard tendre pour la beauté de la femme « nue comme une cerise », un rayon de soleil, la vie qui reprend son cours, et par le fil de la radio, la réalité cruelle « des bombes… dans le lointain » qui chahute la conscience :

Mon bonheur me fait un peu honte
Tandis que dans la chambre monte
La bonne odeur du café noir
Encore un jour la vie l'espoir
Le point du jour

La troisième chanson écrite avec Henri Gougaud est de l'avis même de Ferrat assez « spéciale » ; il s'agit « d'une charge, mais tout en demi-teintes[21] ». Intitulée *Prisunic*, elle fustige – comme souvent chez Gougaud – la société marchande aux valeurs artificielles et aliénantes, ici à travers le prisme des jeunes tentatrices déployées dans les rayons aux modernes produits prometteurs :

Ô vendeuses chéries en matière plastique
Prenez mon plasti-cœur et mes plasti-baisers
Puis nous nous coucherons dans l'herbe synthétique
Nous ferons des enfants à l'âme triphasée

Pour faire bonne mesure, Jean a assorti cette pique ironique du système d'une musique et d'une interprétation façon chanteur de charme, avec un refrain uniquement vocal. Néanmoins, ce *Prisunic* se hissera plutôt au rang des curiosités sympathiques que des réussites, dans un ensemble marqué par deux véritables hymnes à la nature, *Mourir au soleil* et *Ce qu'on est bien mon amour* ; l'amour de la nature étant, pour cet Ardéchois de Paris, dans la nature de l'amour. Magnifiés par la voix chaude et sereine du chanteur, un de ses atouts majeurs, en particulier dans ce genre de chansons, en osmose totale avec les arrangements amples d'Alain Goraguer, ces deux morceaux confèrent à l'engagement citoyen et politique de Jean Ferrat une dimension philosophique, aux sources mêmes de sa conception du monde. Qui souligne son appartenance planétaire directement sensible de mots simples en plans lumineux dans *Mourir au soleil*, où l'autre terme essentiel est « debout », que ce soit dans un champ, dans un bois, voire « n'importe où ».

Je voudrais mourir debout
Dans un champ
Au soleil
Non dans un lit aux draps froissés
À l'ombre close des volets

Avec le recul et eu égard aux différentes déclarations du chanteur sur sa volonté de moins « tourner », de consacrer davantage de temps à l'écriture et au simple bonheur de vivre, notamment en Ardèche, *Ce qu'on est bien mon amour* fleure le prémonitoire et complète en quelque sorte *Mourir au soleil*, le conjugue au présent plus personnel, sans s'exonérer tout à fait d'un soupçon de culpabilité devant les malheurs du monde (« Et tu dis mon amour nous avons trop de chance »), comme dans *Au point du jour*. Mais l'adéquation est parfaite et le soupçon vite emporté par la vague, joyeuse, tendre et sensuelle. Vitale.

Dans ce pays si riche dans ce pays si pauvre
Qu'on apprend chaque jour à devenir plus nôtre
Ce qu'on est bien
Arbres parmi les arbres de la forêt qui vibre
Et tu dis mon amour nous sommes seuls et libres

En contrepoint, c'est une autre forme de bonheur certes plus collectif, une plongée dans une civilisation où « S'il y a rien à manger on danse la conga » (comme le chante *Cuba si*), que Jean aborde à travers le très chaloupé *À Santiago*, deuxième titre inspiré par son voyage estival – musique en tête, ici – où il se moque à chaque couplet de sa manière de danser, entre les notes d'un carnet de bord bon enfant :

Le carnaval nous entraîne
Quatre nuits sans perdre haleine
L'orgue oriental se déchaîne
Et moi qui danse comme un troène

Au sujet de cette fantaisie, il parlera d'une « sorte de chanson-gag[22] » qu'il s'est « amusé à faire » et « qui est accompagnée par un limonaire, comme ça se passe à Santiago, par exemple ». Et il précisera : « Santiago, c'est le midi de Cuba, comme Marseille est celui de la France, [...] le thème, c'est moi vis-à-vis du carnaval. [...] C'est moi dans le carnaval. » Une tonalité aux antipodes de celle des *Guérilleros*, titre écrit en écho aux luttes armées de libération se déroulant « dans tous les pays de cette partie du monde[23] », un mois à peine avant la mort de Che Guevara[24], cité dans la chanson dont le romantisme révolutionnaire et l'optimisme forcé seront traités de caricatures ici et là.

Avec leurs barbes noires
Leurs fusils démodés
[...] Ils ont pris le parti
De vivre pour demain

L'attaque la plus vive, la plus frontale sans doute, mais finalement la plus honnête puisqu'elle se déroulera en face à face, vient de Philippe Constantin, qui prépare un article pour le numéro de mai 1968 du mensuel *Rock & Folk*. Collaborant à différentes autres publications (*Jazz Hot*, *Best*, *Le Magazine Littéraire*, *Jeune Afrique*), Constantin intègre la même année la firme Pathé-Marconi pour gérer la moité du catalogue international (de Blue Note à des pointures nommées Pink Floyd, Deep Purple, Paul

McCartney ou Leonard Cohen). Au fil du temps, il va devenir une personnalité marquante de l'édition phonographique, un vrai « découvreur de talents » (Rita Mitsouko, Étienne Daho, Marquis de Sade, Stéphan Eicher, Fela… puis, un peu plus tard, Angélique Kidko, Salif Keita, Ismaël Lô…), très respecté dans le fameux « métier[25] », au point qu'un prix portant son nom a été créé en 2002, six ans après sa mort, d'une « crise de malaria fulgurante à un retour d'Afrique[26] ».

Seulement voilà, de toute évidence, la chanson que défend Jean Ferrat n'est pas sa tasse de thé[27] au point qu'il introduit son article ainsi, dans une tonalité narquoise constante : « Ranger Jean Ferrat dans une "catégorie", l'expliquer par une tradition, le déduire de Berthe Sylva, lui ferait perdre sa nouveauté. Car, s'il reste solidaire de certaines formes traditionnelles – et à ce titre, il ne constitue pas une réelle rupture – Ferrat ne fait pas de l'art d'imitation. » Avant d'illustrer son propos par des références de circonstance nommées Boris Vian, Antoine et Guy Béart, il poursuit : « Ferrat est un scientifique – catégorie professionnelle fort bien représentée dans la chanson. Les scientifiques développent, c'est bien connu, une philosophie spontanée[28], produisant une conception du monde ; et s'ils chantent, ils expriment naturellement cette conception du monde. Critiquer leur chanson amène à critiquer leur conception du monde. » Surtout, lorsqu'on ne la partage pas. Philippe Constantin « allume » à ce sujet Denise Glaser, sensible dès le début aux chansons de Jean, notamment celles – comme *Nuit et brouillard* – qui lui valurent des problèmes avec la censure : « Le grand frisson s'est à nouveau déclenché pour *Potemkine* – l'attrait du fruit défendu –, il a secoué comme de juste Denise Glaser, sensible non pas à la chanson elle-même, mais à un "acte de courage" dont elle serait le signe, façon debout sur les barricades, en tailleur de chez Chanel. On pourrait se demander quel courage il y avait à exalter une révolution qui avait abouti quelque cinquante ans plus tôt… »

Entrant ensuite dans le vif de son sujet, Constantin reproche à Ferrat d'entretenir l'image d'une révolution cubaine folklorique ; très souvent, ses questions sont beaucoup plus longues que les réponses de son interlocuteur, soumis à une espèce de feu roulant : « Je pense que les autorités ont réellement compris le danger de *Potemkine*, le sentiment de révolte. Elles n'en ont pas vu dans *Cuba si*. *Cuba si* donne bonne conscience : j'écoute ça donc je suis de gauche, et je me rassois dans mon fauteuil ; elle parle de quelque chose qui représente un réel danger pour le capitalisme, mais elle n'est pas interdite. Elle parle d'un danger, mais elle n'est pas dangereuse, comme l'est par exemple *Le Mal de vivre* de Colette Magny, interdit[29] et c'est dans la logique du système. » Et comme Jean objecte que *Cuba si* ne « passe pas beaucoup », Philippe Constantin rétorque : « Mais *Les Guérilleros*… L'image que vous donnez d'eux est "esthétique" et schématique, folklorique si vous voulez. Ça noie donc ce qu'il y a de dangereux, et il me semble que ça rejoint un peu la tactique des mass media qui parlent à outrance de la Révolution en insistant sur les gimmicks, style treillis délavés, barbes hirsutes… » Ferrat n'est évidemment pas d'accord et restera du coup sur la défensive : « N'exagérons rien. Certes, la mort du Che en a fait beaucoup parler. Mais, l'année dernière, 95 % des Français ne savaient pas qui il était. […] *Cuba si*, je l'avait fait avant de partir. Il se trouve que le Che est mort en octobre, mais ce n'est pas moi qui l'ai tué et ne m'accusez pas de nécrophagie. »

S'il ne l'exprime pas directement, Philippe Constantin se sent peut-être un peu visé par *Pauvres petits c...*, charge politique directe contre une fraction de la jeunesse issue des milieux favorisés, donneuse de leçons, gravure de mode yé-yé voire rock, volontiers contestataire et largement médiatisée ; des révolutionnaires de saison qui, le temps de leurs « colères » et de leurs « contorsions » passé, sauront retrouver les allées du pouvoir, des conseils d'administration et assimilés, tirant sans états d'âme excessifs leurs conclusions.

Fils de bourgeois ordinaires
Pour qui nous savons
Vous voterez comme vos pères...

Écrit dès 1966, ce pamphlet musclé suscitera un accueil mitigé en concert et, au lendemain des « événements » de mai 68, sera vivement applaudi par une partie du public populaire qui le prendra pour une attaque contre les étudiants ; même si, bien entendu, Ferrat ne vise en aucune manière les militants de base, mais les opportunistes bien nés de tous poils qui, depuis, ont retourné leur veste ou leur col Mao. Après *En groupe en ligue en procession* de l'album précédent, cette chanson polémique constitue une espèce de summum du genre et clôt provisoirement la série, jusqu'au *Si j'étais peintre ou maçon* de 1972. Les deux derniers titres de l'album non encore évoqués sont à leur façon liés aux pérégrinations latino-américaines de Ferrat. Reconnaissant en préambule sa maladresse corporelle scénique (maintes fois relevée par les critiques), il souligne dans *Excusez-moi* le paradoxe éternel de la chanson, si dérisoire et si essentielle (« Je rêve de chansons trempées / Tranchantes comme un fil d'épée / Et ne manie qu'un sabre en bois »), tout en affirmant justement combien il y croit, ne serait-ce que pour chanter qu'à Cuba « On prend l'argent pour seule cible / On dit que rien n'est impossible / Et que l'homme seul comptera ». Quant à *Indien*[30], au tempo lent comme un pas fatigué, il prend une dimension plus universelle à la Atahualpa Yupanqui, le grand chanteur argentin, et ferme en douceur humaniste la parenthèse ouverte par *Cuba si* sur les dix chansons de ce cru 1967.

Pauvre pauvre pauvre Indien
Plante un à un
Plante plante un à un
Le maïs en grain

Avec cette chanson intemporelle et le recul, ceux qui auraient pu en douter s'apercevront qu'il s'agit chez Jean Ferrat d'un engagement humaniste rebelle et non d'une adhésion politique inconditionnelle, puisqu'il n'a jamais accepté de revenir à Cuba malgré de nombreuses invitations.

Notes

1. Créée en 1965, la Fédération de la gauche démocrate et socialiste regroupe la SFIO (Guy Mollet), le Parti radical-socialiste (René Billères), l'Union démocratique et socialiste de la Résistance (UDSR), la Convention des institutions républicaines (François Mitterrand), l'Union des groupes et clubs socialistes (Jean Poperen), l'Union des clubs pour le renouveau de la gauche (Alain Savary).

2. Dont disparaît Valéry Giscard d'Estaing (Républicain indépendant), remplacé par Michel Debré à l'Économie et aux Finances.

3. « La France considère que les combats qui ravagent l'Indochine n'apportent, par eux-mêmes et eux non plus, aucune issue. Suivant elle, s'il est invraisemblable que l'appareil guerrier américain vienne à être anéanti sur place, il n'y a, d'autre part, aucune chance pour que les peuples de l'Asie se soumettent à la loi de l'étranger venu de l'autre Pacifique, quelles que puissent être ses intentions et si puissantes que soient ses armes. Bref, pour longue et dure que doive être l'épreuve, la France tient pour certain qu'elle n'aura pas de solution militaire. »

4. Titre, l'année suivante, d'une chanson très réussie de Serge Gainsbourg.

5. Ancien enseignant à l'université d'Alger, ancien directeur de l'Institut Maghreb-Europe de l'université Paris-VIII (*Le Monde Diplomatique*, octobre 2005).

6. *Discorama*, émission citée.

7. Dans le même temps, une « collègue » est pour un mois à Moscou, à laquelle *L'Humanité* (29 mai 1967) consacre un reportage : « Mireille Mathieu a réussi ses débuts moscovites »...

8. *France-Soir*, 15 juin 1967, *Les Potins de la commère*, par Carmen Tessier.

9. Pour *Paroles et musique*, revue citée.

10. *Paroles et Musique*, revue citée.

11. À René Bourdier, *Les Lettres Françaises*, 27 décembre 1967.

12. *Idem.*

13. À Fred Hidalgo, propos inédits en vue du dossier de *Paroles et Musique.*

14. À l'auteur, avril 2010.

15. Du 30 décembre 1967.

16. Du 4 février 1969.

17. Hasard, convergence ou opportunisme ? Quatre ans plus tard, le premier livre publié par le nouveau secrétaire général du PCF, Georges Marchais (en lieu et place de Waldeck Rochet, démissionnaire pour raison de santé), s'intitulera *Le Défi démocratique*...

18. *Les Lettres Françaises*, 27 décembre 1967.

19. À l'auteur, en vue du dossier sur Christine Sèvres du n° 11 de *Chorus.* Dans l'émission *Opus* de France Culture, Henri Gougaud

avait été plus précis à propos de la demande de Christine : « Quelques jours après, elle me dit : “Jean a fait les musiques, viens bouffer à la maison, on te les fera entendre !” J'y suis allé, c'était *Au point du jour*, *Cuba si* et *Prisunic*. Ferrat a voulu les enregistrer, et elle en a été vexée et malheureuse. Elle m'a dit : “Il me les prend !” Elle a quand même chanté *Cuba si*. »

20. *Les Lettres Françaises*, revue citée.

21. *Idem*.

22. *Les Lettres Françaises*, revue citée.

23. *Idem*.

24. Capturé en Bolivie avec l'aide de la CIA et exécuté par l'armée le 9 octobre 1967.

25. Que Ferrat, lui, ne respecte guère – ou plutôt ignore –, laissant à son producteur et ami Gérard Meys le soin de s'en occuper, comme il a eu l'occasion de le confier à Denise Glaser, lors de l'une de leurs nombreuses rencontres.

26. Source Prix Constantin (www.prixconstantin.com/pages/philippe-constantin.html), dont la lauréate de l'édition 2009 est Émily Loizeau.

27. En 1985, il sera engagé par Alain Lévy, P-DG de Polygram, pour relancer le label Barclay (où M. Eddie n'est plus qu'un employé en fin de bail) ; considéré comme un *has been*, Charles Aznavour a enregistré deux ans plus tôt pour le label un ultime album (consacré à Bernard Dimey) et c'est précisément en 1985 que Claude Nougaro en sera – selon son propre mot – « viré ».

28. Comme si beaucoup d'autres artistes, non « scientifiques », n'avaient pas une « philosophie spontanée », le « c'est bien connu » éludant d'autorité toute véritable démonstration au-delà des trois malheureux noms cités ! Philippe Constantin caresse surtout dans le sens du poil son lectorat, ce numéro de *Rock & Folk* s'ouvrant, dans le même temps, par un article dithyrambique sur Sylvie Vartan. Pas de Constantin, il est vrai, mais quand même…

29. Dans l'album *Frappe ton cœur*, paru en octobre 1963 au Chant du Monde, que Colette Magny a rejoint après que CBS lui eut refusé *Le Mal de vivre*, chanson intermondialiste (France, Afrique, Cuba…) conçue entre le récitatif et le cri, qui commence par « Fait divers : un jeune homme de dix-huit ans s'est suicidé. Voici ce qu'il a écrit : “Les hommes vivent comme des loups” » et entretient un

leitmotiv : « J'ai le mal de vivre… Un grand espoir, et c'est Cuba. » Cette chanson sera réintégrée quatre ans plus tard sous le titre *Viva Cuba*, dans l'album *Vietnam 67*. Colette Magny est décédée le 12 juin 1997.

30. Il y a décidément un monde entre cette chanson et celle qui la précède sur le disque, un éloquent jeu de mots (conscient ou non) entre les uns et l'autre, *Pauvres petits c…* et *Pauvre Indien.*

Chapitre 16

Oui, Mai…

Fin 1967, Christine Sèvres revient à la chanson à travers une nouvelle tournée avec son ami Georges Brassens. Toujours accompagnée par le pianiste Marcel Yonnet, elle interprète les poètes (Aragon, Audiberti…) et des chansons d'Henri Tachan, Daniel Laloux, Henri Gougaud et bien sûr de Jean Ferrat, dont elle dit qu'il est « humain, juste, sincère, optimiste, romanesque et réservé [1] ». Avant d'ajouter : « Moi, je suis pessimiste, mais je m'en défends », puis : « Je ne voudrais pas que cela semble prétentieux, mais je crois que la réussite d'un couple repose d'abord sur l'intelligence, ensuite sur la courtoisie. Nous nous séparons souvent, mon mari et moi, c'est vrai, mais ces séparations préservent de l'ennui et de la routine. » Et elle conclut : « Mon ambition ? C'est de gagner ma vie en essayant de faire quelque chose que j'aime et en restant moi-même. Je tiens, par-dessus tout, à mon intégrité. » C'est dans cet état d'esprit qu'elle signe bientôt avec la maison de disque CBS et se prépare à enregistrer – enfin

– son premier album 30 cm dans une drôle de période sociale...

De son côté, Jean Ferrat a repris la route début février 1968 et a prévu de partir un mois au Canada après la mi-mars. Le 24, dans l'émission *Au-delà de l'écran* réalisée par Jean Nohain sur la première chaîne, il présente Jean Sommer qui figure dans sa tournée et vient d'obtenir le Prix Charles-Cros pour *Jardin de France*. Repéré par Gérard Meys, avec lequel il est surtout en relation et va enregistrer trois super 45 tours, le jeune homme débarque dans un groupe de copains de cabaret (Isabelle Aubret, Christine Sèvres, Jacques Boyer, Avron et Évrard...) et ses rapports avec Ferrat vont être assez contenus : « C'était une tournée importante pour moi, ça se passait bien avec le public, mais j'étais plutôt timide et Jean lui-même assez réservé. Je me souviens d'être allé chez lui à Ivry et il m'avait montré où il écrivait[2]. » Sommer se rappelle surtout ce qui s'est produit quelques semaines plus tard et qui était déjà sérieusement en germe...

Une dizaine de jours avant l'émission, un article de Pierre Viansson-Ponté est paru dans *Le Monde*, prémonitoire aux yeux de nombreux observateurs. Intitulé *Quand la France s'ennuie*, il relève le peu d'intérêt, le peu d'émotion selon lui, de l'ensemble des Français pour ce qui passe dans le monde (guerre du Vietnam, conflit du Moyen-Orient, guérillas d'Amérique latine, milliers de morts en Indonésie et au Biafra, coup d'État en Grèce, apartheid sud-africain...) et stigmatise les étudiants français qui, à l'inverse de leurs homologues combatifs de nombreux pays, se préoccupent essentiellement « de savoir si les filles de Nanterre et d'Antony pourront accéder librement aux chambres des garçons ». Idem, poursuit-il, pour les jeunes ouvriers, préoccupés d'eux-mêmes et détournés des « vrais problèmes » par la télévision, désormais omniprésente[3]. Il reconnaît néanmoins : « Seuls quelques centaines de milliers de Français ne s'ennuient pas : chômeurs, jeunes sans emploi, petits paysans écrasés par le progrès, victimes de la nécessaire concentration et de la concurrence de plus en plus rude, vieillards plus ou moins abandonnés de tous. Ceux-là sont si absorbés par leurs soucis qu'ils n'ont pas le temps de s'ennuyer, ni d'ailleurs le cœur à manifester et à s'agiter. Et ils ennuient tout le monde. La télévision, qui est faite pour distraire, ne parle pas assez d'eux. Aussi le calme règne-t-il. »

Lorsqu'il appelle, en conclusion, à se ressaisir (« On ne construit rien sans enthousiasme, [...] l'ardeur et l'imagination sont aussi nécessaires que le bien-être et l'expansion »), n'a-t-il pas lui-même – tout grand journaliste sanctifié fût-il – sous-estimé, sinon ignoré, les différentes manifestations qui ont éclaté ici et là, notamment de violents affrontements à Caen dès le mois de janvier[4] et de nombreuses grèves ? Et ce n'est sans doute pas à la lecture de son article que, pris de remords et la honte au front, les étudiants de l'université de Nanterre vont créer le Mouvement du 22 mars, alors que dès le mois de novembre, la contestation active était engagée sur des thèmes tout à fait sérieux, comme celui de la sélection, autour du problème des équivalences entre anciens et nouveaux diplômes de premier cycle. Même si, en mars, tout s'est accéléré, jusqu'à la deuxième vague décisive du mois de mai...

Le 3, l'évacuation musclée par la police, dans l'enceinte même de la Sorbonne d'étudiants tenant un meeting, provoque un véritable électrochoc. Des dizaines d'entre eux sont arrêtés, d'autres blessés. En protestation, des manifestations contre les forces de l'ordre se produisent au Quartier latin. Chauffée à blanc, la marmite explose le 10 mai au cours d'une « nuit d'émeutes » où se dressent plusieurs dizaines de barricades que les charges de CRS vont sèchement détruire moyennant un millier de blessés, dont plus d'un tiers dans un état grave. En direct et à coups de « flashs » percutants, les radios périphériques Europe n° 1 et RTL ont multiplié les reportages, et l'on apprend accessoirement au petit matin que plus de 450 personnes ont été interpellées, près de 200 voitures endommagées dont 60 brûlées... Dès lors, le Parti communiste et les grands syndicats, qui avaient été singulièrement pris de court et observaient une certaine inertie devant tous ces « gauchistes », décident de réagir[5]. Le 12 mai, le bureau politique du PCF adopte une résolution qui claironne notamment[6] : « Le Parti communiste français s'associe sans réserve au juste combat des étudiants. Il travaille à cimenter l'unité de toutes les forces ouvrières qui luttent contre le même ennemi, au nom de la même espérance. » Et le communiqué appelle à la grève générale du lendemain 13 mai, avec les principaux syndicats (CGT, CFDT, FO, FEN...) ; au passage, la une de *L'Humanité*, qui titre sur la grève, en profite pour fêter à sa manière l'anniversaire de l'accession au pouvoir du général de Gaulle : « Dix ans, ça suffit ! » Des centaines de milliers de personnes manifestent à Paris et au moins autant dans une trentaine de villes de France ; gagnant les entreprises, le mouvement s'étend rapidement pour avoisiner les dix millions de grévistes. Le 27 mai, les accords de Grenelle sont signés (10 à 35 % d'augmentation des salaires) ; le 29, le général de Gaulle « disparaît » (il est allé rencontrer le général Massu à Baden-Baden, et des rumeurs inquiétantes filtrent, suggérant que des chars seraient aux portes de Paris) ; le 30 mai, jour d'une contre-manifestation gaulliste sur les Champs-Élysées, il dissout l'Assemblée nationale. Combattant la « chienlit [7] » par la « grande trouille », il décide de provoquer les 23 et 30 juin des élections législatives anticipées, qui vont conforter son pouvoir et causer à la gauche une lourde défaite [8].

Du côté des artistes, si la plupart des grands de la chanson (tels Brel, Ferré ou Montand) n'interviennent pas dans le forum permanent des idées, on ne reste pas inactif pour autant. À Bobino, lieu « ouvert » par Félix Vitry à toute la profession, se tiennent en mai les « États généraux des Variétés » et des comités révolutionnaires se forment pour « restructurer ». Au nom des « artistes de variétés », une motion en cinq points assurant d'abord « grévistes, étudiants et travailleurs de leur soutien » est adoptée, avec les signatures de Marc Ogeret, Juliette Gréco, Marcel Amont, Boby Lapointe, Pia Colombo… Pendant trois semaines, soixante personnes planchent sur les grands problème de la profession et le 21 mai, six cents artistes assistent à la séance. « Le bureau est composé de Marcel Amont, Jean Ferrat, Alain Barrière, Serge Reggiani, Pierre Doris, Gérard Séty représentant les visuels, Gilles Bleiveis les éditeurs, Lucien Chardon les organisateurs de spectacles, Luc Bérimont et Claude Chebel l'ORTF, Léo Missir l'industrie du disque, Jean Dréjac, Marc Heyral, René Rouzaud la Sacem […] Le secrétaire général est Michel Valette, le propriétaire de La Colombe, le restaurant-cabaret d'où sont sortis Guy Béart, Anne Sylvestre, Jean Ferrat [9]. » Il serait fastidieux de citer tout le monde, mais la richesse de la palette frappe et souligne l'intérêt et l'espoir qui animent alors chacun. Le 6 juin une marche silencieuse a lieu autour du siège de l'ORTF, où l'on remarque pêle-mêle des comédiens comme Michel Piccoli, Danièle Delorme ou Suzanne Flon, et des artistes de la chanson comme Juliette Gréco, Isabelle Aubret ou Jean Ferrat. En bonne logique, Jean est très présent et on le retrouve deux jours plus tard solidaire des grévistes de l'ORTF (ainsi que Mouloudji, Boby Lapointe, Serge Reggiani…) pour chanter sur la scène de Bobino entre les différents débats que José Artur, de France Inter, mène avec des réalisateurs fameux du petit écran, tels Marcel Bluwal et Claude Santelli ; le même scénario se déroule simultanément dans huit autres salles parisiennes et Félix Vitry, l'hôte de Bobino, confie : « Aux plus beaux soirs du récital Reggiani où on ajoutait des chaises, je n'ai jamais vu autant de public chez moi [10]. »

Près de treize ans plus tard [11], Jean Ferrat confiera à Fred Hidalgo qu'il a vécu « très très bien » et « très très mal aussi » cette période de Mai 68 : « On avait "pris" Bobino, et on organisait des soirées pour les grévistes. C'était une période extraordinaire ! Mais il y avait une confusion… Il y avait des gens, je veux dire, qui n'étaient pas du tout concernés par les problèmes sur lesquels on se battait depuis des années et des années – je parle du métier, là, pas du reste –, des gens qui n'avaient assisté à rien, qui ne s'occupaient de rien, et qui avaient l'impression, tout d'un coup, d'inventer le monde, comme si personne n'avait jamais rien fait avant eux ! Ils avaient l'impression que le monde existait à partir de là, d'eux-mêmes, de leur prise de position ! C'était d'une naïveté, d'une puérilité… En même temps, c'était touchant ; mais d'autres fois, on avait envie de leur foutre des baffes. C'est vrai ! Et tout ça donnait lieu à des discussions et des dialogues qui étaient désarmants… »

Que dire alors des propos printaniers tenus par certaines des « idoles » de la chanson, pour le moins déconcertées par les « événements » ? Dans l'hebdomadaire *Noir et blanc*[12], leurs confidences laissent parfois rêveur, mais illustrent (sinon trahissent) finalement de façon édifiante leur personnalité : « Johnny Hallyday : "Moi, je me trouvais à Londres pour enregistrer douze nouveaux titres. Les événements, je les ai donc suivis d'assez loin. [...] Toutefois, je me suis promis de m'y intéresser davantage. Pour l'instant, j'avoue ne pas y voir très clair." Hervé Vilard : "Enfant de l'Assistance publique, j'ai été valet de ferme pendant une dizaine d'années. Le triste sort des orphelins et des travailleurs agricoles, je le connais mieux que personne. Rien que pour eux, pour qu'enfin ils aient leur part de bonheur, il faudrait une véritable révolution, un changement radical." France Gall : "Ah ! là, là, ce que j'ai pu avoir peur ! Au début, je n'éprouvais qu'une certaine irritation. À cause des batailles du Quartier latin et des grèves, voilà que la sortie de mon nouveau super 45 tours se trouvait compromise. Moi qui avais tant travaillé pour qu'il soit réussi ! Et puis, à l'irritation a succédé la peur. Une peur carabinée." Michel Delpech : "Je pense que les ouvriers et les étudiants ont eu raison de manifester leur mécontentement. [...] Cela posé, les uns et les autres ont-il bien agi en se révoltant ou en faisant la grève ? Personnellement, je me refuse à prendre position." Frank Alamo : "Au départ, c'est-à-dire au moment des premières barricades, j'ai dit bravo. Mais, très vite, je me suis rendu compte – faites confiance à un ancien étudiant – que ce mouvement était de plus en plus noyauté. [...] Toujours est-il que quelques milliers d'irresponsables ont failli plonger la France dans une crise terrible. Heureusement que le général de Gaulle a su se montrer à la hauteur !" Joe

Dassin : “N’étant pas français, bénéficiant d’un permis de séjour et désireux d’en profiter le plus longtemps possible, [...] vous comprendrez qu’il me soit impossible de vous répondre. Ce qui vient d’arriver en France – et un peu partout dans le monde, il ne faut pas l’oublier – est tellement important que je ne peux me permettre de dire des banalités sans conséquences.” Sheila : “Je ne veux faire aucune déclaration. Pour moi, une seule chose compte, c’est l’avenir.” Eddy Mitchell : “Comme tous les artistes, j’ai vu tous mes galas annulés, les uns après les autres. Ce qui ne m’arrange pas, mais ne me fait pas non plus soupirer à fendre l’âme[13]”. »

Pour Christine Sèvres, c’est avec le recul qu’on se prend à soupirer de la sorte ; tant et tant attendu par celles et ceux, spectateurs et professionnels, qu’elle émeut si fort, son premier album sort enfin. Oui, mais au pire moment, le 10 mai 1968, et il va passer complètement inaperçu dans le fracas des barricades et des idées. Enregistré sous la houlette musicale de deux des meilleurs arrangeurs du moment, Alain Goraguer, le complice de Jean Ferrat après avoir été celui de Serge Gainsbourg, et Jean-Claude Vannier, qui va notamment écrire trois ans plus tard avec ce dernier la mythique *Histoire de Melody Nelson*. Chacun des deux prend en charge la moitié des douze chansons, écrites par dix auteurs différents, dont trois poètes : Aragon (*Robert le diable*), Audiberti (*Trois cigarettes*) et Verlaine (*Âme te souvient-il*). Jean Ferrat a composé la mélodie du premier morceau, superbe hommage à Robert Desnos auquel la voix de la chanteuse donne un supplément de chair et d’âme, avec un refrain qui se niche en nos têtes comme il a marqué obsessionnellement l’auteur :

Je pense à toi Desnos qui partis de Compiègne
Comme un soir en dormant tu nous en fis récit
Accomplir jusqu'au bout ta propre prophétie
Là-bas où le destin de notre siècle saigne

Pour le terrible *Trois cigarettes* d'Audiberti (les trois dernières de « Ce petit qu'il faut qu'on fusille », la toute dernière signant la condamnation explicite de la peine de mort, d'où qu'elle vienne : « C'est elle qui poussa la plainte / Puisque les hommes n'ont rien dit »), c'est Jorge Milchberg [14] qui a composé la mélodie fulgurante *ad hoc*. Bien des années plus tard, il reste fasciné par la rencontre [15] : « Je suis allé la voir à Bobino et elle m'a présenté à Reggiani, qui devait chanter la chanson. C'est un poème qu'Audiberti m'a apporté à une époque où Franco a fait garrotter un Espagnol. La façon dont Christine le chante est d'une discrétion extrême qui fait que ce texte très puissant devient comme un couteau. Elle appréciait beaucoup cette chanson, mais elle était un petit peu fâchée qu'elle soit aussi chantée par Valérie Lagrange avec qui je travaillais. Pour moi, c'est très simple, Christine Sèvres est la plus grande interprète de chansons françaises. Pas moins que ça. Un bon interprète est transparent. Il réserve une partie de sa personnalité pour la transmettre, mais ne dépasse jamais la dose, dans le sens où elle peut ajouter de la personnalité au point qu'on ne reconnaîtrait plus la chanson. [...] J'ai eu la chance d'entendre en public un pianiste comme Richter [16], fantastique, parce qu'il dépasse la technique, et l'on ne parle plus que de musique. Lui, il est derrière l'œuvre, il ne se dépeigne pas. D'ailleurs il est chauve. Mais j'ai connu des artistes qui se dépeignaient juste avant pour donner de l'emphase. Et ça, c'est le contraire de Christine ! »

Reprise du double 30 cm *Verlaine et Rimbaud chantés par Léo Ferré* de 1964, *Âme te souvient-il* apporte une autre dimension, plus intérieure, plus poétique, dans le sens où un Ferré met des poèmes en musique alors qu'un Ferrat se soucie toujours d'en faire des chansons ; ainsi, Christine, qui a besoin des deux univers, devient forcément moins « populaire », même dans l'acception la plus noble du mot. Dans cette perspective, l'emprunt de trois chansons à Henri Gougaud offre un moyen terme à la chanteuse, entre deux titres liés à son voyage à Cuba (*Cuba si*, déjà adopté par Jean, et *Salut « Che »*, hommage au révolutionnaire assassiné) et l'excellent *Béton armé*, gravé par Gougaud lui-même sur un 45 tours, l'année précédente, et qui doit toucher particulièrement Christine qui a eu le loisir d'apprécier véritablement sa maison ardéchoise au cours des trois dernières années :

Béton armé soleil en berne
Hommes de nouvelles cavernes
Voilà ce que nous devenons
[...] J'avais rêvé de grands ensembles
Ensemble est un si joli nom

Parmi les autres titres se distinguent *Dans les grands magasins* d'Henri Tachan et Jean-Paul Roseau (où l'on vend aussi bien « des p'tites poupées / Qui ressemblent à des dames » que « des mitrailleuses / Pour les charmants bambins »), l'irrévérent *Les Dieux sont dingues* (et « moches », « braques », « vaches », « chiens », « saouls », « bêtes »...) de sa copine de cabaret Brigitte Fontaine et de son pianiste Marcel Yonnet, et l'irrésistible *Oscar et Irma* de Jean Obé et du même Yonnet, une chanson-gag qui file à cent à l'heure au diapason des amours ordinaires d'un couple peu soucieux du commentaire des gens « qui répètent n'import'quoi ». Avec un humour décalé qu'on n'oublie pas, cousin du porte-à-faux musical cher à Boby Lapointe, jeu de mots mis à part :

Ils firent le concours
Du plus grand amour
Afin de gagner
Trois s'maines à Poitiers
Ils finirent deuxième
En eurent de la peine
Car Poitiers c'est joli

Mais l'événement de ce disque et sans doute sa plus belle chanson, s'appelle *Tu es venu*, écrite paroles et musique, extrêmement soignées et sur mesure pour Christine Sèvres, par Jean Ferrat :

En ce temps-là j'errais de clocher en clocher
J'enviais les pigeons qui savaient où nicher
Auprès du Vert-Galant je m'endormais dans l'herbe
Mes vingt ans dans Paris cherchaient je ne sais quoi
Et quand la nuit venait me prendre dans ses bras
J'avais peur de mon ombre et la bravais superbe

La brisure intérieure, ce « mal de vivre » comme le chantait Barbara, perce dans chaque couplet (dans des vers parfois « aragoniens » où l'on croirait voir Louis écrire pour une Elsa tourmentée) et met en valeur la rencontre avec l'autre, le vrai et grand amour qui rend tout « possible ». Vingt ans plus tard, lors de la passionnante émission de France Culture conçue par Véronique Estel (sa fille) et David Jisse[17], Ferrat expliquait : « C'était difficile pour elle de trouver des chansons qui lui aillent. J'ai essayé de lui écrire quelque chose. J'ai pensé à elle, à sa vie. » Dans cette même émission, Gérard Meys confirmait : « *Tu es venu* est, à ma connaissance, le rare cas où Jean a réellement composé pour Christine. Une très grande chanson, une des meilleures de Jean Ferrat. »

Plusieurs critiques saluent le « retour » de cette « grande » interprète et en tête, l'indéfectible Jean Monteaux[18] qui est touché directement « au ventre » (« oui, au ventre : ni à l'esprit ni, moins encore, au cœur ») par l'ensemble des douze chansons et s'enflamme : « La voix, parfois, se brise et, parfois, le souffle est court ? Ne discutez, n'ergotez, ne délabyrinthez pas : pour une fois qu'une vie vous est donnée, une vie avec tout ce qu'elle comporte de déchirement, d'amour, de colère, de tendresse, d'humilité, de sang, de misère, de grandeur, pour une fois que la Vie avec majuscule vous est prodiguée avec une générosité somptueuse, prenez-la ! Car c'est cela, Christine Sèvres, la vie à l'état brut. » Insistant sur ce fait qu'il s'agit là non pas d'une œuvre mais d'une « synthèse de vie », il conclut : « L'art n'y a sa place qu'en considération de l'homme œuvre d'art. Recevez les chansons comme des dons inestimables, en particulier *Trois cigarettes*, qui vous broie le corps. Ensuite, vous vous comprendrez, vous vous admettrez, vous vous jugerez avec plus de lucidité ; plus d'indulgence aussi. Et, partant, les autres. Tant l'interprétation des chansons est, à sa manière et toute spontanée qu'elle soit, enseignement philosophique. Ce Christine Sèvres n'est pas beau, moins encore joli. Il "est" – irrémédiablement. » Quel article ! Quel envol, quel enthousiasme, comparable à celui du musicien Jorge Milchberg ! Cela peut paraître exagéré, mais beaucoup d'autres, amis ou professionnels divers, ont été ainsi marqués par ce « magnétisme » de la chanteuse...

Par la suite, d'ailleurs, certains de ses fans reprocheront à Jean Ferrat de ne pas l'avoir aidée et, d'abord, de ne pas lui avoir écrit assez de chansons. Lors d'une émission télévisée enregistrée avec le couple dans son appartement d'Ivry, à l'occasion de la rentrée parisienne de Christine à Bobino[19], la journaliste Agnès de La Faye pose directement ce genre de questions à Jean. Après lui avoir demandé s'il n'aurait pas « gêné » la carrière de sa femme, et qu'il a répondu – un peu embarrassé – : « Je ne vois pas de quelle façon j'aurais pu la gêner ! », Christine le contredit en douceur : « Moi, je pense qu'il m'a gênée un peu. [...] C'est un peu ma faute au départ, ensuite, c'est la faute des gens, qui se sont habitués à me considérer comme madame Ferrat et qui ont fait très peu attention à ma personnalité artistique. [...] Quand on a commencé tous les deux, on était au même point vraiment [...] et je me rappelle à cette époque – et mon mari se rappelle certainement –, tous les ans, on se disait : "On a fait un petit pas", et moi, j'en suis toujours aux petits pas ! » Comme Agnès de La Faye objecte que ces « petits pas » l'ont conduite « tout de même » à Bobino, Christine précise : « C'est-à-dire qu'au début je ne voulais pas... j'étais très orgueilleuse, je disais toujours que je me refusais à faire ma carrière tirée par mon mari. » Mais à la fameuse question délicate : « Jean Ferrat, pourquoi n'avez-vous pas écrit de chansons pour Christine, ou très peu ? », c'est elle qui répond très vite : « Il n'a pas eu le temps, le pauvre chéri ! » et coupe court de fait à l'interview, qu'elle est invitée à illustrer (en play-back dans le salon) par *Tu es venu.* Et c'est vrai qu'une nouvelle chance semble s'offrir à elle, que son « mari » va concrètement tenter d'impulser à travers un duo et une tournée commune...

Notes

1. Article de décembre 1967, signé M.-L. R., dans un journal local, lors du passage de Christine dans un cabaret toulousain.

2. À l'auteur, avril 2010.

3. Et dont la deuxième chaîne est passée à la couleur le 1er octobre 1967.

4. À la SAVIEM. Après une première intervention musclée le 23 (dix grévistes blessés dont deux hospitalisés), les gardes mobiles chargeaient une seconde fois le 26, au cours d'une manifestation réunissant quelque dix mille personnes.

5. Histoire de sourire un brin, on pourrait dire comme Brassens (*Hécatombe*) : « Dès qu'il s'agit d'rosser les cognes / Tout l'monde se réconcilie. »

6. *L'Humanité*, 13 mai 1968.

7. Mot prononcé le 19 mai en conclusion du Conseil des ministres par le général de Gaulle : « La réforme, oui. La chienlit, non. »

8. 58,1 % des voix pour la majorité présidentielle, les centristes du PDM (Progrès et démocratie moderne) et les divers droite, contre 41,2 % à l'ensemble de la gauche parlementaire, soit 394 sièges contre 91.

9. Jacqueline Cartier, *Bobino ou cent cinquante ans de coulisses*, *op. cit.*

10. *Ibid.*

11. Pour *Paroles et Musique*, 1981.

12. N° 1213, semaine du 27 juin au 3 juillet 1968.

13. Joséphine Baker n'a rien dit à *Noir et blanc*, mais avant de reprendre son spectacle le 13 juin à l'Olympia (fermé pendant trois semaines, que l'équipe passera à « taper le carton » dans le hall et à jouer au ping-pong sur scène), elle défilera en tête de la grande manifestation gaulliste du 30 mai sur les Champs-Élysées.

14. Musicien, chef d'orchestre et fondateur du groupe Los Incas.

15. À l'auteur, *Chorus* n° 10, revue citée.

16. Sviatoslav Ritcher, né en Ukraine, considéré comme l'un des plus grands pianistes du XXe siècle. Décédé en 1997.

17. *Opus*, émission citée.

18. Le journaliste écrit désormais dans l'hebdomadaire *Elle*, ici du 26 août 1968 (n° 1184).

19. *Journal de Paris*, 13 février 1969, première chaîne.

Chapitre 17

Sèvres et Ferrat, du couple au duo

Comme on l'a entrevu au fil de ses différentes interviews, Jean Ferrat a décidé de ralentir sensiblement le rythme de ses spectacles[1] et n'envisage pas pour l'heure, comme Christine Sèvres, de remonter sur une scène parisienne. Fin 1968, alors que Barclay, sa maison de disques, publie un album de réenregistrements, *10 grandes chansons de Jean Ferrat* (de *Deux enfants au soleil* à *L'Homme à l'oreille coupée*, premiers succès et titres à redécouvrir mêlés[2]), il est l'invité d'une émission animée par Claude Santelli, homme de culture télévisuelle, où il interprète huit chansons (dont cinq de l'album en cours – sans *Cuba si* – et une de l'album à venir : *L'Idole à papa*) et donne près de dix minutes d'une interview posée et hors promotion, chose déjà rare sur le petit écran[3]. Interrogé sur sa vie en Ardèche, sa conception du monde, du bonheur, de la liberté, et sur l'intérêt du public pour son personnage de « témoin de son temps, dénonçant les injustices de son temps » et pour « des chansons de ce genre », il répond : « Je pense qu'il n'y a pas de problème quand on s'adresse directement au public ; j'en ai des exemples tous les jours, pas seulement par moi, mais par des amis qui chantent des choses réputées difficiles, ou réputées absolument a-commerciales par les marchands. [...] Et c'est un des drames, si vous voulez, de ce qui se passe actuellement dans notre société, c'est qu'on ne propose au public que certaines choses, les plus faciles, parce que ce sont celles qui se vendent le plus facilement. » À propos de son « privilège » de « vedette », il avoue : « Je ne peux pas m'empêcher de rire quand je vois "vedette" accroché à Ferrat ! Ça me semble tout à fait bizarre et absolument inadapté. [...] Moi, je crois qu'il ne faut pas de vedettes, il faut que les gens aillent dans les spectacles, [...] qu'ils aient la possibilité d'y aller, et à tous les spectacles, que ce soient des gens connus ou pas connus. » Et il profite de la question : « Est-ce que ces voyages vous ont appris autre chose que ce qui est très important, c'est-à-dire ce tableau d'un monde souvent tragique ? » pour exprimer sa foi humaniste : « Oui, [...] à mon avis, c'est même ce qui se passe de plus important dans le monde à l'heure actuelle ; je veux parler de cette tentative qui est un véritable défi – et qui est le grand rêve de l'homme, après tout – qu'ils essaient de faire à Cuba ! Je ne sais pas ce que ça donnera, [...] en un mot, c'est tout simplement d'abolir la civilisation de l'argent. » Et Santelli rappelant à Ferrat que lui, il en possède, de l'argent, le chanteur poursuit : « Ça me donne une liberté, une certaine liberté, et dans le monde dans lequel nous vivons, elle ne peut venir que de là. C'est justement ce qui est grave. [...] Pour moi, [la liberté] c'est le choix possible, le choix qu'on peut donner aux gens de faire de leur vie ce qu'ils veulent faire, ce qu'ils aiment. Je crois que Chabrol[4] a dit un jour dans une préface : "Nous sommes quelques-uns à être rebelles au temps, rebelles à l'espace, rebelles à l'injustice", et je crois qu'il faut être des rebelles dans le monde. » Ces mots prennent un sens d'autant plus fort que de nombreuses révoltes, souvent d'origine étudiante, se sont également déroulées cette année-là dans le monde (Tchécoslovaquie, Italie, Pologne, États-Unis...), particulièrement marquée par l'assassinat en avril, à Memphis, de Martin Luther King, la répression brutale du « Printemps de Prague » (avec l'intervention militaire soviétique du 21 août), le massacre en octobre de dizaines d'étudiants au Mexique[5] et la guerre civile au Nigéria, où des dizaines de milliers de réfugiés biafrais sont décimés par l'arme la plus inhumaine : la faim... Alors comment se prétendre chanteur en occultant tout cela ? Depuis le voyage à Cuba, il est clair que l'inspiration de Jean Ferrat a évolué sensiblement : aux références historiques de *Nuit et brouillard* ou *Potemkine* vont succéder des réactions « à chaud », plus ouvertement politiques, sur les événements de mai 68 en France, sur l'intervention soviétique à Prague, sur la guerre du Vietnam...

De son côté, Christine Sèvres, qui revient dès février 1969 à Bobino, en vedette américaine de Serge Reggiani, vient de déclarer[6] : « Je trouve la vie formidable, mais je ne peux pas m'empêcher de voir ce qui ne va pas et d'en parler. » Comme son interlocuteur relève qu'elle glisse néanmoins une facétieuse chanson de Mistinguett (*À travers les barreaux de l'escalier*) entre deux couplets de Ferrat ou de Gougaud, elle rétorque : « Pourquoi pas ? C'est une chanson saine, un petit air vif. Il est très difficile de trouver de bonnes chansons drôles. Pourtant, il faut bien détendre les gens, mais je ne peux pas le faire avec des chansons d'amour à l'eau de rose. » Surtout, explique-t-elle, citant *Le chaland qui passe* et *Sombre dimanche*, Piaf et Trenet, ce n'est pas à elle que l'on proposera ce genre de choses : « J'ai droit aux trucs inchantables, la guerre, les tortures, tout ce que l'on ne peut pas chanter entre la poire et le fromage dans un cabaret, c'est pour Christine ! Je reçois de ces trucs, je vous jure, il y a de quoi se faire sauter la cervelle ! Étonnez-vous après que l'on parle de désespérance de vie. Et pourtant, elle est terriblement belle, la vie. Il faut savoir la regarder, l'écouter. Je suis très sensible, très sensuelle, ou sensualisée si vous préférez. J'ai des oreilles et je m'en sers tout le temps, j'ai des yeux et je vois tout, je touche les choses, je me sers de mes sens. Des enthousiasmes de bébé [7]. »

Du coup, des journalistes comme Hauttecœur lui-même sont surpris, et très agréablement, avec *Tu es venu* : « On attendait une chanteuse à message, on la découvre amoureuse sur un merveilleux texte de Jean Ferrat aux résonances aragoniennes, tendre, passionnée, fantaisiste, étonnamment variée… » En fait, il est frappant de constater combien ces professionnels qui l'apprécient la trouvent trop « rare », par sa qualité mais aussi par sa présence homéopathique sur les médias et dans les grandes salles, comme si c'était elle qui l'avait décidé : « Christine Sèvres, écrit René Quinson [8], une personnalité tellement hors série que pendant longtemps, elle n'a pu s'adapter aux moules traditionnels du métier, un tempérament déconcertant qui va du rire au drame. » Lors de l'interview avec son mari, dans leur appartement d'Ivry, elle n'hésite pas à reprendre Agnès de La Faye [9] qui évoque sa sensibilité, son humour et « un certain côté étrange » ; dans un petit rire, elle se défend : « D'abord, je ne sais pas ce que vous voulez dire par étrange ! Je ne me trouve pas du tout étrange ; je me trouve très, très normale. »

Est-ce avec le recul, en sachant ce qui s'est ensuite passé dans sa carrière – ou plutôt, ce qui ne s'est pas passé –, est-ce aussi le petit chignon banal, mais ce rire d'autodéfense ressemble à un sursaut fatigué, sur un visage souvent empreint d'une tristesse diffuse ? Ce rire-là, elle l'a déjà esquissé quelques jours plus tôt devant Denise Glaser[10] (un soupçon plus gai, néanmoins, ambiance, lumière du studio et maquillage aidant) qui, à l'occasion de cette rentrée parisienne à Bobino, évoque son « petit bonhomme de chemin », sa « manière ». Et Christine reconnaît : « Je ne suis pas sûre que ce soit la bonne ! Mais enfin, je fais ce que j'ai envie de faire. Je ne fais pas TOUT ce que j'ai envie de faire, mais ne je fais – presque – que ce que j'ai envie de faire. Je trouve que c'est un luxe nécessaire, si on veut vivre convenablement, enfin si on veut vivre tout court ! » Sur ce « tout » qu'elle voudrait faire, elle ajoute : « Je voudrais tourner des films, par exemple… Et puis, je voudrais chanter beaucoup et avoir une audience plus grande, passer dans des music-halls, avoir le temps de chanter quinze chansons ou seize, pour pouvoir chanter tout ce que j'aime chanter (c'est un éventail d'une étendue insoupçonnée !). » Et dans un sourire, elle conclut : « Voilà ! À part ça, j'ai tout pour être heureuse ! Mais ça, c'est très important, quand même, la réussite dans le métier ! C'est très important. Non ? »

Chose curieuse, ce ne sont guère ses « camarades » communistes qui vont l'y aider, qui vont entendre cet appel. Dans deux articles étonnamment parallèles du quotidien et de l'hebdomadaire du PCF consacrés essentiellement à l'Olympia de Barbara et au Bobino de Serge Reggiani, la « vedette américaine » de ce dernier est littéralement expédiée en quelques lignes. Mais il s'agit de la femme de Jean Ferrat, et il faut assurer le service minimum maison. Pour Guy Silva[11], « Christine Sèvres fait une rentrée remarquée. Elle passe de la chanson d'amour à l'espoir d'un printemps futur en saupoudrant le tout d'un humour acidulé qui reflète une incontestable personnalité » ; pour Raymond Lavigne[12], cela donne : « Trop rare Christine Sèvres ! Cette dame de la chanson, qui n'a pas la place qu'elle devrait avoir, et qui vous lance ses couplets (signés Ferrat, Audiberti, Verlaine, Gougaud) avec cette facilité et cette élégance désarmantes qui sont la marque des grands talents ! » Voilà le genre de « papiers » douloureux, genre enterrements de première classe, contre lesquels un(e) artiste ne peut rien dire, et c'est encore une fois Jean-Pierre Hauttecœur de *La Croix*[13] qui s'échappe des lieux communs dans un article intitulé « Serge Reggiani à Bobino » – mais dont une bonne moitié est consacré à la première partie du spectacle – et s'engage : « Christine Sèvres aussi s'est révélée fantaisiste et ce fut peut-être la surprise de cette rentrée. [...] Comment s'en tirerait-elle sur scène, cette Christine que l'on entend plus couramment prêter sa voix aux couplets de l'espérance, aux échos de la souffrance des hommes, à l'amour serein : "Tu peux m'ouvrir cent fois les bras, c'est toujours la première fois" ? Elle se révèle une fantaisiste nuancée, jouant d'un humour un peu acide avec une précision dans le ton, un sourire dans la voix, une ironie dans le geste, qui nous poussent à l'encourager dans cette voie. Sans cesser pour autant de défendre ces couplets admirables de sobriété et d'émotion contenue que Jean Ferrat a signés sur Mai 68. Mille fois plus efficaces que ceux de Ferré[14]. »

C'est à cette même période du spectacle de Serge Reggiani à Bobino que l'a rencontrée Jean-Claude Maillard, qui allait devenir l'un de ses plus chauds partisans : « Quand je l'ai connue, j'étais photographe. J'étais venu pour Reggiani (je ne la connaissais pas du tout), j'ai pris quelques photos d'elle et peu après je suis allé lui montrer ces photos, disons pas très flatteuses pour une femme, mais avec une grande force d'expression. Ça l'a un peu étonnée, et c'est à la suite de ça que je l'ai rencontrée très souvent et qu'on est devenus amis. C'était, je crois, une femme d'une rare intelligence, extrêmement fragile, très sensible, et qui avait aussi le sens de la provocation [15]. » Et Maillard, qui travaille alors à un film sur Gainsbourg, ajoute : « Je trouve qu'il y a beaucoup de points communs entre eux. »

Désormais, la chanteuse, qui a accepté l'idée de partir en tournée avec son mari et d'enregistrer un duo avec lui, continue d'expliquer qu'ils tiennent tous les deux à mener des carrières distinctes, mais elle se prête sans rechigner à évoquer un peu plus précisément leur couple, « un ménage [...] aussi profondément réussi » qu'elle « souhaite à tout le monde ». Dans une interview de deux pages intitulée « Christine Sèvres, la femme de Jean Ferrat [16] », elle confie qu'elle n'est jamais d'accord avec ce qu'il lui dit au plan professionnel et constate : « Au fond, nous ne faisons pas le même métier, lui et moi. Il chante ses chansons, mais il est l'auteur-compositeur avant tout, il crée, il a la meilleure part, il a beaucoup plus de joie à écrire ses chansons qu'à les chanter. Il voudrait écrire davantage et chanter moins. Moi, je ne suis qu'interprète. Oui, ce sont deux optiques différentes. » De son côté, à Jacques Chancel qui lui demande : « Quel mari êtes vous [17] ? », Jean répond : « Peut-être que je ne fais pas assez attention à elle, dans le domaine, si vous voulez, professionnel. Peut-être que je ne suis pas assez attentif à ce qu'elle pense, à ce qu'elle voudrait, à ce qu'elle désire. C'est possible. Je fais tout à fait mon autocritique. » Et Chancel insistant : « Vous la considérez comme votre femme ou comme une chanteuse ? », il a ces mots qui, avec le recul, prennent une densité particulière : « Ah ! Je la considère comme une compagne avec laquelle je suis heureux de vivre et je n'imagine pas terminer ma vie avec quelqu'un d'autre. »

En tout cas, dans le huitième album enregistré en janvier par Jean Ferrat et que le public va découvrir ce printemps, figure le fameux duo, le seul qu'il ait enregistré sur disque avec une femme : *La Matinée*. À l'époque, comme il le reconnaîtra volontiers, Jean peine à nouveau devant la page blanche et il doit impérativement enregistrer ; il quitte donc Antraigues pour Paris et se rend chez Henri Gougaud avec qui il travaille de plus en plus. « C'est une chanson qui a failli n'être jamais chantée, raconte ce dernier. J'ai montré plusieurs textes à Ferrat et celui de *La Matinée* était resté sur la table. Je lui ai dit : "Ça, c'est un duo, c'est pas pour toi !" Il m'a répondu : "Montre toujours !..." Heureusement ! Il l'a pris, et quand il a fait la musique, il était hors de question pour moi qu'il le chante avec quelqu'un d'autre que Christine. Quand elle démarre la chanson *a cappella*, sa voix déjà emporte tout[18] ! »

La matinée se lève
Toi debout il est temps
Attends encore attends
J'ai pas fini mon rêve

Simple, limpide, poétique et empreinte à la fois de la beauté palpable du monde et de ses douleurs, la chanson bénéficie d'une de ces mélodies évidentes dont Ferrat a le secret, Alain Goraguer apportant une espèce de sérénité classique au duo sensible des voix. C'est une réussite qui va faire date. Excepté le final volontariste qu'ils chantent ensemble – « Le monde sera beau / Je l'affirme je signe » – Christine prend en charge l'aspect matériel de la vie, du travail quotidien, alors que Jean navigue en rêve et en poésie. À Fred Hidalgo[19], il précisera : « Elle aurait voulu chanter ma version, elle aurait préféré chanter ce que chante l'homme. [*Rire.*] » Et à la remarque spontanée : « C'est vrai qu'elle n'avait pas le beau rôle ! », il s'étonne : « Pourquoi ? L'esprit un peu plus réaliste de la femme ? C'est assez évident, je trouve ! Ce n'est pas ce qu'on peut appeler le mauvais rôle ! C'est plus concret[20]. » Là s'arrête le « féminisme » de Ferrat et perce une de ses contradictions, perceptible dès certaines allusions convenues dans ses premiers couplets signés Jamblan et Frachet (telles *Ma fille* ou *L'Éloge du célibat*).

Les trois autres chansons les plus remarquées de l'album (une quatrième, au moins, d'Henri Gougaud, est tout aussi marquante, sans oublier un nouveau poème d'Aragon) sont de la plume de Ferrat. Chorus de guitare électrique, batterie, basse à la clé, l'opus s'ouvre ainsi sur un très efficace *Au printemps de quoi rêvais-tu*[21] tout droit inspiré par Mai 68 ; et comme pour le disque suivant évoquant la fin du « Printemps de Prague », c'est la forme interrogative qui s'impose à l'auteur, à la plume de l'humaniste indivisible, qu'il s'agisse des tenants du « vieux monde », des étudiants barricadés ou des ouvriers en grève :

Au printemps de quoi riais-tu
Jeune homme bleu de l'innocence
Tout a couleur de l'espérance
Que l'on se batte dans la rue
Ou qu'on y danse

Au dernier couplet porteur d'espoir, le chant s'élève d'une tonalité, les violons, présents par instants, reviennent en force, et l'esprit d'avenir balaie l'imparfait du « rêvais-tu » pour le conjuguer au présent. Le chanteur baisse moins que jamais les bras et annonce implicitement le dernier titre de l'ensemble – *Un jour futur* –, qui va boucler en quelque sorte la parenthèse entre la question politico-existentielle initiale et l'envie obligée d'y croire. La belle envie. L'utopie nécessaire. Celle que d'aucuns trouveront plus romantique que révolutionnaire ; la foi des laïcs, qui se fonde non pas sur un être divin tout puissant, mais sur la convergence sociale des êtres humains :

Un jour futur puis des millions de jours
J'avancerai parmi des millions d'hommes
Brisant les murs de ce siècle trop lourd
Croquant l'amour comme la rouge pomme

Comment ne pas penser au superbe *Un jour un jour* d'Aragon (« couleur d'orange », « où les gens s'aimeront ») enregistré deux ans plus tôt par Jean Ferrat, même si la poésie plus chansonnière de Gougaud garde toute sa spécificité ? D'autant qu'à mi-chemin du questionnement et de l'espoir, en plein centre de ce disque remarquablement construit, surgit *Ma France*, nouveau titre historique à impact immédiat, dans une période électorale très particulière.

Au référendum du 27 avril, 52,41 % des votants disent « non » au général de Gaulle, président de la République ; le lendemain, il prend acte et démissionne ; au premier tour de la présidentielle, le 1er juin, Georges Pompidou domine largement avec 44,47 % des voix, devant le centriste Alain Poher (23,31 %) talonné par le communiste

Jacques Duclos (21,27 %), les socialistes Gaston Deferre (SFIO, soutenu par Pierre Mendès France) et Michel Rocard (PSU) ne grappillant respectivement que 5,01 % et 3,61 % des suffrages. Conséquence : aucun candidat de gauche ne figurera au second tour du 15 juin [22], Pompidou battant aisément Poher, 58,21 % des voix contre 41,79 %. Un résultat catastrophique pour la gauche plus désunie que jamais, le candidat communiste refusant d'appeler ses électeurs à trancher entre « bonnet blanc et blanc bonnet », près d'un tiers des inscrits s'abstiennent et plus d'un million de bulletins blancs ou nuls sont enregistrés. Autant dire qu'un an à peine après le grand espoir suscité par les événements de mai 68, les amateurs de Ferrat ont besoin de chansons qui les requinquent.

Ma France arrive donc à point nommé, bien qu'il ne s'agisse en aucune façon d'une œuvre de revanche ou de circonstance : « Je n'ai pas une nature de destructeur, je n'ai jamais de haine, dira Ferrat [23]. Un jour, j'avais écrit une chanson intitulée *Pauvre France* qui dénonçait tout ce qui n'allait pas dans notre pays. Finalement, cela ne m'a pas plu. J'ai préféré montrer tout ce qui était beau et c'est devenu *Ma France.* J'avais pris le risque d'être fade et démagogique. Heureusement, on m'a bien compris, car on commence à bien me connaître [24]. » Évoquant la beauté des paysages (Provence, Bretagne, Ardèche), l'esprit universel de liberté lié à la Révolution, quelques noms symboliques de notre histoire et de notre culture (Robespierre, Thiers, Hugo, Picasso, Eluard), il termine par un hommage appuyé à « celle des travailleurs » :

Celle qui ne possède en or que ses nuits blanches
Pour la lutte obstinée de ce temps quotidien

Du journal que l'on vend le matin d'un dimanche
À l'affiche qu'on colle au mur du lendemain

Pour ceux qui n'auraient pas encore compris dans quel camp se place Ferrat, voire sa proximité du PCF, l'allusion est claire et malgré les désillusions politiques du moment, il reste optimiste, comme il le reconnaîtra une dizaine d'années plus tard[25] : « En 69, je pensais que c'était le début d'une période où il y aurait une véritable prise de conscience et des possibilités d'agir vraiment sur la réalité sociale et politique, une période qui allait donner des fruits intéressants… Quand je dis, à la fin de *Ma France* : "Elle tient l'avenir serré dans ses mains fines / Celle de trente-six à soixante-huit chandelles", c'est bien en pensant à ça ! J'étais persuadé que ça allait provoquer en France un changement tout à fait intéressant. Et ça a failli se faire… »

Si *Ma France*, *Au printemps de quoi rêvais-tu* et *Un jour futur* marquent ce disque de mars 1969, c'est un titre beaucoup plus léger et ironique qui va être diffusé par les médias en ces heures bienséantes glissant du gaullisme au pompidolisme : *L'Idole à papa*. Une fantaisie où il imite la voix de Tino à chaque refrain, décliné successivement sur *C'est toujours la première fois*, *La Montagne* et *On ne voit pas le temps passer*, mais qui pointe au passage des moments d'intimité heureuse de l'enfance, avant qu'elle ne bascule dans la guerre avec la disparition soudaine du père, dont on apprendra la raison qu'après sa mort en déportation. Cela étant, Ferrat plaisante surtout gentiment à propos de la voix de velours de Tino, qui dans sa famille « faisait pâmer les filles » et rigoler les garçons. Sans être dupe, à l'approche de la quarantaine :

Et je me dis qu'aujourd'hui même
C'est peut-être pareil pour moi
Les unes rêvent en murmurant je t'aime
Les autres ricanent tout bas

Lors du nouveau *Discorama*[26] où elle l'invite, Denise Glaser lui demande s'il a rencontré Tino Rossi, et il répond en souriant : « À vrai dire, je parle de moi ! » Comme elle insiste, il poursuit : « Je l'ai rencontré après avoir écrit cette chanson. [...] Ça l'a amusé, d'ailleurs ! Je crois. [...] D'abord, Christine a entendu une fois dans un café un gars qui discutait de la chanson, derrière elle, et qui disait : "Finalement, Ferrat, qu'est-ce que c'est ? C'est le Tino de notre époque !" [*Rire.*] Et puis ensuite, dans mon pays, il y a des gens, des copains, qui avaient l'habitude de chanter certaines de mes chansons en prenant la voix de Tino. Ça m'amusait et je l'ai chantée aussi comme ça [...] avant de faire la chanson. Alors je me suis dit qu'en plus, quand on fait un métier comme le mien, il y a des gens qui vous aiment et d'autres qui ne vous aiment pas, c'est tout à fait normal. En définitive, on est toujours le Tino Rossi de quelqu'un ! » Denise Glaser ajoutant : « J'aime bien quand, de temps en temps, vous avez le petit sourire en coin, et quand vous savez vous moquer un petit peu de vous », il acquiesce : « En général, j'essaie toujours dans une chanson par disque ; c'est très difficile et je cherche vraiment une idée, je suis pas tellement un marrant, et sur scène il faut aussi des choses qui détendent l'atmosphère ! »

Dans ce disque, Henri Gougaud a encore signé trois autres textes superbes, nourris de cet espoir tenace post-soixante-huitard de changement auquel Ferrat croyait, ensemencés de rêve, de liberté, de fraternité, avec des images nature de fleurs, de fruits et de soleil. Une poésie un peu moins immédiate peut-être que dans *La Matinée* ou *Un jour futur*, mais toujours émouvante et chaleureuse en diable :

La petite fleur qui tombe
Pourrait faire un bruit de bombe
[...] La petite fleur profane
Celle qui jamais ne fane
Place de la liberté

Avec l'opposition symbolique permanente entre cette utopie farouche et le vieux monde, corseté à coups de prisons, de casernes et d'églises où il n'y a définitivement *Rien à voir* ; chanson qui ouvre elle aussi, au final, la porte en grand sur un autre avenir où il y aura « tout à voir » :

Les vieux dans les pommiers et du vent dans les branches
Les oiseaux de malheur enfin dynamités
Un hymne national qui te prend par les hanches
Pour te faire danser en plein cœur de l'été

Et dans le troisième texte de Gougaud dont le titre *Hop là nous vivons* invite au mouvement des corps et à la syncope musicale, Ferrat a su aussi composer la musique idoine, ici plus rythmée ; au fond, sublimé par cette voix pleine qui cimente sa cohérence, c'est toujours le même clou que les deux hommes – en parfaite osmose « idéalogique », après Cuba et Mai 68 – enfoncent avec gourmandise. Par contrecoup, cette réussite rend beaucoup plus fades la quête éperdue d'une *Ariane* de grand ensemble moderne (Maurice Bourdet) et les deux dernières chansons du seul Ferrat, sur un lent tempo jazzy et un arrangement similaire : le peu inspiré *Bureau* et *Les Filles longues*, tentative plus interminable que sensuelle malgré « linge fin », « fourrure » et « bouche avide ». Ferrat n'est pas Gainsbourg… En revanche, il retrouve toute son inspiration de compositeur pour un nouvel emprunt à Aragon, *Les Poètes*, extrait – comme *J'entends j'entends* – d'un très long poème du même nom ; une pure merveille, certes d'un abord qui nécessite un effort, sinon un minimum de culture, pour saisir les différentes allusions à Machado, Hölderlin, Verlaine ou Marlowe, et qui s'ouvre et se clôt ainsi :

Je ne sais ce qui me possède
Et me pousse à dire à voix haute
Ni pour la pitié ni pour l'aide
Ni comme on avouerait ses fautes
Ce qui m'habite et qui m'obsède

Si ce Ferrat-là, qui propulse la chanson aux cimes, touche aussi d'autres catégories de public, c'est son implication citoyenne qui va susciter alors un nouveau *clash* à la télévision, une nouvelle censure d'une ampleur sans précédent…

Notes

1. Ce qui ne l'empêchera pas, cette anné-là, de tourner en Europe et en Afrique…

2. Bien que cela concerne la période Decca de 1960 à 1962, cette compilation ciblant un public qui a découvert Ferrat beaucoup plus récemment n'est sans doute pas étrangère à ce constat auquel il est

lui-même parvenu, à propos de son tout premier album : « C'est marrant, des gens l'achètent toujours en croyant que c'est une nouveauté : finalement, ils n'ont pas perdu leur argent – Vogue, je veux dire. C'était en 57-58 ? Et ça fait 13 ou 14 ans que je chante » (*Rock & folk*, mai 68, revue citée).

3. *Jean Ferrat*, 29 décembre 1968, première chaîne. Quelques jours plus tard (le 1er janvier 1969), c'est une interview de Brassens que Santelli proposera. Belles fréquentations…

4. Jean-Pierre, son ami écrivain, qu'il va retrouver bientôt sur un inoubliable plateau de télévision…

5. Prétendument pour « assurer » la sécurité des Jeux olympiques à venir. En fait, c'est lors de ces jeux de Mexico que, le 16 octobre 1968, les deux sprinters noirs américains Tommie Smith et John Carlos levèrent leur poing ganté de noir, en solidarité avec les Noirs des États-Unis en butte au racisme et aux discriminations de toutes sortes. Grande amie de Jean Ferrat, Francesca Solleville enregistra, dès juin 1969, *200 mètres (Mexico 68)*, écrite à chaud par Jean-Max Brua, une chanson qu'elle reprend aujourd'hui encore dans la plupart de ses concerts.

6. À Jean-Pierre Hauttecœur, *La Croix*, art. cit.

7. *La Croix*, art. cit.

8. *Combat*, 4 février 1969.

9. *Journal de Paris*, émission citée.

10. *Discorama*, 2 février 1969.

11. *L'Humanité*, 7 février 1969.

12. *L'Humanité Dimanche* n° 207, 16 février 1969.

13. Du 14 février 1969.

14. Un jugement très personnel, à nuancer avec un minimum de recul. Si l'album *L'Été 68*, enregistré fin 68, début 69, ne comporte guère – en ce sens – que la chanson éponyme et *Comme une fille* (« Comme une fille / La rue s'déshabille / Les pavés s'entassent / Et les flics qui passent / Les prenn'nt sur la gueule »), dès l'enregistrement immédiatement suivant, *Récital 1969 en public à Bobino*, le ton est donné avec des allusions appuyées (*La Révolution*, *Les Anarchistes*, *Ils ont voté…*).

15. À l'auteur, pour *Chorus* n° 11, revue citée.

16. Par Claude Obernai, *Femmes d'aujourd'hui*, 26 février 1969.

17. *Radioscopie*, France Inter, 6 mai 1969.

18. À l'auteur, pour *Chorus* n° 11.

19. Pour *Paroles et Musique*, revue citée.

20. *Idem*, partie restée inédite à ce jour.

21. Réminiscence d'Aragon dont Ferrat se rendra compte beaucoup plus tard. Il s'agit en effet du premier vers de la troisième strophe du *Discours à la première personne* (d'où Jean a extrait *J'entends j'entends*), titre d'une partie du recueil *Les Poètes* (Gallimard, 1969) : « Au printemps de quoi rêvais-tu / On prend la main de qui l'on croise / Ah ! mettez les mots sur l'ardoise / Compte qui peut le temps perdu. »

22. Le 8 mai 1969 avait eu lieu en vain une conférence de presse d'un « Comité pour une candidature unique de la gauche » dès le premier tour, présidé par l'écrivain Georges Conchon. Jean Ferrat figurait à ses côtés lors de la lecture de la déclaration.

23. À René Quinson, *Combat*, 3 octobre 1972.

24. En 1981, Ferrat reviendra sur le sujet avec Fred Hidalgo (*Paroles et Musique*, revue citée) : « *Ma France*, c'est une chanson casse-gueule ! C'est un sujet à la limite, ça pourrait être Déroulède aussi… On est toujours sur la corde raide quand on fait ce genre de chansons, c'est le risque, et ce sont elles, évidemment, qui demandent le plus de mal. »

25. À Fred Hidalgo, pour *Paroles et Musique*, 1981.

26. Du 29 juin 1969.

Chapitre 18

Du rififi sur la 2

Le 16 mars 1969, la deuxième chaîne de télévision propose une grande émission en direct qui promet, *L'Invité du dimanche*, autour de l'écrivain Jean-Pierre Chabrol. Près de trois heures à la bonne franquette, en forme de table d'hôte, où l'on fume et on lève le verre entre amis conviés par Chabrol, dont Georges Brassens, Jean Ferrat, Monique Morelli, Francis Lemarque, le guitariste Sebastian Maroto, l'écrivain Artur London (auteur de *L'Aveu*), l'historien Maurice Choury (spécialiste de la Commune de Paris), un ancien mineur, le pasteur Gosselin… sans oublier Pierre Mac Orlan – quatre-vingt-huit ans – filmé chez lui et Jacques Brel encore maquillé, débarquant *in extremis* d'une représentation de *L'Homme de la Mancha*. « J'ai, pour la première fois de ma carrière, participé à une émission de télévision en direct sans avoir l'impression de "faire" de la télévision », écrira Jean Ferrat, dans un article circonstancié de son cru en date du 29 mars et publié dans *Les Lettres Francaises*[1]. Article où il précise : « Les trois heures d'émission, je ne les ai pas vues passer. Quand nous n'étions pas à l'antenne, nous discutions entre nous, tous gens de bonne foi, je crois, essayant de comprendre le monde qui nous entoure. »

Discutant d'abord avec Georges Brassens, Jean-Pierre Chabrol lui demande de chanter un extrait du très individualiste *Pluriel* et l'instant d'après il appelle Jean Ferrat (qui d'ailleurs n'arrive pas tout de suite !) pour qu'il lui réponde avec *En groupe en ligue en procession.* S'engage alors une discussion de quelque huit minutes entre les deux chanteurs et, en bonne logique, Ferrat déclare d'emblée : « La démarche individuelle est extrêmement importante. Elle est même capitale, mais elle ne remplace pas l'autre ; c'est-à-dire que seul, on ne peut pas grand-chose, on ne peut même rien, pratiquement, si on n'est pas entouré. Pour avoir une action, possible, et efficace, il faut être en groupe ! » Comme Chabrol titille Ferrat, Brassens vient à son « secours » avec son humour inimitable et lance à son hôte : « Tu ne vas pas le torturer toute l'après-midi le jour du Seigneur ! » Et sans plus attendre, Jean lance le premier pavé dans la mare cathodique : « Pour moi, les choses sont claires [...] d'une certaine manière : en gros, dans notre société actuelle, il y a des exploiteurs et des exploités ; je suis du côté des exploités, bien entendu. » L'énoncé de ce simple point de vue va illico énerver André François, directeur intérimaire de la télévision depuis une petite année, qui s'excite tout seul dans un coin du plateau et vient avertir Chabrol : « Que Ferrat chante, soit, mais qu'il ne parle plus ! »

Pauvre monsieur François, il n'est pas au bout de ses peines ! Jean reviendra à la charge dans un échange passionnant avec Artur London et Sebastian Maroto sur les graves atteintes à la liberté dans les pays socialistes et l'ensemble du programme restera en travers de la gorge du directeur de la télévision, le conduisant – selon l'expression familière – à « péter les plombs ». Ainsi invective-t-il Fernand Corbier, ancien mineur ami de Chabrol, qui a eu l'insolence d'affirmer : « Il n'est pas discutable que la Résistance active a surtout été menée par les ouvriers et les paysans », ce qui donne le dialogue suivant : « Où vous croyez-vous ? – À la Télévision française ! – Non, monsieur ! Vous êtes ici chez moi[2]... » *Bis repetita* avec Sebastian Maroto qui vient d'évoquer la guerre d'Espagne ; selon Raymond Lavigne de *L'Humanité Dimanche*[3], le fonctionnaire (un ancien énarque, passé – ça ne s'invente pas ! – par l'inspection générale du ministère de l'Intérieur) ose carrément la menace : « Vous êtes Espagnol... Oui... Mais votre mère est encore en Espagne. Alors, attention ! » Quant à Francis Lemarque, le dangereux individu notoire qui avait réjoui ses copains en rappelant une chanson du Front populaire que Paul Vaillant-Couturier avait écrite pour lui et pour son frère[4] (*Y a trop de tout*), il racontera dans son livre de souvenirs[5] : « Le directeur de la chaîne qui nous accueillait [...] n'aimait pas que les chanteurs fassent autre chose que chanter, et entrait en transe dès que ceux-ci se permettaient de donner leur avis sur la marche du monde. La moindre critique de leur part le mettait dans une rage folle. Bien entendu, après que chacun de nous eut chanté ses chansons, nous nous sommes installés autour d'un feu de bois imaginaire et avons passé en revue les événements qui nous avaient frappés. Nos commentaires n'étaient pas tendres pour ceux qui nous gouvernaient alors. Pendant toute la durée de l'émission, Monsieur F. [...] faisait les cent pas, se rongeant les ongles de rage. » Et Francis Lemarque ajoute un dernier point qu'il ne risquait pas d'oublier : « Courageusement, il s'abstint de s'en prendre à Brassens, à London, à Chabrol et à Brel. Sa hargne se déversa sur moi avec une telle haine, que j'aurais pu la toucher du doigt : “Quant à vous, vous ne ferez plus jamais de télévision, j'en fais le serment !” »

Ce coup du père François d'un nouveau genre allait très vite se concrétiser. Dix jours plus tard, le 26 mars, *L'Humanité* publiait un encadré intitulé : « Jean Ferrat est-il interdit à la T.V. ? » On y apprenait qu'en communiquant le programme de son émission *Quatre temps* déjà enregistrée, la productrice Michèle Arnaud avait fait suivre la liste des chansons interprétées par Jean Ferrat de l'expression « sous toutes réserves », après avoir – selon l'encadré – « reçu un ordre formel de la direction de supprimer cette séquence, à cause, lui a-t-on précisé, de la participation de Jean Ferrat à l'émission *L'Invité du dimanche* où était reçu Jean-Pierre Chabrol ». Le soir même, *Quatre temps* était effectivement diffusé sans Ferrat qui, dès le lendemain, tenait une conférence de presse confirmant qu'il venait d'être informé « toujours oralement et par personne interposée [...] non seulement de la suppression de ses chansons dans l'émission de Michèle Arnaud *Quatre temps*[6], mais encore de l'annulation des passages en direct ou des enregistrements à *Midi-Magazine*, *Télé-Dimanche*, *Discorama*, etc[7]. »

Une déclaration qu'il a eu le temps de préparer. En effet, s'il a attendu la diffusion de l'émission pour réagir après avoir constaté qu'il en était exclu, Jean Ferrat en avait été averti quatre jours après *L'Invité du dimanche*, comme il le précisait lors de sa conférence de presse : « Le jeudi 20 mars à 11 heures, Mme Arnaud a prévenu Gérard Meys, mon conseiller artistique, qu'on lui avait demandé de ne pas passer Jean Ferrat à son émission. À midi, un coup de téléphone de Nanou Taddeï, adjointe de Raymond Marcillac, indiquait qu'il était inutile que je me déplace, vu les ordres reçus, le dimanche 13 avril pour l'émission *Télé-Dimanche*. À 19 heures, Danièle Labb, assistante de Denise Glaser, indiquait qu'il était interdit de me faire enregistrer pour l'émission *Discorama*, enregistrement qui devait se faire le 1er avril, pour être diffusé ultérieurement. Enfin, le mercredi 26 mars, à 11 heures, Juliette Labois, collaboratrice de Georges Folgoas à *Midi-Magazine*, me faisait part de l'impossibilité qu'il y avait à me recevoir... "en raison d'incidents qui venaient d'avoir lieu". Je devais participer à deux autres émissions : l'enregistrement public du jeu de Guy Lux *Chansons et Champions* le 1er avril et quelques jours plus tard à *Si l'amour m'était conté*, une autre émission de variétés. Pour celles-là, je n'ai aucune nouvelle. » Tirant à chaud les premières leçons de cette nouvelle censure à son égard, il ajoutait : « Cela revient à dire qu'il s'agit d'un interdit lancé contre Jean Ferrat en tant qu'artiste et pas seulement d'un interdit frappant une chanson de Jean Ferrat comme ce fut le cas il y a deux ans avec *Potemkine*. Il est évident que cet interdit ne m'a jamais été signifié officiellement : tout se passe par coups de téléphone. Il n'y a aucune trace. Cela relève du domaine de la lettre de cachet[8]. »

Mais l'affaire ne s'arrête pas là. Dans une tonalité moins politique que celle des journaux communistes, l'hebdomadaire spécialisé *Télémagazine* du 5 avril relate les faits sur plus d'une page (« Jean Ferrat interdit à la TV encore une fois ! ») et précise au sujet de l'émission objet du scandale et de la discussion entre Chabrol, Brassens et Ferrat : « Les propos tenus par les trois amis devant les caméras avaient déplu à M. François, directeur de la télévision. À la fin de l'émission, celui-ci était venu sur le plateau du studio exprimer sa contrariété, signifiant aux trois invités et au producteur Claude Otzenberger qu'en raison du tour politique pris par leur conversation télévisée, il leur interdisait de se produire dorénavant à l'ORTF. Pourtant, la direction de la télévision, interrogée à ce sujet, a déclaré qu'il ne s'agissait pas d'un interdit sur Jean Ferrat. “Elle a seulement voulu s'opposer à ce que l'on appelle un matraquage publicitaire.” Jean Ferrat devait, en effet, paraître dans six émissions en moins d'un mois pour y présenter les chansons d'un nouveau disque. La direction de l'ORTF précise que cette mesure n'est pas unique. Le même cas s'est récemment produit pour Françoise Hardy qui devait passer dans trois émissions entre le 26 février et le 1er mars. »

Cette argumentation hypocrite [9] convaincra d'autant moins les intéressés que pour justifier l'éviction de Chabrol et d'Otzenberger, le directeur de la deuxième chaîne, Maurice Cazeneuve, déclarera de son côté : « Cette émission a toujours été conçue comme un genre de distraction, le spectacle devant toujours l'emporter sur le reste. Le tempérament de Claude Otzenberger, en dépit de plusieurs avertissements, ne le porte pas à ça ; j'en conclus qu'il n'est pas un producteur pour le dimanche après-midi [10]. » Et trahissant la raison profonde de cette exclusion collective, il lâche, peu après : « Avec l'émission de Jean-Pierre Chabrol – le dimanche 16 mars –, il s'agissait de l'exposé d'une certaine attitude politique qui dépasse le cadre que j'assigne à *L'Invité du dimanche* [11]. »

Dans l'article des *Lettres Françaises* qu'il s'est senti obligé d'écrire à la suite de cette « affaire » – une façon d'intervenir exceptionnelle qu'il rééditera au fil du temps, en défenseur farouche de la chanson française et de la diversité culturelle –, Jean Ferrat tient déjà à élargir le débat : « Au-delà de mes difficultés actuelles, je repense tout à coup à toutes celles passées. À toutes les chansons que je n'ai jamais pu chanter à la télévision. À ce souci constant quand je réponds à des interviews de faire en sorte que mes propos soient suffisamment clairs sans qu'on puisse me les censurer. C'est le jeu du chat et de la souris. Je ne crois pas que les gens se rendent compte de la réalité des choses, à savoir que toutes les émissions enregistrées sont visionnées par la direction, qu'on demande les titres et les textes des chansons interprétées. » Et il conclut par ce qui lui semble l'essentiel, lui l'anti-vedette avérée : « Tout d'un coup, je m'imagine, moi Jean Ferrat, inconnu, voulant chanter les chansons que j'écris à l'heure actuelle et tentant de me faire connaître… et je suis bien obligé de constater que je serais réduit irrémédiablement au silence… Et je suis bien obligé de constater et de vous dire qu'il existe actuellement beaucoup de Jean Ferrat en France qui sont réduits au silence. »

Curieusement, dans la *Radioscopie* qu'il lui consacre moins de deux mois plus tard sur France Inter[12], Jacques Chancel ne fait aucune allusion à cette affaire (il est vrai qu'on est encore sur le service public), mais la place, d'une certaine manière, entre parenthèses. Faisant allusion à « l'engagement » que l'on prête d'ordinaire à Jean, terme qu'il affirme ne pas aimer, il dit en introduction : « Je vous sais engagé sur une bonne voie, celle de la bonne chanson », et après quarante-cinq minutes d'un entretien serré, il termine par une déclaration étrangement ambivalente : « J'aime beaucoup le chanteur que vous êtes, j'ai véritablement de la tendresse pour toutes vos chansons, mais lorsque vous vous engagez trop, ça me gêne. » Et comme Ferrat le « rassure » en répondant : « Ah ! Mais c'est normal, ça ! Il ne faut pas que ça vous gêne, il y a des choses avec lesquelles on n'est pas d'accord ! », Chancel lui renvoie la balle : « Non. Ça n'entre pas dans cet ordre d'idées.

Je pense que votre véritable place est sur la scène, derrière un micro, [...] pas sur une scène politique. [...] Je trouve que ce n'est pas du tout votre personnage, car vous avez cette tendresse merveilleuse qui respire dans toutes vos chansons et je trouve que ça suffit à Jean Ferrat. » Une vision évidemment que ne partage pas du tout l'intéressé : « Je crois que si j'ai une certaine tendresse, comme vous voulez bien le dire, ce n'est pas indépendant du reste. [...] De la représentation du monde que je me fais, et c'est peut-être pour ça, indépendamment de ma nature, que je prends de telles positions... »

En décembre 1980, avec Fred Hidalgo[13], le chanteur reviendra sur les conséquences de cette « émission formidable » autour de Jean-Pierre Chabrol : « En définitive, ça a été une catastrophe pour les pauvres gens qui la faisaient : ils ont tous été virés à la fin ! [...] J'ai rencontré un gars récemment aux Buttes-Chaumont, quand je tournais l'émission de Michel Drucker[14], qui m'a dit : "Tu ne te souviens pas de moi ? J'étais dans cette fameuse émission... J'ai été viré pendant six mois !" Pendant six mois, il n'a pas travaillé, ni le réalisateur, ni tous les gars de l'émission ! Et moi, je n'ai pas pu chanter *Ma France*, ni *Au printemps de quoi rêvais-tu*, qui faisaient partie de mon dernier disque. Et après cette émission, je n'ai pas fait de télé pendant deux ans, parce qu'ils ne voulaient pas que je chante ces deux chansons-là. J'aurais très bien pu en chanter d'autres, mais j'ai refusé de revenir à la télé tant qu'on m'interdisait de chanter *Ma France* et *Au printemps de quoi rêvais-tu*[15]. »

Si cette affirmation est globalement exacte, Ferrat participera néanmoins dès le 29 juin 1969 à un « Discorama » avec Christine Sèvres (peut-être justement pour ne pas la pénaliser, elle qui en a tant besoin, et par fidélité pour

Denise Glaser), où il chante *La Matinée* avec elle, puis seul, *L'Idole à papa*... et où le montage laisse percevoir qu'il est coupé dès qu'il commence à parler de *Ma France*... Pour le reste, il ne se déplacera plus sur les plateaux et apparaîtra surtout dans de courts reportages liés à son passage au Palais des Sports, une gageure qui va lui procurer une tout autre actualité...

Notes

1. *L'« affaire » Jean Ferrat*, 2 avril 1969.
2. Cité par Jean Rocchi, *L'Humanité*, 29 mars 1969.
3. N° 214, du 6 avril 1969.
4. Les Frères Marc.
5. *J'ai la mémoire qui chante*, *op. cit.*
6. Il en était la vedette et devait y chanter *Au printemps de quoi rêvais-tu ?*, *L'Idole à papa* et *Ma France*... « réservée en exclusivité à cette émission ».
7. *L'Humanité*, 28 mars 1969, compte rendu signé J.B. (Jean Barenat, titulaire alors de la chronique « télévision »).
8. Cité par Raymond Lavigne, *L'Humanité Dimanche*, n° 214, du 6 avril 1969.
9. Le peu révolutionnaire *Télémagazine* cité relève d'ailleurs : « Il paraît quand même curieux que la télévision ne se soit pas aperçue plus tôt de cette série de passages du chanteur dans ses programmes. »
10. Propos rapportés par Jean Rocchi, *L'Humanité*, art. cit.
11. *Idem.*
12. Le 6 mai 1969, émission citée.
13. Pour *Paroles et Musique* n° 7, février 1981.
14. *Ferrat 80*, TF1, le 22 novembre 1980.
15. Revenant sur l'affaire le 8 mai dans *Témoignage chrétien*, le chanteur déclare à Jeannick Le Tallec : « Je crois qu'il s'agit d'une

question de personne : Monsieur François – qui est un flic – n'aime pas Jean Ferrat. Je sais même de source sûre qu'on lui a conseillé de se calmer un peu. » Et la journaliste ajoute en note : « La semaine précédant le référendum, le secrétariat de Jean Ferrat était de nouveau contacté par les réalisateurs de l'ORTF dont les émissions avaient été supprimées ou différées, en vue d'une reprise des enregistrements. »

Chapitre 19

Camarade

En décembre 1969, Jean Ferrat publie son neuvième album, quasiment neuf mois après le précédent ; un accouchement *a priori* beaucoup moins laborieux que d'ordinaire, où il signe intégralement sept des dix titres, l'ensemble se terminant par *Les Lilas*, court poème extrait du *Fou d'Elsa*. Si cette nouvelle mise en musique d'Aragon, toute en lenteur et en langueur jazzy (« Je rêve et je me réveille / Dans une odeur de lilas »), ne se révèle pas la plus marquante (surtout après *Un jour un jour* et *Les Poètes*), c'est de toute façon le morceau d'ouverture, *Camarade*, qui va capter l'attention.

De plus en plus, Jean Ferrat réagit à chaud ; les occasions ne manquent pas, actualité internationale aidant, et l'écriture de cette chanson pointait déjà dans l'émission télévisuelle autour de Jean-Pierre Chabrol. Lorsque Sebastian Maroto objecte à Artur London la nécessité du recul historique à l'égard du type de régime socialiste qui l'a emprisonné et torturé (« Quand on avance, quand on construit quelque chose, on fait des fautes, et des fautes très lourdes »), London répond : « Quand un régime socialiste pratique des méthodes pareilles, c'est qu'il est bien malade ! » Et Ferrat lui emboîte immédiatement le pas : « Si l'on considère comme normal que tous les crimes – qu'on baptise erreurs – qui ont été commis par une société qui doit être communiste et qui doit avoir un idéal socialiste, alors à ce moment-là, c'est vraiment tragique ! » Et dans l'article qu'il signe quelques jours plus tard dans *Les Lettres Françaises*[1], il confie, après avoir précisé qu'il vient de lire *L'Aveu* : « Le sourire d'Artur London, son rayonnement, cette espérance subsistant malgré l'atroce expérience vécue en font, comme dit Chabrol, une sorte de héros tragique moderne qui m'a terriblement impressionné. » Du coup, ce « joli nom » de *Camarade* « Qui marie cerise et grenade / Aux cent fleurs du mois de mai » en symbole chaleureux de l'espoir, devient soudainement « terrible à dire » à Prague, lorsque « le mois d'août s'obscurcit ». Là, du côté des communistes français, cette chanson gêne aux entournures, même si le parti a officiellement « désapprouvé » l'intervention militaire soviétique… mais pas « condamné » comme son homologue italien.

Aucune réserve en revanche pour les trois autres chansons politiques ou sociales du disque, de natures sensiblement différentes. *17 ans* décrit en quatre couplets une très jolie jeune fille vietnamienne[2] ; tout respire le calme et l'harmonie jusqu'au troisième couplet, où « Rien ne la distinguait des filles de ce temps / Elle avait dix-sept ans » prépare un choc final à la manière des « deux trous rouges au côté droit » du *Dormeur du val* d'Arthur Rimbaud, le chanteur prononçant doucement les trois derniers mots après un break :

Nulle ombre ne voilait son regard enfantin
Nul regret ne faisait palpiter sa poitrine
Elle avait au combat de sa main blanche et fine
Tué dix Américains

À cent lieues de ce portrait, qui porte à sa façon une aussi vigoureuse condamnation de la guerre que *Maria*, *Intox* revient à la politique française pour dénoncer à gros traits la mainmise du pouvoir sur la télévision, nouvel opium du peuple, et la désinformation. « Speakerine » rime avec « héroïne », et le président Pompidou succède naturellement à « l'inutile grandasse », avant que le pauvre « intoxiqué » ne sombre carrément dans la folie :

Mais j'arrive au bout
D'mon rouleau
Quand y a l'présidou[3]
Au micro
[...] Je m'le tape en douce
Comme du L.S.D.

Fort des différentes censures qu'il a subies, dont la toute dernière en tant que personne publique, Jean Ferrat sait mieux que d'autres de quoi il parle ; à preuve, quelques mois plus tard, le 2 juillet 1970, le président de la République en question déclarera sans vergogne : « Être journaliste à l'ORTF, ça n'est pas la même chose que d'être journaliste ailleurs, l'ORTF, qu'on le veuille ou non, c'est la voix de la France. » Une provocation officielle dont le chanteur n'avait sans doute pas besoin, mais sa verve ironique trouvera plus que jamais dans le petit écran une inspiration récurrente. Tout comme dans « la lutte obstinée de ce temps quotidien » chère à *Ma France*, qui accouche ici d'un hommage appuyé aux *Demoiselles de magasin*, ces jeunes femmes qui, semblait-il, ne s'intéressaient « à rien » et tout d'un coup se mettent en grève. Voire pire si affinités avec les « ouvriers d'à côté » :

Et puis un beau jour
Ces petites amours
Les voilà qui vont défiler
Un drapeau rouge déplié

Une prise de conscience sociale en forme de romance que d'aucuns trouveront simpliste, mais qui correspond à une réalité certaine, sans doute nourrie par les souvenirs des premières vélléités revendicatives d'un Jean Tenenbaum de seize ans que son patron traitait de « raisonneur ».

Outre *Camarade*, l'autre chanson médiatisée de cet album campe un copain « de veille et de bamboche », un personnage d'Antraigues tellement haut en couleur qu'on se croirait presque chez Pagnol. D'un âge déjà avancé, ce *Sacré Félicien*-là brocarde Dieu à tout-va, triche volontiers au poker, lorgne comme il se doit le beau sexe, braconne et insulte la maréchaussée contemporaine, le tout sur une grosse valse maison :

Celui-là est si bête
D'après ce qu'on raconte
Que même ses collègues
Qui ne sont pas des aigles
Ont pu s'en rendre compte

Dans cet opus, Ferrat a encore signé seul *La Cavale* (un hymne implicitement post-soixante-huitard – sur rythme soutenu – à la liberté individuelle, le refus à tout prix du conditionnement social, l'utopie du désespoir qui « fait sortir dans la rue / En levant les deux poings aux nues / Pour tenter d'atteindre une étoile ») et *Mon bel amour*, une déclaration aussi répétitive que peu inspirée, à deux ou trois détails près. Sur cette même thématique éternelle, deux nouveaux auteurs s'en sortent sensiblement mieux, Philippe Pauletto et Pierre Louki, l'ami de Brassens. Du premier, *Tout ce que j'aime* dénote une écriture soignée, mais tant dans le texte que dans la mélodie de Ferrat et les arrangements de Goraguer, on éprouve un sentiment de déjà entendu ; du second, *Y aurait-il* décline le « que serais-je sans toi ? » existentiel d'une plume à la fois tout aussi précise et plus libre, ce qui induit une mélodie que chaque auditeur peut plus aisément faire sienne.

De ce court 30 cm (dix titres, moins de vingt-huit minutes[4]), Jean Ferrat va extraire quelques chansons pour le nouveau spectacle qu'il présente en janvier 1970 à l'occasion de sa grande rentrée parisienne, presque trois ans après son dernier passage à Bobino. Infligeant une claque « impériale » aux mauvais augures du métier qui depuis ses débuts lui promettaient un public intime, il investit le Palais des Sports, où le seul chanteur à s'être déjà risqué s'appelle Johnny Hallyday[5]. Dans *L'Humanité* du 9 janvier, Jean explique à Guy Silva ce choix risqué de douze représentations dans cette salle de 4 700 places qui semble peu propice à la chanson d'expression : « D'abord, c'est la seule possibilité de monter un spectacle qui soit abordable à beaucoup de gens. Les collectivités, par exemple, pourront retenir des places à 10 francs. Il y en aura d'autres à 7 francs. Comme il s'agit d'une sorte de cirque, la visibilité est bonne même au sommet des gradins. Je regrette qu'on n'ait pas pu offrir des places à 5 francs. Vraiment, quand on a tout compté et recompté, on a dû renoncer. » Ferrat explique encore à son interlocuteur qu'avant d'accepter de se lancer dans cette aventure, il s'est souvenu de soirées auxquelles il avait pris beaucoup de plaisir dans cette grande salle, et il ajoute une raison d'un autre ordre, plus personnel : « Si j'étais retourné à Bobino, j'aurais eu l'impression de refaire sensiblement la même chose qu'il y a trois saisons. Tandis que là, l'expérience m'excite. Je suis content de chanter, j'en avais grande envie et grand besoin[6]. »

De chanter à Paris s'entend, car le chanteur revient d'une tournée dans les régions qui a non seulement « bien marché », mais touché un large public de « mômes de quatorze-quinze ans[7] », alors qu'il se composait auparavant d'une majorité d'adultes. D'ailleurs, ceci expliquant peut-être cela, avant d'opter pour le Palais des Sports, Jean Ferrat avait pensé à utiliser un grand chapiteau ; l'impossibilité d'obtenir les autorisations nécessaires dans la capitale et la difficulté de chauffer une telle structure en plein hiver l'ont contraint à y renoncer. À partir de là, hostile comme toujours au récital, il a tenu à limiter sa prestation à un peu moins d'une heure et confié à son arrangeur Alain Goraguer la composition de la première partie ; résolument musicale et internationale, elle réunit Les Musiciens de Paris (dont les cordes acompagnent également Ferrat en deuxième partie), les Guitares Unlimited (qui jouent du Django Reinhardt), Los Papines (quatre frères percussionnistes venus spécialement de Cuba) et le Golden Gate Quartet. D'une manière générale, les principaux articles de presse qui tombent dès le surlendemain de la première plébiscitent la qualité et l'intelligence de cette ouverture de soirée. Mieux, toutes tendances confondues, les critiques se révèlent bluffés par le culot du pari engagé par Ferrat et son ami producteur Gérard Meys, et presque aussi dithyrambiques sur son répertoire et sa prestation scénique ; à se demander si, par-delà leurs réserves idéologiques et politiques, l'acharnement imbécile des dirigeants de l'ORTF à l'égard de l'artiste ne lui aurait pas suscité une certaine admiration pour son authenticité et sa constance.

En tout cas, dès le samedi 31 janvier, Jean Macabiès écrit dans *France-Soir* : « Son match en 16 chansons, Ferrat le gagne aux points, après avoir frôlé le triomphe total par K-O. Il ne lui a manqué qu'un peu de puissance et d'engagement physique pour forcer la décision. [...] Son charme est fait de persuasion, sa poésie de notations délicates qui se perdent un peu dans l'absence de décor. » Même tonalité dans *Combat*[8], où Lucien Maillard renchérit : « Il ne chante pas pour passer le temps. Bien planté sur la scène, le corps fin et vigoureux, l'œil curieux, le sourire un peu candide et les bras ouverts à l'amitié, Jean Ferrat élève son chant avec la complicité d'un public chaleureux qui communie dans la même foi. Il milite, se révolte ou s'attendrit mais refuse de badiner avec la chanson. C'est un poète qui gronde. [...] Il croit au "grand soir" avec cette naïveté qui nous touche et nous déconcerte. Parce qu'il est la sincérité même, la sincérité comme un rocher indifférent aux vents divers de la mode. » Dans *Le Monde*, qui relève en passant que la sonorisation n'a pas été une mince affaire pour les techniciens (à son sujet, le public du premier soir a manifesté une certaine mauvaise humeur !), mais que le pari global des cinquante mille spectateurs semble gagné, Claude Durieux annonce tout de go[9] : « On était venu voir un spectacle de music-hall, on se retrouve sur le coup de minuit en plein meeting. Mais on ne regrette pas sa soirée. [...] Dès le second refrain, *Dix-sept ans*, les salves d'applaudissements fusent, deux, trois, six fois au cours d'une seule chanson. [...]

Entre-temps, il chante avec sensibilité l'amour, la tendresse, la beauté et l'espoir, surtout l'espoir. » À propos de *Camarade*, il note : « Visiblement, une partie de l'auditoire est surprise, mais l'autre ne manque pas d'applaudir. » Et il conclut : « Ainsi chante Ferrat, les couplets chargés de pavés et l'invective poétique plein la bouche [...] car chacun en prend pour son grade. Ferrat, c'est la contestation dans la contestation. » On pourrait citer encore de nombreux journaux[10], mais pour la bonne bouche, deux publications aux antipodes s'imposent, *Le Figaro* et *L'Humanité* ; dans le premier, Paul Carrière reconnaît[11] : « On ne l'avait pas vu depuis deux ou trois ans. Ce qui lui a permis de voyager, de rêver, de se donner un nouveau visage, moitié guérillero moitié paysan de l'Ardèche : cheveux broussailleux, longue moustache. Mais aussi de trouver son équilibre de romantique-rebelle. Les chansons véhémentes, les couplets protestataires, la virulence antibourgeoise ont leur exacte contrepartie dans l'effusion tendre et les musiques sentimentales qu'une voix chaleureuse fait porter loin. Ce n'est jamais génial, c'est souvent très réussi. [..] Fort bien dosé, le tour de chant est court (seize chansons) et loin d'épuiser l'attente, laisse une envie de revenez-y. Ce qui est le meilleur compliment. » Dans le journal communiste, après avoir souligné que Ferrat attaque par *Au printemps de quoi rêvais-tu* et termine avec *Ma France*, assortie d'un rappel nommé *Potemkine*, Raymond Lavigne n'y va pas avec le dos de la faucille[12] : « Ce sont à ces chansons les plus directement politiques que le public réagit, vibre, interrompt, applaudit à chaque strophe qui lui va droit au cœur. D'autant plus que l'interprète Ferrat a fait beaucoup de progrès en trois ans. Il ne reste plus immobile devant son micro. Il sourit. Il arpente la scène. Il danse. Il se roule même, pour parodier, sur le sol ! Il est à l'aise devant cette foule et cela contribue à donner plus d'impact encore à ses chansons. »

Pressentant ce triomphe (près de soixante mille spectateurs) et pour tenter de déminer la réputation d'*Intox* que lui tisse le chanteur, la télévision lui consacre, dès le premier soir de son spectacle, un reportage succinct sur les deux chaînes. Sur la première, il explique à Christophe Izard [13] les deux raisons de son passage au Palais des Sports – la possibilité d'offrir un tarif raisonnable au plus grand nombre et l'envie de présenter un spectacle différent de celui de Bobino –, puis, vêtu d'un blouson de cuir noir, il interprète *Camarade* en situation de scène, le montage gommant curieusement le couplet sur l'intervention militaire soviétique à Prague. Sur la deuxième chaîne (*Vingt-quatre heures sur la deux*), plus généreuse et en couleurs, un raccourci de trois minutes [14] alterne extraits de chansons (*La Cavale*, *17 ans* et *Sacré Félicien*), ballets de Victor Upshaw et autres artistes en répétition. Mais c'est avec sa modernité et une liberté rare à l'époque que le journaliste-animateur Yves Mourousi va accorder une vraie place à cette rentrée-événement de Jean Ferrat, en duplex avec le Palais des Sports [15], où l'on assiste à la fin du tour de chant de l'artiste, via un extrait de *À Santiago* et l'intégralité de *Ma France*, une première à la télévision. Quelques minutes plus tard, après la sortie de scène du chanteur dont Mourousi salue le triomphe, lui faisant répéter lui aussi les raisons de son choix du lieu, il lance : « Il faut avoir une grande confiance en soi pour aborder le Palais des Sports, il faut avoir une grande confiance aussi en son public, car ce n'est pas toujours très facile de remplir la salle tous les jours, et même deux fois par jour, le samedi par exemple et le dimanche. » Et il ajoute : « Comment vous y êtes-vous pris, Jean Ferrat, pour amener Béla Bartók au Palais des Sports en même temps que *Ma France* ? » Ce à quoi l'intéressé répond : « Eh bien, si vous voulez, c'est ça qui était intéressant et c'est ça qui m'a intéressé : faire une première partie essentiellement musicale, dans un spectacle de variétés pour un public très populaire. Et je crois que le public populaire, quand on lui parle avec le cœur, et quand on lui présente des choses de qualité, il réagit toujours bien [...] et particulièrement bien au classique. »

Malgré le « cauchemar » du son, Catherine Lara, qui ne chantait pas encore mais était « premier violon » de l'orchestre, en a gardé un excellent souvenir : « C'était le triomphe total, et on jouait Bartók ! À part ça, on avait un peu coupé les queues de pie pour enlever la poussière de cette histoire ; on a joué des trucs sympathiques, des danses roumaines en l'occurrence et six mille personnes tapaient dans leurs mains ! Ça m'a amené une ouverture... Après les douze Musiciens de Paris, j'ai un peu rétréci l'histoire et j'ai monté un quatuor ; j'accompagnais un tas de gens, je faisais des séances, j'étais dans l'univers de la chanson parce que j'adorais ça[16]. »

En juin, Ferrat effectuera sa dernière apparition de l'année à la télévision, dans une émission enregistrée chez lui, en banlieue parisienne, et au cours d'un débat à la Maison des Jeunes de Levallois-Perret[17] en prélude à son concert dans la ville, alors municipalité communiste. Il y reconnaît sa chance d'exercer un métier qui lui plaise et développe le thème : « Je crois qu'il y a des gens très heureux dans n'importe quelle branche ; je connais des plombiers, des maçons, qui vivent une vie telle qu'ils ont envie de la vivre. [...] C'est formidable ! Mais c'est exceptionnel ! J'ai peur, plus ça va, de me rendre compte qu'il y a quatre-vingts ou soixante-dix pour cent des gens qui passent leur vie à faire une chose pour laquelle ils ne sont pas faits, qui ne les intéresse pas. Et qui subissent... » Après un mélange d'extraits de ses chansons (*On ne voit pas le temps passer*, *Camarade*, *Ma môme*...) et de réactions de jeunes qui y sont sensibles, il ajoute : « Si les gens sont heureux de m'écouter, si ça leur fait plaisir, si ça leur donne du courage – comme certains me le disent –, j'ai l'impression de ne pas tout à fait perdre mon temps. Et on espère que les choses vont enfin changer. » Au début de l'émission, dans son salon, il avait fredonné à la guitare *Ma France* puis *Les Demoiselles de magasin* et *Ne t'en va pas*, en compagnie de Christine Sèvres.

Issue d'un poème d'Aragon mis en musique par Jean, cette dernière chanson s'intitule en fait *La Délaissée* ; Christine est la seule à l'interpréter et elle fait partie de son second 30 cm. Paru trois mois plus tôt, cet album de dix titres en compte trois de Brigitte Fontaine, dont elle chantait déjà *Les Dieux sont dingues*. « Je l'ai rencontrée dans les boîtes, confiera celle-ci bien des années plus tard[18], je débutais complètement. Elle avait la grâce, un art délicieux avec à la fois beaucoup de classe et de finesse, mais elle ne m'impressionnait pas parce qu'elle était charmante et chaleureuse. Je me souviens de Bobino avec Lama, Lapointe, moi et Brassens. » Cette fois-ci, Christine reprend l'inquiétant *Maman j'ai peur* (musique de Jacques Higelin) du premier opus de l'insaisissable Brigitte :

Le bourreau met son réveil
Pour trois heures du matin
Y en a un qu'a pas sommeil
Fallait pas jouer au malin

Jean-Claude Vannier en a signé l'orchestration et il a partagé l'ensemble des arrangements du disque avec François Rauber[19] à l'œuvre ainsi dans *Le Beau Cancer*, édifiant programme sur une musique d'Olivier Bloch-Lainé :

Ô ma folie, mon beau cancer
Couvre-moi de fleur de fer
De l'atelier de Lucifer

Le même Bloch-Lainé a composé la mélodie de *Comme* (enregistré deux ans plus tôt sous le titre de *Comme Rimbaud* par « la » Fontaine) et là encore, le hors-norme, voire la provocation, prévaut, humour et second degré à la clé :

Je suis sale comme Rimbaud
Je suis lâche comme Villon
Débauchée comme Hugo
Syphilitique comme Baudelaire
Mais peut-être après tout
N'aimez-vous pas la poésie

Ce type de choix non seulement atypique, exigeant, sans concession, se double chez Christine Sèvres d'une attitude pour le moins mesurée envers la télévision. Lors du dernier *Discorama*[20] où elle a été invitée avec Jean Ferrat pour interpréter *La Matinée*, Denise Glaser a expliqué avec un regret palpable… et en bafouillant un peu : « Christine Sèvres est la femme de Jean Ferrat, mais c'est aussi – et c'est d'abord – une chanteuse de talent, mais tellement discrète dans ses réactions vis-à-vis de ce qu'on appelle le métier, qu'elle n'a jamais réussi à passer de la rive gauche à la rive droite. Je trouve ça dommage… Et même ici, elle ne voulait pas passer de derrière à devant la caméra, elle ne voulait pas être interviewée. Alors, je ne vais pas l'interviewer vraiment, mais je vais lui demander quelque chose ; elle m'a déjà dit d'ailleurs qu'elle ne voulait pas le faire. [...] Je l'ai vue à Bobino au début de l'année, où elle chantait [...] deux chansons humoristiques d'une manière tout à fait exceptionnelle. Aujourd'hui, elle ne va pas les chanter, elle n'a pas d'orchestre, mais ce que j'aimerais, c'est qu'elle me récite une de ces chansons [...] car elle a une manière de la détailler qui n'est qu'à elle, et d'autre part cette chanson lui ressemble assez. » Après avoir réagi par réflexe plus que par déni (« Non ! Pas du tout ! »), Christine Sèvres amorce le premier couplet de *Comme*, enchaîne sur le troisième et brusquement, c'est « le trou » ! Suit un gros plan sur son visage fermé alors qu'elle tente de se remémorer le texte, jusqu'à ce que Denise Glaser mette fin à son supplice en lui disant : « Tu t'énerves pas, je parle à Jean, et à la fin tu auras retrouvé... » C'est heureusement ce qui se produira, mais malgré les propos élogieux de l'animatrice, l'incident ne donnera pas une image très convaincante de la chanteuse.

Deux autres compositions marquent incontestablement son second album : *Heureusement qu'il y a les toros*, de Pierre Tisserand, et *Vivre en flèche*, de Jean Vasca. La première figure une suite du *Federico Garcia Lorca* de Ferrat et des *Belles Étrangères*, en déplorant implicitement combien « le sang sèche vite en entrant dans l'histoire » et en attaquant violemment les gouvernements européens qui méprisent, de fait, les « vaincus » de la guerre civile espagnole et montrent désormais de l'estime envers Franco[21] :

Mais ces mêmes puissances ont loué des bungalows
C'est plus avantageux qu'les châteaux en Espagne

Le fascisme a du bon au mois d'août et en pagne
Sur la Costa Brava, le cul plongé dans l'eau

Placé en ouverture, *Vivre en flèche* donne en positif le ton du disque, sensiblement plus radical que le précédent, tant dans la profession de foi, l'implication personnelle, que dans la forme. C'est souvent très dense, très court, à l'instar de ce véritable uppercut que constitue la chanson de Vasca :

Par la poudre et par la mèche
Je ne veux vivre qu'en flèche
Et jouer avec le feu
Debout sans maître sans dieu

On comprend qu'elle ait alors constitué pour lui une référence : « Avec Christine, on s'est croisés assez longuement chez René-Louis Lafforgue. J'ai toujours été très impressionné par ce qu'elle faisait sur scène. Une des dernières images que je garde d'elle, c'est en première partie de Ferrat dans un grand théâtre de banlieue. Cette chanson lui avait plu, elle m'a demandé de l'enregistrer et elle commençait son tour de chant avec. C'était étonnant parce qu'elle avait en même temps une espèce de fragilité et une force un peu noueuse, un peu nerveuse. C'était vraiment une grande interprète. À L'époque, les interprètes, c'étaient des gens qui avaient vécu, pas simplement un petit produit comme ça ou une image. Et ça se sentait dans leur interprétation. Une vie complète. Ça, ça manque, et même beaucoup[22]. »

Et ce que l'on remarque encore ici, où elle a – exception unique – commis *Les Mal-mariées* sur une musique de Marcel Yonnet (« Vous auriez dû prendre le temps / De chercher sur la mappemonde / Ce qui se passe dans le monde / Le cœur ouvert à deux battants »), c'est la quasi-absence de chansons d'amour, hormis un facétieux et déconcertant *Do Majeur*[23] et surtout cette *Délaissée*[24] qui n'est pas du plus grand Aragon (« Ne t'en va pas mon cœur ma vie / Sans toi le ciel perd ses couleurs / Désert des champs jardins sans fleurs / Ne t'en va pas »). Alors directrice artistique chez CBS et réalisatrice de l'album, Sophie Makhno apporte d'intéressantes précisions : « On a enregistré très vite. D'abord, Christine avait une justesse de voix naturelle tout à fait extraordinaire et une précision dans sa façon de travailler qui était tout à fait étonnante aussi. On a choisi ensemble les titres et on a éprouvé le besoin de mettre une chanson de Jean Ferrat, une chanson d'amour. Christine avait beaucoup de mal à chanter les chansons d'amour, en général, et encore plus celles de Ferrat… C'est quand même assez paradoxal[25]. »

En dépit de toutes ses qualités, ce disque passera à nouveau inaperçu malgré quelques critiques enthousiastes, comme celle de René Bourdier des *Lettres françaises*[26] : « Mme Christine Sèvres montre dans ce trente centimètres toutes les faces de son talent. Tout lui va à la voix, l'humour, la tendresse, la révolte, la douceur, la nostalgie, le blanc, le noir, l'appétit de vivre, le rêve. Elle interprète donc avec sensibilité la pourtant médiocre *Berceuse pour ne pas endormir* de M. Gilles Vigneault, et avec la dureté voulue l'âpre *Heureusement qu'il y a les toros* de M. P. Tisserand, elle met juste ce qu'il faut d'amertume dans *Maman j'ai peur*, de Mlle Fontaine et M. Higelin, et se livre à plein cœur dans la très belle *Vivre en flèche*, de M. Jean Vasca. » Et dans *Panorama d'aujourd'hui*[27], Olivier Galande qui, lui, a « particulièrement aimé la bouleversante *Berceuse pour ne pas endormir* », constate et s'interroge : « Femme de Jean Ferrat, elle n'est qu'une interprète, mais d'une telle classe que depuis que je la connais, je n'arrive pas à comprendre pourquoi elle ne perce pas vraiment. Peut-être le choix de ses chansons, un peu trop obstinément cafardeuses. »

Peut-être... En tout cas, la réussite populaire tarde trop à venir au moment où celle de son mari atteint des sommets après le Palais des Sports ; Christine Sèvres renonce à participer à la nouvelle tournée qu'il lui propose et décide de se retirer une première fois en Ardèche, pendant neuf mois. C'est à son amie Odile Ezdra qu'elle demande de la remplacer : « Dans certaines villes, il n'y avait pas mon affiche mais celle de Christine, ce qui n'était pas toujours marrant. [...] En fait, elle avait un trac terrible ; elle a abandonné le métier parce qu'elle était insatisfaite de la manière dont les choses se passaient (d'être Mme Ferrat et plus Christine Sèvres !), mais aussi parce qu'elle n'en pouvait plus nerveusement. Lors de son passage en première partie de Serge Reggiani à Bobino, en 1969 (elle n'avait pas chanté depuis un bout de temps et elle se sentait alors très seule), je me souviens de l'avoir rencontrée rue Mazarine, et elle pleurait. Elle préparait son tour pour Bobino et elle allait mal. Pourtant, le soir de la première, son trac s'est transformé en émotion. Elle commençait accoudée au comptoir, un verre à la main, en chantant "Je bois, systématiquement" (de Boris Vian). Ce n'était pas innocent, mais avec sa voix si particulière et si profonde, c'était une merveille et j'étais bouleversée[28]. »

Notes

1. Art. cit.

2. « Il a fallu que je voie à Cuba une jeune fille de dix-sept ans, élevée dans les abris : sans ça, je n'aurais jamais écrit un truc là-dessus, à partir d'un mot d'ordre comme par exemple "Paix au Vietnam" », confiera Jean Ferrat à Jean-Claude Lévy et Dominique Vidal, *Révolution*, 28 novembre 1980.

3. Si l'on en croit Guy Béart, Ferrat est bien ingrat de se moquer ainsi du président de la République : « Pompidou [...] ne se gênait pas pour dire que ses préférences allaient vers Jean Ferrat et Guy Béart » (*L'Espérance folle*, Robert Laffont, 1987, p. 176).

4. Ferrat produit alors, il est vrai, un album par an, mais ses chansons excèdent rarement les trois minutes, à la différence – par exemple – de celles d'un Brassens ou d'un Ferré ; la même année, les neuf chansons enregistrées par le premier (*La Religieuse...*) frôlent les quarante minutes et les dix du second (*L'Été 68*, *C'est extra...*) dépassent les trente-six minutes.

5. Le 14 novembre 1967 lors d'un *Musicorama* et surtout pendant deux semaines, à partir du 26 avril 1969, avec à la direction d'orchestre un certain Jean-Claude Vannier, l'un des deux arrangeurs attitrés de Christine Sèvres. Par ailleurs, Philippe Labro, auteur en cette année 1970 de plusieurs titres pour Hallyday (dont le fameux *Jésus-Christ*), écrira dans *Le Journal du Dimanche* à propos du spectacle de Ferrat : « Pari gagné ; c'est le music-hall des années 70. »

6. La même édition de *L'Humanité* évoque le disque à travers un encadré lapidaire, où l'essentiel se résume à ceci : « On retiendra notamment *Les Demoiselles de magasin*, [...] *Intox*, dédié aux... "Actualités télévisées" des deux chaînes ; *Les Lilas*, un poème d'Aragon très joliment mis en musique et *Camarade*. » Autrement dit, on s'en tient au minimum syndical, on n'oublie pas le grand camarade-poète Aragon et on expédie le désobligeant *Camarade*...

7. À René Bourdier, *Les Lettres Françaises*, n° 1318, 21 janvier 1970.

8. Samedi 31 janvier-dimanche 1er février 1970.
9. *Le Monde*, 4 février 1970.
10. Ou des gens de radio, tel François Chalais, dans son syle inimitable sur Europe n° 1 : « Jean Ferrat, c'est la revanche du pain fait à la ferme sur les potages en poudre, la revanche de l'arbre sur la matière plastique, de la faim sur les canons… C'est un pur, à la fois heureux et confus de sa pureté. »
11. Édition du 3 février 1970.
12. *L'Humanité*, 2 février 1970.
13. Journal télévisé de 20 heures.
14. Ces images d'archives n'étant assorties d'aucun commentaire ni annonce, il est difficile de savoir aujourd'hui si elles ont été réellement diffusées et sous cette forme exacte.
15. *Samedi et compagnie*, 31 janvier 1970, première chaîne.
16. À l'auteur, en vue du dossier Catherine Lara de *Chorus* (n° 16, juin 1996).
17. *À l'affiche du monde*, 18 juin 1970, deuxième chaîne, émission de Christophe Izard et Claude Fléouter.
18. À l'auteur, à l'occasion de l'article de *Chorus* sur Christine Sèvres (mars 1995).
19. Le grand complice de Brel puis d'Anne Sylvestre et de nombreux autres artistes talentueux.
20. Du 29 juin 1969, émission citée.
21. Le 30 décembre 1970 se produira un événement sans précédent en trente ans de dictature, la grâce par Franco de six militants de l'ETA condamnés à mort à Burgos ; pendant deux semaines, d'énormes manifestations avaient secoué plusieurs grandes villes du pays.
22. À l'auteur, pour *Chorus* n° 11, revue citée.
23. Michel Conte.
24. Extrait de *La Diane française*.
25. À Raoul Bellaïche, *Je chante/Discographies*, revue citée.
26. Du 19 mai 1970.
27. Avril 1970.
28. À l'auteur, avril 2010.

Chapitre 20

Commune libre

Selon une fréquence personnelle établie, Jean Ferrat sort un nouveau disque au cours de l'hiver, et c'est en février 1971, alors qu'il « tourne » en région depuis plusieurs semaines, que paraît son dixième album qui s'ouvre sur *La Commune*, texte de Georges Coulonges. Cette fois l'auteur de *Potemkine* se révèle plus convenu [1], et d'ailleurs le chanteur répondra incidemment à une téléspectatrice qui l'interroge sur la raison de cette chanson [2] : « Vous savez, c'est le centième anniversaire de la Commune et [...] il y a des anniversaires qu'il faut souhaiter. [...] C'est une chanson qui est presque une commande, mais [...] il y a quelquefois des commandes qui sont nécessaires. Je la chante parce que ça a été le premier exemple de prise du pouvoir par des travailleurs et que c'est une chose qui m'est particulièrement sensible. »

Si l'insurrection [3] n'a duré qu'un peu plus de deux mois, elle a pris très vite valeur de symbole, Karl Marx écrivant [4] : « C'était la première révolution dans laquelle la classe ouvrière était ouvertement reconnue comme la seule qui fût encore capable d'initiative sociale, même par la grande masse de la classe moyenne de Paris. [...] La grande mesure sociale de la Commune, ce furent sa propre existence et son action. Ses mesures particulières ne pouvaient qu'indiquer la tendance d'un gouvernement du peuple par le peuple[5]. » La Commune a naturellement inspiré de très nombreuses chansons, du *Mouvement du 18 mars 1871* (paroles de Ferré Léger sur l'air du *Chant des Soldats* de Pierre Dupont commençant par « Vous voulez nous faire la guerre / Messieurs de la réaction / Nous vous réduirons en poussière / Car votre lâche trahison / A pour longtemps perdu la France ») jusqu'à *La Semaine sanglante* de Jean-Baptiste Clément (sur l'air du *Chant des paysans*, également de Pierre Dupont, avec le fameux refrain porteur d'espoir : « Oui, mais... / Ça branle dans le manche / Ces mauvais jours-là finiront / Et gare à la revanche / Quand tous les pauvres s'y mettront ! ») et *Elle n'est pas morte*, d'Eugène Pottier[6].

C'est d'ailleurs autour de Pottier et Clément que s'articule le texte de *La Commune*, mais soucieux de globalité historique, il reste trop linéaire ; Coulonges a utilisé l'impersonnel et descriptif « ils », alors qu'il apostrophait en dramatisant (« M'en voudrez-vous beaucoup ? ») dans *Potemkine*. Circonstance convergente, la mélodie plus formelle – avec citation musicale à l'ancienne en fin de couplet – et les chœurs populaires dès l'ouverture confèrent une dimension d'hymne à la chanson, peu propice à l'émotion et à l'originalité, malgré le souci de tirer les leçons du passé et de suggérer l'utopie nécessaire.

Devenus des soldats aux consciences civiles
C'étaient des fédérés qui plantaient un drapeau

Disputant l'avenir aux pavés de la ville
C'étaient des forgerons devenus des héros

Les dix autres chansons de l'album (dont Jean a écrit la moitié des textes) abordent beaucoup moins directement que d'ordinaire les sujets sociaux ou politiques. Certes, renouant avec l'esprit polémico-satirique de *Pauvres petits c…*, *En groupe en ligue en procession* et surtout *Le Sabre et le Goupillon*, Ferrat actualise ses piques contre l'Église avec un *Mis à part* syncopé qui rime volontiers avec « égrillard ». Grosso modo, déboussolés par « la crise / Dans la chrétienté », les curés font flèche de tout bois, au plan de la chair comme de l'esprit :

Mis à part les curés
Par-devant et par-derrière
Mis à part les curés
Personne ne veut se marier

Avec *État d'âme*, où l'ironie directe du refrain (qui fait rimer « Aï aï aï » et « travail » dans une retombée vocale grave-grave) contraste avec l'écriture soignée des couplets, notamment du premier qui installe une angoisse de petit matin carcéral (« C'est toujours quand cinq heures sonnent / Qu'on réveille les condamnés »), c'est le problème du travail aliénant, non choisi, qu'aborde Ferrat. Dans la dernière période, comme nous l'avons vu, il s'est plusieurs fois exprimé en public sur ce sujet, reconnaissant la chance, le privilège dont il jouit, d'exercer un métier qui le passionne ; une situation qu'il estime exceptionnelle en France, même dans d'autres professions plus « ordinaires » comme – par exemple – boulanger ou maçon. Depuis 1969, l'ancien président de l'Assemblée nationale Jacques Chaban-

Delmas est devenu Premier ministre et le maître-mot de son programme s'appelle « la Nouvelle Société » ; un énième habillage moderniste du bon vieux capitalisme aux yeux de Ferrat, qui conclut son *État d'âme* en disant qu'il aimerait bien voir « changer la vie / Dans la nouvelle société », mais aussi « Les P-DG les généraux / Goûter aux cadences infernales ». Le genre de chanson qui, une fois de plus, aura peu de chances de franchir les barrières de l'ORTF.

Ici, celle qui va y trouver grâce, par sa mélodie enlevée et sa simplicité de bon aloi, s'intitule *Les Touristes partis* ; une balade entre *La Montagne* et *Sacré Félicien* dans la commune d'Antraigues chère au chanteur, au moment où justement il doit se remettre à plancher sur l'écriture, quand le village retrouve « sa vérité ses problèmes ». S'il l'interprète début mars (ainsi que *La Commune*) dans une émission dédiée à Annie Cordy entourée de nombreux invités[7], elle ne figure pas dans le *Discorama*[8] où Denise Glaser relève pourtant qu'il fonctionne un peu « comme un moissonneur, [...] comme si c'était rythmé par les saisons ». Ce que Jean confirme, en précisant : « Pour moi, il est beaucoup plus agréable de travailler l'hiver... en tant qu'interprète, de faire des tournées à partir de la fin de l'automne, l'hiver et jusqu'à la fin du printemps. L'été, c'est une saison où je n'ai pas envie d'arpenter les routes, de faire des centaines de kilomètres avec tout ce que ça comporte de difficultés, de dangers aussi, et de fatigue. Et puis, là-bas, j'ai des amis qui m'attendent, que je retrouve, et avec lesquels on fait des parties diverses. [...] Alors l'automne arrive et à ce moment-là, c'est la grande angoisse, parce que je me dis qu'il va falloir que j'écrive un disque. [...] Là, je m'enferme, je ne vois plus personne, et jusqu'à présent, je suis arrivé à le faire, ce disque. Plus ou moins difficilement, mais enfin... » Et il ajoute une réflexion de plus en plus fréquente dans sa bouche, et qui avec le recul prend tout son sens : « J'ai l'impression que si on fait ce métier, comme certains le font, d'ailleurs, tout à fait normalement – c'est-à-dire en faisant des galas sans arrêt d'un bout de l'année à l'autre –, on ne vit plus finalement, et je crois que s'il y a une chose qu'il faut essayer de ne pas rater, c'est sa vie avant sa carrière. Pendant des années, la chanson a été – elle l'est toujours, d'ailleurs – ma raison de vivre. Je ne vivais que pour ça, et je crois que je passais à côté de beaucoup de choses. » Du coup, derrière sa légèreté apparente, *Les Touristes partis* pointe un vrai questionnement existentiel, glissant *in fine* du portrait collectif[9] à la quête personnelle du bonheur.

Partout les hommes sont les mêmes
Ici sans doute comme ailleurs
Ils lancent au loin leur je t'aime
Le ventre noué par la peur
De l'avenir insaisissable

Et ce disque dont la pochette en noir et blanc représente le chanteur de dos, debout sous le pinceau d'un projecteur, face au public, mais surtout face à un immense trou noir, face à l'inconnu à venir, ce disque contraste graphiquement avec le précédent en couleurs, où le chanteur regarde aussi loin devant mais en gros plan et de façon plus sereine. L'espoir reste pourtant à l'ordre du jour et par Henri Gougaud interposé, *L'Adresse du bonheur* semble à portée de quête avec, dans l'ultime couplet, l'idée explicite que l'enfant est l'avenir de l'homme :

Je marche malgré l'ordre et le poids du travail

Et je vis midi sonne au clocher des usines
Hors des chemins battus je cherche mon bercail
L'enfant-fraternité dans des rues sans vitrines
Court tout illuminé d'un rire de corail

L'autre texte de Gougaud, encore une fois gorgé d'une poésie humaniste et utopique maison, définit par son titre même, *J'imagine*, le cœur de la pensée de cet auteur qui refuse farouchement toute fatalité historique de l'exploitation, qu'elle soit de classe, de sexe ou de type néo-colonial :

L'Occident sans ghetto le Brésil sans torture
Et l'Afrique riant comme source d'eau pure
[...] Le soleil se levant sur l'Asie douce et libre
La vie enfin la vie comme il faudra la vivre

Pour Ferrat, sans nul doute, ce rêve total suggère la société communiste idéale, celle qui, en ce début des années soixante-dix, n'a jamais existé nulle part, mais qu'il croit avoir entrevue à Cuba, celle qu'il imagine avec une condition *sine qua non*, un refrain-drapeau absolu qui va l'obliger à prendre régulièrement ses distances avec ses « camarades » : « Et la grande liberté / La rose au poing ». C'est d'ailleurs ce thème inaliénable de la liberté (et de la différence) qui traverse l'album, où Michelle Senlis réapparaît avec *Les Derniers Tziganes*, une espèce de suite des *Nomades* de 1962 avec mélodie sinueuse, violons *ad hoc* et le superbe tenu vocal du chanteur sur les derniers vers :

Le ciel se fait lourd les roses se fanent
Nous vivons le temps des derniers tziganes

Sur une thématique proche, mais plus complexe, plus symbolique, le travail musical et vocal du tandem Ferrat-Goraguer confère une dramatisation intense au morceau qui clôt l'album, *Et pour l'exemple*, écrit à vers courts et tranchants par Philippe Pauletto (l'auteur de *Tout ce que j'aime*, sur l'opus précédent).

On l'a cloué
Et sa misère
Sur un mur blanc au grand soleil
Un clou au cœur
Et pour l'exemple
Il a saigné sur le soleil

Dans un article du *Figaro*[10] (signé P. C. !), le rédacteur (qui trouve *La Commune* « trop de circonstance et les modèles Clément et Pottier si loin », estime « si banal » ce « même esprit frondeur » sur « par exemple les P-DG », la liberté ou « le mariage des prêtres ») conclut en revanche : « L'artiste est beaucoup plus convaincant lorsqu'il dit son amour des bêtes et de la nature. Et il trouve une simplicité déchirante pour décrire l'agonie d'une pauvre créature clouée au cœur sur une porte. » Certes, cet « amour des bêtes et de la nature » est incontestable chez Jean Ferrat, présent en compagnie de son chien-loup au verso de la pochette de son disque précédent et qui dédiera en 1980 une chanson (*Oural ouralou*) à ce compagnon fidèle ; pour autant, par-delà l'image brute du « fait divers », ce texte porte une universalité, une exemplarité à l'égard du viol permanent de la liberté et du droit à la différence, ici comme ailleurs, le langage populaire soulignant lui-même que l'on traite parfois des hommes « comme des bêtes ». Il y a donc une certaine mauvaise foi, voire une malhonnêteté intellectuelle, à trouver « convaincant » Ferrat lorsqu'il aborde des sujets *a priori* « dégagés » de tous liens sociaux ou politiques ; comme il touche un public de plus en plus large, il est tentant d'essayer de le désamorcer – sans retourner contre soi ledit public – par un compliment mineur.

À preuve, on pourra au passage s'étonner que ce bref article du *Figaro*, qui souligne « l'amour des bêtes et de la nature » manifesté par le chanteur, fasse une impasse totale sur les deux chansons d'amour que comporte l'album, deux réussites très largement reconnues, à commencer par *Aimer à perdre la raison* (un nouveau recours au *Fou d'Elsa* d'Aragon), servi par une musique lumineuse de Jean et qui va devenir un énorme succès. Entièrement de son cru, l'autre chanson, *Je vous aime*[11], constitue une petite merveille de sensualité et d'érotisme inédits chez Ferrat, où le coup de cœur passe du « premier regard échangé » au « trouble étrange », au frôlement, aux « dessous qui s'éparpillent », au « désir qui s'impatiente », aux « seins levés »... jusqu'à des incursions d'alcôve dignes d'un Gainsbourg :

Pour vos toisons de ronces douces
Qui me retiennent et me repoussent
Quand mes lèvres vont s'y noyer

Des audaces, ou du moins une tentative d'innovation que ne relèvera pas non plus Guy Silva dans son encadré de *L'Humanité*[12] : « Tout compte fait, on pourrait presque les énumérer à l'aide d'une seule main, ceux qui chacun à leur manière font de leurs chansons des œuvres attendues et retenues par le temps. Jean Ferrat est à classer parmi ces créateurs. Il dit ce qu'il a sur le cœur. Mieux, il le chante, et soit dit en passant, son récent enregistrement révèle une progression vocale mise en évidence en raison d'une certaine unité de ton. » Une unité que l'universitaire Louis-Jean Calvet reproche précisément à Ferrat dans *Politique Hebdo*[13], publication proche de l'extrême gauche, sur le thème du « Toujours le même, un niveau en dessous cependant » ; à savoir, après avoir dénigré laconiquement plusieurs titres (en éludant lui aussi *Je vous aime*) et avant d'exécuter *La Commune* (au texte « affligeant de platitude et d'opportunisme ») : « Ses musiques paraissent sorties d'un ordinateur, c'est-à-dire que l'on n'y trouve nulle fantaisie, nulle variante. Il y a une tonalité Ferrat, une orchestration Ferrat, un point d'orgue Ferrat, le tout parfaitement programmé, et cela est bien triste. » Une vision à charge bien sommaire pour un si subtil analyste, un linguiste qui curieusement critique surtout la forme musicale et vocale ; comme si, sans être nommé, le hiatus se situait d'abord ailleurs, aux niveaux politique et idéologique. En cela, l'argumentaire se retourne *de facto* contre le journaliste, agissant comme nombre de ses confrères détracteurs du chanteur, qui masquent leurs divergences de fond par des considérations esthétiques, souvent contradictoires[14].

Qu'on n'apprécie pas l'écriture, la musique, le talent d'un artiste, c'est le droit de chacun, totalement respectable, mais encore faut-il en assumer les raisons. Dans sa biographie de Jean Ferrat[15], Jean-Dominique Brierre, souvent réservé quant aux contenus, à la forme et davantage encore aux idées de l'Ardéchois d'Ivry, réagit ainsi à l'article de *Politique Hebdo* : « Ce que l'on comprend à la lecture de cette critique sévère, c'est que son auteur aimerait que Jean Ferrat soit différent de ce qu'il est. Or, ce qu'est Ferrat – ses thèmes, sa manière de chanter, ses musiques – c'est précisément ce dont son public raffole.

Ferrat n'a jamais été un avant-gardiste. Il n'a rien non plus d'un expérimentateur. Son œuvre n'offre pas une succession de périodes comme chez Gainsbourg ou Ferré. À la manière d'un Brassens, il est arrivé d'emblée avec un ton, une voix, une "petite musique" et n'en a plus changé, son œuvre ultérieure n'étant qu'une déclinaison de ce qui avait été énoncé dès le départ. » Pas mal comme filiation ! Il se trouve que c'est justement *À Brassens* que Jean Ferrat a dédié une chanson...

Le 15 mai 1971, lors de l'émission *Le Grand Amphi* de Jacques Chancel où Jean Ferrat dément être adjoint au maire d'Antraigues, mais « simplement un humble conseiller municipal », une jeune femme – en duplex de Lyon – lui demande benoîtement : « Pourquoi avez-vous abandonné le répertoire de Louis Aragon pour chanter vos propres œuvres ? » Un peu interloqué, le chanteur répond : « Je crois que vous n'êtes pas tout à fait informée. Depuis dix ans, j'ai mis en musique une dizaine de textes de Louis Aragon, à peu près un par an. » Et sa réponse correspond tellement à une réalité que le mois suivant il entre en studio pour enregistrer son premier *Ferrat chante Aragon*, une sélection de huit titres existants et de deux inédits : *Robert le Diable* et *Le Malheur d'aimer*[16]. Si le premier a été créé en 1968 par Christine Sèvres, le second (extrait du *Voyage de Hollande et autres poèmes*) poursuit en beauté – avec pochette dorée et photos sépia – l'œuvre de composition entreprise après[17] *J'entends j'entends*, *Nous dormirons ensemble*, *Que serais-je sans toi*, *Au bout de mon âge*, *C'est si peu dire que je t'aime*, *Heureux celui qui meurt d'aimer*, *Un jour un jour* et *Les Poètes*. Classique parmi les classiques d'amour magnifié du chanteur, de Louis à Elsa, ce *Malheur d'aimer* éclôt par la voix de Ferrat un an tout juste après qu'elle eut fermé ses yeux pour la dernière fois, le 16 juin 1970 [18].

Que sais-tu des plus simples choses
Les jours sont des soleils grimés
De quoi la nuit rêvent les roses
Tous les feux s'en vont en fumée
Que sais-tu du malheur d'aimer

Commercialisé en novembre, cet album connaîtra un tel succès qu'il se classera au printemps 1972 en tête des ventes en France, devant ceux de Led Zeppelin, Léo Ferré et Georges Brassens [19]. Si *Aimer à perdre la raison* ne figure pas dans ce 30 cm, c'est sans doute parce que ce titre reste l'une des « locomotives » du disque paru six mois auparavant avec *La Commune* ; on le retrouvera ainsi que *Les Lilas* dans la réédition CD (Barclay) de 1992, augmentée d'un livret avec une présentation de Marc Robine. Soulignant l'inspiration musicale qu'Aragon a suscitée auprès de « quelques-uns des plus grands auteurs de chansons de ces dernières décennies : Brassens, Léo Ferré, Jean Ferrat, etc. », Robine en déduit : « Il est plus que probable que, pour chacun d'eux, l'émotion première, lors de la lecture du poème, a prévalu sur toute autre considération, à commencer par la froideur rigide de l'analyse littéraire. Aussi faut-il voir absolument, à l'origine de chaque mise en musique d'un texte, l'expression ardente d'un coup de foudre intime, et l'envie irrépressible de partager ce bonheur soudain avec le monde entier. Un pur acte d'amour, donc. »

Ce que Luc Bérimont, fin connaisseur des rapports complexes entre chanson et poésie, écrivain, poète lui-même et homme de radio (*La Fine Fleur de la chanson française*), salue alors avec un enthousiasme communicatif dans la revue *Diapason*[20] : « Si Aragon est, à présent, un des rares poètes entendus des masses, ce n'est pas comme l'ont dit de méchantes langues parce qu'il est sans arrière-plans de langage, mais bien parce qu'il a su tourner le dos aux vitrines des modes littéraires, qu'il a su marcher son chemin, parlant aux autres comme à soi-même, et plus étonné de la résonance de ses pas que ne saurait l'être un enfant. [...] Ferrat a parfaitement compris le dosage : ce qu'il convenait d'ajouter sans rien déranger d'essentiel. Comme les bons illustrateurs, il laisse sa liberté au texte, en l'ouvrant, le prolongeant. [...] Sa musique, plus que commentatrice, est motrice. Elle accompagne et baigne sans souligner. Elle est scansion plus que chanson. Usant de ces méthodes ou – plutôt – agissant d'instinct, Ferrat réussit un des meilleurs albums d'Aragon qui aient jamais été produits. L'écouter, c'est être "en direct" avec un des plus importants poètes du siècle. C'est entendre clairement, sans initiation préalable, une langue que peu de personnes pratiquent – car on les en a dégoûtés ! –, la poésie ! »

Notes

1. Il connaît néanmoins très bien le sujet puisqu'il a publié l'année précédente un ouvrage pointu, *La Commune en chantant* (édition Messidor, réédition en 1985), autour des textes de chansons inspirées par l'événement ; début 1971, il en tirera d'ailleurs un spectacle (et un disque), avec Armand Mestral, Mouloudji, Francesca Solleville et Les Octaves.

2. *Le Grand Amphi*, 15 mai 1971, deuxième chaîne, émission de Jacques Chancel. Dans sa réponse, Ferrat commet un lapsus et prononce « vingtième » au lieu de « centième »...

3. Le peuple de Paris refusant de capituler avec le gouvernement de « M. Thiers » devant l'armée prussienne qui assiège la capitale.

4. *La Commune de Paris. La guerre civile en France*, nouvelle édition Savelli, Paris, 1976 (achevé d'écrire le 30 mai 1871, deux jours après la fin de l'insurrection, le texte a été imprimé en juin par l'AIT, l'Association internationale des travailleurs, mais publié seulement dans les années trente et difficile à trouver en français).

5. Cité par Édith Thomas (*Commune de Paris*, Encyclopædia Universalis) qui, après avoir évoqué le rapprochement effectué par Lénine entre les Soviets et « l'organisation de la Commune de Paris », ajoute : « À la suite de Marx et Lénine, Mao Zedong et Fidel Castro se sont ralliés à ces analyses de la Commune et en ont tiré les principes de leur action révolutionnaire. »

6. Composée en 1885 sur l'air à la mode de Parizot, *T'en fais pas, Nicolas*, et marquée par la non moins célèbre chute du couplet : « Tout ça n'empêche pas / Nicolas / Qu'la Commune n'est pas morte ! ». Tout rapprochement entre une patronne des patrons et un président de la République contemporains serait évidemment malvenu !

7. *Annie sur la 2*, 1er mars 1971.

8. Du 28 mars 1971.

9. Jean Ferrat a été récemment élu conseiller municipal, aux côtés du maire Jean Saussac, son ami peintre.

10. Du 19 mars 1971.

11. « Classée deuxième meilleure chanson du mois de mars par l'Académie de la Chanson », note Raoul Bellaïche, *Je Chante/Discographies*, revue citée.

12. Le 15 mars 1971. Il est vrai qu'en cette période d'élections municipales (les 14 et 21 mars), le quotidien leur consacre une place prépondérante.

13. Du 18 mars 1971.

14. L'année suivante, en compagnie de Chantal Brunschwig et de Jean-Claude Klein, Louis-Jean Calvet publiera *Cent ans de chanson française* (Le Seuil), où, à propos du public du Palais des Sports en 1970, il précise « surtout jeunes dans la mouvance des Jeunesses

communistes » (qui deviendra carrément « essentiellement des jeunesses communistes » dans la réédition de 2006 à L'Archipel) ; quand bien même, si nombreux qu'aient été ces jeunes-là, cela induit 25 à 30 000 autres spectateurs, et l'on a vu – malgré « l'atmosphère de meeting » – l'enthousiasme de l'ensemble de la presse, toutes obédiences confondues. On peut s'interroger sur le sérieux de la précision apportée par l'éminent linguiste, dans la mesure où dans son ouvrage il qualifie de « récital » (formule à laquelle Jean Ferrat s'est toujours refusé) ce qui n'était qu'un tour de chant.

15. *Jean Ferrat*, l'Archipel, 2003.

16. Noté en « 1971 » dans l'édition initiale Barclay et en « 1968 » dans la réédition TEMEY de 1992 (ré-enregistrements datés de 1979, 1980 et 1981), *Ferrat Chante Aragon* volume 1 (14 titres), qui annonce de fait la parution d'un second volume.

17. Par date chronologique de parution.

18. Le 28 mars 1971, un grand hommage lui sera rendu par de nombreux artistes, au TNP, deux mois, jour pour jour, avant le décès de Jean Vilar, son ancien directeur emblématique, qui avait tant enthousiasmé le jeune futur Ferrat passionné de théâtre.

19. *France-Soir*, 29 avril 1972.

20. N° 165, mars 1972.

Chapitre 21

Mon Palais

Sans le savoir, avec l'extraordinaire succès critique et public de son disque de chansons d'Aragon, Jean Ferrat s'est préparé une sortie « impériale » de cette course scénique professionnelle qui commence à lui peser ; « son » Palais d'automne se rapproche. Le 15 février 1972, alors qu'il effectue pour la première fois « une petite tournée de cinq-six jours dans le Nord », région dont il trouve le public « plus chaleureux que celui du Midi, et plus attentif », il déclare[1] : « J'ai la faiblesse – je ne sais pas si c'est l'orgueil, je ne crois pas – de considérer la chanson comme un autre art, c'est-à-dire [...] que j'essaie d'exprimer ce que je suis, ce que je sens, ce que je pense à travers ce que j'écris. [...] J'ai quelques chansons qui abordent des problèmes politiques, que j'appellerai des chansons partisanes (je prends parti pour quelque chose, directement), et puis, d'autres chansons qui abordent des problèmes d'ordre social, dont l'exemple le plus connu, je crois, c'est *La Montagne*, qui traite de la désertion des campagnes, de l'immigration vers les villes. Et puis, il y a des chansons

[…] qui sont faites, je crois, pour détendre l'atmosphère, parce que j'aime bien m'amuser, alors, de temps en temps, j'essaie aussi d'amuser les gens, même si ça paraît difficile pour moi. »

Quinze jours plus tard, Jean est l'invité du *Grand Échiquier* de Jacques Chancel[2], émission télévisée de près de trois heures au cours de laquelle, accompagné par le grand orchestre d'Alain Goraguer, il va interpréter huit chansons selon un savant dosage – entre *Au printemps de quoi rêvais-tu* et *Ma France* – où l'on découvre un seul titre inédit, *La Leçon buissonnière*[3], avant-goût épicé de l'album à paraître en ce même mois de mars. Auparavant, si l'on en croit son hôte, Ferrat a souhaité savoir ce que pensent de lui quatre « Parisiens ». Pour Eddie Barclay, Jean Ferrat n'est pas en marge ou sinon « en ce sens que le texte prend une grande valeur ; il a des idées précises sur la société, sur les conventions, sur la façon dont doit se comporter l'être humain, etc. C'est ce qui s'appelle un chanteur engagé, si vous voulez, mais c'est un grand artiste ; en dehors de ce genre de chansons, il est capable de faire des chansons d'amour absolument fantastiques. Et c'est très important de connaître les deux facettes ». Jacques Duhamel, ministre des Affaires culturelles, prend bien soin de ne pas se mouiller : « Je crois que Jean Ferrat est en marge de nos normes, de nos habitudes, de nos idées, en tout cas des miennes, mais qu'importe, il compose, il chante, […] souvent ses chansons sont un moyen d'exprimer des idées. Il n'y a pas tellement de gens qui le font ! » Et avant d'estimer que Ferrat est « sûrement » un poète, il élude la question « Y a-t-il dans son répertoire des chansons qui ne peuvent pas être présentées à la radio ou la télévision ? » par une pirouette : « Mettons que je ne les connaisse pas, alors ! »

Les deux autres interlocuteurs n'aiment guère Ferrat. Claude Fléouter, du journal *Le Monde*, s'en défend et tente l'humour vache : « Il ne me concerne pas, c'est tout. [...] Pour moi, Jean Ferrat, c'est Tintin sans Milou ; et je n'aime pas Tintin... » Fier de sa trouvaille canine, il s'empêtre piteusement en croyant porter l'estocade : « En plus, Ferrat m'agace un peu, dans la mesure où il se dit chanteur engagé, et quand un chanteur engagé est totalement déphasé par rapport à son époque... Si vous voulez, je trouve que Jean Ferrat est un chanteur réactionnaire. » Une amabilité, à côté des accusations aussi fielleuses que peu originales de Marie Laforêt : « Ou bien on s'engage réellement à fond, c'est-à-dire qu'on va au Biafra, qu'on va faire ce qu'on peut, mettre des pansements ou amener des boîtes de conserve, je ne sais pas... [...] Mais presque profiter d'un courant, d'une certaine publicité pour en faire une chanson, ça me paraît un peu indécent. Ça m'énerve de l'entendre parler de la guerre d'Espagne, de *Potemkine*... Enfin, c'est une espèce de vol, de vol historique ; peut-être qu'il est particulièrement fasciné par tout ça, certainement, du reste, mais ça me paraît un vol. Tous ces problèmes sont infiniment plus graves qu'une chanson ; on ne résout pas un problème en deux minutes trente-cinq de trente-trois tours, ce n'est pas vrai ! »

S'il rappelle que, seize ans ou dix-sept ans plus tôt, sa première audition chez Barclay s'était soldée par un échec et sourit du brevet de poète – immérité à ses yeux – que lui a décerné le ministre, Ferrat s'attache surtout aux diatribes du journaliste et de la comédienne-chanteuse. Affirmant n'avoir « rien compris au Tintin et Milou » du premier, qu'il a croisé une fois, il avoue : « C'est bizarre, je n'ai jamais rencontré un homme avec lequel je pouvais moins m'entendre qu'avec lui ; c'était un dialogue de sourds, parce que les mots n'avaient absolument pas la même signification pour l'un et pour l'autre. » Quant au qualificatif de « réactionnaire » proféré à son encontre, Ferrat lance en riant : « Là, je vous assure, j'ai l'impression que dans les chaumières, on a dû se taper sur les cuisses pendant un bon moment à la suite de ces propos ! » Concernant Marie Laforêt, il se rembrunit : « C'est beaucoup plus grave ! Je ne sais pas très bien si Marie Laforêt s'est rendu compte de la gravité des propos qu'elle a tenus à mon égard. Je ne sais pas très bien si elle a mesuré le fait qu'en mettant en doute mon honnêteté – en fait, c'est ça – intellectuelle et morale, mon honnêteté d'artiste, elle m'adressait la pire des injures. [...] À ce genre de propos, à cette mise en accusation, qui montrent l'étendue de son intelligence et de sa culture, je ne réponds que par le mépris. »

L'instant d'après, comme Jacques Chancel regrette que Christine Sèvres n'ait pas voulu participer à l'émission aux côtés de Jean, celui-ci annonce officiellement qu'elle a décidé d'arrêter de chanter, après quinze années où « elle se débrouillait très bien ». Et il ajoute, avant que ne soit rediffusé leur duo de *La Matinée*, enregistré lors d'un *Discorama* : « Je pense qu'elle ne tirait pas de ce métier toutes les satisfactions qu'elle pouvait en attendre à cause de sa grande rigueur, de son exigence, et puis aussi de son extrême sensibilité. » Tout en se disant qu'on ne saura jamais pourquoi Christine a « arrêté le métier », sa fille, Véronique Estel, insistera beaucoup sur un point (déjà souligné par Odile Ezdra) : « Maman était bourrée de trac ; mais maladive, angoissée. Malade avant, malade après. Elle répétait toujours : "Ah, j'ai ma boule !" C'est bon, le trac qu'on a au début, ça aide ; mais petit à petit (je m'en suis rendu compte quand j'allais la voir), elle avait surtout le second[4]. »

Ce renoncement correspond d'ailleurs à la fin d'une époque, celle des cabarets parisiens que vont remplacer les cafés-théâtres[5] ; un article de *L'Express*[6] a proclamé : « La rive gauche se meurt, la rive gauche est morte », et Marc Chevalier, l'un des créateurs de *L'Écluse* (où Christine Sèvres présenta son ultime tour de chant), s'en souviendra dans ses notes : « En 1972, les taxes sur le chiffre d'affaires passèrent de 6 % à 17 %. On fit intervenir des personnalités, on se battit. Mais le terme "cabaret" était péjoratif. Nous étions assimilés par les fonctionnaires aux exploitants de Pigalle. Trop peu nombreux pour fonder une fédération de cabarets d'auteurs à l'instar des ciné-clubs, représentant une activité difficile à cerner, nous ne pûmes obtenir de l'administration un régime particulier, dans lequel risquaient de s'engouffrer tous les cabarets louches de Paris[7]. »

En ce même mois de mars, Jean Ferrat sort son album annuel, le neuvième et dernier sur disques Barclay que viendra compléter un quatre-titres en septembre, quelques semaines avant sa nouvelle aventure au Palais des Sports. Trois auteurs ont signé cinq des dix textes et, comme nous l'avons vu lors du *Grand Échiquier*, c'est *La Leçon buissonnière* qui a ouvert le bal des titres inédits à la télévision l'œuvre d'un « petit nouveau », Guy Thomas[8], professeur de français dans un collège du Jura, qui a envoyé un recueil de poèmes à Jean (*Vers boiteux pour un aveugle*), où figurait cette décapante « leçon » d'un prof qui assure froidement l'ordinaire tout en ayant l'esprit qui « cingle vers les tropiques » :

C'est au numéro trente-deux
De l'av'nue de la République
Que j'enseigne aux petits merdeux
Les théories philosophiques

C'est François Cavanna, « l'anarchiste, l'homme sans concessions » rencontré par Guy Thomas pendant la guerre d'Algérie et devenu son ami, qui a fait publier d'abord ce texte dans *Hara-Kiri*, où Thomas va écrire pendant des années, ainsi qu'à *Charlie-Hebdo*, comme il le racontera vingt-cinq ans plus tard à Albert Faust dans le bimestriel belge *Une autre chanson*[9], dont Jean Ferrat est le parrain aux côtés de Paul Louka et Catherine Ribeiro. « C'est un journaliste du *Canard enchaîné* qui me conseilla de m'adresser à Ferrat qui a donc aussi reçu mon premier recueil de poèmes. Ne recevant pas de réponse, je me suis dit que c'était fichu… Un an après, un courrier de Gérard Meys m'annonce que Jean désirait chanter *La Leçon buissonnière* et qu'il venait d'en composer la musique. En 1970[10], j'ai assisté à sa création. De là date le début d'une longue collaboration. » Albert Faust s'étonnant de ce choix de Ferrat « se portant sur une chanson publiée dans un hebdomadaire anarchiste, alors que Jean passerait plutôt pour proche des idées communistes », Guy Thomas répond : « Ferrat est d'abord un artiste et un homme ouvert : les idées moqueuses de mon texte ont dû lui plaire. Moi, j'écris des poèmes, je les lui envoie et c'est lui qui choisit ! »

Collaborateurs familiers du chanteur, Michelle Senlis et Henri Gougaud ont chacun prêté leur plume à deux chansons. Avec *À moi l'Afrique*, qui ouvre l'album, la première offre à Ferrat un texte qui lui donne l'occasion de composer un morceau rythmique, percussions à tout-va et obsédante ritournelle d'accompagnement l'entraînant sur les rives, sinon aux sources, du fleuve Nougaro.

Tout redevient neuf et beau
Mon âme marche en sabots
Mes bras s'ouvriront demain
L'avenir n'est pas si loin

Filant la métaphore poético-naturelle, Michelle Senlis signe encore[11] *À l'ombre bleue du figuier*, une agréable chansonnette aux vers qui se répondent astucieusement, que la mélodie limpide de Ferrat invite illico à retenir.

À l'ombre bleue du figuier
Passent passent les étés
À l'ombre bleue du figuier
Passent passent ils sont passés

De son côté, la plume poétique plus que jamais tournée vers le « soleil tranchant » et « la porte du futur », Henri Gougaud décrypte le plus célèbre des grands peintres modernes, à travers *Picasso colombe* qu'introduit le chant d'un simple pipeau :

Picasso colombe au laurier
Fit Guernica la mort aux cornes
Pour que dans un monde sans borne
La nuit ne vienne plus jamais

Cet engagement humaniste en osmose parfaite avec celui de Ferrat, Gougaud le prolonge par *Paris an 2000*, une suite angoissante et désabusée de *Béton armé*, qui s'inscrit complètement dans l'esprit des *Tout-Gris* autour du thème de la ville, conçu pour la première partie du spectacle de Jean au Palais des Sports. Le constat-avertissement tombe sans appel, accentué par un pesant silence avant le mot « Paris » :

Des cages s'ouvrent sur des cages
Il y a dans l'air comme un naufrage
Un cœur quelque part ne bat plus
Paris

Cette critique sociale, déjà présente dans *La Leçon buissonnière*, imprègne de façon souvent très caustique quatre des cinq chansons écrites intégralement par Ferrat. Promue au plan médiatique, *Une femme honnête* (qu'il interprétera à la télévision en duo avec Juliette Gréco[12]) prône, sous l'exercice de style musical et l'ironie des conseils à une « frêle enfant », une liberté amoureuse qui dépasse largement le libertinage affiché :

Cédant aux folies d'autres partenaires
S'il vous arrivait de vous divertir
En brisant les liens que l'hymen inspire
Sachez qu'au sein même de l'adultère
Une femme honnête n'a pas de plaisir

Non seulement le chanteur dénonce une hypocrisie sociale – en donnant au passage un coup de patte à l'Église moralisante et conservatrice –, mais il affirme des positions très personnelles, correspondant finalement à celles d'une partie de la génération précédente, liée au grand vent de libération soufflé par Mai 68. En 1980, Albert Faust[13] revient sur une interview donnée alors par Jean, où il est beaucoup question d'amour : « Tu t'étais situé comme épicurien et tu avais émis des propos jugés très avant-gardistes, même très osés pour un certain public, des propos auxquels l'on n'était pas habitué, même dans les milieux progressistes. Tu avais parlé de l'amour en disant que c'était surtout une question de liberté, de choix personnel ; aimer plusieurs femmes à la fois ou des femmes aimant plusieurs hommes à la fois, tout cela était difficile à réaliser mais pas inconcevable... c'était uniquement un problème de liberté et non de loi. [...] Aujourd'hui, en 1980, comment te situes-tu par rapport à ces multiples problèmes ? » Ce à quoi, Jean Ferrat répondait : « Je crois que je n'ai pas changé d'avis ou d'opinion. » Bien que cela n'y soit pas directement lié, il faut se rappeler que l'année précédente était paru le « Manifeste des 343[14] » (appelé aussi « Manifeste des 343 salopes ») à l'initiative d'une partie du MLF, une pétition réclamant « le libre accès aux moyens anticonceptionnels » et « l'avortement libre », signé par 343 femmes déclarant « avoir avorté », dont des personnalités nommées Simone de Beauvoir, Catherine Deneuve, Ariane Mnouchkine, Jeanne Moreau, Brigitte Fontaine (l'une des très rares chanteuses). Un cas de « désobéissance civile » qui contribuera à accélérer le débat et conduira à l'adoption – trois ans et demi plus tard – de la loi Veil dépénalisant l'interruption volontaire de grossesse, l'IVG.

Sur un ton aux antipodes de cette *Femme honnête* pas catholique, Jean Ferrat exalte une forme d'amour beaucoup plus sereine avec *Les Saisons*, manière de suite aragonienne de *C'est beau la vie*, où il ne « se lasse pas » de savourer chaque instant, « D'en rêver les odeurs / D'en vivre les couleurs / D'en trouver les raisons », hiver comme été, printemps comme automne, ainsi qu'il l'avait confié l'année précédente à Denise Glaser. Une plage atypique dans cette cuvée, où les trois autres chansons signées Ferrat témoignent de son implication citoyenne, altermondialiste avant l'heure même, à travers *Ils volent volent volent* sur « Les petits joueurs de football » (et de guitare) « De l'Amérique aux pieds [et aux mains] nues », victimes les plus symboliques d'une misère sociale qu'il avait déjà condamnée le temps d'une *Berceuse* inspirée par les enfants des rues du Brésil.

Avec *Hou hou méfions-nous* (« les flics sont partout ») au titre déjà évocateur, c'est à un retour à la chanson polémique qu'il se livre avec une charge membrée contre la police (et les gauchistes-maoïstes infiltrés) dans l'esprit gaulois du *Marché de Brive-la-Gaillarde* cher à Georges Brassens :

Dieu seul sait quel fut mon supplice
Quand je lui grimpai sur le dos
[...] Mais pour une fois que la police
On peut la baiser comme il faut

Néanmoins, sa chanson la plus frontale, la plus explicitement politique du lot s'intitule *Si j'étais peintre ou maçon*. Il y rappelle que sa « seule ambition » est de rester fidèle à lui-même et que malgré tous les « millions » qu'il gagne, il combat plus que jamais le système et croit (selon l'idée marxiste « les masses font l'histoire ») en la révolution par la révolte du plus grand nombre.

Jean Ferrat y croit d'autant plus que la France aborde une période politique particulière, où l'espoir renaît sérieusement à gauche. En trois ans, après la désunion totale conduisant à l'absence d'un candidat de ce courant au second tour de l'élection présidentielle remportée par Georges Pompidou devant le centriste Alain Poher, les choses ont bien changé. Devenue Parti socialiste en 1969, l'historique SFIO a intégré en 1971 la Convention des institutions républicaines de François Mitterrand, qui devient le leader de ce PS restructuré. De leur côté, les communistes militent pour l'avènement d'un « gouvernement démocratique d'union populaire » ; un an quasiment après la disparition du général de Gaulle[15], Georges Marchais, le secrétaire général du PCF, signe la préface du nouveau programme de son parti, *Changer de cap*, qui vise à instaurer un « socialisme à la française » à travers un axe prioritaire : les nationalisations de plusieurs grands groupes. Le 27 juin 1972 à cinq heures du matin, après de longues négociations, un « Programme commun » de gouvernement est signé[16] entre le Parti communiste et le Parti socialiste, que le Mouvement des radicaux de gauche de Robert Fabre rejoindra peu après. À chaud, François Mitterrand et Georges Marchais répondent ensemble aux journalistes ; le premier souligne qu'« un programme de gouvernement touchant exactement à tous les domaines de la vie nationale et internationale, cela mérite bien d'occuper une fois trois heures et l'autre fois six heures. [...] Si l'on pouvait régler tous les programmes aussi rapidement, on pourrait estimer que la vie politique n'aurait pas à se plaindre ». Pour Georges Marchais, « Cet accord fera date dans l'histoire du mouvement ouvrier et démocratique français ». Et il ajoute : « Je suis profondément convaincu que demain, l'enthousiasme sera grand dans les entreprises des villes et des villages de ce pays, parmi les forces ouvrières, démocratiques et nationales. C'est un événement d'une très grande importance. » Un événement qui, à moins d'un an des élections législatives, conforte sans doute le président Pompidou dans son désir de se débarrasser d'un Premier ministre avec lequel ses divergences politiques s'accentuent. En juillet 1972, Pierre Messmer, ancien ministre des Armées du général de Gaulle, remplace Jacques Chaban-Delmas ; la présidentialisation du régime se confirme, un ministère de l'Information réapparaît[17], l'ORTF est « repris en main » et les protestations se multiplient devant l'amorce ressentie d'un démantèlement.

Au cours de la première semaine d'été, Jean Ferrat est l'invité quotidien de *Midi Trente*, l'émission de télévision animée par Danièle Gilbert sur la première chaîne ; il interprète des titres d'ordinaire écartés comme *Potemkine* ou *Ma France* et des tout récents (*La Leçon buissonnière*, *À moi l'Afrique*, *Paris an 2000*), en compagnie des musiciens avec lesquels il est en tournée : Guy Boulanger (piano), Christian Escoudé (guitare), Jean-Claude Fohrenbach (orgue et saxophone ténor), Pierre Bannelier (basse), Christian Lété (batterie). Il croise ainsi Maurice Fanon, Catherine Lara – désormais chanteuse, avec *T'as pas le temps* –, son ancienne accompagnatrice des Musiciens de Paris en 1970 au Palais des Sports, et il annonce son nouveau passage dans cette salle à la rentrée d'octobre. Le premier jour[18], il présente Françoise Château[19], l'une des artistes, encore débutante, qu'il accueille en première partie de sa tournée. Elle raconte[20] : « Le premier soir, c'était au Théâtre de l'Est Parisien. Je chantais quatre chansons en lever de rideau. Moi, j'étais propulsée là-dedans, et Ferrat a été adorable. Il m'a un peu paternée. Je ne suis pas entrée une seule fois en scène sans qu'il soit en coulisse à regarder comment ça se passait. En tournée, la première année, je voyageais dans sa voiture, une DS. Avec nous, il y avait Jacques Boyer, son homme à tout faire. Un communiste à tout crin. C'est Jacques Boyer qui conduisait, mais quelquefois Jean aimait bien prendre le volant. Autrement, on faisait la sieste à l'arrière. Et puis, on s'offrait de bons restos. Gérard Meys[21] venait de temps en temps, mais il ne suivait pas la tournée. [...] On est restés huit jours au théâtre de Reims dirigé par Robert Hossein. » Et à propos de Jean, elle ajoute : « D'un point de vue politique, il était très discret. Mais dans son quotidien, il était très en accord avec ses idées. »

Du 4 au 6 août 1972, après six années d'absence, les Nuits d'Antraigues succèdent à l'inoubliable « Nuit » avec Jacques Brel, Isabelle Aubret, Catherine Sauvage et Pierre Brasseur. Désormais beaucoup plus modeste, le programme réunit *Perrin Dandin*, une adaptation de Molière jouée sans décor sur la place du village, les duettistes Avron et Évrard et Francis Lemarque. Président du tout nouveau comité des fêtes, Jean Ferrat prévient les éventuels m'as-tu-vu : « Il y a un certain climat qui règne ici, à Antraigues, qu'il faut essayer de préserver. [...] Ça ne deviendra jamais Saint-Tropez ! Il y a un phénomène de rejet dans ce pays, de la part de la nature et de la part des gens, qui fait que ceux qui arrivent ici et qui ne sont pas dans l'esprit [...], automatiquement, sont rejetés ou s'en vont d'eux-mêmes. [...] Pour moi, c'est tant mieux[22]. » Le 10 septembre, il est à l'affiche de la Fête de *L'Humanité* où il teste – sans grands risques, il est vrai – l'une des quatre chansons qu'il vient d'enregistrer (les toutes dernières chez Barclay), *La Boldochévique* : « Dès le deuxième refrain, raconte Raymond Lavigne[23], cent mille personnes commençaient à la fredonner. *La Boldochévique* est dans la lignée de celles que chantaient les sans-culottes de 89-90 en allant à Versailles chercher "la boulangère et le petit mitron". On l'entendra sans doute bientôt, reprise en chœur dans les rues des manifestations ouvrières. » Certes, le camarade s'emballe un tantinet, mais n'est-ce pas compréhensible en ce début d'une union de la gauche tant attendue ? D'ailleurs, Ferrat ne termine-t-il pas cette chanson un peu facile pastichant la réclame célèbre de la Boldoflorine (« la bonne tisane pour le foie » devenue « la bonne tisane du bourgeois ») par une allusion directe aux prochaines élections nationales à venir, les législatives en mars 1973 et la présidentielle l'année suivante ?

Si d'vant l'unité d'action
Vous frisez la congestion
Votre régime en est la cause
Un petit changement s'impose

Autre chanson fonctionnelle, presque publicitaire, mais de belle tenue, pour préparer ce second passage dans la grande salle parisienne de la porte de Versailles, *Mon Palais* (« Des sports et d'espoir ma découverte ») figure une espèce de gospel où le chanteur se révèle très à l'aise et qu'il va créer *in situ*, après l'avoir néanmoins chanté à deux reprises à la télévision : le 30 septembre lors du *Top à Juliette Gréco* déjà évoqué, et pile une semaine plus tôt à l'occasion d'un nouveau passage dans le *Midi Trente* de Danièle Gilbert, où il interprète également *Le Petit Trou pas cher*, une espèce de plongée réaliste à l'humour très noir dont Guy Thomas a écrit le texte « dans un moment de cafard, un moment de grande tristesse… même si cela n'atteint pas le sinistre de *Je hais les dimanches*[24]… » :

C'est au trou qu'on se retrouve
Ceux qu'en ont pis qui les couvent

Et ceux qu'en n'ont pas un brin
Le riche et le purotin

Ce même auteur, qui se dit lui-même « révolté, contestataire, un peu anar et un peu coco[25] » et apporte à Ferrat une sensible radicalité d'expression, signe également *Caserne*, un morceau cadencé à coups de roulements de tambour sans pitié pour l'armée, fût-elle de la République.

Ici le monde est chamboulé
Les assassins sont galonnés
Partout la crasse et la bêtise
Ces deux vertus de l'entreprise
Partout la raison du plus fort
Sous le badigeon tricolore

À propos de cette *Caserne* taillée au scalpel, Guy Thomas reconnaît sans détour[26] : « Je hais l'armée ! Jusqu'au bout de mes ongles. Je mourrai comme cela : antimilitariste, anticlérical, anticapitaliste, antifasciste... Un programme bien clair. La terre est à tout le monde, toute idée de nationalisme m'insupporte. J'ai rencontré à l'armée des gens capables de tout : viols et meurtres. Les génocides au Rwanda ou en Yougoslavie ne m'étonnent pas : c'est l'armée en tant qu'institution qui pousse à cela. » Ces quatre chansons seront intégrées à un album de 1979, mais une autre inédite, signée Gougaud/Ferrat et interprétée par Jean, *Prière du vieux Paris*, figurera dans un 30 cm intitulé *Première partie du spectacle Jean Ferrat au Palais des Sports 1972*, montage des différents intervenants enregistrés en studio.

Du vendredi 6 au dimanche 29 octobre, Jean Ferrat investit donc pour la seconde fois le Palais des Sports de Paris, avec en lieu et place de l'ouverture musicale conçue par Alain Goraguer en 1970, un véritable spectacle imaginé par Henri Gougaud : *Chansons pour la ville, chansons pour la vie*[27]. L'orchestre d'Alain Goraguer accompagne tous les chanteurs, Ferrat interprétant dix-sept titres, dont – outre *Mon Palais* et *La Boldochévique* – huit proviennent de ses deux derniers albums. Le soir de la première, Europe 1 retransmet le spectacle en direct.

Plus mitigée que deux années plus tôt, où Ferrat l'avait globalement surprise par son inattendue aisance scénique sur un si vaste plateau, la « grande presse » réserve au moins une vraie surprise au chanteur. Claude Fléouter, le journaliste du *Monde* qui n'avait guère convaincu en tentant de jouer de l'humour méchant à son égard lors du *Grand Échiquier* de mars, reconnaît[28] : « Jean Ferrat est un chanteur politique populaire. C'est son droit et son honneur. Mais la forme, la musique, l'interprétation de ses chansons sont traditionnelles. C'est le premier défaut de Ferrat, qui ne s'est jamais caché d'avoir été élevé "au Trenet" comme d'autres au petit lait. » Pas si mal encore, Trenet, comme référence chansonnière ! D'ailleurs, Fléouter ajoute : « Il faut bien dire que le spectacle est une réussite complète, même si des longueurs existaient encore vendredi soir dans une remarquable première partie conçue sur le thème de la ville pétrifiée, la ville emprisonnée, la ville empoisonnée. »

En bonne logique, par la plume de Guy Silva, *L'Humanité*[29] laisse déborder son enthousiasme : « Jean Ferrat manie la satire et utilise l'humour avec un égal bonheur. Cela fait sa force et augmente l'impact des coups qu'il porte. Et puis, au fond des choses, il ajoute la poésie et les rythmes de son époque. Autre atout : une voix chaude et prenante qui transmet la sensibilité et la sincérité, la fraternité de l'homme. Les gens qui emplissent le vaste Palais des Sports ne s'y trompent pas. Ils ne voient pas le temps passer en pareille compagnie. » Ce que n'est pas loin d'écrire à sa façon Jean-Pierre Hauttecœur, dans *La Croix*[30] : « Jean Ferrat au Palais des Sports pour la deuxième fois. Pari tenu, pari gagné. [...] Chansons partisanes pour réveiller les consciences qui roupillent. C'est vrai. Très partisanes mais belles parce qu'elles sonnent clair l'amitié des hommes et leur fraternité et leurs espoirs. [...] Romantique et rebelle. L'équilibre n'est pas facile. Il s'y plie avec une surprenante, une frissonnante aisance, de pamphlets en confidences, égal à lui-même quand il chante l'amour et la justice avec son cœur. »

À l'inverse, se contredisant lui-même par l'irritation que lui provoque l'inefficacité prétendue du chanteur (« C'est la révolution en pantoufles »), Paul Carrière s'autorise un jeu de mots à connotation « forgeronne », *Ferrat-Show* dans le très distingué *Figaro*[31]. En vérité, comme on le constatera ailleurs[32], beaucoup de gens de droite reprochent à Jean de ne pas être resté le gentil « romantique » des débuts, entre *Ma môme* et *Deux enfants au soleil*. Aussi Carrière, qui fustige au passage « cet immense espace où le confort est dérisoire, la vision détestable, où le son devient un magma de bruits », fait-il contre mauvaise fortune bon cœur : « Peut-être vaut-il mieux que l'artiste soit avare de ces morceaux (trois seulement sur dix-huit) où sa voix chaude traduit avec un style personnel l'émoi sensible ou sensuel d'un cœur ardent. »

La critique de droite comme de gauche n'étant pas une science exacte et la subjectivité y gardant heureusement une part essentielle, on notera que dans ce même article, Carrière ironise sur *La Boldochévique*, dont la causticité

« n'a guère plus de nerf qu'une tisane » ; exactement le contraire de ce que pense Jean Macabiès de *France-Soir*[33] (qui n'est pas spécialement pro-communiste) en qualifiant ladite chanson de « petit chef-d'œuvre qui vaut tous les manifestes » – l'ironie de l'histoire (même si on peut trouver qu'il exagère) étant que, quelques années plus tard, c'est lui qui sera appelé à remplacer Carrière au sein de la rédaction du *Figaro* quand celui-ci partira en retraite. En attendant, Macabiès titre « Jean Ferrat fait la guerre et l'amour en chanson : c'est gagné » et s'avère séduit, sur trois bonnes colonnes, par le chanteur : « S'il dresse sa barricade, ce n'est pas la bave à la bouche, mais le sourire aux lèvres. Avec au ventre cette ardeur chaleureuse, une joie fiévreuse, une soif de fraternité sympathique qui fait la force de son tour de chant. » Évoquant « des demoiselles qui ne sont pas venues là pour s'échauffer à la lutte des classes et militer pour le prolétariat », il poursuit : « Il sait merveilleusement chanter l'amour (*Je vous aime*), ce grand gars moustachu, avec une pudeur retenue qui fait passer des frissons sur les travées et naître des espérances nostalgiques dans les cœurs. »

Si la critique la plus hostile vient de Jacques Tournier des *Nouvelles Littéraires*[34], qui là encore reproche à Ferrat d'avoir renoncé à son « inspiration du cœur » initiale pour « prendre la place de Déroulède » (flinguant incidemment la voix « toujours dans la demi-teinte, sans un éclat, sans un cri. Sans la violence de Brel, la verve de Brassens ou le délire verbal de Léo Ferré »), les réactions sont globalement plus équilibrées. Dans *L'Express* qui paraît le même jour, Danièle Heymann se plaît à conjuguer les contrastes : « C'est dur de mener la Révolution dans le show-business. Dur de bousculer les conventions, de violer les traditions. C'est dur, mais c'est fait. Au Palais des Sports. » Après avoir évoqué la première partie et salué « le retour de Francis Lemarque », le « pote », le « complice des aubes prolétaires », qui « fredonne ses refrains comme on donne une poignée de main », elle poursuit : « Jean Ferrat qui lève le poing, camarade, n'évite pas toujours les pièges séduisants de Madame Démagogie, mais désamorce ses cocktails Molotov avec le miel de sa voix. Ferrat plébiscité par une salle militante, tout seul, tout calme sur la grande scène de son "Palais d'Espoir et des Sports", Jean Ferrat, le plus tendre terroriste de la chanson française. » Ce qui donne dans *Le Nouvel Observateur*[35] un papier – non signé explicitement – intitulé « Ferrat l'orthodoxe » : « Avec Lemarque, c'est le souvenir. Avec Ferrat, l'espoir. Un espoir sage, dans la "ligne". [...] Sincère et démagogue, il chante pour son public, pour ces milliers de militants qui, chaque soir, garnissent les travées de l'immense voûte. Il dit les mots qu'ils attendent, défend l'avenir dont ils rêvent. Ils l'écoutent, ils le croient, même quand, parfois, emporté par l'élan, il dépasse un peu leurs objectifs. Dans cette fête de famille, l'homme du dehors, l'étranger, communie difficilement. Sauf à certains instants. » À « étranger », étranger et demi ; il est clair qu'à l'époque, en pleine euphorie du Programme commun naissant, pour l'existence duquel le PCF a joué un rôle moteur, cette « famille » est plus large que jamais et constituée d'un public populaire à cent lieues du « *Nouvel Obs* », touchant des couches de la société beaucoup plus favorisées, pour ne pas dire « bourgeoises ».

En tout cas, une chose est certaine, Jean Ferrat a gagné son pari et haut la main. Quelques jours à peine après la dernière, il revient sur le plateau du *Grand Échiquier* de Jacques Chancel[36], dont l'invité principal est l'un de ses grands inspirateurs de jeunesse : Charles Trenet. L'animateur feint d'attaquer sèchement : « Jean Ferrat, moi je m'étonne ; je vous ai connu révolutionnaire, même un peu guérillero, et je vous retrouve patron et je serais tenté de dire capitaliste, à la tête d'une affaire d'artistes, de musiciens, d'une recette... d'une recette que l'on a dit assez conséquente. » Ferrat lui répondant à moitié en riant qu'il ne conseille à personne de monter une telle affaire, qui ne peut que donner du déficit et « en aucun cas du bénéfice », il précise que cela lui a permis d'organiser la première partie en toute liberté, ce qui entraîne une réplique aigre-douce de Trenet : « Je pense que, s'il voulait avoir une première partie qui ne lui donne aucun souci, il n'avait qu'à la faire lui-même. Par exemple, il n'a qu'à chanter en première partie. Ça s'appelle un récital ! » S'en suit une discussion où Ferrat explique pourquoi il s'y refuse, et lorsque, pour conclure, Jacques Chancel laisse entendre à Charles Trenet qu'il ne doit pas trop aimer les « chanteurs engagés », celui-ci se lance dans un véritable sketch à la Raymond Devos : « Oh ! Qu'est-ce que vous voulez me faire dire ! Mais pas du tout ! Pourquoi ? Qu'ils soient engagés ou pas, ce qui m'intéresse, c'est que leurs chansons soient réussies ! C'est tout. Vous avez des chanteurs engagés qui font des chansons très réussies quand elles sont engagées, puis des chanteurs pas engagés qui font des chansons réussies. Et puis des chanteurs qui sont engagés et qui les ratent. C'est fatal ! [...] Faut pas demander tant de choses à une chanson, il faut lui demander d'abord de la qualité, d'être réussie... » Et comme Ferrat, que la discussion a l'air de bien amuser, essaie de placer un mot, il achève sa démonstration avec le même brio : « Et en général, si le chanteur engagé est sincère, eh bien, il réussit sa chanson ! À condition qu'il ait du talent, bien sûr. »

En novembre 1972, profitant de l'audience sans précédent du chanteur, la firme Barclay – qu'il est donc en train de quitter – publie un coffret intitulé *10 ans de Ferrat*. Il comporte dix 30 cm numérotés de 1962 à 1972 (il n'y en a pas eu en 1968), la quasi-intégrale des enregistrements Barclay (sauf l'ultime quatre-titres avec *Mon Palais*, *La Boldochévique*, etc.), le premier regroupant même dix titres sortis initialement chez Decca : *Ma môme*, *Deux enfants au soleil*, *Federico Garcia Lorca*, *J'entends j'entends*... Illustrées par des coupures de presse et des photos d'actualité, les pochettes soulignent la liaison de l'œuvre du chanteur avec l'Histoire en marche ; avec le recul, consciemment ou non, elle constitue le journal – artistique – d'une vie, qui désormais ne pourra plus être la même. Il y aura un avant et un après. Finie l'obligation de « pondre » dix chansons par an qui aura tant pesé à Ferrat ; l'autonomie totale de la production discographique avec son associé de presque quinze ans, Gérard Meys (le label TEME, puis TEMEY : TEnenbaum + MEYs), lui ouvre de nouvelles perspectives.

Dans l'immédiat, comme il l'a déclaré au détour de différentes interviews, il pense se reposer un peu en Ardèche avant de reprendre les galas en France et à l'étranger, puis se lancer dans l'écriture d'un nouveau disque. La réalité va se révéler tout autre. Le 11 avril 1973, lors d'un *Grand Échiquier*, Jacques Chancel annonce qu'il a rencontré Jean Ferrat à La-Celle-Saint-Cloud où il donne « une de ses dernières représentations ». Entre les captations scéniques d'*Au printemps de quoi rêvais-tu*, *Aimer à perdre la raison*, *Je vous aime*, puis de *Ma France* et *Ma môme*, il l'interroge dans la salle vide et joue au faux candide : « Vous avez décidé de prendre du recul et, là, je ne comprends plus ; vous étiez engagé, dans la vie, dans la vie de chanteur, et c'est en fait un désengagement ! » Que nenni, explique tranquillement l'intéressé : « Depuis ces vingt années de travail, de chansons – dont beaucoup étaient difficiles –, j'ai toujours eu un emploi du temps, un programme. Pour une fois, je ne veux pas avoir de programme... Si je n'étais qu'un chanteur, qu'un interprète je veux dire, il est probable que ça me manquerait énormément de ne pas chanter sur scène face à un public ; il se trouve que j'écris aussi des choses, et j'ai envie – je crois que ça me fera du bien – de prendre l'air. [...] Quand on me demande : "Qu'est-ce que vous allez faire pendant que vous ne chanterez pas ?", justement, je n'en sais rien. À partir du moment où je le saurais, ce serait déjà quelque chose d'établi et je veux pour une fois dans ma vie (peut-être que ça ne se produira plus jamais) avoir un temps devant moi, indéterminé. [...] Pour avoir cette sensation d'être libre. [...] Je m'arrête pendant un moment, oui... Mais si ça se trouve, dans six mois ou dans un an, je recommencerai ! » En réalité, cette pause va durer deux bonnes années au plan discographique et à l'image du printemps de la chanson de Jean sur Mai 68, elle restera « ininterrompue » au plan scénique.

Notes

1. Au journaliste François Paoli, Nord Actualités Télé, *Interview de Jean Ferrat au Théâtre Sébastopol.*
2. Deuxième chaîne, le 1er mars 1972.
3. Texte de Guy Thomas.
4. À l'auteur, entretien cité.

5. En 1973, on en recense déjà une quinzaine.

6. Du 2 janvier 1972.

7. Cité par Gilles Schlesser, dans *Le Cabaret « rive gauche »*, *op. cit.*

8. À ne pas confondre avec ses deux homonymes principaux : un chanteur qui a enregistré plusieurs 45 tours et 30 cm avant son décès en 1990 à l'âge de cinquante et un ans, et un journaliste d'Europe 1, disparu lui en 1992.

9. N° 65, mars-avril 1997.

10. Petite erreur de mémoire – à moins qu'il ne s'agisse d'une présentation privée ou en tournée –, l'enregistrement et la diffusion télévisée ayant eu lieu deux années plus tard.

11. Et ce sera son dernier texte enregistré par Ferrat.

12. *Top à Juliette Gréco*, deuxième chaîne, 30 septembre 1972.

13. *Une autre chanson*, juin 1980.

14. Dans *Le Nouvel Observateur* du 5 avril 1971.

15. Le 9 novembre 1970, décès qui suscita l'irrévérencieuse couverture d'*Hara-Kiri* (immédiatement interdit) : « Bal tragique à Colombey : un mort », allusion au dramatique incendie de la discothèque Le 5-7 de Saint-Laurent-du-Pont (Isère) qui fit 146 victimes le 31 octobre, et à Colombey-les-Deux-Églises où, après son retrait de la vie politique en avril 1969, de Gaulle avait entrepris l'écriture de ses *Mémoires d'espoir*.

16. Journal télévisé de 13 heures, première chaîne, 27 juin 1972. Il y est précisé que le document de cent cinquante pages sera rendu public en fin d'après-midi.

17. Très précisément, Philippe Malaud est nommé le 6 juillet 1972 secrétaire d'État auprès du Premier ministre, chargé de la Fonction publique et des services de l'Information ; il devient ministre de l'Information en titre le 5 avril 1973.

18. Le 20 juin 1972.

19. Qui chante *Mémé Pauline*.

20. À Jean-Dominique Brierre, *op. cit.*

21. Éditeur de son album en 1971.

22. *Rhône-Alpes Actualités*, première chaîne, 2 août 1972.

23. *L'Humanité-Dimanche*, 8 octobre 1972.

24. À Albert Faust, 1997, *Une autre chanson*. Écrite par Charles Aznavour et Florence Véran, *Je hais les dimanches* fut créée par

Juliette Gréco après avoir été refusée par Piaf, qui l'enregistrera finalement en 1951.

25. *Idem.*

26. *Idem.*

27. Y interviennent des comédiens (Les Gens de la Ville), des danseurs (la Compagnie Anne Béranger) et des chanteurs (Les Troubadours, Francis Lemarque) dans une mise en scène de Guy Lauzin et des décors impressionnants de Jacques Noël.

28. *Le Monde* du 8-9 octobre.

29. Du 9 octobre 1972.

30. Du 24 octobre 1972.

31. Du 9 octobre 1972.

32. L'espace par exemple d'un bref accrochage télévisuel dans *Samedi loisirs* entre Ferrat et le danseur mondain Jacques Chazot lui balançant tout à trac : « Je connais un peu Cuba... J'adore vos chansons divines et sentimentales, pour le reste, naturellement, je ne suis pas du tout d'accord ! [...] Chantez-le dans les cannes à sucre, là-bas, ils seront contents ! »

33. Des 8-9 octobre 1972.

34. Du 16 octobre 1972.

35. Du 23 octobre 1972.

36. Le 31 octobre 1972, en compagnie notamment des Troubadours et de Francis Lemarque, parties intégrantes – comme on le sait – de son aventure au « Palais ».

IV

D'ANTRAIGUES

Chapitre 22

La femme est l'avenir…

Curieusement, alors qu'il décide d'interrompre sa carrière scénique pour une durée indéterminée, Jean Ferrat reste présent dans l'actualité médiatique. Paradoxe savoureux, au fil de différentes émissions ou reportages télévisés, des chansons souvent écartées illustrent le propos, telles *Berceuse*[1], *En groupe en ligue en procession*[2], *Ma France*[3], *Si j'étais peintre ou maçon*[4]… D'autre part, Thierry Le Luron, le jeune imitateur en vogue qui va redynamiser le genre, a d'emblée pris comme cible Ferrat, dont il ne partage pas les idées « engagées ». Après avoir brocardé l'année précédente le chanteur « bénévole » sur *C'est toujours la première fois*[5], il récidive sur l'air de *Potemkine*[6] à l'occasion de l'ouverture du 50e Salon des Arts ménagers.

M'en voudrez-vous beaucoup si pour quelques secondes
Je me dégage un peu des couplets engagés
Afin de me pencher comme les femmes du beau monde
Vers les nouvelles techniques des Arts ménagers

Ce soir elle me fascine
La cuisine

Six mois après ce texte écrit à la va-vite et bien en deçà de sa performance vocale, l'imitateur persiste et signe à l'occasion de son spectacle parisien au Théâtre des Variétés [7], et là, le trait devient plus « méchant », plus politique surtout :

Je reviens d'Union soviétique
Où les asiles psychiatriques
Sont les lieux les plus accueillants

Diffusé à des moments-clés (le futur *prime time*), ce type de « sujet » ne passe pas inaperçu. Au fil des années, l'impact de la télévision s'est accru de façon continue, de sorte que désormais « c'est le rôle socioculturel de l'étrange lucarne qui pose réellement problème », note Serge Dillaz [8], qui précise : « En 1974, 80 % des ménages sont déjà équipés d'un récepteur. En 1960, ils n'étaient encore que 13 %. En un peu plus d'une décennie, le petit écran est devenu le loisir n° 1 des Français. » Ajoutons à cela la création de la 3e chaîne (couleur) le 31 décembre 1972 et la fin de l'ORTF, éclaté en sept établissements autonomes par la loi promulguée le 7 août 1974 : Radio France, Télévision Française 1, Antenne 2, France Régions 3, Télédiffusion de France (TDF), la SFP (Société Française de Production) et l'INA (Institut National de l'Audiovisuel). Après le décès brutal du président Pompidou, ce sera une des premières réformes du nouveau président de la République, le leader des Républicains indépendants, Valéry Giscard d'Estaing, élu de justesse avec 50,8 % des suffrages le 19 mai, devant le candidat de l'Union de la gauche, François Mitterrand ; précisément, pour la première fois, la télévision joue un rôle

© Jean-Louis Rancurel.

Hiver 1962-1963, à Ivry, sa ville…

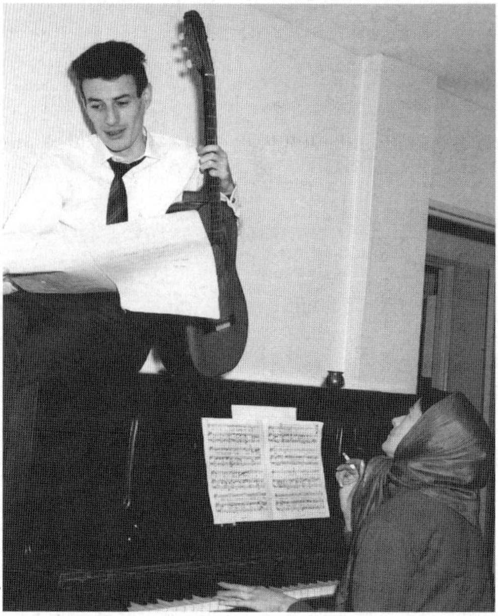
© Jean-Louis Rancurel.

… et avec Christine Sèvres, en séance de travail.

D. R.

En 1965, avec sa fille Véronique Estel, à Antraigues.

Page 1 :
Au parc Montreau (Montreuil), lors d'une fête populaire au début des années 1960.
© Jean-Louis Rancurel.

À l'occasion de son passage à l'Alhambra en 1961,
avec Zizi Jeanmaire et Bernard Dimey.

Tête d'affiche en tournée francophone.

Le 30 décembre 1965, dans les loges de Bobino, en compagnie d'Aragon, Christine Sèvres et Elsa Triolet.

Lors de la tournée 1971, avec Jacques Boyer et Odile Ezdra.

En 1967, à Cuba…

… avec sa femme,
Christine Sèvres…

… et parmi la foule,
en toute simplicité.

En septembre 1967, avec Antoine, sur le plateau de l'émission *Tilt magazine*, animée par le jeune Michel Drucker.

Jean et Christine chez eux à Ivry.

En janvier 1969, pendant l'enregistrement de *La Matinée*, avec Christine Sèvres.

Sur la grande scène de la Fête de l'Huma, en 1972.

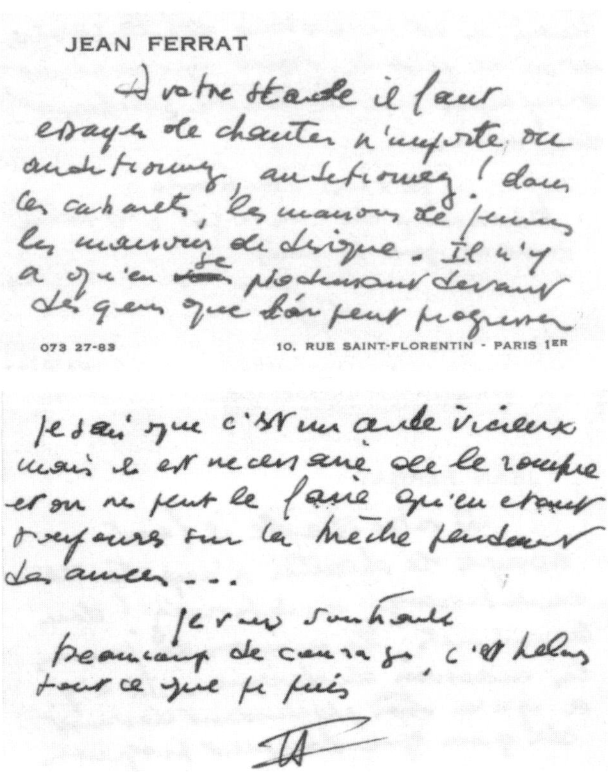
JEAN FERRAT

A votre stade il faut essayer de chanter n'importe où auditions, auditions ! dans les cabarets, les maisons de jeunes les maisons de disque. Il n'y a qu'en se produisant devant des gens que l'on peut progresser

073 27-83 10, RUE SAINT-FLORENTIN - PARIS 1ER

Je sais que c'est un cercle vicieux mais il est nécessaire de le rompre et on ne peut le faire qu'en étant toujours sur la brèche pendant des années...

Je vous souhaite beaucoup de courage, c'est hélas tout ce que je puis

JF

Novembre 1973.
Réponse de Jean Ferrat à l'auteur, qui s'est alors « lancé » dans la chanson.

D. R.

Au sein du conseil municipal d'Antraigues, dans les années 1970. Avec le maire, Jean Saussac (à lunettes) et l'institutrice Hélène Terrisse (premier rang à gauche).

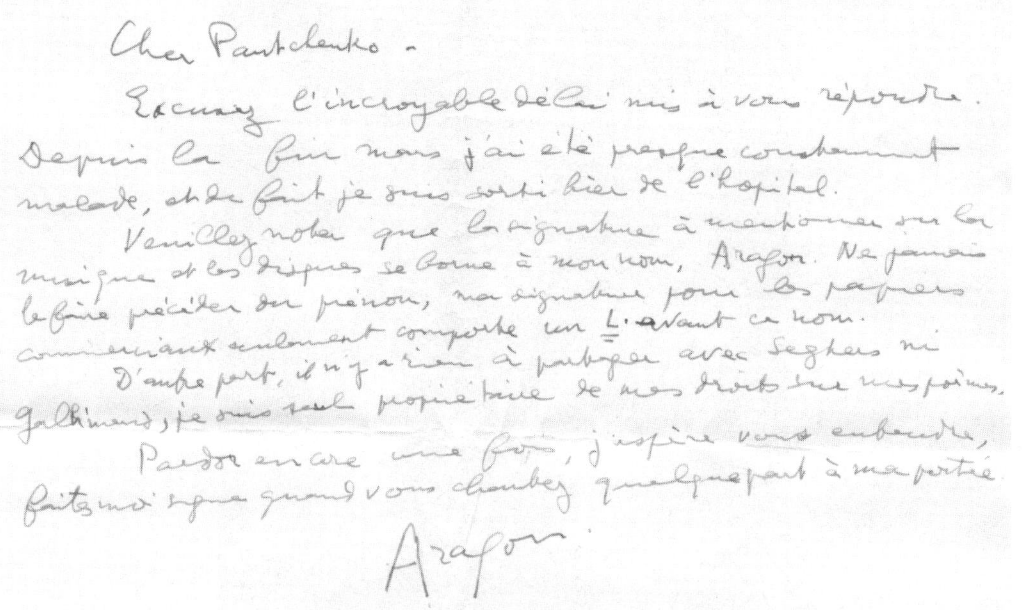

Cher Pantchenko -

Excusez l'incroyable délai mis à vous répondre. Depuis la fin mars j'ai été presque constamment malade, et de fait je suis sorti hier de l'hôpital.

Veuillez noter que la signature à mentionner sur la musique et les disques se borne à mon nom, Aragon. Ne jamais le faire précéder du prénom, ma signature pour les papiers commerciaux seulement comporte un L. avant ce nom.

D'autre part, il n'y a rien à partager avec Seghers ni Gallimard, je suis seul propriétaire de mes droits sur mes poèmes.

Pardon encore une fois, j'espère vous entendre, faites-moi signe quand vous chantez quelque part à ma portée.

Aragon

Juin 1973. Lettre d'Aragon à l'auteur, qui lui avait demandé l'autorisation de mettre l'un de ses textes en musique.

Avec Bernard Pivot à Antraigues, pour l'enregistrement de l'émission d'Antenne 2 *Ferrat 85*.

© Francis Vernhet.

En octobre 1987, dans les coulisses
du Festi'Val de Marne, avec Pierre Perret.

© Francis Vernhet.

Stars 90, en novembre 1991 sur TF1, avec Guy Bedos, Michel Drucker et Véronique Estel.

© Francis Vernhet.

En octobre 1988,
au Festi'Val de Marne,
avec Nicoletta, Léo Ferré,
Mouloudji et Georges Chelon.

© Francis Vernhet.

Quand Léo Ferré dédicace
son disque à Jean Ferrat…

© Francis Vernhet.

En décembre 1994,
avec Alain Goraguer
à la Sacem, où Jean Ferrat
reçoit le Grand Prix
de la chanson française.

À l'automne 1994, pour le dossier de la revue *Chorus*,
avec l'auteur, Fred et Mauricette Hidalgo…

… et avec Charles Aznavour, entre « parrains »
du Festi'Val de Marne, en 1994.

© Francis Vernhet.

Toujours au Festi'Val de Marne, avec Hubert-Félix Thiéfaine.

Gilles Vigneault remet un disque d'or canadien à Jean Ferrat, accompagné d'Isabelle Aubret.

© Zebrock.

En mars 2004, rencontre avec les jeunes du collège Paul Bert de Drancy.

© Francis Vernhet.

En décembre 2004, hommage à Jean Ferrat au théâtre Silvia Monfort, avec notamment Mouron, Yves Jamait, Isabelle Aubret, Gilles Laffaille…

En juillet 2005, propos détendus au Festival de Barjac, avec Jofroi.

Même lieu, en discussion avec l'auteur et le maire de Barjac,
Edouard Chaulet (de dos).

En débat autour de la chanson, toujours et encore,
au centre Wallonie-Bruxelles à Paris, à l'initiative du Centre de la chanson.

significatif en organisant un grand débat entre le socialiste et l'ancien ministre des Finances, qui lui lancera la phrase mortifère : « Monsieur Mitterrand, vous n'avez pas le monopole du cœur ! » Au lendemain de cet échec, la déception sera sévère dans les rangs populaires chers à Ferrat, alors que les « luttes » s'étaient multipliées en 1973, des lycées et universités jusqu'aux entreprises – dont l'emblématique Lip de Besançon, occupée par ses ouvriers et devenant un symbole de l'autogestion –, en passant par le plateau du Larzac où, fin août, des dizaines de milliers de personnes avaient manifesté contre la décision d'étendre le camp militaire.

Sa retraite en Ardèche n'empêchera pas non plus Jean Ferrat d'être imprégné d'une actualité internationale toujours aussi foisonnante, souvent plus douloureuse que porteuse d'espoir. Si le 27 janvier un accord de cessez-le-feu est signé à Paris entre Henry Kissinger et son homologue nord-vietnamien (Lê Duc Tho) pour mettre fin à la présence américaine au Vietnam[9], la même année verra notamment le renversement du gouvernement populaire de Salvador Allende au Chili le 11 septembre par une junte fasciste, la guerre du Kippour le 6 octobre (la Syrie et l'Égypte attaquant par surprise Israël, le jour même de la fête juive, et provoquant une réaction du Conseil de sécurité de l'ONU et des deux « superpuissances »), les membres de l'OPEP augmentant drastiquement le prix du baril de pétrole brut et provoquant le premier « choc pétrolier », dont les effets vont se faire sentir jusqu'en 1978. Si l'on ajoute à cela la mort de Picasso[10], la « Révolution des Œillets » au Portugal où une partie de l'armée soutenue par le peuple renverse le gouvernement post-salazariste de Marcelo Caetano[11], ou encore la démission de Richard Nixon[12] à la suite du scandale du Watergate, il est clair que la plume citoyenne de l'auteur-compositeur Jean Ferrat a du grain à moudre. C'est pourtant deux autres événements qui vont trouver un écho explicite dans son nouvel album : le vote de la « loi Veil » relative à l'interruption volontaire de grossesse ouvrant l'« Année de la femme » le 17 janvier 1975, et la défaite américaine symbolisée par l'entrée des troupes du Nord-Vietnam et du Vietcong à Saïgon le 29 avril, rebaptisée Hô Chi Minh-ville.

Placé en ouverture de ce premier 33-tours du tout nouveau label maison (TEME, toujours distribué par Barclay), *La femme est l'avenir de l'homme* constitue un véritable hymne, une déclaration d'amour totale esthétiquement très formelle, voire didactique, et sous contrôle poétique (« Je déclare avec Aragon »), avec le souci de ne rien oublier (« Pour accoucher sans la souffrance / Pour le contrôle des naissances ») et l'utopie tenace comme aux premiers jours (« Tout dans le couple va changer / D'une manière irréversible »). Malgré une inspiration créatrice un peu juste (pour un sujet certes « casse-gueule », selon une expression employée volontiers en la matière par Jean), l'ample mélodie, l'arrangement classique, la voix et la sincérité du chanteur vont sublimer la chanson et lui permettre de devenir un grand succès. Dans l'émission spéciale *Jean Ferrat 76*[13] que lui consacre bientôt Jacques Chancel, il précise à propos de l'« Année de la femme » : « Certainement, dans ma campagne, j'ai été influencé par tout ce qui s'est dit, chanté, et par tout ce que j'ai lu, mais je pense aussi que c'est profondément vrai. Il est incontestable pour moi qu'après des millénaires d'infini servage (c'est exactement le terme que j'emploie, qui est je crois de Rimbaud), nous allons assister, dans les années, dans les siècles qui viennent, à un prodigieux développement de l'importance de la femme. Tout va vraiment changer. »

Autre cas de figure directement lié à l'Histoire en marche, *Un air de liberté* répond à un éditorial de Jean d'Ormesson, directeur général du *Figaro*, commis au lendemain de la « chute » de Saigon ; tout en convenant de la corruption du régime en place, il écrit, en négligeant singulièrement qu'il s'agit de la fin d'une guerre longue et dévastatrice : « Seulement, sur tous les excès et toutes les bavures soufflait encore un air de liberté. Une liberté viciée, sans doute, mais une liberté. On dénonçait, un peu partout, les abus réels et les crimes manifestes des adversaires de Hanoi [14]. Voici qu'à Phnom Penh [15] et à Saigon, personne ne dénoncera plus rien. Il ne s'agira plus que d'approuver [16]. » Dans sa chanson, où souffle à tous niveaux – y compris musical et rythmique – le même esprit de liberté que dans *Potemkine*, Jean Ferrat rappelle les cent mille Français morts « en vain » lors de la guerre d'Indochine et s'identifie aux militants anticolonialistes de toujours, ceux qui se sont mis en travers des rails pour empêcher les trains de partir, ceux « Sur qui vos policiers pouvaient taper sans frein », chante-t-il, en apostrophant directement l'écrivain-journaliste :

Ah ! monsieur d'Ormesson
Vous osez déclarer
Qu'un air de liberté
Flottait sur Saigon
Avant que cette ville s'appelle ville Hô Chi Minh

Porté par son indignation, Ferrat frappe fort, à coups de mots très durs (« ordures, pourritures, vermine, sang sur les mains, génocide... »), si bien que l'académicien patron du *Figaro*[17], va réagir sans attendre. Le 14 novembre, dans l'émission de près d'une heure et demie que Jacques Chancel lui consacre, Jean doit notamment interpréter les dix chansons de son album à paraître. Ce vendredi-là, dans *L'Humanité*, Guy Silva titre tranquillement : « Ce soir, Jean Ferrat chante toutes ses nouvelles chansons ». Malgré la grève qui touche la chaîne, en ces temps d'inquiétude pour les personnels, au lendemain de l'éclatement de l'ORTF, le « service minimum » est appliqué. Pour la censure anti-Ferrat aussi. En début d'après-midi, s'estimant diffamé par *Un air de liberté*, Jean d'Ormesson adresse par voie d'huissier une « sommation courtoise » à Marcel Jullian, P-DG d'Antenne 2, lui demandant de ne pas diffuser la chanson. Celui-ci obtempère sans barguigner et précise en préambule de l'émission : « Antenne 2 a toujours eu le souci de ne pas se voir reprocher une quelconque diffamation. C'est pourquoi, sans porter aucun jugement sur la chanson de Jean Ferrat, nous avons cru devoir la retirer de ce programme. » Après quoi, Ferrat apparaît immédiatement à l'image et prend acte : « L'émission que vous allez voir maintenant a été enregistrée déjà il y a quelque temps. Vous n'allez pas voir toutes les chansons, une manque à l'appel. Monsieur d'Ormesson, directeur du *Figaro*, s'étant jugé diffamé dans cette chanson, la direction d'Antenne 2 a décidé de la supprimer. Je voudrais simplement dire qu'elle s'appelait *Un air de liberté*. Je vous laisse juges. » Quelques heures avant cette censure *de facto* que n'assument hypocritement ni l'académicien ni la direction d'Antenne 2, Jean reconnaissait lors d'une conférence de presse : « J'ai réagi de façon passionnelle en écrivant cette chanson. Je n'ai rien contre monsieur d'Ormesson en particulier mais contre la presse colonialiste. » C'est ce qu'il avait expliqué à Jacques Chancel au cours de l'émission :

« Tout d'un coup ont défilé devant moi trente années de ma vie ; et aussi trente années de la vie de ce peuple du Vietnam, qui a subi vraiment une agression atroce et un génocide épouvantable. [...] On a vu une génération complètement sacrifiée d'hommes et de femmes, des enfants élevés dans les abris, étudiant sous les bombes. J'ai moi-même vu une jeune Vietnamienne de dix-sept ans qui était rose comme une pêche et qui avait déjà tué dix Américains. Après toutes ces misères, après tout ce sang, après toutes ces larmes, regretter que ce soit fini, disant que malgré tout, sous le régime de Thieu [18], restait encore un air de liberté, je trouve ça vraiment... » Et comme Chancel lui demande s'il réagirait de la même façon par rapport à d'autres situations, en particulier à propos de celle d'un dissident soviétique comme Léonid Plioutch [19], il objecte qu'il s'agit d'un tout autre sujet : « Bien sûr, il y a des choses horribles qui se sont passées dans ces pays, mais vraiment, au Vietnam, nous avons été concernés nous-mêmes pendant des années et des années. Et quand, par exemple, monsieur d'Ormesson dit que ce sont les fautes et les erreurs du colonialisme français qui nous ont amenés là, [...] j'ai l'impression qu'il manque de mémoire, parce que ce sont justement ses prédécesseurs au *Figaro*, la presse de la grande bourgeoisie à cette époque qui a toujours soutenu l'intervention française en Indochine. Qui nous a traînés dans la boue, qui a dit que nous étions des traîtres à la France, qu'on ne devait pas exister... On nous poursuivait dans les rues, on nous cassait la figure, on nous cassait la gueule ! Et nous passions pour des traîtres, alors que c'est la politique, justement, de la droite française et hélas d'une partie de la gauche, qui a fait le malheur de ce peuple vietnamien et en particulier le malheur aussi de la France. »

Dès le lendemain, c'est dans son ensemble que la presse s'épanche. Jugeant l'événement très grave, *L'Humanité*[20] le traite en « une » par la plume éditoriale de son rédacteur en chef, René Andrieu : « La chanson censurée ». Résumant les faits, il conclut : « Cette affaire [...] souligne à nouveau que le couperet de la censure est toujours prêt à tomber sur les créateurs qui ont l'audace de ne pas partager les vues du pouvoir. » En pages intérieures, comme dans différents journaux dont *Le Figaro*, le texte de la chanson est publié. Guy Silva signe un nouvel article, et dans un encadré on lit : « Émotion chez les professionnels du spectacle[21] ». Comme on s'en doute, *Le Figaro*[22] n'est pas en reste et Jean d'Ormesson monte au créneau avec « Jean Ferrat déchante Un air de liberté », qu'il introduit par un prévisible « Jean Ferrat a beaucoup de talent » avant de tenter de justifier sa réaction : « Est-ce qu'il s'agit de censure ? Il s'agit précisément du contraire : du recours à la loi qui garantit la liberté mais interdit la diffamation. Il s'agit d'une question de principe. » En contrepoint, deux journalistes du même quotidien (Jacques Nosari et Jean-Pierre Mogui) rendent compte de la conférence de presse dans une prose tendancieuse (« Un air d'Humanité ») frisant le racisme de classe : « Excellent Jean Ferrat ! Déjà reconnu parmi les meilleurs interprètes, il a réussi hier des débuts fracassants dans la publicité. Tour à tour indigné, ingénu, poète et paysan, il paraissait devant les journalistes convoqués dans les salons[23] de sa maison de production, tout surpris. [...] Veste de cuir de l'O.S., pantalon de velours de l'agriculteur, moustache du patriarche, l'ensemble voulant symboliser l'éventail du peuple, visage creusé comme les sillons de l'hymne national... »

Si l'on trouve ce même type d'attaque, plus ou moins clairement politique, dans *L'Aurore*, qui écrit le samedi (Michèle Stouvenot) : « Jean Ferrat pour un soir aurait mieux fait d'oublier Beaumarchais » et le lundi (Gilbert Guilleminaut) : « Jean Ferrat dans ses basses œuvres[24] », *Le Monde* donne un tout autre son de cloche, par la chronique de Claude Fléouter, pourtant rarement tendre avec celui qu'il avait qualifié de « Tintin sans Milou ». Il déplore en effet cette situation, la chanson de Ferrat « supprimée au dernier moment du show » étant à ses yeux « par hasard la plus heureuse dans son expression, la plus arrachée de lui-même et qui évoque la profonde émotion du militant à la lecture d'un article qui le révolte. Étonnante, bouleversante chanson ». Avec un peu plus de recul, sa collègue de *L'Express*[25], Danièle Heymann, rappellera les différentes censures télévisées de l'artiste retiré depuis deux ans et demi en Ardèche, et conclura : « Quoi qu'on puisse penser des idées qu'il exprime, l'émission de Jacques Chancel a prouvé, la semaine dernière, qu'il eût été dommage qu'il s'y murât. Car, au-delà des polémiques et même des idées, Jean Ferrat a montré (dix fois moins une) l'irrépressible force de son talent. » Jean Ferrat soulignait qu'en vingt ans de carrière, c'était la première fois qu'il avait pu composer son propre programme dans une émission de télévision.

L'ampleur de la polémique va quelque peu occulter les huit autres chansons de l'album. Jean en a encore signé deux intégralement. Aux antipodes de *La Jeunesse* (de Georges Coulonges) qu'il avait chantée onze ans plus tôt, *Un jeune* tourne en dérision totale l'organisation des Jeunes Républicains indépendants, branche cadette du parti du président de la République, Valéry Giscard d'Estaing. Aucune trace de cette espèce-là entre « l'ornithoryngulus » préhistorique, « l'homme du Neandertal » et « l'homo sapiens de St-Trop » ; pour le chanteur, qui en rigole devant Chancel dans l'émission évoquée, associer le mot « jeune » au parti dominant, à ce qu'il représente au plan social et politique, c'est un non-sens total, un anachronisme d'anthologie :

Comme la roue à l'électronique
Comme le pétard à la fusée
Le silex à l'énergie cosmique
Leur avenir est dans les musées

Sur une musique tout aussi rythmée, mais agrémentée de bruits de chaînes et autres étrangetés, *Le Fantôme* vitupère à nouveau le petit écran, où le chanteur commence à avoir une expérience certaine des interdits en tout genre. Au fil des couplets, la fantaisie du vieux fantôme des Buttes-Chaumont se durcit face au « matraquage / Des ritournelles à la con » pour dénoncer les « flingues » et autres « revolvers » qui sortent dès qu'est prononcé le mot « culture ». Et il constate :

Sitôt que je bouge
Y en a qui voient rouge
Faut qu'ils se fassent une raison

Et lorsque Jacques Chancel, inspiré par cette chanson, lui demande si, à la tête d'une chaîne de télévision, il permettrait « aux faiseurs de tubes de passer », Jean répond : « Je ne veux exclure personne ; il est impossible d'exclure qui que ce soit de la diffusion normale, mais au moins que ça reste dans des limites décentes et que chaque expression propre, dans le domaine de l'art d'ailleurs comme dans les autres, ait la possibilité de s'exprimer. Or on assiste de plus en plus à une monopolisation des choses qui sont soi-disant dans le vent, soi-disant du hit-parade, soi-disant à la pointe du progrès. Si Rimbaud faisait des émissions maintenant, vous croyez qu'il aurait un gros pourcentage d'écoute ? » Ce qu'il avait auparavant rapporté à son cas personnel : « Je me pose souvent la question et je me dis que si je débutais maintenant, il est très vraisemblable qu'on ne m'entendrait pas, que le public ne m'entendrait pas ! »

Dans ce disque décidément très combatif, trois textes sont signés Guy Thomas, et lui non plus n'écrit pas pour passer le temps. Suite en quelque sorte de *Caserne* sorti au moment du Palais des Sports, *Le Bruit des bottes* évoque le garrot des condamnés à mort en Espagne et le récent coup d'État d'Augusto Pinochet au Chili, pour sonner l'alarme devant cette montée de « l'ordre en kaki » et ne pas penser que ça n'arrive qu'aux autres.

On a beau me dire qu'en France
On peut dormir à l'abri
Des Pinochet en puissance
Travaillent aussi du képi

« Ce texte répercute surtout ma crainte devant la progression du fascisme et de toutes les intolérances, commentera Guy Thomas[26]. Hélas, la chanson n'est pas dépassée et l'on entend toujours "le bruit des bottes", même si celles-ci ne sont pas toujours militaires : il y a un fascisme complet-veston qui gagne du terrain et qui est tout aussi dangereux. La chanson a eu du succès, encore qu'on ne l'ait pas beaucoup entendue à la radio[27]. » On n'entendra pas davantage *Le Singe*, plongée dérangeante en « jardin d'acclimatation », sinon en illustration musicale des enquêtes télévisuelles de Daniel Karlin et Tony Lainé, *La Raison du plus fou* ; cet endroit où « On pense à tout c'est magnifique », sauf à la liberté qui, quel que soit le lieu, quelle que soit la forme, ne « fleurit pas dans les prisons », renvoie forcément aussi à l'Union soviétique de ces années Brejnev, et Thomas a d'abord voulu écrire « un chant contre tous les conformismes et toutes les cages » à la suite d'expériences personnelles : « Je connais ces endroits et c'est d'ailleurs au cours d'une visite d'aliénés que je l'ai écrit, sur place. Sa diffusion par Ferrat et le fait que le pensionnaire d'un asile en a parlé dans *La Raison du plus fou* m'ont valu un extraordinaire courrier de gens qui y avaient séjourné. Cela m'a beaucoup touché[28]. » La troisième chanson, *Berceuse pour un petit loupiot*, emprunte elle aussi le ton de l'ironie et, citant le nom des marques incriminées (Blédine, Hachette, Esso, Dassault...), invite plus que jamais à ne pas se laisser endormir dans une société où tout pousse à consommer, du talc et du lait du « marmouset » aux bagnoles et à l'armement de guerre en passant par des soins médicaux à la déontologie douteuse :

T'auras pas le phylloxéra
Grâce aux vaccins systématiques
Pour engraisser les scélérats
De l'industrie pharmaceutique

En contrepoint serein de ce 30 cm en prise directe avec les soubresauts du monde et de la société, *Je meurs*, *Dans le silence de la ville* et *Mon chant est un ruisseau* apportent un équilibre, où la voix de Ferrat peut se poser dans toute sa gravité fraternelle. *Je meurs* figure une complainte presque souriante au parfum d'irrémédiable assumé, faute d'avoir reçu « Des nouvelles du vaccin-miracle / Qui guérira l'homme de la mort ». Une approche plutôt atypique chez Ferrat, sur un texte de Pierre Grosz [29], qui a déjà écrit à plusieurs reprises pour une grande amie de Jean, Francesca Solleville (*L'Ami d'un soir, Sous le marronnier du jardin*...), mais n'est pas encore très connu [30]. C'est Gérard Meys qui a pris contact avec lui (pour une chanson intéressant Isabelle Aubret) et qui, découvrant sa palette d'auteur, lui demande au débotté sur quoi il est en train de plancher. Grosz sort de sa poche le texte de *Je meurs* qu'il vient de finir, Meys le lit, puis le lui emprunte sans rien dire de précis et dix jours plus tard le rappelle pour lui faire écouter une cassette.

« Là, raconte Pierre Grosz [31], j'entends la voix de Ferrat, et d'émotion je manque tomber de ma chaise ! Il s'accompagnait à la guitare, mais à la fin de la chanson, il se produisait une chose étrange. Après quelques accords, elle s'interrompait. Par la suite, quand j'ai rencontré Jean, il m'a expliqué que c'était Oural [32], avec sa queue, qui avait fait le *shunt* final. » À propos du choix de ce texte sur la mort par Ferrat, il ajoute : « Je me souviens que ça m'a impressionné ; de me dire que, sans se connaître, on avait le même regard sur cette chose de la vie, qui est aussi la fin de la vie. Il a épousé complètement mon expression, il ne m'a demandé aucun changement sur le fond ; ce qui lui a plu, justement, c'était de parler pas sérieusement de quelque chose de malheureusement si sérieux, de parler avec légèreté du sujet le plus lourd qu'on puisse imaginer. [...] J'avais remarqué que dans les enterrements, il y a toujours un moment – quelque chose de grotesque, un raté – où les gens rient beaucoup ; je crois que c'est le fil que j'ai tiré au départ : “Alors moi je ris doucement / Comme on rit aux enterrements.” »

Extrait du *Fou d'Elsa*, *Dans le silence de la ville* enrichit en douceur et en plénitude le compagnonnage avec Aragon, refrain en « la la la » à l'appui, où à l'inverse des bruits naissant « au point du jour » suggérés jadis par Henri Gougaud, vient l'heure nocturne quand « le cœur n'entend plus que lui » :

Ne bouge pas c'est si fragile
Si précaire si hasardeux
Cet instant d'ombre pour nous deux
Dans le silence de la ville

Gougaud revient dans un titre qui lui ressemble, *Mon chant est un ruisseau*, autre moment de grâce poétique au gré d'une adaptation haute couture d'un texte de Vitezslav Nezval, grand poète tchèque décédé en 1958, sur une nouvelle mélodie limpide de Ferrat, ritournelle de flûte en introduction.

Quand le monde sera une étable comblée
Quand les guerres seront finies
Alors buvez mon chant comme du thé au lait
Dans des tasses myosotis

Cette chanson où l'utopie affleure à nouveau ne termine sans doute pas l'album par hasard, et à la fin de l'émission de Jacques Chancel, où elle précède *Un jour un jour*, l'animateur interroge : « Jean Ferrat, vous pensez qu'un jour les gens s'aimeront ? » Et celui-ci répond : « Quand la société sera plus juste, quand les gens ne seront pas soumis à cette exploitation de l'homme, je pense qu'alors commencera peut-être l'époque, le temps, où les gens pourront s'aimer. »

Notes

1. Dont il chante un couplet à la guitare ; *Les Tubes – Magazine treize vingt*, première chaîne, 23 juin 1973.

2. Presque intégralement à partir d'un concert et après une interview, dans *Le temps déborde ou La Closerie des Lilas*, deuxième chaîne, 15 novembre 1973.

3. Deux couplets en public, *François Nourrissier – On connaît la chanson*, deuxième chaîne, 17 octobre 1974.

4. Extrait en voix off sur le générique de *Balle qui roule – Flash*, FR3, 28 avril 1975.

5. *Cadet Rousselle*, deuxième chaîne, 1er février 1972.

6. *Le Luron du dimanche*, première chaîne, 4 mars 1973.

7. Journal télévisé de 20 heures, première chaîne, 20 novembre 1973.

8. *Vivre et chanter en France*, tome 1, *op. cit.*

9. L'année précédente, une photo a bouleversé le monde : celle d'enfants vietnamiens paniqués courant sur une route pour échapper aux bombardements au napalm de l'aviation américaine, et en particulier l'horreur en premier plan d'une petite fille nue qui a arraché ses vêtements brûlants. En 1980, dans le magistral *Assez !*, où il fustige toute l'« humanerie » contre la terre et contre les êtres vivants, Claude Nougaro lui dédiera ces mots terribles : « Assez ! Assez ! / Crie la petite fille en flamme / Dans son dimanche de napalm / Éteignez-moi je vous en prie. »

10. Le 8 avril 1973.

11. C'est au petit matin du 25 avril 1974 la diffusion à la radio d'une chanson interdite de Jose Afonso, *Grândola Vila Morena*, qui donna le signal...

12. Le 9 août 1974.

13. Le 14 novembre 1975 sur Antenne 2.

14. Alors capitale du Nord-Vietnam.

15. Capitale du Cambodge.

16. *Le Figaro*, 2 mai 1975.

17. Quelques mois plus tôt, en juin, le quotidien revendiqué de la « droite libérale » avait été vendu (par Jean Prouvost) au magnat de la presse Robert Hersant, ce qui avait provoqué le départ d'une cinquantaine de journalistes.

18. Nguyen Van Thieu, colonel de l'armée sud-vietnamienne, président du Vietnam du Sud de 1965 à 1975.

19. Mathématicien interné depuis 1973 dans un asile psychiatrique.

20. Du 15 novembre 1975.

21. En particulier, le Syndicat français des artistes (SFA-CGT) rappelle que d'autres interprètes, Catherine Ribeiro, Joan Pau Verdier, Francesca Solleville et Colette Magny ont connu des difficultés analogues, cette même année.

22. Samedi 15-dimanche 16 novembre 1975.

23. En fait, les bureaux de Gérard Meys.

24. Un pur esthète : « Mais qu'y a-t-il de moins tolérant et de plus conformiste que ce médiocre élève d'Aragon (reportez-vous aux textes indigents de ses chansons) qui ne respire curieusement l'air de la liberté qu'à Moscou, Prague et Phnom Penh et s'asphyxie sous la tyrannie qui pèse en France ? »

25. Du 24-30 novembre 1975.

26. *Une autre chanson*, *revue citée.*

27. À noter que, dans cette chanson, il est dit dans le cinquième couplet : « la période / Où j'étais au PSU » Son auteur, Guy Thomas, en a effectivement été membre ; pas Ferrat, qui l'a « signalé » aux hebdomadaires *Témoignage chrétien* (7 au 13 avril 1980) et *L'Express*, ce dernier à la suite d'un article d'Olivier Todd dans le numéro du 29 mars 1980. Le démenti est paru dans l'édition du 12 avril suivant, avec cette précision : « Ce "renseignement" nous avait été fourni par le service de presse du PSU »

28. *Idem.*

29. Auteur qui travaillait déjà avec Michel Polnareff et Michel Jonasz et allait s'illustrer auprès de très nombreux chanteurs et chanteuses : Diane Dufresne, Catherine Lara, Serge Reggiani, Gilbert Bécaud…

30. L'album de Jonasz comportant *Les Vacances au bord de la mer* sortira à peu près en même temps que celui de Ferrat avec *Je meurs.*

31. À l'auteur, mars 2010.

32. Le chien du chanteur, qui inspirera plus tard à ce dernier un émouvant hommage.

Chapitre 23

Bilans

Censure télévisuelle ou pas, ce premier retour public à la vie professionnelle se révèle tout à fait gagnant pour Jean Ferrat ; quelques semaines à peine après sa sortie, le disque s'est vendu à quelque cinq cent mille exemplaires. Joli bilan. Du côté des détracteurs de l'artiste, il va falloir se faire une raison : désormais, chacun de ses albums (certes plus espacés dans le temps) va obtenir un succès énorme, chacune de ses apparitions télévisées y correspondant va battre des records d'audience. À l'automne 1976, il enregistre – sur le label Temey – un mélange d'anciens titres de ses tout débuts[1] (*Eh l'amour !*, *Le P'tit Jardin*, *Regarde-toi Paname...*) et trois inédits datant des années 65-70 : *D'où que vienne l'accordéon*, *Restera-t-il un chant d'oiseau*, *Je ne puis vivre que de toi*. S'il a écrit – sans grande inspiration – le troisième, les textes des deux premiers sont de Claude Delécluse, la référence à l'accordéon de l'un n'étant pas sans rappeler l'ami Francis Lemarque, envolée mélodique comprise, l'inquiétude écologique de l'autre gardant aujourd'hui encore toute son acuité interrogative :

Que restera-t-il sur la Terre
Dans cinquante ans
On empoisonne les rivières
Les océans

Jean Ferrat interprète d'ailleurs cette chanson (ainsi que *Le P'tit Jardin* d'esprit assez cousin, *Eh l'amour !* et *On ne voit pas le temps passer*) au cours d'une émission atypique présentée par son ami Henri Gougaud, dans le pavillon d'une vieille dame qui fête ses quatre-vingt-cinq ans[2]. Le même jour, Jean raconte dans *France-Soir* à Jacqueline Cartier le « grand choc avec le public » qu'il a connu au Palais des Sports en 1972, tout en lui expliquant les difficultés de sonorisation : « Pour le "pop", pour Hallyday, ce n'est pas le problème. Mais pour moi, la musique est un véhicule qui transporte des mots et il faudrait trouver le système de sonorisation qui les porte vraiment à l'oreille de 4 000 personnes. » Et il ajoute pourtant : « Ma plus grande sensation a été de chanter à la Fête de *L'Humanité* en plein jour, on voyait cette marée de 200 000 personnes. »

Peu après, un article paru dans la presse de Drôme-Ardèche[3] donne des nouvelles de Christine Sèvres, qui a trouvé en la peinture un chemin personnel et distinct – de fait – de celui de son mari. Pour elle, la grande différence avec la chanson, c'est de « pouvoir s'exprimer seule sans être obligée de subir chaque soir un examen de passage ». Et quand on lui demande si elle ne s'ennuie pas à Antraigues, elle rétorque illico : « L'ennui, je ne sais pas ce que c'est. J'ai du "matériel" à l'intérieur[4]. » Une bien jolie formule, à laquelle elle a sans doute voulu croire, du moins au début, mais qui masque de fait une tout autre réalité, selon Véronique Estel : « À Antraigues, elle a posé les valises. Pour respirer et profiter de sa vie, de ses envies.

Elle en avait besoin. Elle voulait s'installer à la maison, parce qu'elle adorait les animaux et qu'elle voulait plein de chiens (il y avait déjà eu Oural, puis Java et Machu Picchu, avec la femelle et le petit), et des chats, et une ânesse, et des poules, et des canards... Mais quand on a vécu comme elle à Paris, s'arrêter et partir à la campagne, ça n'a pas été une si bonne chose. Elle avait l'habitude de voir les gens. Elle disait : "Oh, vous viendrez, ce sera super en Ardèche !" Mais ses copains, ils vivaient à Paris. Ils sont venus en Ardèche, ils ont rendu visite. Mais ils avaient leur job, ils n'avaient pas que ça à faire et il en venait de moins en moins[5]... »

Un sentiment que confirme Francesca Solleville en relevant un autre aspect : « Sans vouloir le reconnaître, elle regrettait de ne plus chanter. Elle m'a dit : "J'arrête ! Viens, reste avec moi ! T'as ta maison à côté, il fait quand même tellement plus beau ici !" Je lui ai répondu : "Toi, t'as un mari qui gagne bien sa vie, moi, je n'ai aucune envie de prendre ma retraite maintenant !" Elle a refusé de jouer dans un film complètement fou et surréaliste de Daniel Laloux avec Jean-Pierre Sentier, parce qu'elle avait peur. Peur de recommencer. Quand t'arrêtes, c'est dur de reprendre. Et quand t'as du pognon, c'est foutu ! Des gens comme Colette Magny, Pia Colombo ou moi, on ne pouvait pas s'arrêter, donc, on était obligées d'accepter n'importe quelles conditions de travail ; si on n'avait pas eu à gagner notre vie, on ne l'aurait pas fait[6]... »

Au début du printemps, Michel Drucker présente un *Spécial Ferrat*[7], où, pendant toute la première partie de l'émission, son invité reprend une dizaine de titres choisis en commun (dont le très rare *En groupe en ligue en procession* et *Ma France*) et invite lui-même à découvrir deux jeunes artistes hors norme, Mireille Rivat et Jean Gavine, suivis peu après par Yvan Dautin. En défenseur constant de la chanson d'expression française [8], Jean récidivera à la moindre occasion et – urgence oblige – radicalisera son attitude au fil du temps au point d'interpeller les responsables politico-culturels et d'écrire un article solidement argumenté dans la presse.

Quinze jours plus tard, il apparaît sur le plateau d'*Aujourd'hui madame* [9] où les questions des téléspectatrices présentes abordent diverses sortes de sujets. Si, comme toujours, il doit réexpliquer pourquoi il a arrêté la scène, il réfute le terme de « retraite », parle avec émotion des paysans et réaffirme notamment que s'il est un privilégié, il ne se résout pas à l'injustice et précise que c'est aussi pour essayer d'agir à son niveau, dans sa commune d'Antraigues, qu'il est depuis six ans conseiller municipal et depuis deux ans maire adjoint « sur une liste d'union à direction communiste ».

Cette dernière précision est d'actualité. Depuis cinq ans, les trois grands partis de gauche (socialistes, communistes et radicaux) ont signé le Programme commun ; les 13 et 20 mars viennent d'avoir lieu des élections municipales marquées par une participation importante (78,9 %), et le succès national de ces listes d'union est tel que certains journaux parlent de « raz de marée [10]. » Jacques Chirac [11] a beau devenir le premier maire de Paris, l'arbre ne saurait cacher la forêt, des régions votant traditionnellement à droite comme la Bretagne et l'Alsace ont basculé à gauche. Néanmoins, l'idylle entre socialistes et communistes est sur le point de s'achever. À l'horizon se profilent les élections législatives de 1978, et le PCF souhaite « actualiser » le Programme commun, car malgré ses bons résultats électoraux, il constate que la stratégie d'union a surtout profité au PS, une évolution d'autant plus préoccupante qu'elle confirme une volonté affichée par François Mitterrand. Au lendemain de la signature du Programme commun, n'avait-il pas déclaré lors d'un discours prononcé devant le congrès de l'Internationale socialiste[12] : « Notre objectif fondamental, c'est de refaire un grand parti socialiste sur le terrain occupé par le PC, afin de faire la démonstration que sur les cinq millions d'électeurs communistes, trois millions peuvent voter socialiste. » Dans leurs propositions d'actualisation, les communistes durcissent donc le ton, en particulier en ce qui concerne les nationalisations de grandes entreprises. Après différentes péripéties, la rupture est consommée à la mi-septembre et le résultat du scrutin des 12 et 19 mars 1978 va s'en ressentir : en tête avec plus de 52 % des voix au premier tour, la gauche va être légèrement distancée au second, et le mode de scrutin permettra d'autant mieux à la droite de conserver la majorité au Parlement avec 291 députés contre 200. Premier bilan globalement négatif pour le PCF, qui est désormais relégué au second rang de l'opposition avec un peu plus de 20 % des suffrages, alors que son rival socialiste dépasse les 22, 5 %. On le sait, ce basculement historique ne va faire que s'aggraver…

Si Jean Ferrat vit désormais à un autre rythme, à Antraigues, il ne passe pas son année à pêcher la truite, chercher des champignons, jouer à la pétanque ou au poker. Il agit au sein du conseil municipal : « Je suis maire adjoint, président du comité des fêtes, et aussi membre de la commission des travaux, et les travaux c'est une chose qui est très importante et pour laquelle on a beaucoup de mal, étant donné le peu de subventions qui nous sont octroyées[13]. » Dans le même temps, il assiste aussi, au Podello, à une exposition de peinture de Christine Sèvres.

« Ce qui domine dans l'ensemble des dix-huit tableaux, note Hélène Terrisse pour *Le Dauphiné Dimanche*[14], c'est l'extrême sensibilité, une sensibilité à fleur de peau qui frémit dans les teintes vives des paysages ou s'apaise dans les demi-teintes, si semblable à la vie de Christine. » Et elle ajoute : « Entourée de chaude sympathie, Christine était radieuse. Nous aimons la voir ainsi. Nous souhaitons qu'elle persévère dans cet art qui convient parfaitement à sa nature objective et délicate. » À propos de ces peintures, Véronique Estel se révélera plus nuancée : « Maman n'a pas fait d'expositions en dehors d'Antraigues, en tout cas pas à Paris. J'aime infiniment quatre ou cinq toiles et d'autres moins, qui ne me semblent pas venir de l'intérieur. Mais elle n'en a pas fait beaucoup. Une soixantaine. Pour moi, c'était une interprète, une chanteuse, et sûrement une comédienne ; pas fondamentalement un peintre[15]. »

En avril 1979, Jean Ferrat met en boîte un album assez hétérogène où l'on retrouve les quatre titres édités à l'époque du Palais des Sports (*Mon palais*, *Caserne*, *La Bolchévique* et *Le Petit Trou pas cher*), mais aussi deux chansons créées chacune par ses amies Isabelle Aubret (le sentimental *Diable au cœur* de Cécile Laggiard et l'émouvante *Lettre de Ethel Rosenberg à ses enfants*) et Francesca Solleville (le bonheur quotidien des *Instants volés* de Pierre Grosz et le poético-foutraque *Cheval fou dans un grand magasin* d'Henri Gougaud). Les deux inédits du lot sont *Le chef de gare est amoureux* de Guy Thomas (où malgré le lieu commun bien connu, le plus cocu des deux n'est pas celui qu'on pense) et surtout *Le Tiers-Chant*, un nouvel emprunt au *Fou d'Elsa* d'Aragon :

Te prendre à Dieu contre moi-même
Étreindre étreindre ce qu'on aime
Tout le reste est jouer aux dés

L'impression de « fourre-tout » que suscite cet opus s'explique par la volonté de l'artiste et de son producteur d'intégrer dans un album les quatre titres du super 45 tours (avec *La Boldochévique*) alors épuisé, mais de ne pas les mêler à d'autres morceaux plus anciens : « Ça aurait été une solution bâtarde, dit Jean à Fred Hidalgo [16]. Alors, on a eu l'idée de sortir un 30 cm en complétant ces quatre titres par des chansons que j'avais faites avec différents auteurs pour Francesca Solleville et Isabelle Aubret... Et puis, on en a ajouté une ou deux autres que j'avais faites entre-temps. Voilà l'histoire de ce disque. D'ailleurs, il est sorti sans que je donne une seule émission de radio ou de télé, sans que je voie un seul journaliste. [...] Ça aurait eu un côté désagréable pour moi, de le présenter comme un disque nouveau. » D'autant que ces premiers réenregistrements ne constituent que le prélude d'un véritable marathon : au cours des dix-huit mois à venir, le chanteur va revisiter discographiquement 113 chansons, soit la bagatelle de dix albums. La raison n'en est pas qu'artistique : « C'est bien simple : il se trouve que la maison qui me distribuait (Barclay), et qui avait pratiquement tous mes enregistrements depuis le début, a été rachetée par une multinationale. Si bien que je dépendais tout d'un coup de gens que je ne connaissais pas et qui dépendent eux-mêmes de décisions prises dans un pays étranger par des gens pour lesquels je ne représente sans doute rien, qui auraient eu tout le loisir de supprimer, dans l'avenir, mes chansons de leur catalogue. [...] Alors, on a décidé, Gérard Meys et moi, de tout réenregistrer depuis le début, pour conserver définitivement les bandes de mes chansons, puisque la plupart des enregistrements originaux ne m'appartiennent pas. Et puis, on en a profité, avec Alain Goraguer, pour faire de nouvelles orchestrations, en utilisant toutes les ressources de la technique qui, en vingt ans, a bien évolué[17]. » Il est vrai que la prise de son donne une présence beaucoup plus grande à la voix du chanteur, qui – expérience et recul aidant – en a tenu compte pour améliorer certaines de ses prestations qui ne le satisfaisaient plus.

Le 10 juin 1979 ont lieu des élections européennes, marquées par un fort taux d'abstention (près de 40 %) ; avec plus de 20 % des suffrages exprimés, la liste du PCF conduite par Georges Marchais arrive en troisième position derrière celle de l'UFE de Simone Veil (Union pour la France en Europe, 27,61 %) et celle de l'alliance du Parti socialiste et des radicaux de gauche de François Mitterrand (23,53 %). Une dizaine de jours auparavant, lors d'un grand rassemblement francilien organisé par le PCF à la porte de Pantin, Jean Ferrat a envoyé un mot, lu par le secrétaire général du parti, disant notamment : « Je n'ai pas l'habitude d'écrire des messages. J'aurais aimé écrire une chanson, mais le temps me manque, et Georges Marchais n'est pas un interprète ordinaire. [...] Je voudrais trouver des mots assez forts pour fustiger le grand gâchis qui nous menace, des mots qui viennent du cœur[18]. » Rappelant que d'aucuns l'avaient traité de « passéiste » à propos de *La Montagne*[19], il poursuit : « Si c'est être passéiste que de lutter pour que les gens puissent vivre là où ils sont nés, je le suis. [...] Si c'est être passéiste que de s'élever contre le déclin et la disparition de l'activité économique et culturelle de ces provinces qui font la richesse de la

France, je le serai toujours. » Ce « dialogue » épistolaire avec Georges Marchais va bientôt prendre une autre tournure, nuançant le soutien apporté aux communistes – qui est régulièrement reproché au chanteur[20] – à travers la chanson phare du nouvel album de Ferrat.

Intitulé *Ferrat 80*, celui-ci paraît en novembre et présente une particularité notable : pour la première fois, Jean en a écrit tous les textes et toutes les musiques. Sur la pochette, il se tient debout face à l'auditeur pendant que derrière lui brûle ce qu'il reste d'une maison ou d'un bâtiment. Cette image choc d'un monde en guerre et d'une volonté de ne pas abdiquer devant la violence fait sens, alors que le terrorisme vient de frapper en France comme il avait frappé deux ans plus tôt en Italie[21], alors que l'ayatollah Khomeyni s'empare du pouvoir et instaure la République islamique en Iran[22] et que l'URSS occupe l'Afghanistan depuis le début de l'année pour soutenir le régime pro-communiste local mis en place en avril 1978. Alors en voyage à Moscou, Georges Marchais justifie cette intervention au nom d'accords antérieurs liant l'URSS et le gouvernement afghan, le même Marchais ayant parlé l'année précédente (en mai, dans son rapport présenté lors du 23e congrès du PCF) de « bilan globalement positif[23] » à propos de l'Union soviétique.

Sur une mélodie un peu lourde et répétitive pour laisser délibérément toute sa place au texte, toute sa force de colère et de protestation, Ferrat chante tout haut ce que des milliers de communistes et de sympathisants pensent de moins en moins tout bas. Comme eux, le souvenir au cœur du combat de la « bête immonde » par les Soviétiques et de leur aide aux brigades internationales d'Espagne, il a voulu croire et croire encore, il a « avalé des couleuvres », condamné des prétendus complots de « déviationnistes » en tout genre, accepté des massacres… Mais là, la coupe est pleine et il explose : « Ce socialisme était une caricature. » Et les propos de Georges Marchais, l'emploi expéditif du terme « bilan », lui deviennent insupportables :

Mais quand j'entends parler de « bilan » positif
Je ne peux m'empêcher de penser à quel prix
Et ces millions de morts qui forment le passif
C'est à eux qu'il faudrait demander leur avis

Comment traduire en chanson, transposer de façon plus ou moins poétique un tel sujet mêlant histoire, actualité et convictions politiques ? Déceptions et espoir ? « C'était un sujet qui me tenait à cœur depuis des années et des années, mais que je n'arrivais pas à écrire, reconnaîtra Jean Ferrat auprès de Fred Hidalgo [24]. J'ai commencé cinq trucs différents, j'en ai même achevé certains qui ne me paraissaient pas suffisants. Je me demandais comment j'allais arriver à traiter, dans une chanson, l'une des plus grandes tragédies que l'Histoire ait connues… Les premières versions ne parlaient que du passé, ça ne me satisfaisait pas, il fallait essayer de relier le passé, le présent et l'avenir, c'était extrêmement difficile. C'est pour ça que je n'ai peut-être pas tout à fait réussi cette chanson, dans le sens où elle peut demander à certains une explication qui, pour moi, bien sûr, est évidente… »

Une chose est claire, si Ferrat hausse le ton, il ne renonce en rien à son idéal ni à son combat ; il exige simplement la vérité, la liberté, la transparence, la « vigilance » constante « envers tous les pouvoirs », et prône un socialisme « qu'il faut qu'on réinvente ». Détail fondamental d'écriture et de sens, dans les deux vers du refrain, il passe du « vous » au « nous », comme dans *Nuit et brouillard* il passait du « Ils étaient vingt et cent » à « Vous étiez vingt et cent ». Ici « Au nom de l'idéal qui vous[25] faisait combattre » (« Et qui nous pousse encore à combattre aujourd'hui ») devient très vite « Au nom de l'idéal qui nous faisait combattre ». Cela fera même l'objet d'une demande de droit de réponse de Gérard Meys (l'ami et éditeur de Jean Ferrat) au quotidien *Le Monde* qui avait reproduit « de larges extraits[26] », mais une seule fois le refrain avec « nous ».

Certains journaux argueront du fait qu'ils ne peuvent publier l'intégralité du texte, mais il est clair que quelques-uns d'entre eux – et pas seulement estampillés « de droite » – sauteront surtout sur l'occasion pour tenter d'opposer le chanteur au PCF. Ainsi, sous la plume de Jean Bernard, *L'Express* se fend-il d'un « Ferrat : le retournement[27] » et prétend que « le guérillero passe de l'autre côté de la barricade » ; Ferrat renvoie illico la balle en coup droit : « C'est sans doute ce que souhaiteraient *L'Express* et l'auteur de cet article, mais je vous le dis très nettement : je ne suis pas près de retourner ma guitare[28]. » Et si *Le Figaro* ou *Le Matin* s'en tiennent à « Jean Ferrat critique le PC », c'est Dominique Gerbaud dans *La Croix*[29] qui tape le plus fort, dans un article d'ailleurs très court. Titrant « Ferrat rompt avec le PC », il cite le début du texte du *Bilan* (la dénonciation des crimes staliniens), tronque délibérément le refrain, et lâche : « C'est fini. La coupe de Jean Ferrat est pleine. Il refuse de signer la nouvelle orientation du parti communiste. Son parti. Et c'est "au nom de l'idéal", dit-il plus loin dans l'une des dernières chansons qui vont sortir ces jours-ci, qu'il rompt et qu'il dénonce. » Dans *L'Humanité* datée du même jour, Ferrat, qui en a eu connaissance, dément « totalement » : « Les sentiments et les interprétations que l'on me prête à propos de ma chanson *Le Bilan* ne sont le fruit que de l'imagination de l'auteur de cet article. » Il le confirme, toujours à cette même date, dans *Le Quotidien de Paris*, en réponse aux questions de Georges-Marc Benamou : « Je ne comprends pas. Cet article est un véritable abus de pouvoir. Je ne suis pas d'accord avec ce qu'on raconte là, car c'est jouer malhonnêtement avec ce que j'écris. » Concédant qu'il est en désaccord avec le PCF « sur un point théorique important », mais qu'il partage ses idées sur « l'explication marxiste du monde » et surtout « le renversement du système capitaliste », il poursuit : « Cette lutte contre le capitalisme, il n'y a que le PC qui puisse la mener. On ne fera pas le socialisme en France sans le PC. Lui, le fera peut-être avec d'autres... Je suis même d'accord avec la position du PC par rapport à la rupture de l'Union de la gauche[30]. [...] Que le PC ait des défauts, certainement. Mais qu'on me trouve donc un autre parti qui puisse lutter aussi efficacement contre le capitalisme... » Et Ferrat en profite pour rappeler qu'il n'est pas membre « du parti », et pour déclarer que, malgré ses divergences, il votera pour son candidat à l'élection présidentielle qui aura lieu six mois plus tard.

Ami de longue date de Jean Ferrat qu'il a connu en allant voir chanter Christine Sèvres dans un cabaret (le Port du Salut), Roland Leroy est alors directeur de *L'Humanité* ; l'année précédente, il a été néanmoins écarté de l'instance suprême du PCF, le secrétariat du Bureau politique. Il raconte : « Jean ne m'avait pas dit qu'il avait écrit *Le Bilan*. Ni Gérard Meys. Pour ne pas m'emmerder. Quand je l'ai su, je leur ai téléphoné (il était question que *La Croix* le publie) et j'ai dit : "Moi, je veux le publier !" Je garde un souvenir amusant de mes relations avec

Gérard, qui m'a prévenu : "Il va falloir que tu paies des droits d'auteur !" Je ne sais plus si j'en ai payé, mais ça faisait partie du type de nos relations, et j'ai publié *Le Bilan* dans *L'Huma*, ce qui n'a pas trop plu à Marchais, évidemment ! Ma décision était en tout cas significative de mes relations avec Jean[31]... » Quand on lui rappelle qu'il avait déjà ainsi publié *Un air de liberté* qui attaquait nommément Jean d'Ormesson, alors directeur du *Figaro*, il livre cette étonnante confidence : « J'avais des rapports particuliers avec d'Ormesson. C'est une curiosité de notre relation, nous nous sommes connus enfants ; mon père était cheminot (anarcho-syndicaliste, relativement sympathisant communiste) et sa sœur était mariée avec un jardinier-maraîcher qui habitait une maison mitoyenne du château d'Ormesson, à Ormesson. Le château du cousin. Wladimir. Et d'Ormesson, qui a à peu près mon âge, venait jouer avec ses cousines dans le parc du château, où j'avais accès puisque mon oncle était jardinier. [...] Après, on a eu des relations fréquentes à cause de l'émission *Vendredi soir* sur France Inter[32]. C'est à *L'Huma* que se sont rencontrés physiquement Jean et d'Ormesson (sans doute la seule fois) à l'occasion d'une réception, je crois, pour ma retraite[33]. »

Avec ce *Bilan* choc, dans un contexte où le retour de la gauche au pouvoir semble de plus en plus possible, la rentrée médiatique de Jean Ferrat prend une dimension considérable. Il est à la une de toute la presse, on l'entend sur les radios et, pour la deuxième fois de sa carrière, il se prépare à occuper le petit écran pendant une heure, dans un *Ferrat 80* animé par Michel Drucker[34], où le grand public va pouvoir découvrir ses nouvelles chansons. Cette fois-ci, aucune ne sera interdite au dernier moment, comme *Un air de liberté*[35], dans l'émission de Jacques

Chancel, cinq ans plus tôt. Jean va présenter dix des douze chansons de l'album, y reprendre trois succès majeurs (*Nuit et brouillard*, *Aimer à perdre la raison*, *Ma France*), confirmer à l'animateur, à propos du *Bilan*, que ceux qui l'ont soi-disant « mal compris » vont être déçus (« s'ils comptent sur moi pour faire de l'anti-communisme, ce ne sera pas le cas[36] ! ») et répéter qu'il ne refera de la scène « que quand ce sera, comme pour l'écriture, une exigence profonde ».

Aux antipodes de ce *Bilan*, la chanson de l'album qui va obtenir le plus de succès, *L'amour est cerise*, s'inscrit dans le sillage sensuel d'un *Je vous aime*, empreinte d'une tonalité érotique assumée :

Vertu ou licence
Par Dieu je m'en fous
Je perds ma semence
Dans ton sexe roux

Loin de l'*a priori* « puritain » que certains associent mécaniquement à Ferrat, parce qu'il intervient toujours sur des questions sociales et politiques dans l'espace public, ce titre respire la joie de vivre et la volupté, avec une mélodie entraînante et un refrain en la-la-la qui en font une séduisante chanson populaire, un petit air qui vous entre immédiatement dans la tête et qu'on a envie de fredonner. C'est cela aussi le talent de Jean Ferrat, nourri au lait de l'oiseleur Trenet.

Et quand il dédie *Oural ouralou* à son chien fidèle disparu, il trouve naturellement des mots dévolus à un être cher, un membre de la famille qui nous renvoie le miroir (« Jour après jour il faut l'admettre / Voir ceux qu'on aime disparaître / C'est ce qui fait vieillir trop tôt »), et dans le puzzle implicite de ce disque, ce départ jouxte celui de la vieille mère, désormais seule, placée par son fils en maison de retraite, avec un luxe d'arguments pour masquer l'inévitable mauvaise conscience et la phrase convenue et définitive : *Tu verras tu seras bien*. Une chanson douce-amère qui a été inspirée à Jean par la lettre d'un couple : « Ils ne peuvent pas laisser la mère seule dans sa maison, et ils l'ont convaincue d'aller dans une maison de retraite. Voilà : ils ne peuvent pas faire autrement, et c'est cette perception aiguë de la chose qui m'a touché[37]. »

Au fond, comme la plupart d'entre nous, ce qui taraude encore et toujours Ferrat, c'est sa quête d'une vraie vie, d'un « printemps ininterrompu », mais l'évolution de la société, le fracas de l'actualité ne vont guère dans ce sens. Écrit à mots tendus, sans emphase ni discours, avec ce constat qui revient comme un couperet en fin de couplet[38], après des expressions mortifères (« foulés aux pieds », « grande injustice », « force imbécile », « bêtise épaisse », « bête immonde »...), *J'ai froid* plie mais ne rompt pas et se redresse au final :

Dans tes yeux soudain ivres de colère
La révolte éclaire un grand feu de bois
Quand fera-t-il donc le tour de la Terre
J'ai froid

Deux morceaux plus loin, le chanteur remet le couvert avec une suite terrible de *La Montagne* quinze ans après, à propos de la désertification en marche, dans *Mon pays était beau*, où la musique singulière sait prendre un envol soudain de ses « ailes géantes » :

Mon pays était beau
[...] Jusqu'à ce grand saccage
Personne ne peut plus simplement vivre ici

Le Jean Ferrat maire adjoint d'Antraigues ne manque à ce sujet ni d'arguments ni d'exemples : « L'Ardèche est le premier département où il n'y a plus du tout de lignes voyageurs de chemin de fer. On a dit à ce moment-là : "Il y aura des cars !" Effectivement, il y a eu des cars. Et puis, dernièrement, j'ai appris qu'il y avait un car, qui n'arrivait pas loin, qui partait de Valence – qui est la grande ligne de communication des trains – et qui arrivait dans le coin vers huit heures du soir, et ce car a été supprimé. Et pour arriver dans le pays maintenant, il faut prendre un car à quatre heures de l'après-midi à Valence. Sans ça, les gens ne peuvent pas revenir[39]. » Des propos qui trouvent un écho chez Jean Saussac, le maire d'Antraigues, dans un reportage au village illustrant la même émission : « Il y a eu l'exode. De longue date. La guerre de 14-18 a fait une saignée terrible : ils étaient tous en première ligne, ces Ardéchois ! Ensuite, les crises : la soierie en 1933, 35, 36. Ils ne pouvaient plus vivre ici, ils sont partis s'engager au PLM ou dans la gendarmerie. Et la dernière guerre, vous vous en doutez, n'a rien arrangé. [...] Pour vous citer de mémoire un chiffre, en 1900-1910, il y avait 1 500 habitants dans ce chef-lieu de canton, et maintenant, on est 500. Il en manque 1 000, c'est-à-dire les deux tiers. Disons que maintenant, après un petit mouvement qui s'est dessiné dans ce village, quelques jeunes se maintiennent, pour des raisons non pas tellement économiques, mais psychologiques. Je crois qu'il y a une espèce de dégoût des conditions de vie urbaines, qui les maintiennent un peu ici, par force d'ailleurs. Si Ferrat est venu ici, après le hasard de notre rencontre – un hasard heureux, pour moi en tout cas, et j'espère pour lui –, c'est que Ferrat a dû se reconnaître dans ce pays. Ferrat qui est un ami et que je prends précisément pour une anti-vedette de la chanson, alors que c'est une super-vedette. Qui a toutes les qualités de discrétion, de modestie et peut-être un peu d'apparente rudesse... C'est finalement un portrait de l'Ardèche que je fais en faisant le sien. C'est son pays, c'est sa terre, c'est sa géologie, c'est sa botanique. »

Dans cet album (son quatorzième), Jean Ferrat consacre rien de moins que trois plages à la chanson et au « métier », deux sous des angles ironiques, une en forme de profession de foi à destination des jeunes qui lui écrivent en espérant une aide éventuelle, avec pour beaucoup le rêve déjà entretenu par les médias, de devenir une vedette : *Chanter*. À ceux-là, sans les dissuader s'ils sentent vraiment en eux « Brûler cette petite flamme », Jean parle clair et net, dès le premier refrain :

Il faut s'y jeter à tue-tête
[...] Avec un seul point au programme
Celui de n'être sûr de rien

Avec *Pour être encore en haut d'l'affiche*, qu'il complète dès la fin du premier couplet par : « Faudrait qu'je sussure en angliche / Si j'veux coller à mon époque / Il me faut braire en amerloque », Ferrat dénonce – en s'amusant à jouer les *crooners* à la Sinatra – la déferlante de l'expression musicale anglo-saxonne sur la chanson qui sévit déjà en cette année 1980 : « Je me souviens qu'en 1963 on avait demandé à l'ORTF d'arriver à passer 80 % de chansons françaises, rappelle-t-il alors à Fred Hidalgo [40]. Des promesses avaient été faites en ce sens et en réalité, au cours des années, le pourcentage de chansons françaises et étrangères diffusées par la radio d'État s'est équilibré à 50-50. Et en 1979, paraît-il, les statistiques étaient de 60 % de chansons françaises diffusées sur France Inter et 40 % de chansons étrangères. Mais c'est toujours remis en question. Quand FIP a été lancé à Paris, on a calculé que la station diffusait 70 % de trucs étrangers. [...] Je pense que le fait qu'il y ait 90 ou 95 %, je ne sais pas exactement, de la production phonographique française entre les mains de sociétés multinationales, en général nord-américaines, anglo-saxonnes, influe d'une manière déterminante sur les médias et leur programmation. » Et pour Ferrat, une chose est claire : « Il faut l'intervention du pouvoir politique pour défendre la culture française. Et l'État en a les moyens ! »

Après cette mode « angliche », qui ressemble souvent à une autocensure inconsciente, le troisième titre, *Quand on n'interdira plus mes chansons* (« Je serai bon à jeter sous les ponts »), aborde la censure à la télévision, un sujet que Ferrat connaît mieux que quiconque dans son domaine. Plus soucieuse de coups d'estoc que de finesse, comme un certain nombre d'autres de ses charges passées et à venir (mais au moins est-il le seul à avoir avec constance tenu ce cap salutaire), elle a le mérite de rappeler des vérités et d'inciter à la vigilance. « La télévision n'est pas très ouverte aux jeunes qui ont quelque chose à dire, quelque chose de dérangeant, dit-il à Jean-Pierre Hauttecœur de *La Croix*[41]. Ils ont peur d'une chanson. Car ça peut avoir un impact extraordinaire. La télévision n'est pas suffisamment mûre pour accueillir toutes les formes d'expression. Il m'aura fallu vingt ans pour m'imposer, pour élargir la brèche. »

Des trois dernières chansons de ce disque, on oubliera sans regret la très misogyne *Bourrée des trois célibataires*, dont le titre fleure déjà le raffinement et qu'on mettra sur le compte d'une de ces « failles » concédées à l'occasion par son auteur[42]. En revanche, *J'aurais tellement voulu* cultive une autre fibre à l'heure où le chanteur frise la cinquantaine et dresse une amorce de bilan plus intime, une déclinaison d'un de ses anciens titres d'Aragon : *Au bout de mon âge*.

Qu'aurais-je été qu'aurais-je été
Sinon cette vallée que tous les vents traversent
Mes certitudes ballottées
Ces mots à peine éclos à mes lèvres qui gercent
J'aurais tant voulu vivre un monde heureux

Quant à la toute dernière chanson de ce disque dense et contrasté, elle apporte dans sa simplicité même une espèce d'apothéose dans sa quête à la fois obstinée et sereine d'embellir la vie.

Écris quelque chose de joli
Des vers peut-être ou de la prose
Un instant de rêve et de pause
[...] Que tu nommerais l'embellie

« Et puis, peut-être, comme le suggère Georges Bégou[43], ne faudrait-il pas oublier, au-delà des discours, que Ferrat est chanteur. Sa voix, aux couleurs de l'automne, a la chaleur fraternelle d'un feu de bois. »

Notes

1. Initialement sortis chez Decca.

2. *Restez-donc avec nous le mardi*, TF1, 9 novembre 1976.

3. Sous la signature de Véronique Lardy, le 20 décembre 1976.

4. À l'extérieur aussi, d'ailleurs, puisque, « pour faire plaisir aux copains », un 30 cm de compilation sort à la même époque hors commerce avec l'accord de CBS ; mais pas question pour autant pour l'ex-chanteuse de repiquer au métier, sauf fugacement en studio pour réenregistrer *La Matinée* avec Jean.

5. À l'auteur, entretien cité.

6. À l'auteur, en vue de l'article de *Chorus* n° 11.

7. *Les Rendez-vous du dimanche*, TF1, 27 mars 1977.

8. Et de sa liberté… Après l'apparition de comités « anti-Sardou » depuis l'année précédente (en réaction particulière à sa chanson *Je suis pour*) et de manifestations lors de ses concerts, d'abord en Belgique puis en France, il soutiendra le chanteur (comme Montand, Reggiani, Lavilliers, Le Forestier…) et répondra à ce sujet à Michel Drucker dans *France-Soir* (dimanche 27-lundi 28 mars) : « Je trouve très choquante l'attitude d'un certain public à l'égard de Sardou, dont je ne partage évidemment pas l'idéologie. Quelles que soient ses opinions, un artiste doit pouvoir s'exprimer librement. »

9. Deuxième chaîne, 14 avril 1977.

10. *Le Monde*, 22 mars 1977.

11. En désaccord patent avec le président de la République, il a donné sa démission de Premier ministre en août 1976 (remplacé par Raymond Barre) et créé le RPR (Rassemblement pour la République), clairement conçu comme un support privilégié de reconquête du pouvoir.

12. Le 27 juin 1972. Cité par Jean Lacouture, *Mitterrand, une histoire de Français* (Le Seuil, collection « Points », 1999).

13. À Georges Bégou, Antenne 2, JT de 20 heures, 17 novembre 1980.

14. Du 26 août 1979.

15. À l'auteur, entretien cité.
16. Pour *Paroles et Musique* n° 7, février 1981.
17. À Fred Hidalgo, entretien cité.
18. *L'Humanité*, 2 juin 1979.
19. Les manifestations paysannes de cette année 2010 et le désarroi sans précédent des agriculteurs français montrent que par-delà ses qualités artistiques propres, cette chanson était au contraire prémonitoire et que, consciemment ou non, cela n'est sans doute pas étranger à son caractère emblématique et à son succès continu, génération après génération.
20. Notamment dans un article de Favilla (*Les Échos*, 27 juin 1979) attaquant vivement Ferrat, coupable de ne pas s'indigner devant les drames vécus par les « boat people » du Sud-Vietnam – opposants fuyant sur des embarcations de fortune le régime communiste qui a réunifié le pays –, alors qu'il avait violemment apostrophé Jean d'Ormesson du *Figaro* dans *Un air de liberté* : « "Le poète a toujours raison", a-t-il écrit dans une autre de ses chansons. Voire ! »
21. À Paris, le 3 octobre, un attentat devant la synagogue de la rue Copernic a fait quatre morts et de nombreux blessés ; à Rome, le 9 mai 1978, on a retrouvé le cadavre d'Aldo Moro, président de la Démocratie chrétienne, assassiné par les Brigades rouges (groupes armés italiens d'extrême gauche) après plus de cinquante jours d'enlèvement. Avec Enrico Berlinguer, secrétaire général du PC italien, ils essayaient d'élaborer un « compromis historique » entre leur deux formations.
22. Par référendum du 1er avril 1979. Drôle de poisson !....
23. Le 10 avril 1990, lors de *L'Heure de Vérité* qui lui était consacrée par Antenne 2, il déclarait qu'il ne dirait plus les choses de la même façon et précisait : « Je continuerai de dire, en mettant davantage en évidence les erreurs, les insuffisances, mais aussi les réformes auxquelles il faut procéder, qu'il y a des acquis. »
24. Pour *Paroles et Musique*, entretien cité.
25. Malheureusement, dans l'intégrale (Temey) de 1991 comportant les 174 chansons de la période 1961-1991, réenregistrées de 1976 à 1980, cette subtilité essentielle s'est perdue sur le livret, et la chanson y conjugue uniquement le « nous ».
26. Le 22 novembre 1980 (et le droit de réponse le 28).

27. Numéro du 8-14 novembre 1980.

28. Numéro du 29 novembre-5 décembre 1980.

29. Du 7 novembre 1980.

30. À propos de laquelle les socialistes et les communistes se renvoient la responsablité, notamment par la voix de leur leader respectif : François Mitterrand et Georges Marchais.

31. À l'auteur, avril 2010.

32. Émission polémique hebdomadaire (aujourd'hui disparue) en présence d'autres journalistes de tendances politiques différentes : Pierre Charpy, Claude Estier...

33. À l'auteur, avril 2010.

34. Sur TF1, le 22 novembre 1980.

35. Précisément, une loi estampillée « Sécurité et liberté » suscite alors de grandes inquiétudes et le chanteur saisira l'occasion pour convier des représentants des syndicats de la magistrature et de la police, lors du journal télévisé *Midi 2*, dont il était l'invité le 18 novembre.

36. « Nous n'avons jamais eu de désaccords graves, dit encore Roland Leroy ; nous avions des différences que je qualifierais plutôt de nuances. Quand nous avons inauguré l'exposition *Jean des encres Jean des sources* à la Fête de l'Huma (en 2004), j'ai prononcé un discours dans lequel j'ai souligné qu'à mes yeux et dans la vie, si Jean n'était pas membre du parti, c'était un vrai communiste, et bien plus que certains membres du parti... » (à l'auteur, avril 2010).

37. À Jean-Claude Lévy et Dominique Vidal, *Révolution*, 28 novembre 1980.

38. « À propos du Chili, j'ai écrit *J'ai froid*, un an après l'assassinat d'Allende, explique Ferrat, mais ça n'a pas de rapport évident et direct avec le Chili, les gens ne le sauront même pas » (à Jean-Claude Lévy et Dominique Vidal, *idem*).

39. *Midi 2*, Antenne 2, 18 novembre 1980.

40. *Paroles et Musique*, février 1981.

41. Du 21 novembre 1980.

42. « Il ne faut pas toujours identifier un type avec ce qu'il écrit. [...] Je veux dire qu'il y a des failles, des fois. [...] Pour les gens, il faudrait que l'on soit toujours, exactement, comme l'image qu'ils ont de vous, au sommet... C'est un sentiment primaire, mais courant. Il

faut se méfier un peu de cette identification de l'homme avec son œuvre. » À Fred Hidalgo (propos recueillis en décembre 1980, publiés en février 1981, dans *Paroles et musique*, revue citée).

43. *Les Nouvelles Littéraires*, 13 novembre 1980.

Chapitre 24

Deuils, désillusions et cri

Par-delà les appréciations diverses et variées qu'il suscite, cet album pur Ferrat deviendra l'un de ses plus gros succès, dépassant les 850 000 exemplaires vendus en six mois[1]. Déjà, le 12 mars 1981, l'académie Charles-Cros décerne à Jean un prix « In Honorem » du président de la République pour sa série de réenregistrements[2]. Deux semaines plus tôt, événement sans précédent dans le domaine de la chanson, le ministre des Affaires culturelles, Jean-Philippe Lecat, a dédié à cette dernière une conférence de presse. Afin d'annoncer quoi ? D'abord, qu'il quitte son ministère... pour devenir le porte-parole du candidat Valéry Giscard d'Estaing à l'élection présidentielle imminente, et tout de même, quatre mesures qu'il lègue comme une patate chaude à son successeur : création d'un « Centre de formation supérieure des variétés » ; création d'un « Comité de la chanson française » comportant des représentants des radios, de l'industrie du disque, de l'administration, de la Sacem et des auteurs et compositeurs[3] (Michel Legrand, Jean-Loup Dabadie, Guy Béart,

Yves Duteil, Claude Nougaro, Anne Sylvestre) ; soutien à des manifestations concernant la chanson ; aide individualisée à des tournées de chanteurs par l'Office national de diffusion artistique (ONDA) ou par l'octroi de bourses. « Ces mesures, a déclaré le ministre, correspondent d'abord à la reconnaissance du rôle joué par la chanson dans le patrimoine et l'expression d'aujourd'hui de la culture française à un moment où la chanson française est vivement concurrencée par les produits étrangers. » Dans le mensuel *Paroles et Musique*[4], Fred Hidalgo réagit aussitôt : « Nous aimerions croire à cette "reconnaissance". Mais pour ne pas s'attaquer aux racines mêmes du mal, sans cesse exposées dans nos colonnes par les chanteurs que nous interrogeons (emprise chaque jour plus grande des multinationales anglo-saxonnes sur le marché du disque francophone, facilitées en cela par la politique financière des pouvoirs publics et des médias audiovisuels), ces mesures nous font trop penser à un mauvais replâtrage de l'édifice de la chanson française, [...] à une période trop évidemment électorale. » En d'autres termes, le *Magouille blues* troussé un septennat plus tôt par l'irrévérencieux François Béranger garde toute son actualité.

Il est vrai que l'affrontement électoral qui se présente promet d'être historique. En ce printemps 1981, la situation sociale et politique en France s'est dégradée : importants mouvements sociaux dans la sidérurgie, inflation supérieure à 10 % par an après le second choc pétrolier, chômage en hausse avec plus de 1 600 000 demandeurs d'emploi... Malgré la rupture de l'Union de la gauche, celle-ci semble avoir des chances de l'emporter, la droite se révélant tout aussi divisée et une dizaine de candidats étant en lice pour le premier tour du dimanche 26 avril, où la participation dépasse les 81 %. Giscard d'Estaing arrive néanmoins en tête avec 28,3 % des suffrages devant François Mitterand (25,8 %), Jacques Chirac (18 %), Georges Marchais (15,3 %), les autres candidats allant de 1 à près de 4 % pour l'écologiste Brice Lalonde[5]. Malgré le vote promis par Ferrat au représentant du PC – que, craignant le « danger communiste », beaucoup d'électeurs de gauche ou centristes n'ont pas imité –, le score très décevant de Marchais (dix points de moins que son « rival » socialiste) change la donne. Résultat : Mitterrand est élu le 10 mai 1981 avec près de 52 % des voix, et après vingt-trois ans d'abstinence, la gauche revient au pouvoir. Elle y revient même tellement que, dans la foulée, l'Assemblée nationale est dissoute et les élections législatives des 14 et 21 juin provoquent l'émergence d'une véritable « vague rose » : avec quelque 38 % des suffrages exprimés dès le premier tour, les candidats socialistes et radicaux de gauche (MRG) vont obtenir au second 285 sièges (soit la majorité absolue, qui en requiert 246), les communistes 44, le RPR de Chirac 88, l'UDF de Giscard 69. Le nouveau Premier ministre, Pierre Mauroy, fait entrer quatre communistes dans son gouvernement : Charles Fiterman (Transports), Anicet Le Pors (Fonction publique), Jack Ralite (Santé), Marcel Rigout (Formation professionnelle). Très vite, de grandes réformes sont mises en œuvre, tant du côté des nationalisations que de la retraite à soixante ans, la cinquième semaine de congés payés, la création d'un impôt sur les grandes fortunes (ISF)... et l'abolition de la peine de mort votée au Parlement en septembre[6]. Pour autant, l'inflation et le chômage continuant de s'accroître, le ministre de l'Économie et des Finances, Jacques Delors, décide de mettre la pédale douce ; d'autres réformes importantes vont avoir lieu, la légalisation des radios libres, la loi sur l'audiovisuel créant une Haute Autorité indépendante… qui généreront beaucoup d'espoirs – notamment dans le petit monde de la chanson –, mais les rêves fous du « changement » insufflés par la soirée du 10 mai prennent bientôt l'eau et déboucheront sur une politique de « rigueur » provoquant le départ des ministres communistes en 1984.

Pour l'heure, à titre personnel, Jean Ferrat, traverse un des moments les plus douloureux de sa vie : le décès de sa femme, Christine Sèvres, à Marseille, le 1er novembre 1981, trois jours à peine après son ami Georges Brassens[7]. L'alcool, dont elle abuse depuis plusieurs années, comme pour cautériser cette plaie existentielle qui la brûle, aura sans doute précipité sa fin : « Il y avait un côté tragique chez Christine, et aussi désespéré, d'une certaine manière, reconnaîtra Jean Ferrat quelques années plus tard[8]. Elle parlait toujours de rigueur ; elle la pratiquait dans une certaine mesure dans son métier, mais pas du tout dans sa vie. […] Au fond, je crois qu'il y a toujours eu en elle un regret de ce qu'elle n'avait pas pu être. » Bien sûr, il est toujours facile de réécrire l'histoire et de se poser en juge. Certains fans de Christine ont reproché à son mari, chanteur célèbre, de ne pas lui avoir offert davantage de chansons. La vie au quotidien n'est pas si simple. Sans doute aurait-il pu faire plus, mais il menait une carrière peu évidente face au système en place et, c'est connu, il « accouchait dans la douleur » pour boucler son 30 cm annuel. D'autre part, Christine était très exigeante et une grande partie de la production de Jean ne lui convenait pas. « Moi, je ne veux pas du tout le défendre, je n'ai pas à le défendre, dit Véronique Estel[9]. Peut-être a-t-elle dit une fois : "Il aurait pu m'en écrire, m'en donner" (interpréter des chansons et les créer, c'est autre chose), mais, en tout cas, on peut dire que Jean a fait deux choses originales pour sa femme : il lui a écrit une chanson sur mesure (*Tu es venu*) et il a chanté en duo avec elle (*La Matinée*), ce qu'il n'a jamais fait avec aucune autre femme [10]. » Au cours de l'année suivante, le 30 cm publié « pour les copains » en 1976 sera réédité par son label maison (Temey).

Dans le même temps, le label réagit vigoureusement auprès de la firme Musidisc qui vient de racheter le catalogue Decca et réédite dix titres des débuts de Jean, avec notamment *Les Yeux d'Elsa* et *Notre concerto*, adaptation d'un succès italien qui ne marquera guère les esprits en France. Le problème vient surtout d'une autre chanson, *Le Polonais*, soudain promue titre du disque pour des raisons cyniquement commerciales liées à une actualité dramatique. Depuis décembre 1981, en effet, le général Jaruzelski, chef de l'État et du Parti communiste en Pologne, a durci le ton, répondant aux mois de grève menée aux chantiers navals de Gdansk, en décrétant l'état de guerre, en dissolvant le syndicat ouvrier Solidarnosc et en arrêtant ses principaux dirigeants dont Lech Walesa. « J'avais enregistré *Les Yeux d'Elsa* en studio, explique Ferrat, mais je n'avais pas voulu la sortir. Le catalogue Decca a été racheté, revendu, et la dernière maison en date s'est trouvée avec les bandes. Bien entendu, ils ont sorti cette chanson et ils l'ont mise sur un 30 cm avec une autre qui s'appelait *Le Polonais* et qui n'était pas celle que je préférais. Et sur la pochette, en gros : *Le Polonais*... Mais on est intervenu et ils ont retiré ce disque. Il y a eu une autre édition dans laquelle ils ont suprimé *Le Polonais* et *Les Yeux d'Elsa*. Le titre de l'album est devenu *Eh l'amour*... Donc, il y a eu une édition presque pirate ! Ah, je n'étais pas content quand j'ai vu ça ! Mais on a attaqué tout de suite et on a fait saisir le disque. Profiter des événements de Pologne en mettant *Le Polonais* en titre, c'était honteux[11]... »

Autre deuil moins intime pour Jean Ferrat, un an après le départ de Christine, le vendredi 24 décembre à 0 h 05, Aragon « s'éteint » à son domicile parisien de la rue de Varenne. Dès le lendemain, jour de Noël, *L'Humanité* lui consacre la quasi-intégralité de son édition, à la mesure de l'émotion considérable qui gagne en France et dans le monde devant la disparition d'un des géants du siècle[12]. Chacun et son contraire y va donc de son éloge funèbre. « Est-ce que la politique empêchera la moitié des Français de pleurer Aragon ? écrit Jean Dutourd de l'Académie française, dans sa chronique de *France-Soir*[13]. Qu'importe qu'il ait été communiste ! C'était un poète immense, fécond comme Hugo, savant comme Maurice Scève, beau comme Lamartine, musical comme Nerval, fou comme Rimbaud, romanesque encore à quatre-vingts ans. » Exposée dans son cercueil depuis le matin même dans le grand hall de l'immeuble du PCF, place du Colonel-Fabien[14], avant l'éloge de Georges Marchais puis du Premier ministre Pierre Mauroy, la dépouille d'Aragon devait ensuite, selon ses vœux, être inhumée dans l'intimité, aux côtés de celle d'Elsa Triolet, dans le jardin de sa propriété de Saint-Arnoult-en-Yvelines. Le même *France-Soir* consacrait une page intérieure entière au poète, avec ce sur-titre : « Avant Georges Brassens, Jean Ferrat, Léo Ferré, Yves Montand, Catherine Sauvage », et ce titre : « C'est André Claveau qui, le premier, chanta Aragon. » Dans le corps de l'article, signé Yvon Samuel, l'auteur évoque un peu Brassens et Ferré (ainsi qu'Hervé Vilard, que le défunt était allé voir à l'Olympia), mais cite seulement deux ou trois fois Ferrat, que l'on aperçoit à moitié sur une photo montrant Louis, Elsa, Isabelle Aubret et François Mitterrand... Bref, que de l'ordinaire dans la « grande presse ». Quelques semaines plus tard, dans *Paroles et Musique*[15], le chanteur Jacques Bertin[16] relève ce type de nonchalance, pour ne pas dire de mépris d'un art populaire : « Aragon est mort. Monsieur X écrit dans un grand quotidien national qu'au milieu de son génie, le poète s'était permis "quelques œuvres moins ambitieuses", destinées à être transformées en chansons. Je m'y attendais. [...] Cette fois, ça ne marche pas ; la poudre est mouillée. Aragon, cher monsieur, n'a pas publié des vers plus ou moins ambitieux. Il a publié des vers dont certains, longtemps après, ont été mis en musique. » Et Bertin, qui se permet « d'éclabousser le génie », voire « d'insulter les dieux » en « émettant des réserves » sur l'œuvre, poursuit : « Il faut dire que, là comme ailleurs, les adaptateurs, Ferré et Ferrat en tête, ont dû tailler dans le bavardage, élaguer les redites, afin de dégager l'essentiel. [...] Son immense mérite est d'avoir été le grand auteur de chansons du siècle. Celui qui prouva qu'écrire en vers chantables est un art noble. »

La présence de Pierre Mauroy au siège du PCF et son accord pour prononcer l'éloge du poète après Georges Marchais tiennent également au fait qu'Aragon était un membre influent du Parti communiste. « À l'Hôtel Matignon, écrit Jacques Malmassari[17], personne ne cherche à dissimuler que l'année 1983 sera difficile et chacun est conscient que ce n'est pas le moment de laisser apparaître des failles dans l'Union de la gauche. Tout ce qui, en revanche, peut mettre en relief la solidité des liens du PC et du PS est privilégié. Ce n'est évidemment pas que cela qui conduit ce matin Pierre Mauroy au siège du Parti communiste, mais ce n'est pas non plus que la poésie. » Après la désillusion des élections cantonales du mois de mars, où la gauche a perdu huit présidences de conseils généraux, le scrutin municipal des 6 et 13 mars 1983 confirme la tendance et vire à la défaite : la gauche perd trente et une villes de plus de trente mille habitants et à Paris les listes RPR de Jacques Chirac remportent tous les arrondissements. À Antraigues, après deux mandats au conseil municipal, Jean Ferrat a décidé de ne pas se représenter. En juillet 1984, aux élections européennes, c'est pire : le PS n'obtient que 20,8 % des suffrages, le PC dégringole à 11,2 %, mais le RPR et l'UDF réunis sur la candidature de Simone Veil atteignent 43 %, et l'on assiste à l'émergence du Front national de Jean-Marie Le Pen, qui talonne le PC avec 10,95 %.

Quelques mois plus tôt, alors que le nouveau Premier ministre, Laurent Fabius, développait son plan de rigueur, Yves Montand avait animé une émission de télévision intitulée *Vive la crise*[18], le quotidien *Libération* publiant dans la foulée un numéro spécial soutenant cette politique de rigueur à ses yeux inévitable et considérant comme « archaïques » ceux qui la combattaient, à commencer par le PCF et la CGT. De manière directe ou larvée, c'est ce type d'argument qu'opposeront aux chansons citoyennes de Jean Ferrat ceux qui s'attacheront à déconsidérer son combat, et ce jusqu'après sa mort. Justement, *Le Rouge et le Rose*, l'album très politique que Jean Guidoni vient de sortir s'ouvre sur un terrible *Tout va bien* signé Pierre Philippe et Astor Piazzolla, qui imagine l'horreur fasciste en marche et son déferlement sur la capitale, avec ce couplet saisissant :

J'ai fait un grand détour pour ne pas rue Royale
Contempler le charnier où grouillent encore les rats
C'est là où fut dit-on abattu Jean Ferrat
Et le vent apportait des musiques martiales

« Ferrat était ravi. Très fier. Et il est venu me voir plus tard au Cirque d'Hiver, se souvient Jean Guidoni. C'était un hommage, presque une manière de le mythifier : tout d'un coup, il devenait le symbole de la gauche, de la résistance. Mais il prenait ça aussi avec beaucoup d'humour[19]... »

Le disque qu'il se prépare à sortir en novembre 1985 montre qu'il n'a rien perdu de sa détermination, mais première surprise, à l'inverse du précédent opus où il avait écrit tous les textes, Jean n'en signe aucun, Guy Thomas (l'auteur musclé de *Caserne*, du *Bruit des bottes* ou du *Singe*) prenant le relais exclusif. « C'était une idée que j'avais depuis plus de dix ans, parce qu'il m'avait déjà envoyé plein de textes intéressants, explique le chanteur à Fred Hidalgo[20]. [...] L'an dernier, j'ai trouvé que le moment était venu de mettre mon idée en pratique, j'ai commencé à travailler à l'automne et en mars c'était terminé : j'avais mis une vingtaine de textes en musique. Finalement, je n'en ai gardé que quatorze, [...] j'ai choisi ceux qui me sont particulièrement proches. Et puis, s'il n'y a pas eu une virgule de changée pour certains, pour d'autres on a travaillé ensemble d'une manière assez approfondie jusqu'à les remanier complètement. Il y a eu une telle collaboration que, par l'ensemble des thèmes, par l'écriture, par la sensibilité, par la progression à l'intérieur des chansons, c'est un disque que j'assume tout à fait. »

Son articulation même – qui ne saurait tenir au hasard – donne aux trois chansons plus ou moins directement politiques une position-clé : au début, au milieu et à la fin. Sorte d'écho radicalisé à *Je ne chante pas pour passer le temps*, la première et éponyme *Je ne suis qu'un cri* peut paraître en contradiction avec l'amour des arts (« Je ne suis pas littérature / Je ne suis pas photographie / Ni décoration ni peinture / Ni traité de philosophie ») et sa chute (« Je suis la détresse infinie ») semble surtout correspondre aux angoisses de Guy Thomas. Lequel confiera à Albert Faust[21] : « Je suis de nature optimiste mais cela ne m'empêche pas d'avoir peur. L'histoire ne se répète pas... de la même façon. Oui, il y a la montée des fascistes : à Dreux, à Gardanne (et depuis, à Vitrolles). Je sais qu'en 1933 les Allemands croyaient qu'Hitler était provisoire... Et puis, lorsqu'ils sont là, il n'y a pas d'après, pas d'alternance. Je fais tout de même confiance aux enfants tout en regrettant qu'on ne leur ait pas évité cela. »

Au beau milieu de l'album, *La Porte à droite* en constitue le titre choc, rentre-dedans, que Ferrat et Thomas ont – de l'aveu du premier – « beaucoup travaillé ensemble ». Musique vigoureuse à l'appui, il s'inscrit dans une continuité : après avoir visé la droite (*Un air de liberté*), les communistes (*Le Bilan*), Ferrat s'en prend aux socialistes, désormais au pouvoir avec leur régime de « rigueur », leur « réalisme politique ».

La porte du bonheur est une porte étroite
On m'affirme aujourd'hui que c'est la porte à droite
Qu'il ne faut plus rêver et qu'il est opportun
D'oublier nos folies d'avant quatre-vingt-un

S'il insiste sur le peu de temps qui s'est écoulé depuis 1981, en regard des dizaines d'années dont a disposé la droite depuis la Révolution française, il avoue sa déception devant ce qu'il considère être « une simple alternance politique, pas une remise en cause des fondements de la société[22] ». Dans ce même entretien, s'il salue certaines évolutions d'abord perceptibles dans le discours (« On entendait parler enfin de choses qui m'ont toujours été proches, comme la justice sociale ») et des réformes « que la droite n'aurait jamais faites, comme l'abolition de la peine de mort », il constate avec regret : « Pour le reste, nous vivons toujours dans une économie de type capitaliste, et comme tous les problèmes sont liés, nous y sommes tous soumis, moi pour vendre mon disque comme vous votre revue si l'on veut propager efficacement les idées que l'on défend. C'est une lutte bien connue entre la culture et l'économie... Mais si l'on cède aux seuls critères de la gestion capitaliste, inévitablement, il faut restreindre les progressions dans le domaine social. » Une critique du Parti socialiste que Guy Thomas formulera en termes beaucoup plus sévères, avec douze années de recul[23] : « Le bilan est là aujourd'hui. *Quid* des promesses d'avant 81 ? Il y a eu les choses positives que l'on sait, mais aussi les fleurs sur la tombe de Pétain, les rendez-vous avec Bousquet[24], la volonté de marginaliser le PCF, les politiques antisociales... La porte à droite : ça, un programme de gauche ? »

La dernière chanson du disque, *Les Cerisiers*, fait sens et renvoie explicitement à l'esprit révolutionnaire de Jean-Baptiste Clément (« Ah qu'il vienne au moins le temps des cerises / Avant de claquer sur mon tambourin ») et à celui de la Commune « qui soufle encore au cœur de Paris ». La réaffirmation s'il était besoin d'une conception du monde qui, au passage, balance une baffe vigoureuse à ceux qui ont oublié qu'ils avaient chanté de tels couplets :

Moi si j'ai connu des années funestes
Et mes cerisiers des printemps pourris
Je n'ai pas voulu retourner ma veste
Ni me résigner comme un homme aigri

À Fred Hidalgo[25], qui lui demande si ces allusions visent un « certain chanteur », Jean Ferrat répond : « Non, ça ne s'adresse pas à "lui" spécialement, mais à tous les gens qui cultivaient cet idéal [...] et qui l'ont abandonné depuis : je ne condamne personne, je ne suis pas un juge, mais je constate[26]. » Yves Montand, lui, ne l'entendra pas ainsi. « Outré », selon le mot de Guy Thomas, il se procurera son numéro de téléphone et réagira illico : « J'ai eu droit à une engueulade de plus de dix minutes, il m'a traité d'intello qui n'a rien compris, de Béria[27], de type qui a beaucoup de talent et que c'en était d'autant plus grave... Je n'ai pas pu placer un mot. [...] Il était paraît-il coutumier du fait[28]. »

Si ces trois chansons bénéficient de mélodies inspirées que facilitent le refrain, ce n'est pas le cas pour plus de la moitié des autres, ce qui induit une certaine monotonie ; par ailleurs, quoi qu'en dise Jean Ferrat, malgré la voix intacte et les arrangements classiquement adéquats d'Alain Goraguer, on ne retrouve pas entièrement ici la chaleur humaine qui se dégageait de ses précédents albums. À l'inverse d'un Gougaud qui tire toujours vers le ciel (le soleil, l'avenir), il y a chez Guy Thomas une constante de règlement de compte personnel avec la religion, les femmes, les institutions... Certes le chanteur l'avait accepté, reconnaissant qu'il n'aurait « peut-être pas écrit » des titres qui l'amusent beaucoup comme *Le Kilimanjaro* ou *Vipères lubriques* (variations épicuro-sexuelles, aux accents orientalistes et anticléricaux en diable), et qu'il les avait choisis précisément à cause de cela. Neuf ans plus tard, il confirmera[29] : « Oui, ça me plaît toujours, sa façon de voir les choses, son emploi des mots quelquefois fracassants, durs, tout à fait agressifs dans certains cas, pour certains sujets. » Et quand on lui objecte : « On a l'impression que ce n'est pas vous, il y a beaucoup moins de tendresse », il répond : « Justement, ça m'a plu parce que je ne l'aurais pas fait ! C'est le contraire d'Aragon si vous voulez ! Autant, quand je mets en musique un texte d'Aragon, je le chante parce que j'aurais pu l'écrire moi-même ("j'aurais pu", entre guillemets), mais Thomas, c'est une forme différente de la mienne. » Concernant ses piques continuelles contre l'Église, d'une nature moins politique, plus épidermique qu'une satire comme *Le Sabre et le Goupillon*, il concède : « Ah ! Il bouffe du curé, c'est sûr ! C'est plus jeté, comme ça… Mais lui, il a été marqué par son enfance religieuse et par tout ce qu'on lui a imposé pendant toute sa jeunesse. Une partie de ce que vous dites est vrai. C'est sûr. Mais c'est ça qui m'a plu. »

La tendresse affleure néanmoins dans *Comptine pour Clémentine* (« une ballade très jolie et très amoureuse » aux yeux de Jean[30]) et deux titres liés à l'enfance : l'un en résonance avec *Le Singe* et les milieux psychiatriques, *Viens mon frelôt* (Viens mon frelôt viens ma pelote / Ma tendresse ma liberté / Dans ce jardin barricadé / Pour les dingos pour les dingottes »), l'autre (*Petit*), dans le droit fil de *La Leçon buissonnière*, en direction d'un gamin « trop » rêveur, abonné aux zéros, mais qui rejette surtout fondamentalement un type de société[31] :

Petit mon dangereux pirate
Les pieds nus dans le caniveau

Mon matelot qui carapate
Après tes voiliers tes vaisseaux

Dans une veine proche mais touchant à l'artiste lui-même et à son rapport avec la nature, essentiel depuis qu'il s'est installé à demeure en Ardèche, les deux autres chansons marquantes de l'album s'intitulent *Le Châtaignier* et *Le Cœur fragile*. La première salue avec reconnaissance un compagnon discret en bois d'arbre, un être vivant, rassurant, qu'il est bon de savoir écouter, par une espèce de *J'entends j'entends* d'une autre fibre :

J'entends les vieux planchers qui craquent
J'entends du bruit dans la baraque
J'entends j'entends dans le grenier
Chanter chanter mon châtaignier

La seconde, *Le Cœur fragile*, prend avec finesse et sans dramatiser des allures de confidence, mais les observateurs avisés doivent se souvenir que l'intéressé est depuis longtemps un grand amateur de poker, qui se plaît volontiers à brouiller les cartes.

Si je meurs un beau soir d'hiver
On dira que c'est d'un cancer[32]
Ou bien d'un truc à quelque chose

Dans l'interview de 1997 avec Albert Faust[33], Guy Thomas relèvera il est vrai : « Ce n'est pas un secret, autant Ferrat que moi-même avons connu ce problème physique. S'il a adopté cette chanson qui a touché à peu près tout le monde, c'est aussi parce qu'il s'est un peu senti concerné : comme dans beaucoup de chansons, il y a une part d'autobiographie. » Ferrat répondra de façon sensiblement analogue, à chaud, lors de l'émission originale *Ferrat 85*[34], enregistrée avec Bernard Pivot[35], pour la sortie du disque. Extrait du dialogue après la diffusion de la chanson : « Vous avez vraiment le cœur fragile ? – Je crois, oui. Au sens propre et au sens figuré. – Non, non, mais je veux dire, vous avez le cœur particulièrement fragile ? – Oui, oui, j'ai eu un pépin il n'y a pas très longtemps ! Mais c'est pas grave… On n'en meurt pas ! »

Dans cette même émission en forme de portrait d'environ une heure et demie, partagée de façon égale entre interview et chansons, Ferrat va en chanter dix nouvelles et quelques anciennes (*Nuit et brouillard*, *Que serais-je sans toi*, *On ne voit pas le temps passer*, *Pour être encore en haut d'l'affiche*…) et aborder de très nombreux sujets : ses origines, ses parents, la déportation de son père, la censure de *Nuit et brouillard* et ses différents autres problèmes rencontrés à la télévision, la disparition des maisons de disques françaises, la mise en musique des poèmes d'Aragon… et bien entendu des questions plus directement politiques liées à la situation française, le compagnonnage du chanteur avec le Parti communiste français… avec pour la bonne bouche deux « constantes » repérées par Pivot : les enfants et l'utopie. « Je n'avais pas remarqué que je parlais aussi souvent des enfants, avoue Ferrat, mais ce sont eux qui vont reprendre le flambeau et il ne faut pas qu'ils se laissent avoir, comme on se laisse toujours avoir ! » Et à la question de l'animateur sur l'utopie : « Vous y croyez vraiment, aux lendemains qui chantent ? », il répond : « L'utopie, je dirai qu'elle est nécessaire ; l'utopie, elle est dans l'homme depuis son origine et je pense qu'elle durera jusqu'à la fin. L'utopie, elle est utopie jusqu'au moment où elle devient réalité. Ça paraît être une vérité de La Palice, mais ça s'est passé fréquemment dans l'Histoire, à des périodes souvent très longues, éloignées. [...] Spartacus, qui luttait contre l'esclavage, à son époque on pouvait dire que c'était un utopiste, parce que l'esclavage ne pouvait pas être aboli à cette époque-là. Et pourtant, il a lutté contre, et l'esclavage, il a fallu deux millénaires pour qu'il soit supprimé. Regardez les philosophes du XVIIIe siècle, par exemple, ils parlaient de la Révolution... c'étaient des utopistes, jusqu'au moment où il y a eu 89 ! Alors, je pense que l'utopie, elle est absolument dans le cœur de l'homme parce qu'elle tend vers quelque chose d'idéal, et les poètes, bien sûr, ils sont particulièrement concernés par l'utopie. »

À l'occasion de la sortie de ce disque et de l'émission de Bernard Pivot, les interviews de Jean Ferrat se sont multipliées dans la presse. Ainsi explique-t-il à Dominique Borde du *Figaro*[36] les raisons du choix de l'animateur d'*Apostrophes* : « Je voulais faire une émission originale. Avec Gérard Meys, [...] nous avons réfléchi et le nom de Pivot est venu sur nos lèvres. Je ne le connaissais pas. On lui a proposé ; l'idée lui plaisait. En vingt-quatre heures, il a donné son accord. C'était pendant les vacances. Ensemble, nous avons mis l'émission au point[37]. » Le fait de s'être en quelque sorte reposé sur les textes (certes aimés, assumés, et qu'il songeait à réunir un jour) d'un ami poète, après un deuil très douloureux et de sévères désillusions politiques, induit une tonalité assez nouvelle chez lui. Dans *L'Humanité*[38], il avoue à Jean-Pierre Léonardini avoir traversé « une période de doute » que les nombreux témoignages d'affection du public l'ont « poussé à surmonter ». Et il ajoute : « C'est vrai, j'ai connu un moment où je n'avais plus l'énergie d'affirmer mes idées et mes sentiments devant tous. Et puis je suis sensible à l'état du monde, à l'incertitude des temps, à l'espoir trahi. La France a peur. On flatte la peur. Quand j'ai vu Montand dans *La Guerre en face*[39], mon sang n'a fait qu'un tour. C'était une émission de guerre froide. C'est pourquoi j'ai signé des deux mains pour exiger qu'en guise de contrepoison soit réalisée *La Paix en face*. À la place, on ne nous a proposé qu'un petit débat. Inacceptable. Je repose la question : quand nous donnera-t-on les moyens de riposter au discours belliciste[40] ? »

Plutôt proche du Parti socialiste, *Le Matin* consacre au chanteur une double page (avec quatre photos, dont un grand portrait) intitulée *Jean Ferrat, la chanson à visage humain*[41]. Il y confie en particulier ses regrets politiques : « En 1969, j'ai écrit *Ma France* qui se terminait par : "Elle tient l'avenir serré dans ses mains fines, celle de 36 à 68 chandelles." Je pensais que 1968 allait porter ses fruits et que, indépendamment de ce qui s'est passé tout de suite après, on allait assister à un changement politique important. Il a eu lieu, mais pas dans les conditions qui permettaient une rupture avec le capitalisme, puisque, pour moi, c'est de cela qu'il est question. » Et après avoir évoqué *La Porte à droite*, *Je ne suis qu'un cri* et *Vipères lubriques*, « un poème antiraciste, antipresse réactionnaire, anti-bigot et pro-homosexuel », Florence Raillard conclut ainsi sa critique de l'album : « Le *Ferrat 85* est peut-être un peu plus libre, plus amoral, plus libertaire. Il s'est trouvé un parolier, Guy Thomas, professeur-poète de Champagnolles dans le Jura, parfait. C'est plus léger qu'Aragon mais ça reste toujours du Ferrat. »

Pour Robert Mallat du *Point*[42], c'est du « Ferrat dernier cri », un disque qui, par le biais d'une chanson, « permet à Ferrat, cinq mois avant les élections, d'affirmer son appartenance à la gauche, "socialistes y compris". Point de vue non conformiste à une époque où le rouge ne fait pas bon ménage avec le rose. » Ce qu'Étienne Borne traduit à sa manière dans *La Croix*[43] : « Jean Ferrat plus gauchiste et libertaire que bon communiste. Son chant fait briller quelques étincelles de cette flamme soixante-huitarde qui est bien, aux yeux des socialistes reconvertis à un républicanisme de *Marseillaise* et d'instruction civique, la plus folle des "folies d'avant quatre-vingt-un". »

Et c'est peut-être dans l'hebdomadaire du PCF, *Révolution* – qui lui consacre deux articles importants, dans deux numéros successifs et avec deux interlocuteurs différents –, que cette singularité politique est la plus flagrante. Dans le premier entretien (avec Jean-Claude Lévy[44]), il se met une fois de plus « en colère » devant la situation de la chanson d'expression en France, dénonçant « la colonisation culturelle dans les variétés », estimant – à l'inverse de son interlocuteur – qu'il est désormais pour un jeune « impossible de percer » et qu'il n'existe aucune relève de chanteurs comme Brassens et Brel, à part peut-être Renaud et Jonasz, « des exceptions ». Reconnaissant certains apports musicaux ici et là, mais associés à des mots qui « ne veulent plus rien dire », il se demande au final « si le sentiment et les idées que la chanson française a toujours véhiculés ne sont pas en train de disparaître ». Dans le second entretien (avec Jean-Paul Jouary[45]), beaucoup plus politique et lié au contenu de l'album, il justifie d'abord son « silence » depuis 1981 par « des raisons strictement personnelles, et rien d'autre... », confirme qu'il ne croit pas qu'on puisse « aménager le capitalisme », mais répond à une question sur la perte d'influence du PCF qui, pour lui, est apparue « à partir du moment où il n'y avait plus de mouvement porteur de l'union. À partir de 1977 »... Et il ajoute « l'œil mi-sérieux mi-amusé » : « C'est une thèse que j'ai, je sais que ce n'est pas la vôtre. » Constatant que « l'opinion publique en général » a fait porter la responsabilité de la rupture de l'Union de la gauche au « parti », il reproche à celui-ci d'avoir été trop intransigeant, « d'autant que la rupture a eu lieu à partir d'un désaccord sur un petit nombre de nationalisations en plus ou en moins ». Il conclut, en se repassant le film des événements avec un soupçon de réalisme désenchanté : « Ce qui me paraît clair, c'est que les gens ne savaient plus, que c'était trop compliqué : plus d'union, puis on vote, puis des ministres, puis ça ne marche pas... Je veux dire qu'il n'était peut-être pas possible de faire autrement, mais qu'en tout cas c'était trop compliqué à comprendre pour les gens. »

Ces réserves n'empêcheront pas Jean Ferrat – comme il l'a toujours répété – de rester un compagnon de lutte du PC. Le 9 décembre 1985, à Paris, aux côtés de Jack Ralite, Bertrand Tavernier, Coline Serreau, etc., il participera à un important rassemblement des professionnels du cinéma au Palais de la Mutualité, très inquiets de l'avènement d'une chaîne télévisée ouvertement commerciale, « la 5 », et du risque de « saucissonnage », d'interruption des films par la publicité, le quota des réalisations françaises y étant ramené à 25 %. Un modeste apéritif en regard de la privatisation-surprise de la première chaîne qui aura lieu six mois plus tard, préludant à la vente de 50 % des parts de l'État au groupe Bouygues.

Notes

1. Et même n° 1 au hit-parade canadien chez Kebec-disc, selon la pub des disques Temey de juin 1981.

2. Parmi les autres prix concernant la chanson figurent notamment : Anne Sylvestre (*Dans la vie en vrai*), Catherine Ribeiro (*La Déboussole*), Andrée Simons (*Le Cœur violon*), Jean Guidoni (*Je marche dans les villes*) et Henri Dès (*Flagada*, volume 3).

3. On apprendra peu après que plusieurs d'entre eux ont découvert leur nomination dans la presse !

4. N° 9, avril 1981.

5. Après avoir obtenu 16 % des intentions de vote, l'électron libre Coluche avait renoncé à se présenter, à la mi-mars, suite à différentes pressions.

6. Le garde des Sceaux qui défend avec détermination ce projet de loi se nomme, bien sûr, Robert Badinter ; le décret d'application paraîtra le 10 octobre au *Journal officiel.*

7. Le 29 octobre à 23 h 15.

8. *Opus*, France Culture, 18 mars 1989.

9. À l'auteur, entretien cité.

10. Sur disque, mais pas en scène ni à la télévision.

11. À Raoul Bellaïche, *Je Chante ! Discographies* n° 6, décembre 1991.

12. « Jean et moi, nous étions ensemble à l'enterrement d'Aragon, se souvient Roland Leroy, et pour une raison toute simple : Jean fêtait son anniversaire en même temps que le Nouvel An (avec ma femme Danielle, nous avons passé plusieurs fois des réveillons à Antraigues). Là, j'ai pris le train à Valence avec Jean, nous sommes remontés ensemble pour les obsèques d'Aragon et redescendus le soir même. Nous étions vraiment très liés... » (à l'auteur, avril 2010).

13. Du 28 décembre 1982.

14. Ce 28 décembre, des milliers de personnes viendront s'y recueillir et assister à l'hommage national, dont des artistes tels Jean Ferrat, Francesca Solleville, Isabelle Aubret, Juliette Gréco... Le pré-

sident de la République, François Mitterrand, n'a pas fait le déplacement ; il est représenté par Jean-Louis Bianco, secrétaire général de l'Élysée, et Jacques Attali, son conseiller spécial.

15. N° 27, février 1983.

16. Auteur-compositeur-interprète, journaliste, Jacques Bertin a obtenu le Grand Prix du Disque de l'académie Charles-Cros dès son premier 30 cm, *Corentin*, en 1967. En 2007, il a donc fêté ses quarante ans de chansons avec un enregistrement public, *Que faire ?*, puis a sorti un nouvel album inédit en avril 2010, *Comme un pays* (Velen). Par ailleurs, il a publié de nombreux livres, dont les derniers aux éditions Le Condottière : *Reviens Draïssi* (écrits sur la chanson) en 2006 et *Une affaire sensationnelle* (roman) en 2008.

17. *France-Soir.*

18. Antenne 2, 22 février 1984. Cette émission prétendument d'une gauche « moderne » réunissait notamment Yves Montand (qui se déclare alors sans rire « de gauche tendance Reagan » et pour un « capitalisme libéral », le jeune Laurent Joffrin et Alain Minc (alors directeur d'une filiale de la compagnie Saint-Gobain), aujourd'hui ami et conseiller très proche de Nicolas Sarkozy.

19. À l'auteur, mai 2010.

20. *Paroles et Musique* n° 54, novembre 1985.

21. *Une autre chanson, op. cit.*

22. *Paroles et Musique* n° 54.

23. *Une autre chanson, op. cit.*

24. Secrétaire général de la police du régime de Vichy d'avril 1942 à décembre 1943, inculpé en 1991 pour « crimes contre l'humanité », avec lequel François Mitterrand entretint longtemps des relations.

25. *Paroles et Musique*, revue citée.

26. Dans le supplément *Vive la crise !*, hors-série au n° 860 de *Libération*, Montand ne déclarait-il pas : « La gauche est bien obligée de reprendre des positions sur l'économie qui étaient traditionnellement celles de la droite. L'ennui, c'est qu'elle a perdu trois ans. »

27. Chef de la police soviétique, qui fut pendant des années le bras droit de Staline.

28. Ainsi, dans *Paris-Match* du 2 mars 1984, se confondait-il en humanité : « Si un homme de plus de cinquante-cinq ans et encore membre du parti communiste veut me rencontrer et me dire bonjour, je lui fous sur la gueule. »

29. À l'auteur et à Fred Hidalgo, en vue du dossier Ferrat de la revue *Chorus* (extraits inédits).

30. *Idem.*

31. « Le petit garçon, c'est moi... » avoue Jean Ferrat à Jean-Paul Jouary (*Révolution* n° 297, 8 au 14 novembre 1985).

32. Gagné, c'est effectivement ce que répétera à l'envi – sans aucun souci de vérification – une bonne partie de la presse, y compris celle réputée « sérieuse », au lendemain du décès du chanteur. Mais la chanson, cet art « mineur », mérite-t-elle d'être traitée sérieusement ?

33. *Une autre chanson*, article cité.

34. Le samedi 2 novembre 1985, Antenne 2.

35. Animateur d'émissions littéraires à la télévision, en particulier *Apostrophes*, qu'il présente alors depuis dix ans chaque semaine.

36. Du 2 novembre 1985.

37. Outre le souci affirmé d'originalité, le choix d'un homme de culture comme Pivot, plutôt que celui de Michel Drucker (qui avait pris le « relais » de Jacques Chancel en 1980), tient peut-être aux déclarations musclées que l'ex-animateur de *Stars* sur TF1 a faites (à Michèle Dokan de *France-Soir*, le 30 novembre 1981), peu de temps avant le lancement de sa nouvelle émission, *Champs-Élysées*, sur Antenne 2 : « Il ne faut pas compter sur moi pour faire de la culture. Je sais, c'est à la mode. Mais je ne changerai pas ma façon d'être d'un iota. Les intellectuels, je ne les ai jamais pris au sérieux, et je ne vais pas commencer. J'ai toujours eu horreur de ces espèces de tribunaux révolutionnaires. Au nom de quoi doit-on couper la tête à Sardou et à Mireille Mathieu ? Au nom de quoi devrait-on aller contre les volontés du public ? »

38. Du 30 octobre 1985.

39. Nouvelle émission animée par Yves Montand (que d'aucuns voient dès lors « présidentiable ») sur France 3, le 18 avril 1985. Un « scénario-fiction » y montre notamment une attaque et une invasion soviétiques en Europe.

40. Le 28 octobre précédent, Jean Ferrat avait participé à Paris à une manifestation de « L'Appel des cent » pour la paix, lancé en 1982 par des personnalités très diverses (Hervé Bazin, Edmonde Charles-Roux, Albert Jacquard, Claude Piéplu, Suzanne Prou, Georges Séguy...) et soutenu notamment par la CGT et le PCF.

41. Gilles Costaz et Florence Raillard, samedi 2 et dimanche 3 novembre 1985.

42. Du 28 octobre 1985.

43. Du 9 novembre 1985.

44. N° 296, du 1er au 7 novembre 1985.

45. N° 297, du 8 au 14 novembre 1985.

Chapitre 25

Jungle et zoo

À différents journalistes, à propos de la sortie de son nouvel album et de l'émission avec Bernard Pivot, Jean Ferrat avait parlé de « test pour l'ensemble de la chanson française » auprès des jeunes, résumant la situation en deux phrases : « Ils ne me connaissent pas. En dix ans, j'ai fait deux émissions de télévision. » Et il insistait : « C'est un véritable test, car je ne sais pas du tout comment ils vont recevoir mes chansons, eux qui n'ont pas la mémoire de la grande époque de la chanson française, eux qui sont formés aux sons plus qu'à la chanson[1]. » Sans obtenir le succès historique du précédent, le disque frôlera le million d'exemplaires vendus, et ce malgré une véritable mise à l'écart par la principale radio du service public. Le 7 février 1986, le chanteur envoie la lettre suivante à Jean-Noël Jeanneney, P-DG de Radio-France : « Monsieur, mon producteur Gérard Meys m'a fait parvenir la programmation de France Inter du 27/11/85 au 31/01/86 – 2 mois et demi (photocopies ci-jointes). J'ai noté un seul passage d'une chanson de mon nouveau disque, *Ferrat 85* : 14 chansons nouvelles et qui est sorti début novembre après cinq ans de silence. Vous constaterez le respect que porte une société nationale à un créateur. Je m'insurge contre cette discrimination ou contre cette censure tant à l'égard du public qu'à mon égard et je vous serais très reconnaissant de m'en donner les raisons… »

Quant aux jeunes auxquels Ferrat faisait allusion, il en a professionnellement découvert deux, pour lesquels il s'est mis à composer : Allain Leprest et Karim Kacel. Pour ce dernier, qu'il a « beaucoup apprécié à son dernier passage au Théâtre de la Ville[2] », il a signé la musique de *J'ai peur* (qui apparaîtra en 1986 sur le 30 cm *P'tite sœur*), dont le texte est précisément de Leprest. Gérard Meys, qui envisage de lui produire un disque, en a parlé à Jean et dès 1983, celui-ci a planché sur *Le Pull-over*, que Juliette Gréco a glissé avec bonheur dans son nouveau tour de chant de rentrée parisienne, à l'Espace Cardin[3]. Allain s'en souvient évidemment comme si c'était hier : « Je viens d'entrer dans la maison de disques de Ferrat, on me propose d'écrire cette chanson dont il fera la musique, mais je ne l'ai pas rencontré à cette occasion. Je l'ai croisé ensuite plusieurs fois dans les bureaux de Gérard Meys, où il venait régulièrement signer des disques, répondre aux lettres que les gens lui envoyaient et auxquelles il apportait énormément d'attention. Moi, j'avais beaucoup de pudeur pour aller vers lui, mais un an et demi ou deux ans après, accompagné par Paul Castanier[4], je suis allé chanter dans une fête populaire, pas très loin d'Antraigues, et on est descendus y passer deux jours. Moi, j'y suis resté dix-huit jours et je suis tombé aussi amoureux de ce village sans y rencontrer trop Jean, car je ne fais vraiment pas partie de sa famille. Je sais qu'il avait une énorme tendresse pour moi, un énorme regard sur moi. J'en garde ça : une protection, plutôt, d'un aîné par rapport à son cadet et j'ai beaucoup de respect pour lui[5]. »

Sur son premier album de 1986, *Mec*, Leprest reprend *J'ai peur* et *On était pas riche*, créé par Linda de Suza ; l'année suivante, il offre à Isabelle Aubret un hommage maison à Ferrat, *Sa montagne*, dont Romain Didier signe la mélodie en harmonie parfaite.

Il vit au pied de sa montagne
Les mains sur le front gris d'un âne
Entouré de ronces et de chèvres
Une bruyère entre les lèvres

« Isabelle Aubret me demandait une chanson[6], mais ce n'était pas du tout une commande, se souvient Allain. Je m'étais dit : "J'aime tellement ce bonhomme, tellement il m'a accompagné, tellement il m'a aidé dans ma carrière, je voudrais lui rendre cet hommage." Comme je n'aimais pas trop ce genre de chose et lui non plus, ça a été très long en gestation et, si j'ai écrit beaucoup de chansons, c'est probablement l'une de mes meilleures, parce qu'avec le recul, je m'aperçois que c'était l'une des plus vraies. Une transmission de témoin : il m'a donné le témoin par rapport au milieu dans lequel je vivais et dans lequel j'entendais ses chansons ; jusqu'à ce que je me retrouve, par des hasards successifs, avec sa main dans la mienne, sans parallèle prétentieux, rejoignant cette admiration qu'il avait pour Brassens au point de lui dédier une chanson. Entre nous, chanteurs, on s'écrit souvent des petits messages comme ça ; on n'ose pas trop se parler parce qu'on est aussi perpétuellement entre la pudeur et l'ego, la taquinerie et l'émulation. »

Bien que vivant à Antraigues depuis 1973, Jean Ferrat a gardé un appartement à Ivry dans le Val-de-Marne où, en 1965, le secrétaire général de l'Office municipal de la Jeunesse, Roger Grévoul, se rappelle avoir organisé un gala avec lui réunissant 2 500 personnes au gymnase Auguste-Delaune : « C'était la plus grande participation populaire connue à Ivry, et après son tour de chant, Jean a accepté de devenir président d'honneur de l'OMJ ; en 1968, il est venu chanter avec sa guitare pour soutenir les grévistes du dépôt de la RATP et les employés du service public. La ville l'a fait citoyen d'honneur en 1975 [7]. » Jacques Laloë, maire de 1965 à 1998, a bien sûr apprécié cette implication du chanteur dans la vie locale : « C'était une époque où il importait de modifier un peu ce qu'on entendait par culture, en l'ouvrant à tous sans omettre aucune discipline, en particulier la chanson. *L'Avant-Garde*, le journal du Mouvement de la jeunesse communiste de France, organisait alors dans tout le pays les Relais de la chanson française dont la finale se déroulait à l'Olympia ; il fallait que cela puisse se faire dans notre ville et dans le département, et Jean nous a aidés dans ce domaine. Des initiatives ont été prises dans la ville, mais celle-ci ne pouvant les assumer toutes, l'idée a été de jouer avec le Conseil général, et c'est comme ça qu'est né le festival [8]. »

Ainsi, lors d'un déjeuner avec Jean Ferrat, Isabelle Aubret et Gérard Meys, à l'invitation de Michel Germa et Roger Grévoul, respectivement président et vice-président du Conseil général (le second ayant été de surcroît chanteur de cabaret), naît l'idée d'organiser un gala pour entretenir la tradition chanson locale. « Pour que l'action soit plus importante, j'ai suggéré d'en faire une série, expliqua alors Gérard Meys [9]. Quinze jours après, ils m'ont rappelé, on a choisi octobre, et le premier festival est né autour de quelques galas à Ivry ; avec l'idée de rassembler des gens qui n'avaient peut-être pas l'habitude d'être ensemble et un final autour de Pierre Barouh et Francis Lai qui, justement, n'avaient jamais chanté ensemble. [...] On allait aussi dans des entreprises l'après-midi, on allait dans des écoles et on a commencé à faire des spectacles pour enfants. Cela durait trois jours. » Particulièrement inquiet devant l'omniprésence de la production musicale anglo-saxonne, Jean Ferrat s'avérait assez pessimiste : « La concentration industrielle dans le domaine du disque au bénéfice des sociétés multinationales a provoqué l'écrasement de la production de disques des chanteurs français d'expression. Et je suis très préoccupé, pour les jeunes qui font ce métier, de ce blocage de plus en plus ferme sur tous les plans : création, diffusion, distribution, spectacles [10]... »

Malgré tout, au même moment, le succès populaire du Printemps de Bourges montre que le public espère autre chose et peut honorer le rendez-vous. Les 2, 3 et 4 octobre 1987, le « 1er Festival de la Chanson française » (auquel s'ajoutera « en Val-de-Marne » dès la deuxième édition) accueille plus de quatre-vingts artistes autour d'un chapiteau de 2 500 places. Délégué général : Gérard Meys ; parrains : Jean Ferrat, Charles Aznavour et Gilbert Bécaud. Et lors du week-end, les spectateurs présents à la « Guinguette chantante » ont une jolie surprise : « À midi passé, débutants et vedettes s'en donnent à “chœur-voix”. Vient le tour d'Isabelle Aubret, elle attaque *La Montagne*. Soudain, non contente de la seule compagnie de ses deux sœurs, elle apostrophe malicieusement un spectateur. Malheureux Ferrat ! Piégé, il se joint au trio. Pas rancunier, il récidivera le lendemain [11]. »

L'année suivante, sans s'éloigner de sa montagne, Jean met en boîte un véritable feuilleton musical autour de trente de ses chansons à l'iniative de Radio-France Drôme : *Ardéchois cœur fragile*. Afin de promouvoir cette série conçue en compagnie de trois animateurs (Pierre Palengat, Guy Descombes et Michel Ramonet) pour être diffusée sur l'ensemble du réseau des stations locales de Radio-France [12], le chanteur atterrit en hélicoptère (« comme un ministre », lui lance-t-on, ce qui l'amuse beaucoup) le 3 septembre 1988 à Allex, près de Valence. Au fil des nombreuses questions de journalistes, l'ambiance conviviale ne l'empêche pas de dénoncer encore une fois les « murs quasiment infranchissables » auxquels se heurtent plus que jamais les jeunes chanteurs à travers la mainmise des multinationales sur la production discographique, l'hégémonie des « produits anglo-saxons » et la distribution axée sur le « Top » qui passe davantage par les grandes surfaces que par les disquaires. Et il précise : « Pour moi, la première catastrophe ces dernières années, c'est la libération des ondes, l'arrivée des radios libres sans cahier des charges. La porte ouverte à n'importe quoi. [...] Des jeunes espéraient par ce canal se faire entendre. Finalement, la vie des petites radios a été très courte, elles se retrouvent aujourd'hui dans les mains des gens qui décident ailleurs, aussi. [...] Pendant longtemps, j'ai pensé et je pense encore qu'il fallait préserver la culture nationale en fixant un quota pour la production étrangère. Il me semble que 40 % de chansons non françaises sur les ondes seraient suffisants. En tout cas, les artistes français pourraient alors être entendus du public qui ferait son choix entre les bons et les moins bons. Quand on est dominé comme on l'est aujourd'hui, une partie de notre culture est en cause, et elle est en train de perdre et de nous perdre[13]... »

Le 18 mars 1989, Jean participe à une excellente émission de radio consacrée sur France Culture à Christine Sèvres, par Véronique Estel et David Jisse. C'est en tant que chanteur du duo David et Dominique en première partie de la tournée Ferrat de 1971 que David Jisse a connu Christine : « Elle venait parfois et distribuait ses notes à la fin des concerts : "Là ça va, là ça va pas !" Pour nous comme pour Jean. Amicale, mais en même temps très ferme. Elle avait pour le spectacle vivant une passion et une rigueur absolues. [...] Je revenais pour la première fois vers Jean, mais avec ma casquette de producteur, par le biais de cette émission. J'ai voulu la construire à travers le regard de Véro. C'était mon fil rouge, et je me suis rappelé que, petite fille en pension à Nice, elle était un jour venue sur la tournée[14]. »

Deux mois plus tard, le compte rendu d'André Griffon du *Monde* annonçant que le chanteur prépare deux disques « en prenant son temps : [...] un Ferrat 1989 sans doute et un Ferrat qui chante à nouveau Aragon » trouve une confirmation – mais sans précision d'échéance – dans le bel article intitulé « Il ne laisse pas mourir le feu » que Pierre Rozès consacre à l'artiste dans *La Dépêche du Midi*[15]. Le journaliste s'est déplacé à Antraigues, dans la maison « où la table est mise » (on sent qu'il ne le regette pas !) et, si Ferrat enfonce inlassablement son clou de défenseur de la chanson française, il lève le voile sur son travail autour d'Aragon : « J'ai relu toute l'œuvre poétique de ce grand visionnaire du XXe siècle. Parfois, j'ai extrait un vers ou deux pour en faire un refrain, pour donner une autre résonance. J'ai cru longtemps ne pas parvenir à faire quelque chose de nouveau, qui rendrait un son neuf et qui traduirait aussi l'extraordinaire travail de création du poète de l'amour fou et de la condition de l'Homme. » Quant à son prochain disque personnel, qu'il annonce « très critique sur la société actuelle » (le contraire eût quand même été étonnant), il se profile malgré le « simple retard » pris à sa « finition ».

Il est clair que ce nouvel opus va particulièrement être nourri par l'actualité et l'Histoire au présent. En France, en mars 1986, la division de la gauche fait le jeu de la droite et du centre, qui remportent les élections législatives avec 40 % des suffrages et plus de 270 sièges, le Front national obtenant un score équivalent à celui du PCF, soit près de 10 % des voix. François Mitterrand décide néanmoins de rester à l'Élysée et prend comme Premier ministre Jacques Chirac, président du RPR et maire de Paris ; c'est la « cohabitation », une première sous la Ve République ! Deux ans plus tard, les deux hommes s'affrontent à l'élection présidentielle et, le 8 mai 1988, Mitterrand est réélu avec 54 % des voix, Chirac retourne dans l'opposition et Michel Rocard lui succède au poste de Premier ministre (au premier tour, le FN a poursuivi son ascension, et le PCF son effondrement, avec respectivement 14,4 % pour Jean-Marie Le Pen et 6,76 % pour André Lajoinie).

Au plan international, les événements se sont précipités. Par une sorte de prémonition involontaire, une implacable ironie du sort, le numéro un soviétique Mikhaïl Gorbatchev accorde pour la première fois, le 8 février 1986, un entretien à un journal français, à la veille du 27e congrès du PCUS. À Roland Leroy, directeur de *L'Humanité*, il déclare notamment : « La société soviétique est entrée dans une nouvelle phase de son histoire. Les exigences du développement des forces productives, les besoins du peuple mettent à l'ordre du jour la réorganisation très profonde et le perfectionnement de nombreux aspects des rapports de production, de la gestion économique, des méthodes et du style de direction du Parti et de l'État. » Le moins qu'on puisse dire est qu'il va être comblé... Deux mois plus tard, déjà, la première déflagration est terrible : le 26 avril, l'un des quatre réacteurs de la centrale nucléaire de Tchernobyl, près de Kiev, explose et cet « accident », largement sous-estimé sur place (mais aussi par d'autres gouvernements, comme celui de la France) va constituer la plus grave catastrophe de l'industrie nucléaire. Deux ans plus tard, c'est l'armée soviétique qui subit un revers et retire ses troupes d'Afghanistan après neuf ans de guerre, mettant fin à une annexion de fait. Mais évidemment, c'est au soir du 9 novembre 1989 que se produit dans une liesse populaire indescriptible l'événement historique – le véritable salut au bicentenaire de la Révolution française –, la chute du Mur de Berlin, qui coupait la ville en deux depuis vingt-huit ans. Dans la foulée, d'autres murs vont tomber à l'Est : fin décembre, le président roumain Nicolae Ceaucescu est arrêté et exécuté avec son épouse, alors qu'en Tchécoslovaquie l'ancien dirigeant du Printemps de Prague, Alexander Dubcek, devient président de l'Assemblée nationale et l'auteur dramatique Vaclav Havel est élu président de la République. Contrecoup jusqu'alors inimaginable, en août 1991, après qu'un putsch de quelques dirigeants soviétiques eut tenté de le renverser, Gorbatchev sera contraint à démissionner de sa présidence de l'URSS, ce qu'il annoncera le 25 décembre lors d'une allocution télévisée. Dès lors, le drapeau russe remplace l'étendard soviétique au-dessus du Kremlin ; l'URSS n'existe plus. Le lendemain, Jean Ferrat fête ses soixante et un ans…

Quelques semaines plus tôt, lorsqu'il rencontre l'ensemble de la presse pour la sortie de son seizième album original, Jean Ferrat – qui souligne volontiers le foisonnement de l'actualité, qu'on a parfois « du mal à suivre » – n'imagine pas que les événements sont sur le point de s'accélérer ainsi. Après la parenthèse créatrice Guy Thomas de 1985, il livre quatorze nouvelles chansons, toutes de sa plume. Et d'une plume extrêmement combative. Onze années après *Le Bilan*, où il rejetait sèchement l'expression « bilan globalement positif » employée par la direction du PC à propos des pays de l'Est, il ouvre le bal avec *Dans la jungle ou dans le zoo*, également titre de l'opus, qui s'inscrit dans la même démarche : « C'est vrai, reconnaît-il. C'est une chanson qui fait en quelque sorte le point de la situation, mais celle-ci a considérablement évolué… Son titre m'a été clairement inspiré par Milos Forman, le cinéaste tchèque parti vivre en Amérique il y a de nombreuses années déjà ; de passage à Paris avant de se rendre en Tchécoslovaquie, il y a un an ou deux, il a donné une interview à une radio dans laquelle il disait : "Voilà, moi maintenant, je vis dans la jungle et, bientôt, je vais retourner dans le zoo." […] J'ai trouvé l'assemblage de ces deux mots parfaitement symbolique : l'univers du socialisme bureaucratique, théocratique presque, symbolisé par le zoo, ça m'a semblé intéressant comme image, […] et puis la jungle, elle est bien là, tout autour de nous[16]. » Insistant sur ce terme de « zoo » qu'il applique aux pays de l'Est, il précise : « Les gens étaient parqués, derrière des grilles, ils étaient nourris mais c'est tout, on les privait de liberté… comme des animaux. » Quant à la « jungle », il ajoute : C'est notre société occidentale qui nous pousse à vivre, nous aussi, comme des animaux féroces qui laisseraient libre cours à leurs instincts sauvages ; c'est simplement un autre système. » Mais comme dans *Le Bilan*, pas question de baisser les bras, de tout renier, de renoncer à se battre pour réinventer l'avenir. Dix ans plus tôt, à Jacques Chancel lui balançant : « Vous avez peut-être perdu vos espérances, [...] mais vous avez gardé toutes vos illusions[17] », Ferrat ne tombera pas dans le panneau classique de ceux qui feignent de ne pas comprendre, et rétorquera : « Non, non, c'est le contraire. J'ai perdu mes illusions et j'ai gardé mon espérance[18]. » Selon sa propre expression, il reste et restera un « optimiste historique ».

Ainsi donc ainsi donc
[...] Tout ne serait que simulacre
Toute espérance sans lendemain
Rien ne servirait de se battre
Pour un monde à visage humain

Cette chanson au rythme caractéristique de ses morceaux de combat, Jean Ferrat la présente ainsi que huit autres de son nouvel album en novembre 1991, dans une émission de Michel Drucker (*Stars 90*, sur TF1), qui lui est essentiellement consacrée ; enregistrée au Pavillon Baltard dans le Val-de-Marne en compagnie du grand orchestre d'Alain Goraguer, elle constitue en quelque sorte son ultime retour – d'un soir – à la scène, devant un public de mille cinq cents personnes. Bien que la plupart des téléspectateurs découvrent alors ce nouveau cru, plus de 400 000 disques ont déjà été pré-commandés. Quand on lui demande pourquoi il a choisi TF1 et Drucker, le chanteur répond : « Parce que les chaînes publiques ne m'ont rien proposé et que Michel est un ami en qui j'ai entière confiance. Je le connais depuis vingt-cinq ans, j'ai besoin de cette fidélité pour travailler et l'émission qu'il fait n'existe pas ailleurs [19]. » Outre la présence de Guy Bedos, quatre artistes dits de la « nouvelle génération » y reprennent autant de succès de l'invité : Pauline Ester, *On ne voit pas le temps passer* ; Marc Lavoine, *Aimer à perdre la raison* ; Les Forbans, *Ma môme* ; Phil Barney, *Nuit et brouillard*. Tendresse sur le gâteau, Véronique Estel, la fille adoptive de Jean, dit *Que serais-je sans toi* [20] accompagnée au piano par Raoul Duflot, et au final tous les participants chantent *La Montagne* avec le public. L'émission obtiendra un très grand succès : 9,5 millions de téléspectateurs, selon le service de presse de TF1, soit une « audience foyer » de 29,2 % et une « part de marché foyer » de 44 %, termes barbares illustrant une conception de la télévision que Ferrat dénonce dans son disque de façon particulièrement « féroce ».

C'est ce dernier adjectif qu'emploient deux journalistes de *L'Événement du Jeudi* [21] pour demander au chanteur s'il n'est pas contradictoire de choisir précisément la « Une » pour la promotion de l'album. En adepte de longue date de la dialectique marxiste, Jean dépasse son propre cas et répond simplement : « J'ai la chance d'avoir un nom dans la chanson. C'est un privilège acquis au fil des années, mais cela me dicte également des devoirs. Inconnu, ou peu connu, il m'aurait été impossible, j'en suis persuadé, de faire entendre un grand nombre de mes nouvelles chansons à la radio et à la télévision. En particulier, sans doute, sur la Une. Mais, justement, parce que j'ai ce nom, il faut que j'assure, que je dénonce ce qui me paraît intolérable dans le système. Et cela depuis l'intérieur même, car je ne crois pas une minute à la possibilité d'exister en dehors du système. On en fait toujours partie peu ou prou. Aussi, puisque j'ai encore le pouvoir de m'exprimer, de défendre mes idées, j'en profite. J'ai là une chance unique, surtout quand je songe à tous ces gens qui pensent comme moi mais n'ont pas le droit à la parole. Si je peux être leur voix, et sans trop me faire d'illusions sur mon efficacité, eh bien je le serai ! » Et, à la suite du succès d'audience, *L'Humanité* commente dans un bref encadré : « Il n'est pas fatal que cohabitent l'audimat et la sensibilité[22] » Huit jours plus tôt[23], le quotidien communiste avait consacré quatre pages à son chanteur de prédilection, avec photo et accroche en une (« L'éternel retour de Ferrat sans fard et sans façons en citoyen et en chansons, bref l'ami Jean »), long entretien (« Satire dans tous les coins » par Michel Boué) et – chose exceptionnelle – reproduction des textes de trois chansons : *Les Tournesols*, *Dans la jungle et dans le zoo*, *Chante l'amour*. En contrepoint de ces articles de la presse écrite, le chanteur va connaître de nouveaux soucis avec les autres médias : « Jamais je n'ai eu autant de difficultés qu'il y a trois ans, confiera-t-il en 1994[24] : ça peut paraître étonnant, et les gens ne l'imaginent certainement pas, mais jamais je n'ai rencontré autant de problèmes avec les radios et télévisions qu'à ce moment-là. On n'interdit pas mes chansons, mais on ne les diffuse pas non plus. C'est une censure au second degré, c'est plus grave encore, plus pernicieux. » Et d'évoquer une chaîne de télévision et une radio nationale dont il est totalement exclu, en ajoutant : « Je n'en parle pas encore, je choisirai le moment de le dire d'une manière bien directe. » Ce qu'il fera effectivement au cours des années 2000, mais la situation s'aggravant à ses yeux, il donnera déjà un avant-goût au *Journal du Dimanche* : « Je suis absent de Canal Plus depuis trois ans et d'Europe 1 depuis cinq ans. [...] Il suffit de consulter les relevés de droits d'auteur pour constater qu'à l'exception de la période pendant laquelle j'ai été au Top 50 de cette radio, pas une de mes chansons n'a été diffusée[25]. » Le 26 décembre 1994 (*Bon anniversaire* Jean, chanteraient Aznavour et Bénabar), Gérard Meys faisait d'ailleurs circuler une information auprès des professionnels pour s'étonner que, malgré « 620 000 exemplaires du CD de Jean Ferrat vendus en France en deux mois, plus de 50 000 en Suisse et 5 000 aux USA (!), le disque ne soit pas présenté aux votes des Victoires de la Musique, pas plus que *Carco* pour la chanson de l'année ».

Pour l'heure, dans l'album en question, trois titres de Jean attaquent sans vergogne la télévision, et, sur le plateau, Michel Drucker ne manque pas de répéter qu'auparavant ils n'auraient jamais pu y être diffusés, à commencer par le premier, *Dingue*, rentre-dedans au possible, musique comprise, avec des vers courts, des rimes qui claquent, et une verdeur verbale assumée (putain, couilles, anus...). Si le petit écran y apparaît largement à travers la « pub' », l'audimat par le sexe affiché, les « Hit », les « Top » et autres « Sept d'or » et à la fin par la guerre[26] traitée comme un jeu vidéo, il s'agit surtout d'une charge frontale et globale contre la société du « fric » et de l'injustice, la jungle capitaliste triomphante et de plus en plus décomplexée. D'où le refrain obsédant pour l'humaniste viscéral :

La vie débloque à tout berzingue
Dans mon époque je deviens dingue

De son propre aveu, Jean a commencé à écrire trois ans et demi en amont et déterminé tous les sujets qu'il voulait aborder en mars-avril 1990. Néanmoins, il va mettre un peu de temps à les traiter comme il le souhaite : « Il fallait dépasser l'événementiel, je devais m'extraire du quotidien », explique-t-il à Fred Hidalgo[27]. En janvier 1991, il termine sa dernière chanson, *Dingue* précisément, quand éclate la guerre du Golfe. Il poursuit : « On a vécu cette guerre comme une fiction, on nous l'a présentée comme un jeu vidéo, en se gardant bien de nous montrer, justement, tout ce qui est épouvantable dans la guerre. C'était fou… tout autant que la versatilité de notre prétendue opinion publique qui, deux jours avant l'attaque américaine, se déclarait contre la guerre et deux jours après, nous disait-on, était totalement pour ! C'était comme une immense manipulation qui aurait été issue de cerveaux d'auteurs de science-fiction… et ça a marché, c'est dingue, alors j'ai ajouté un dernier couplet à ma chanson : "Maman bobo / J'ai mal au cœur / Papa Rambo / Fait un malheur / Avec sa guerre / En vidéo…" »

Dans *À la une*, Ferrat s'en prend à la télé racoleuse qui recourt à des « invités » glauques et scandaleux en tout genre pour assurer l'audience d'une chaîne[28]. Regrettant l'importance qu'occupe désormais l'écran cathodique et son influence croissante, il précise : « *À la une* parle de l'ensemble des chaînes et des programmes et ce n'est pas de la fiction : l'émission qui incite à la délation et fait du téléspectateur un voyeur, celle qui oppose des victimes à leurs bourreaux, celle qui emmène l'assassin sur les lieux de son crime pour qu'il raconte son histoire devant la caméra, et puis ce que je supporte encore moins, qui se banalise, c'est l'apparition d'un type masqué qui vient témoigner, entre guillemets, en accusant d'autres personnes. Mais c'est une honte, c'est la lettre anonyme institutionnalisée à la télévision[29] ! » Et d'en conclure au refrain :

Ce soir ce soir
Après la roue de la fortune
Un PAF[30] *obscène un* PAF *obscène*
Est à la une

Ce qui a encore beaucoup énervé Jean à la télévision, c'est la manière dont on y a rendu compte du bicentenaire de la Révolution française : « J'ai commencé par voir sur nos petits écrans le nouveau procès de Louis XVI et son acquittement, raconte-t-il à Danièle Heymann[31]. Puis un long plaidoyer en faveur des émigrés de Coblence, puis une série sur les froufrous, ou les jupons, oui, c'est cela, les jupons de la Révolution. [...] Avec, en apothéose, les représentants des sept pays les plus riches du monde regardant le défilé d'un publicitaire. Imposture significative. » Un enterrement de première classe qui lui a inspiré un clin d'œil bienvenu à son ami Brassens parti dix ans plus tôt :

Ton bicentenaire
Ils l'ont enterré bel et bien
Pauvre Martin pauvre misère
C'est toujours le peuple qu'on craint

Autre chanson de conviction et de révolte au titre significatif dans son ambivalence même, *Mon amour sauvage* « rugit » de liberté sur un rythme à nouveau très soutenu[32]. Contre les « nouveaux rois mages », les « cours boursiers », les fanatismes religieux, il invite plus que jamais à garder l'« âme utopique » et à s'ouvrir tout grand pour inventer un « autre monde » :

Pour qu'ensemble se fiancent
Dans une même espérance
Socialisme et liberté

Avec *Les Tournesols* (dont la mélodie ne trouve guère le souffle et l'originalité que requiert le texte), la première chanson écrite de cet album, Ferrat réagit certes à la vente aux enchères à un prix record du célèbre tableau (« … dans un coffre climatisé / Au pays du Soleil-Levant / Tes tournesols à l'air penché / Dorment dans leur prison d'argent »), mais, par-delà l'hommage[33], élargit – une fois de plus – le propos : « Pour moi, cette chanson, c'est d'abord et surtout une petite fleur posée sur le tombeau de l'artiste inconnu, de l'artiste en général, avec ce que cela comporte de protestation, de cri et de révolte contre toutes ces choses insupportables[34]. » Le chanteur n'a pas oublié ses débuts et sait combien vivre d'une telle passion reste difficile : « Lorsque j'étais un artiste encore inconnu, les gens qui faisaient ce métier savaient, à les entendre, que mes chansons étaient trop confidentielles, trop rive gauche, qu'elles n'intéresseraient pas le public et que je ne vendrais pas un seul disque. […] Il se trouve qu'ils se sont trompés[35]… »

Au chapitre ironico-pamphlétaire, le tout nouveau sexagénaire se paie à la fois *Les Jeunes Imbéciles* dont on fait les « vieux cons » (« Ils ont troqué leur col Mao / Pour une tenue plus libérale / Le vieux slogan du père Guizot[36] / Est devenu leur idéal ») et *Les Petites Filles modèles* qui « s'amusent à boursicoter », jeu moderne auquel « elles excellent » ; ces dernières constituent de fait l'antithèse des chaleureuses *Demoiselles de magasin* de 1969 alors que *Les Jeunes Imbéciles* rappellent trait pour trait les *Pauvres petits c…* de 1967. Et quand on lui parle de « rancune » envers « les ex-maos[37], les soixante-huitards », Ferrat rétorque :

« Je n'ai jamais eu d'hostilité contre les maos de base. Mais quand on voit les autres, les maîtres à penser, envahir les écrans, s'y pavaner en donnant des leçons, ça me sort par les yeux. Ils voulaient changer le régime et nous transformer en fourmis rouges. J'ai le droit de me payer un peu leur tête[38]. » Une gourmandise que certains des susvisés ne lui pardonneront pas : « Ce n'est jamais passé ! Ils ont passé quelquefois *La Jungle*... Pourtant, il y en avait d'autres quand même, qui n'étaient ni politiques ni critiques dans le disque de 1991 ! Celle sur l'enfance, celle sur mon ami, *Tu aurais pu vivre*[39]... »

Sur une mélodie classique et limpide, *Nul ne guérit de son enfance* évoque avec une fibre universelle les moments chaleureux et tendre de l'enfance en famille, à jamais brisée par la disparition soudaine d'un père déporté (cf. chapitre 4). C'est la première fois que Jean Ferrat ose en parler sur le mode intime ; de toute évidence, il lui fallait du temps, du recul : « J'ai été frappé aussi, à ce moment-là (en 1991), par des gens que j'entendais, des écrivains qui publiaient des livres célèbres et qui disaient à quel point cela avait été leur base, la base de leur vie. Ce qu'ils avaient vécu dans leur jeunesse et dans leur enfance. Sans doute ai-je alors pensé que, dans le fond, c'était un thème intéressant[40]. » Si elle n'est pas la plus connue, cette chanson est assurément l'une des plus belles de tout le répertoire de Ferrat ; comme la moitié de celles de cet album très « critique », elle s'ensemence dans l'amour, l'amour de la famille et l'amour de la femme avec laquelle il partage désormais sa vie et grâce à laquelle il retrouve « l'innocence » de ces temps enfuis (« Ouvre tes bras, ouvre ton âme / Que j'en savoure en toi le goût »).

Cette dimension essentielle, peu relevée par une presse obnubilée par les révoltes et les critiques politiques vigoureuses du chanteur, joue pourtant ici un véritable rôle d'équilibre. Une question d'Alain Morel, du *Parisien*[41], va pertinemment inviter Jean à se « dévoiler ». Extrait du dialogue :

« Avec *Parle-moi de nous* ("Quels rêves t'entraînent / Quand l'aube incertaine / Vient à pas de loup") et *Chante l'amour* ("Le crayon me glisse des doigts / Quand ta robe en passant m'éveille"), on a le sentiment d'entrer dans une vie privée où le soleil est revenu… Sont-ce des chansons autobiographiques ?

– Ce que j'écris l'est toujours plus ou moins. (*Il hésite.*) C'est vrai qu'ici j'évoque Colette, mon Ardéchoise. L'amour, aucun doute, cela reste l'essentiel. Dans la première chanson, j'évoque cette indicible part d'incommunicabilité qui cohabite entre deux personnes qui s'aiment. La seconde, je la lui dois complètement. Un soir, j'avais envie d'écrire, mais je ne savais pas sur quoi. Aucun mot ne venait. Colette venait de lire quelques-unes des autres chansons et elle m'a dit : "Dans tout ça, il n'est pas question d'amour. Chante l'amour, je t'en prie, chante l'amour." C'est ce que j'ai aussitôt fait. »

Jusqu'à relayer encore le cri d'un simple *Grillon* retrouvé l'hiver dans sa cheminée plusieurs années durant (« Il chante comme je respire / Pour ne pas être asphyxié »), gardant pour la bonne bouche *La Paix sur terre*, un final aux allures de « tract » qu'il assume : « Je voulais écrire un hymne et j'ai obéi aux lois du genre. Je n'ai peut-être pas réussi. J'ai même un moment hésité à l'enregistrer. Et puis je l'ai fait et je ne le regrette pas[42]. » Car ce qui inquiète le plus Ferrat, c'est le risque de ce qu'il appelle « l'holocauste nucléaire » : « Il est temps d'être un peu sérieux et d'arrêter de considérer les pacifistes comme des demeurés ou comme des traîtres : leur opinion est systématiquement écartée des médias, on l'a bien vu pendant la guerre du Golfe où, au mieux, on voyait un pacifiste dire une phrase et trois généraux derrière parler pendant une demi-heure, [...] alors il va falloir réenfourcher ce cheval de bataille, parce que c'est l'un des problèmes les plus importants qui se posent à l'humanité [43]. »

Notes

1. À Fred Hidalgo, novembre 1985, entretien cité.

2. *Idem.*

3. Juliette dit alors de lui : « Il est entièrement neuf. C'est très beau ! C'est une idée formidable, tellement actuelle. C'est une idée de jeunesse. Vraie. Et je me rappelle très bien, quand j'avais dix-huit ans, je n'avais qu'un pull-over et il est arrivé que quelqu'un entre à l'intérieur... On n'en avait qu'un pour deux, c'est très vrai, très pur, très poétique... » (à l'auteur, octobre 1983, pour un article dans *L'Humanité*).

4. Pianiste mythique de Léo Ferré.

5. À l'auteur, avril 2010.

6. Sur son album de 1984, *Le Monde chante*, Isabelle Aubret avait déjà enregistré une chanson du tandem Leprest/Ferrat : *Berceuse à 'tit Louis.*

7. À l'auteur, avril 2010.

8. À l'auteur, avril 2010.

9. À l'auteur, à l'occasion d'un reportage pour *Chorus* (nº 2, décembre 1993).

10. *L'Humanité*, 1er octobre 1987, article de l'auteur.

11. *L'Humanité*, 7 octobre 1987, article de l'auteur. Ferrat savait en fait à quoi s'attendre : lors d'un gala de soutien à Roger Grévoul le 23 mars précédent (l'invalidation de son élection au Conseil général suscitant une large réprobation), sa blonde interprète l'avait déjà

appelé sur scène pour une nouvelle version de l'inusable *Montagne*, en trio.

12. Ainsi participera-t-il le 18 novembre suivant à une journée de promotion sur Radio-France Hérault, dont le moment fort sera un débat avec Georges Frêche, le maire de Montpellier.

13. Propos reproduits par André Griffon, *Le Monde*, 4 septembre 1988.

14. À l'auteur, avril 2010.

15. Le 7 mai 1989.

16. Propos recueillis en octobre 1991, avant la sortie du disque, en vue d'un dossier de presse et d'une rencontre publique à Paris animée à la demande de l'artiste par Fred Hidalgo.

17. *Radioscopie*, France Inter, 16 février 1981.

18. Comme Michèle Bernard, dans *Alors c'est fini ?* (de son superbe album *Voler...* de 1999), où elle chante : « Alors c'est fini / On change plus la vie / [...] Et pourtant la vie / C'est une môme aussi / Qui toujours salit ses langes / Faut bien que quelqu'un la change. »

19. *France-Soir*, 2 novembre 1991, propos recueillis par Edmond Bakaloglou, qui leur adjoint une note relative à la direction des programmes du « service public » : « À A2, Marie-France Brière déclare pourtant qu'elle a offert une "spéciale". » Plus tard, Jean Ferrat précisera : « Les gens de la deuxième chaîne m'ont fait traîner pendant deux mois en me garantissant une grande émission. Et au dernier moment, ils m'ont dit : "On ne sait pas à qui s'adresser..." » (*Je chante ! Discographies*, revue citée).

20. Au départ (selon *Télé 7 jours*), c'est Sophie Marceau qui devait dire le texte d'Aragon, mais elle a renoncé au dernier moment.

21. Patrice Delbourg et Bernard Le Saux, 7 au 13 novembre 1991.

22. Le 6 novembre 1991.

23. Le 28 octobre 1991.

24. À l'auteur et à Fred Hidalgo, *Chorus* n° 10.

25. À Claude-Marie Vadrot, le 11 décembre 1994. Ferrat précise encore : « Les animateurs ou les médias nous traitent avec de plus en plus de désinvolture, sans respecter notre travail. Un exemple : à France Inter, j'avais enregistré deux semaines d'interventions pour la dernière partie de l'émission de Claude Villers, *Marchands d'histoire*.

Son équipe avait fait un superbe travail de montage. La deuxième semaine a été passée à la trappe sur ordre du directeur des programmes. Il paraît qu'on m'avait déjà assez entendu sur cette antenne. » Deux mois après la parution de cet article, le chanteur sera néanmoins à nouveau réinvité sur France Inter, mais pour une semaine (du lundi 13 au vendredi 17 février 1995) dans l'émission nocturne *En avant la zizique*, d'Alain Poulanges.

26. Après l'invasion du Koweit par l'Irak, le 2 août 1990, et sa condamnation par l'ONU, une coalition de près d'un million d'hommes (États-Unis, France, Royaume-Uni et une vingtaine d'autres pays) déchaîne le 17 janvier 1991 l'opération « Tempête du désert » sous commandement américain, d'abord à coups de bombardements intensifs sur des positions militaires en Irak et au Koweit ; en un mois et demi, l'armée irakienne, prétendument l'une des plus puissantes du monde, est écrasée sous l'œil des caméras internationales de plus en plus « embarquées » dans ce genre d'événements...

27. Propos inédits recueillis en octobre 1991.

28. En 1991, TF1 a lancé *Perdu de vue*, fondé sur l'appel à témoins et animé par Jacques Pradel.

29. À Fred Hidalgo, propos inédits, octobre 1991.

30. Paysage audiovisuel français.

31. *Le Monde*, 28 octobre 1991.

32. Curieusement, dans le premier couplet, Nelson Mandela reste emprisonné, alors qu'il a été libéré le 11 février 1990 après vingt-sept ans de captivité.

33. En 1962, rappelez-vous, Ferrat lui avait déjà dédié *L'Homme à l'oreille coupée*.

34. À Fred Hidalgo, octobre 1991.

35. *Idem*.

36. Homme politique français, ministre à différents postes dès 1830 sous la monarchie de Juillet, et auquel on prête le fameux « Enrichissez-vous ! ».

37. Abréviation de maoïstes.

38. À Lucien Rioux, *Le Nouvel Observateur*, 31 octobre 1991.

39. À l'auteur et à Fred Hidalgo, 1994, entretien cité.

40. *Idem*.

41. Du 7 novembre 1991. Le même Alain Morel, décidément bien curieux, poussera le bouchon : « Vous ne seriez pas un peu

paresseux par hasard ? – Ça dépend de la saison. Au soleil, vous savez, la terre est basse. » Et encore : « Vous n'auriez pas pris un petit peu de poids ? – Six kilos (il prend une mine affectée). C'est parce que j'ai arrêté de fumer. Mes copains médecins disent que, scientifiquement, cela ne s'explique pas. Le problème, c'est que j'adore le chocolat et que je bois une demi-bouteille de vin à chaque repas. »

42. À Lucien Rioux, enretien cité.
43. À Fred Hidalgo, octobre 91.

Chapitre 26

Aragon, l'Épilogue

Quelques jours après la sortie de *Dans la jungle et dans le zoo* disparaît l'un des artistes qui avaient le plus marqué Jean Ferrat à ses débuts : Yves Montand, le 9 novembre 1991. Claude Vinci, qui fut son ami jusqu'au dernier jour malgré de grandes « engueulades » politiques lors de la diffusion d'émissions télévisées comme *Vive la crise !*, livre une espèce de scoop : « Pour ce qu'il appelait son "dernier récital" qu'il préparait pour mai et juin 92, Montand avait envie de chanter du Ferrat. Il se reprochait même de ne pas l'avoir chanté avant et il voulait que je le présente à Jean. Je ne sais pas ce qui se serait passé… Est-ce qu'il lui aurait demandé d'écrire deux chansons spécialement pour lui, est-ce qu'il aurait puisé dans les chansons existantes ? Je ne sais pas, puisque, malheureusement, Bercy n'a pas eu lieu. Son récital d'avant, il l'avait débuté le 13 octobre 1981, à l'Olympia, le jour de ses soixante ans ; et il était question que son récital de Bercy commence le 27 mai 1992, le jour de mes soixante ans à moi ! [*Rire.*] » À l'inverse de Montand, Isabelle Aubret et Francesca Solleville interprètent déjà Ferrat de longue date, et de nombreux autres artistes s'y sont mis, à un degré moindre. Dans son émission *La Chance aux chansons* où il reprend lui-même *Eh l'amour !*, Pascal Sevran consacrera deux journées intitulées *La France de Ferrat*[1], avec Isabelle (*Sa montagne*, *Nuit et brouillard*, *J'entends j'entends*) et Francesca (*Mes amours*), mais aussi et entre autres Gilles Vigneault (*Au bout de mon âge*), Allain Leprest (*Robert le diable*), Marcel Azzola (*Ma môme*, à l'accordéon bien sûr) et Bernard Stéphane (*Regarde-toi Paname*), futur chroniqueur culturel sur France Info... Dans le même temps, côté disques, Dominique Dimey enregistre *Paris par cœur*, dont le texte a été écrit par son Bernard de père[2], et chacun de son côté, Sacha Distel et Catherine Ribeiro choisissent *Aimer à perdre la raison*[3].

En octobre 1992, c'est ce nom de chanson célèbre qu'emprunte pour sa sixième édition le « Festi'Val de Marne », entièrement dédié à Louis Aragon une décennie après sa mort. Son « responsable chanson », Jean-Claude Barens[4], y souligne la présence « naturelle » du parrain Ferrat, à cette édition mais aussi à plusieurs autres : « J'ai tout de suite été séduit et touché par sa grande attention. C'était quelqu'un d'extrêmement humain et quand ma fille est née, il m'a envoyé un petit mot très gentil. C'était vraiment la caractéristique de Jean, toujours cette oreille et ce cœur attentifs ; il était dans la vie en parfaite adéquation avec son œuvre. [...] La guinguette constituait un moment fort du festival, sous le chapiteau devant la mairie, où il pouvait y avoir quatre cents couverts ; Jean y faisait des entrées triomphales et cédait parfois à la pression populaire pour chanter quelques couplets, notamment en duo avec Isabelle. [...] Sa présence pouvait "déverrouiller" certaines choses et il venait aussi voir des copains de sa génération comme Léo Ferré (par lequel il s'est fait dédicacer un disque) ou Charles Aznavour[5]... »

Quelques mois plus tôt, à l'invitation de Jean Vasca, avec lequel il entretient « une amitié discrète et de longue distance », Jean avait parrainé le premier festival de Barjac[6], « En chanson dans le texte », où il participait à une rencontre-débat en compagnie d'une brochette de vieux copains du temps des cabarets : Marc Ogeret, Francesca Solleville, Claude Vinci, Bernard Haillant et donc Jean Vasca. En attendant une éventuelle deuxième édition, il dédiait à celui-ci un poème d'esprit très nougarien dans un livre à paraître signé Jean-Pierre Nicol (et préfacé par Fred Hidalgo), *Jean Vasca ou les métamorphoses du soleil*[7] :

Dans nos bouches ruisselle
Un ballet de démones
Quand valsent tes voyelles
Quand claquent tes consonnes
Tes mots crissent et craquent
S'entrechoquent se hèlent
Et forcent sous l'attaque
Rimes et rythmes rebelles

À pleine voix à pleine bouche
Ô démesure du plain-chant
À pleines dents mords-les farouche
Tes mots de chair d'âme et de sang
Tes mots de rages et de moelles
Tes mots d'espaces et de vents
Vasca de Gama caravelle
À l'assaut des soleils levants !

« J'ai trouvé ce poème assez étonnant, et il m'a touché, avoue Jean Vasca. Je sais que Jean lisait beaucoup de poésie et qu'il recevait énormément de plaquettes. Avec moi, il a toujours été d'une fidélité absolue ; à chacun de mes disques, il souscrivait parmi les premiers et il m'envoyait des petits mots. Il était d'une simplicité totale. [...] Je lui rappelais un tas de souvenirs (il me disait : "T'es la mémoire vivante de la chanson française !"), parce que, parfois, il oubliait des noms, des gens, des circonstances [8]... »

En novembre 1993, Isabelle Aubret persiste et signe avec *Chante Ferrat – Hourra !*, un album où elle revisite seize titres de Jean (paroles et musiques), certains très connus (*Je ne chante pas pour passer le temps*, *Nuit et brouillard*, *Camarade*, *La Montagne*...) et d'autres qui mériteraient de l'être davantage : *Hourrah !*, *J'ai froid*, *L'Embellie*, *Ce qu'on est bien mon amour*... Invitée de *Matin bonheur* [9], elle rappelle à Lionel Cassan que cette amitié artistique et affective a commencé avec *Deux enfants au soleil*, trente et un ans plus tôt : « Retrouver les chansons de Jean, c'était choisir dans un éventail de chansons qui datent de 61 jusqu'à 90/91. Et la difficulté, ça a été de piocher dans ce qui me semblait être le mieux par rapport à mon tempérament, bien sûr. Et à des trésors, aussi, que le public ne connaissait pas. *Ta chanson*, c'est un petit trésor ! *J'ai froid*, Jean l'a écrit dans les années 80 et ça s'adapte complètement à l'actualité d'aujourd'hui. Et je pense que ce qu'il y a de très intéressant dans l'écriture de Ferrat, c'est cette modernité. C'est le poète d'aujourd'hui, c'est le poète de son temps, qui décrit et la tendresse et la poésie et la violence du monde. Dans cet album, j'ai réuni tout ça, y compris ce fameux *Nuit et brouillard* que j'avais ôté de mon tour de chant depuis quelques années et que j'ai repris malheureusement à cause de l'actualité. » À cette occasion, son ami Jean lui dédiera ces quelques mots :

Isabelle bleue
Isabelle blanche
La Scène est ton domaine
Comme une fée moderne
Tu t'y promènes avec ta robe pâle
et ta voix teintée d'ambre
Et l'on t'y sent heureuse
et nous sommes heureux
Isabelle bleue
Isabelle blanche
Isabelle plus claire
que les couleurs de notre temps

Isabelle Aubret avait par ailleurs réenregistré au printemps 1992 dix-huit chansons d'Aragon, les trois quarts sur des musiques de Ferrat, et à l'approche de la date anniversaire des dix ans de la mort du poète[10], Jean rappelle dans différentes interviews sa mise en musique fondatrice des *Yeux d'Elsa*, qui allait le conduire à composer quasiment une chanson sur un poème d'Aragon par album. Encore étonné par l'énorme succès de son *Ferrat chante Aragon*, il dit à Sylvie Steinebach[11] : « La musique est un vecteur de popularité. Aragon lui-même disait que, mis en musique, ses poèmes ne lui appartenaient plus vraiment. Ils devenaient autre chose. Pour moi, la mise en musique doit exalter le sentiment de l'auteur. Parmi les poèmes, j'adapte ceux qui me paraissent les plus simples, les plus concis, dont les images s'adaptent bien à la musique. Peut-être est-ce pour cette raison que le public reçoit plus facilement le poème lorsqu'il est chanté[12]. » Précisant qu'il continue à parcourir l'œuvre d'Aragon et qu'il ne cesse d'y découvrir de nouveaux centres d'intérêt, il ajoute : « D'autant plus que l'on ressent différemment un texte selon l'âge auquel on le lit. Je suis passé à côté de certains textes qui à présent prennent un sens et une importance qu'ils n'avaient pas auparavant. Je prépare d'ailleurs un prochain album "Aragon-Ferrat", très différent du premier. Je l'ai dit, il réunissait des chansons déjà connues. Cette fois-ci, il s'agit de textes jamais adaptés, que je trouve magnifiques, mais peut-être moins populaires que les précédents. D'une certaine façon, je vais les jeter "en pâture" au public, en attendant sa réaction. » Celle-ci ne tardera guère à se manifester, dès l'album réalisé. Lors d'une des premières émissions de sa promotion télévisuelle, le journaliste Michel Vial pouvait déclarer : « Le *Ferrat 95*, à la voix toujours chaude et aux mélodies attachantes, demeure donc heureusement rebelle aux modes et au système ; en faisant de son dernier album un disque d'or avant même sa sortie, le public lui exprime ainsi sa fidélité et sa reconnaissance [13]. »

Par une habitude et une amitié désormais naturelles, Jean Ferrat présente son nouvel album en compagnie de Michel Drucker. C'est particulièrement le mot cette fois-ci, où l'animateur délivre sans doute sa plus belle émission du genre avec ce *Ferrat 95* [14], en forme de balade intimiste réalisée par Michel Parbot entre Antraigues, Paris et la Fondation Aragon (devenue musée) à Saint-Arnoult-en-Yvelines. Après avoir chanté le très caustique *À la une*, filmé d'abord chez lui et durant le voyage, Jean regarde droit dans les yeux les téléspectateurs et dit en guise de préambule : « C'est en pensant à cette chanson, dans ce train qui m'emmène à Paris pour tourner l'émission que vous allez voir, que je me pose des questions. La télévision, à 20 h 30, doit-elle absolument, pour attirer les gens, n'être que le reflet d'un monde de voyous, d'assassins, de gangsters, de flics ? N'y aurait-il plus une place pour un souffle de création originale, où la poésie aurait sa part ? Est-ce que nous ne serions plus capables de rêver ? Je me refuse à le croire, comme je voudrais qu'avec vous, ce soir, nous puissions le prouver. »

En alternance avec quelques reprises personnelles (*Ma France*, *L'amour est cerise*, *Sacré Félicien* – où l'on découvre le truculent personnage d'Antraigues qui l'a inspiré –, *La Montagne*...), Ferrat interprète dix des seize chansons de ce nouvel opus consacré à Aragon, dont il confie que les deux premiers textes (*J'arrive où je suis étranger* et *Les Feux de Paris*) ont été mis en musique quinze ans plus tôt. Il s'agit donc d'un projet de longue haleine, qui a répondu à son seul désir, son propre rythme, jusqu'au moment où l'artiste a estimé qu'il arrivait à maturité : « L'hiver dernier, confirme Jean[15], après avoir terminé quatre nouveaux titres, quand j'ai compté que j'en avais seize. Je n'en avais pas réécouté certains depuis dix ans, que j'avais enregistrés pour moi, alors j'ai tout réécouté et je me suis dit : maintenant, faut y aller ! » En s'efforçant de ne pas comparer mécaniquement ce nouveau cru aux chansons familiarisées par le succès de l'*Aragon* précédent (dont les morceaux phare pour le « grand public » – *Que serais-je sans toi*, *Aimer à perdre la raison*, *Nous dormirons ensemble*... – sont d'ordre amoureux), on est d'abord frappé par leur diversité. Diversité de thèmes, diversité musicale, diversité d'ambiance, conduisant paradoxalement au final à une cohérence très personnelle. Ainsi Ferrat, dans les quelques lignes d'explicitation qu'il a éprouvé le besoin d'adjoindre, évoque-t-il « un disque qu'on écrit d'abord pour soi-même au fil des jours et des années, qu'on voudrait presque garder secret comme un miroir caché de l'âme, un miroir très intime, la mémoire d'un siècle qui s'achève dans le fracas des mondes perdus qui s'écroulent. [...] Un disque que je vous confie comme une chose très chère et très fragile, un chant ténu qui s'obstine au cœur de la nuit ».

Seize plages, plus d'une heure d'enregistrement, ce qui aurait requis auparavant deux 30 cm occupe un CD, un « album » au sens esthétique du livre, soigneusement mis en page avec une superbe photo d'un Ferrat sexagénaire à cheveux et moustache gris-blanc[16], témoin exceptionnel du siècle qui invite là aussi l'auditeur au voyage, les yeux dans les yeux. Ponctué de saluts à des artistes liés à des événements marquants de leur vie (Neruda, Carco, Chagall...), il est plus que jamais précisément organisé, scénographié, jusqu'au fascinant final d'*Épilogue*. Il s'ouvre ainsi sur *Complainte de Pablo Neruda*, l'un des titres que la mélodie très enlevée d'esprit « latino » va largement populariser, avec les chœurs enracinés, accent compris, au refrain :

Comment croire comment croire
Au pas pesant des soldats
Quand j'entends la chanson noire
De Don Pablo Neruda

Pour mieux situer ce texte extrait de plusieurs poèmes réunis par Aragon sous le titre *Le Romancero de Pablo Neruda*, Ferrat précise : « En 1948, des nouvelles alarmantes arrivaient du Chili concernant le sort de Pablo Neruda menacé par la dictature du président Videla et contraint à la clandestinité. » Ainsi, la « complainte » clame haut et fort que « l'injustice rebelle / Paris ou Santiago » et, comme dans d'autres poèmes que Jean a choisis (*Qui vivra verra*, *Carco*, *Chambres d'un moment*, *Épilogue*), les strophes retenues facilitent une progression interne du récit. Dans la dernière partie de l'album, *Pablo mon ami* s'adresse également à Neruda sur un ton tout aussi grave, mais avec d'autres résonances qu'on retrouvera, plus prégnantes, dans *Épilogue*. Ferrat note non seulement ici qu'au printemps de 1965 « un tremblement de terre ravageant le Chili ruine la maison de Pablo Neruda au bord du Pacifique », mais surtout qu'Aragon « alors ne peut se retenir d'exhaler la grande déploration par quoi la terre même est accusée de trahison envers les poètes, ce qui ne va pas sans une certaine ambiguïté d'intentions incertaines ». Au cours de leur vingtaine de rencontres, le poète n'avait pas caché au chanteur qu'il considérait ce qui se passait à l'Est comme une « caricature de socialisme » ; semblable en cette attitude à de nombreux communistes français, il ne l'avait pourtant pas exprimé de façon publique, mais la correspondance de date est éloquente entre l'*Élégie à Pablo Neruda* dont est issu *Pablo mon ami*[17], la publication douze jours plus tôt en première page de *L'Humanité* d'une « Déclaration d'Aragon » condamnant le procès intenté aux deux écrivains soviétiques Andreï Siniavski et Iouli Daniel.

Pablo mon ami qu'avons-nous permis
[...] Nous avons marché dans le noir à ne plus sentir nos genoux
Sans atteindre le monde à naître
[...] Tout n'était-il que ce qu'il fut tout n'était-il que ce qu'on voit
Tout n'était-il que ce théâtre

Épilogue, qui clôt l'album et représente pour Ferrat « la véritable chanson de geste de notre époque, la tragédie de l'homme du XXe siècle [18] », est pourtant un texte antérieur. Extrait du recueil *Les Poètes*, et plus précisément du poème *Je me tiens sur le seuil de la vie et de la mort*, il date de 1960, c'est-à-dire quatre ans après le rapport Khrouchtchev dénonçant les crimes commis par Staline et son régime « communiste » en URSS. « Aragon a reçu ces révélations de plein fouet et ce texte correspond à ce qu'il a ressenti : une trahison de son idéal et de celui de millions et de millions de gens qui croyaient que l'homme nouveau avait fait son apparition en Union soviétique, estime Ferrat. C'est un constat très amer. Aragon dit : “Est-ce qu'on peut avoir le droit au désespoir ?” et en même temps, il se sent responsable, d'une certaine manière, sans doute, [...] de ne pas avoir su ou pu réagir avant que la chose terrible se soit abattue sur tous ces gens qui croyaient en quelque chose et espéraient une société différente de celle dans laquelle ils vivaient. C'est le drame d'Aragon, mais aussi celui de millions de gens qui ont cru à cet idéal depuis le XIXe siècle, qui se sont battus et qui sont morts pour lui [19]. » Du coup, durant 7'32, Ferrat chante cette désillusion aragonienne, cette lucidité poétique au souffle rarement égalé, avec ces vers immenses, ce refrain émouvant où court l'aveu fondamental (« Je suis le faucheur ivre de faucher qu'on voit dévaster sa vie et son champ ») et le constat de semi-cécité (« Nous avons vu faire de grandes choses mais il y en eut d'épouvantables »), que tempèrent *in fine* les limites naturelles de l'être humain :

> *Le drame il faut savoir y tenir sa partie et même qu'une voix se taise*

[...] Du moment que jusqu'au bout de lui-même le chanteur a fait ce qu'il a pu

Cet *Épilogue* aux vers aussi longs qu'irréguliers (dix-neuf pieds, vingt et un pieds) a donné beaucoup de fil à retordre à Jean avant qu'il ne trouve la solution : « Au départ, déjà, raconte-t-il à Fred Hidalgo[20], il a fallu que je fasse des choix, car c'était un très long texte, mais surtout il me semblait que cette succession de quatrains, de vers de vingt pieds ne pouvait pas fonctionner. Il manquait quelque chose. Il fallait absolument pouvoir respirer à l'intérieur de ce texte [...] et je me suis heurté à ce problème pendant des années... » Jusqu'au jour où, à force de lire et de relire le texte en question, le chanteur a eu l'idée d'utiliser le quatrain avec « le faucheur ivre de faucher » pour faire un refrain sur une musique différente, ménageant ainsi la « respiration » qu'il recherchait, « nécessaire, peut-être, à une plus grande évidence du contenu ». Ce qui incitera sans doute son amie Francesca Solleville, créatrice de cette impressionnante fresque chansonnière en scène, à répéter à qui veut l'entendre que si elle n'a pratiquement jamais de trou de mémoire en l'interprétant, c'est parce que c'est facile, c'est évident... Il s'agit en tout cas pour Ferrat d'un prolongement effectivement très logique et très actuel de *Dans la jungle ou dans le zoo* de 1991 : « Car, si le zoo disparaît, la jungle est de plus en plus présente, elle envahit le monde : à Moscou, par exemple, c'est *Arturo Ui*[21] puissance un million, c'est la société tribale et du gangstérisme, du moins d'après les échos qu'on en a ici ; on en revient au début des siècles, comme au temps des cavernes, on est dans une période terrible de régression, dans tous les domaines[22]. »

Dans un esprit politique et musical cousin du *Federico Garcia Lorca* de ses débuts, Ferrat revient à l'Espagne avec *Qui vivra verra*, un poème de septembre 1956 extrait du *Roman inachevé* (plus précisément de *À chaque gare de poussière les buffles de cuir bouilli*) ; il précise dans ses notes que, « Lorsque Aragon et Nancy Cunard[23] se rendent en Espagne en 1927, ce pays vivait sous la dictature du général Miguel Primo de Rivera » et associant à Grenade « une nuit de sang lourd » et « Un grand silence de tambours », il lance un refrain qui permet malgré tout de croire à un sort meilleur du « peuple martyr », même si le prix à payer reste inquiétant :

Qui vivra verra le temps roule roule
Qui vivra verra quel sang coulera

Selon les poèmes, le compositeur Ferrat a appliqué un traitement différent, changeant parfois le titre initial, réalisant de véritables « adaptations » à partir d'un texte de plusieurs pages, ou au contraire répétant des vers « pour que ça tourne rond au plan musical », et même, pour *Chagall*, en associant deux textes : « C'est la première fois que je fais ça, mais les deux faisaient partie des trente poèmes qu'Aragon avait écrits pour Chagall. J'ai pris un poème qui s'appelle *Tous les animaux et les candélabres* pour les couplets, qui pour moi symbolise parfaitement l'œuvre de Chagall, et j'ai trouvé la musique… Mais j'avais un sentiment d'insatisfaction, comme s'il manquait quelque chose. Mais quoi ? J'ai laissé tomber la chanson, et puis je ne sais pas combien de temps après, de mois ou d'années, j'ai réécouté la chanson, j'ai relu tous les poèmes sur Chagall et je suis tombé sur ce vers (dans *Comme tes couleurs sont jolies*) : “Mon peintre amer odeur d'amandes”. C'était comme s'il attendait d'être placé là dans la chanson, et j'en ai fait le refrain[24]. » Pour faire bonne mesure, cette valse baroque est illustrée dans le livret par une huile sur toile du peintre intitulée *Le Village en fête, 1981.*

C'est également par une valse, aux tourneries de limonaire cette fois, que Jean salue un autre artiste, un autre poète, avec *Carco*, publié dans *Les Lettres Françaises* du 29 mai 1958 sous le titre *Adieu à Francis Carco*, peu après la mort de celui-ci. Au programme, mélancolie toute parfumée aux souvenirs de Paris...

Dis qu'as-tu fait des jours enfuis
De ta jeunesse et de toi-même
De tes mains pleines de poèmes
Qui tremblaient au bout de ta nuit

C'est cette chanson qui sera mise d'abord en avant pour la promotion de l'album, alors que la *Complainte de Pablo Neruda* (d'ailleurs placée en ouverture) semblait plus indiquée pour certains. « Carco est un poète un peu oublié aujourd'hui, ce qui arrive assez souvent à des artistes, à des écrivains, mais il suffit parfois d'un rien pour que des gens de qualité comme lui redeviennent d'actualité, dit Jean[25]. C'est pour moi quelqu'un du niveau d'un Verlaine. [...] J'ai redécouvert Carco après avoir fait cette chanson. » Et cette mélancolie de la capitale qui, selon une formule bien connue, n'est déjà plus ce qu'elle était, prend une dimension accrue dans *Les Feux de Paris*, sur une de ces grandes mélodies à la fois d'envol et d'apaisement que la voix grave du chanteur marque de son sceau unique. Mélancolie ne signifie pas pour autant nostalgie pour Aragon ; s'il écrit : « Rien n'est plus à la même place / Et l'eau des fontaines Wallace / Pleure après le marchand d'oublies », il n'hésite pas à rêver : « Plein feu sur notre âme au néon ». Jean Ferrat le rappelle volontiers : « Il disait : allons-y, éclairons tout cela, “la rue à l'œil rouge”. Éclairons tout cela, marchons dans tout cela et dans l'électricité, c'est la vie moderne et peut-être que cela éclairera le monde et ouvrira la voie à la vérité [26]. »

La poésie elle-même est ici volontiers l'objet du poème. Avec *Devine* (initialement nommé *Énigme* et extrait du *Fou d'Elsa*), tout renvoie au miroir, aux songes, à l'inconnu, à l'étonnement voire au miracle, à partir de deux vers d'ouverture au parfum énigmatique :

Un grand champ de lin bleu parmi les raisins noirs
Lorsque vers moi le vent l'incline frémissant

Aragon ne disait-il pas : « J'appelle poésie cet envers du temps, ces ténèbres aux yeux grands ouverts, ce domaine passionnel où je me perds, ce soleil nocturne, ce chant maudit aussi bien qui se meurt dans ma gorge où sonnent à la volée les cloches de la provocation… J'appelle poésie cette dénégation du jour, où les mots disent aussi bien le contraire de ce qu'ils disent que la proclamation de l'interdit, l'aventure du sens ou du non-sens, ô paroles d'égarement qui êtes l'*autre jour*, la lumière noire des siècles, les yeux aveuglés d'en avoir tant vu, les oreilles percées à force d'entendre, les bras brisés d'avoir étreint de fureur ou d'amour le fuyant univers des songes [27]… » ? C'est bien ce que l'on ressent à travers *Les Oiseaux déguisés*, issu de *Celui qui dit les choses sans rien dire* de 1975 (et extrait plus précisément de *Tous ceux qui parlent des merveilles*, désormais premier vers de la chanson) et placé en toute fin de l'album, juste avant *Épilogue*, comme un regard rétroactif, une réflexion implicite sur les quatorze poèmes qui précèdent.

Le peintre assis devant sa toile
A-t-il jamais peint ce qu'il voit
Ce qu'il voit son histoire voile

Avec ce pincé cristallin de guitare qui accompagne la sérénité du chant du premier jusqu'au dernier mot (un pur bonheur), on ressent d'autant plus le soin extrême apporté ici à tous égards par Ferrat, qu'on sait la difficulté qu'il a rencontrée... avant d'en arriver paradoxalement à orchestrer lui-même la chanson : « C'est-à-dire que, souvent, quand je fais une chanson, rappelle-t-il à Fred Hidalgo, je m'amuse à l'enregistrer en l'habillant déjà à la guitare, et c'est ce qui s'est passé pour celle-ci ; j'avais fait deux parties de guitare et, au moment de l'orchestrer, j'ai dit à Alain [Goraguer] que je voulais la garder telle quelle, parce que je trouvais que ça collait bien, qu'il se passait quelque chose[28]... Cette chanson, c'est ma petite faiblesse, c'est comme un enfant non voulu, qu'on aime ensuite plus que les autres, parce que je n'aurais jamais cru, en lisant ce texte sur la création, avec ces strophes magnifiques, que j'adore, qui sont une merveille, que ça pourrait devenir une chanson... Et après avoir pensé cela pendant des années, un jour que j'avais ma guitare entre les mains, relisant ce texte une nouvelle fois, la musique s'est imposée d'un seul coup, comme ça[29]. »

Trois autres chansons, savamment réparties de façon à conjuguer la progression interne du disque et sa gravité légère, prolongent la trame amoureuse amorcée depuis *Les Yeux d'Elsa*, *Que serais-je sans toi* et autre *Aimer à perdre la raison*. Sur un tempo jazzy et une trompette douce omniprésente, le chanteur de charme se réveille en Ferrat pour *Elle*, encore puisé dans *Le Fou d'Elsa* :

Elle seule elle a mon cœur
[...] Elle seule et je sais d'où
L'oiseau chante le temps doux

Extrait du chapitre *Elsa entre dans le poème* des *Poètes*, *Musique de ma vie* prolonge cette atmosphère et par la même occasion le long chant d'amour sublimé d'Aragon à Elsa. Et *Lorsque s'en vient le soir* (du *Voyage de Hollande et autres poèmes*), peut-être le plus réussi des trois par sa perfection classique, conjugue le couple et l'universel et par là même tous les Ferrat possibles :

Lorsque s'en vient le soir qui tourne par la porte
Vivre a la profondeur soudain d'un champ de blé
Je te retrouve amour avec mes mains tremblées

À l'inverse, sur des flonflons caractérisant une époque, *Chambres d'un moment* évoque l'amour sans amour, l'échange tarifé en maison close, d'Honolulu à Singapour, où « Qu'importe comment / On se déshabille / Tout est comédie » ; un monde dont Jean s'avère complètement étranger et qui l'a justement intéressé pour cela, à partir – bien sûr – de l'originalité d'écriture du poème. D'une certaine manière, pour répétées qu'elles puissent être, ces rencontres fugaces font partie des petits moments d'existence grappillés qu'Aragon agrège dans *Pourtant la vie*, issu du *Voyage de Hollande*, explicitement ciselé sans rimes, avec un rire musical de cuivre accompagnant le refrain leitmotiv « Rien moins que rien pourtant la vie [30] ».

Extrait du même livre, *J'arrive où je suis étranger* constitue encore l'une des grandes réussites de l'ensemble, avec sa vérité implacable sur le temps qui passe et marque chacun d'entre nous, d'un corps devenu si différent de ce qu'il était, à l'écart existant entre les rêves d'hier et ce qu'ils ont engendré. Ce qui incite Jean à répondre, lorsqu'on l'interroge à propos de ses « peurs » sur le sujet : « Je n'ai pas encore atteint le stade où vieillir paraît long. Je trouve plutôt que tout va trop vite. Mais ce moment-là, je le redoute. Quant à la mort, elle n'est pas une perspective qui m'enthousiasme. Je comprends les désespérés mais je n'en suis pas. Le plus pénible, c'est effectivement de renoncer à tout. À ses facultés physiques comme mentales. Ou alors, il faut perdre les secondes en premier… et ne se rendre compte de rien[31]. » Ce qui donne néanmoins : « Rien n'est précaire comme vivre / Rien comme être n'est passager », assorti de la question qui plombe : « Mais l'enfant qu'est-il devenu ? » Thème que l'on retrouve dans *Odeur des myrtils* (« Dans les grands paniers / Que demeure-t-il / De nous au grenier »), mais d'une façon plus apaisée qui n'est pas sans rappeler le premier couplet du bonheur familial de *Nul ne guérit de son enfance.*

Honoré, en décembre 1994, par un Grand Prix de la Sacem (catégorie créateur-interprète[32]), le disque sera salué par une presse quasiment unanime, à l'image de « Ce nouvel album, très beau » dans *Le Parisien*[33] ou de ce « Jean Ferrat, Aragon des champs » du *Figaro*, où Marie-Noëlle Tranchant écrit[34] : « Finalement, c'est de chanter qu'il s'agit entre eux. Leur complicité est plus profondément lyrique que politique. Sous l'engagement, il y a le poème, comme sous le pavé la plage. » Même *Le Monde*, sous la plume de Véronique Mortaigne – qui ouvre pourtant les hostilités par un dérisoire procès d'intention (« *Ferrat 95* : seize nouveaux poèmes d'Aragon. Le pari était sans risques. Où plutôt, l'autre choix possible – écrire de nouvelles chansons – eût été plus aventureux. En 1991, *Dans la jungle et le zoo* [...] n'avait pas remporté l'effet escompté[35]... ») – finit par tomber largement sous le charme, louant « l'habillage musical » comme la section des cordes « aérienne » et soulignant : « Il y a un très beau *J'arrive où je suis étranger* [...], servi avec grâce par l'inspiration du musicien, dont la voix n'a pas bougé d'un millimètre depuis *Potemkine.* »

Le plus fascinant aujourd'hui, avec le recul, est que ce disque magnifique (d'autant plus, peut-être, que chaque écoute apporte de nouvelles finesses, entr'ouvre des portes jusqu'alors inaperçues) constitue le dernier enregistrement de Jean Ferrat[36] et s'achève par *Épilogue*, alors que l'aventure avait commencé pour lui avec *Les Yeux d'Elsa.* Comme si tout son cheminement artistique s'était inscrit entre parenthèses nommées Aragon. Excusez du peu...

Notes

1. France 2, 9 et 10 septembre 1993.
2. CD *Dimey chante Dimey*, 1993.
3. CD respectifs en 1992 : *Dédicaces* et *L'Amour aux nus.*
4. Qui en deviendra directeur l'année suivante en lieu et place de Gérard Meys.
5. À l'auteur, mai 2010.
6. Dans le Gard.
7. Éditions Rétro-Viseur, avril 1994.

8. À l'auteur, avril 2010.
9. France 2, le 8 mars 1994.
10. Dans la nuit du 23 au 24 décembre 1982.
11. *L'Humanité*, 17 décembre 1992.
12. C'est aussi l'avis de Léo Ferré. En 1987, quelques mois après la publication du double 30 cm *On n'est pas sérieux quand on a dix-sept ans*, où il chante Rimbaud, Verlaine, Baudelaire et Apollinaire et des morceaux de son cru, Ferré présente un spectacle uniquement autour des poètes : « J'ai longtemps hésité à le faire, j'avais peur que des gens me demandent des chansons à moi, mais c'est très rare maintenant... Alors, ça m'a fait plaisir, je peux donc chanter les poètes ; c'est important, ça fait rentrer la poésie dans la tête des gens, parce que je le répète et je le répète encore, la poésie ne se lit pas. » Il attribue en effet ce succès au cocktail musique/voix : « La raison, c'est la musique, c'est le véhicule. [...] La voix, c'est un précieux cadeau qu'on m'a fait. Si je n'avais pas eu de voix, je n'aurais pas écrit, je n'aurais rien fait... » (à l'auteur, en février 1987, en vue d'un article dans *L'Humanité*).
13. FR3, 19/20, le 20 octobre 1994.
14. France 2, le 14 novembre 1994.
15. À Fred Hidalgo, *Chorus* n° 10, entretien cité.
16. Maquette de Thomas Guidez, photo d'Irmeli Jung.
17. Du 28 février 1966.
18. *Chorus* n° 10, revue citée.
19. *Je Chante/Discographies*, revue citée.
20. *Chorus* n° 10, entretien cité.
21. *La Résistible Ascension d'Arturo Ui*, pièce de théâtre de Bertold Brecht (écrite en 1941 mais publiée seulement en 1959), où il critique le régime hitlérien en le transposant dans le Chicago des années 30, gravement marquées par la crise économique.
22. À Fred Hidalgo, entretien cité.
23. Femme de lettres et militante politique anglaise (décédée en 1965) qui fut un grand amour d'Aragon. Selon Bernard Pivot (*Journal du dimanche*, 14 octobre 2008), Elsa Triolet déclarait : « On parle toujours des poèmes que Louis a écrits pour moi. Mais les plus beaux étaient pour Nancy. »
24. À Fred Hidalgo, entretien cité.
25. À Albert Faust, *Une autre chanson*, *op. cit.*

26. *Idem.*

27. Extrait du texte de présentation ouvrant le livret de l'album.

28. À propos de l'ensemble de ce disque, l'arrangeur reconnaîtra : « Il m'a surpris, en ne prenant que des textes d'Aragon et en arrivant à faire des choses aussi diversifiées. Même lui, au départ, n'était pas sûr que nous y parviendrions ; nous craignions d'aboutir à quelque chose d'un peu gris, d'un peu trop sur le même ton… » (à l'auteur, pour *Chorus* n° 10, revue citée).

29. Pour le dossier Ferrat de *Chorus (Les Cahiers de la chanson)*, revue citée.

30. Cette chanson est la seule qui ne soit pas inédite, Isabelle Aubret l'ayant enregistrée deux ans plus tôt dans son album dédié à Aragon.

31. À Alain Morel, *Le Parisien*, 24 octobre 1994.

32. Jean-Claude Fohrenbach, l'un de ses musiciens (orgue et saxophone) recevant lui le Grand Prix du jazz. Six mois plus tard, le 21 juin 1995, l'émission *Studio Gabriel* de Michel Drucker sur France 2 verra l'animateur – en compagnie de Monique Le Marcis, directrice de la programmation de RTL, et Jean Ristat, « légataire testamentaire » d'Aragon – remettre à Jean Ferrat un « disque de platine » sur lequel on découvrira que cet album a été vendu à plus 300 000 exemplaires « en 42 jours ».

33. Alain Morel, art. cit.

34. Le 14 novembre 1994.

35. Édition du 17 novembre 1994. Double approximation, sinon erreur manifeste : le titre était *Dans la jungle ou dans le zoo*, et le disque s'était très vite écoulé à plus de 650 000 exemplaires malgré l'hostilité – que nous avons évoquée – d'importantes radios et télévisions.

36. À la question de Jean Ristat : « Si vous pouviez symboliser ce disque par un titre ? », il avait répondu : « Je l'appellerais : XXe siècle. »

Chapitre 27

Tous terrains

La sortie du *Ferrat 95* aura permis à Jean de répondre à beaucoup de questions portant sur d'autres sujets que la poésie d'Aragon. Ainsi Claude-Marie Vadrot du *Journal du dimanche*[1] replace-t-il le disque dans son contexte politique international du moment : « Quand même, Aragon et Neruda… les poètes que vous chantez ont été démentis par l'Histoire, ils sont désormais du côté d'une idéologie qui a eu tort ? » Une hypothèse que Ferrat réfute naturellement : « Il faut faire la différence entre leur communisme et les dérives que nous avons connues en Union soviétique. C'est vrai qu'Aragon a été stalinien, les exemples ne manquent pas. Mais, avant et pendant la guerre, il était du bon côté, contre les nazis. Il a fait front. Attention à ne pas mélanger les périodes historiques. On ne peut pas juger du passé en lui appliquant ce que nous savons aujourd'hui. Bien sûr qu'Aragon a eu des aveuglement mystiques. Il ne faut pas oublier non plus qu'il s'est opposé, avec d'autres, aux horreurs du colonialisme, aux actions de gens qui sont encore vivants, souvent, et qui n'ont pas eu un mot de regret alors que les communistes ont reconnu leurs erreurs et souffrent publiquement d'avoir été trompés. » S'il affirme ne pas regretter l'effondrement de l'URSS (« je n'ai jamais été proche de ce communisme-là »), il s'inquiète du « retour au tribalisme » qui l'a remplacé et regrette Gorbatchev : « J'ai toujours eu peur qu'il échoue ou qu'on le fasse échouer. S'il était resté au pouvoir, la Russie serait passée doucement à un autre régime, une autre société. Mais hélas, les partisans du libéralisme à tous crins ont joué aux apprentis sorciers. Pour le malheur du peuple russe[2]. »

L'autre question sensible posée à l'auteur de *Nuit et brouillard* et du plus récent *Nul ne guérit de son enfance* tient aux révélations sur le passé trouble du président François Mitterrand à l'époque de Vichy et de ses déclarations, arguant qu'alors il ignorait tout des lois anti-juives. À Fred Hidalgo, Ferrat répond : « Ou la mémoire lui manque – je laisse l'hypothèse en suspens : si c'est ça, il n'y a rien à dire – ou c'est autre chose... Mais ça me paraît totalement impossible qu'il n'ait pas été au courant, d'autant plus qu'il dit avoir été accueilli pendant des mois dans une famille juive. Accueilli à cette époque, en 1941, dans une famille juive – et je sais de quoi je parle –, c'est impossible qu'il n'ait pas été au courant. Impossible... En plus, il n'a pas été engagé comme un vulgaire gratte-papier d'un quelconque bureau d'une sous-préfecture perdue, il a été haut fonctionnaire dans un service de Vichy ! [...] À part cette mémoire qui peut toujours faiblir, sincèrement je ne vois pas de vérité dans ses dires, et c'est très ennuyeux. Surtout qu'il a également reconnu avoir entretenu des liens – ce que j'ignorais, comme beaucoup de monde – avec Bousquet, le principal responsable de la déportation du Vel'd'Hiv', le responsable de la mort de milliers de femmes et d'enfants. Il a reconnu l'avoir fréquenté jusqu'au milieu des années quatre-vingt, étant déjà président, et il s'en est justifié... Et ça, justifier l'injustifiable, ça me choque tout à fait[3]. »

Au cours des années qui vont suivre, tout en restant attentif à l'évolution du monde, Jean Ferrat va surtout apparaître ici et là pour soutenir la chanson d'expression, cet art populaire qu'il a toujours défendu farouchement et qui lui semble plus que jamais menacé par les appétits mercantiles. Ainsi le retrouve-t-on fin juillet 1996 au festival de Barjac qui, après trois années d'absence dues au manque de moyens financiers, repart avec son parrain sous l'appellation « Chansons de Parole », doté d'une nouvelle équipe impulsée par le chanteur belge Jofroi, désormais installé à demeure. Grâce au soutien sans faille d'Édouard Chaulet, le maire communiste, le festival va dès lors prendre toute sa dimension, consacrant dans sa sixième édition de juillet 2000 une *Fête à Jean Ferrat* à l'issue de laquelle celui-ci, tout ému, improvise un bref discours : « Qu'est-ce que j'ai eu peur ! Pour eux !... Lorsque j'étais petit, et même un peu après, dans ma famille, on chantait. On aimait ça... et à des années d'écart, bien sûr, ce soir, ici, j'ai l'impression d'être un peu en famille. Une famille que je retrouve, d'esprit, de pensée, parce qu'au-delà de toutes nos différences, le sentiment qui nous relie, c'est peut-être qu'on ne se fait pas, qu'on ne se fera jamais à l'idée que l'homme soit une marchandise[4]. » Jofroi, qui dirige aujourd'hui encore Chansons de Parole, avait rencontré Ferrat lors du premier festival de 1992, puis communiqué surtout par courrier avec son voisin ardéchois ; mais c'est à l'occasion de cet hommage qu'il a véritablement connu l'artiste et l'homme : « Bien sûr, on était allés chez lui et lui chez nous, et une petite affinité s'était créée ; là, quelque chose a changé très fortement pour moi, parce que j'ai creusé, j'ai plongé dans ses chansons et je me suis rendu compte que je n'en connaissais que quarante sur plus de deux cents. Alors, j'ai tout écouté, pour proposer des titres aux uns et aux autres, et j'ai vraiment découvert l'œuvre de ce bonhomme[5]. » Auquel le terme « chansons de parole » va décidément comme un gant : « C'est vrai, convient Jofroi, il était très attaché aux mots, à leur sens et à bien les comprendre ; ce qui m'a frappé, c'est comment, depuis le début (à travers quand même un parcours de chanteur populaire, comme Brel, par exemple), il n'a jamais changé de ligne, qu'il compose un twist ou un morceau un peu mode… » Et en juin 2005, Ferrat exprimera sa reconnaissance, en toute simplicité : « C'est à partir du festival Chansons de Parole de Barjac, que je parraine depuis la fondation, que je me suis vraiment rendu compte de la richesse et de l'extrême diversité qui caractérise la chanson française actuelle[6] et en même temps de la scandaleuse mise à l'écart par les médias de ses meilleurs représentants. Au cours de ces années, j'ai eu ainsi la chance de faire la découverte d'artistes qui m'ont enthousiasmé et je suis sûr de ne pas être le seul. C'est ainsi que le festival de Barjac est un des pôles de résistance face au rouleau compresseur des industries culturelles alliées à celles de la communication qui fait peser une grave menace sur cette diversité culturelle à laquelle nous tenons tant. Que le festival continue donc, longtemps encore, à nous offrir ces instants uniques de grâce musicale et la magie de ses découvertes multiples. »

Juste retour des choses, en cette fin de siècle, les chansons de Ferrat prendront ainsi de plus en plus d'importance par la voix de différents interprètes[7], parfois même en d'autres langues, *La Montagne* en tête, tant avec Les

Petits Chanteurs à la croix de bois[8] qu'avec la sensible Rabia Soun en arabe[9], ou – entre autres – Robert Frank Jacobi en alsacien[10]. Jean assistera lui-même à deux expériences chorales singulières, l'une à domicile, l'autre dans une ville voisine. À Antraigues, il est enthousiasmé par la visite d'un groupe polyphonique corse qui chante d'abord dans l'église avant de lui offrir une version originale de sa *Complainte de Pablo Neruda* : « J'ai fait connaissance du chant polyphonique il y a quarante ans. Je ne l'aimais pas dans mon enfance ni dans mon adolescence, et puis je l'ai redécouvert un jour et ça a été comme une grande révélation, une chose magnifique qui vous tombe dessus sans crier gare et qui vous laisse pantois[11]. » À propos de cette venue du groupe à Antraigues, il ajoute : « Je pense que ça vient un peu de ma chanson *La Montagne*, [...] qu'ils ont ressentie à travers des choses qui se passaient chez eux. En fait, c'est vivre au pays, qui est un rêve pour beaucoup et un rêve qu'ils ne peuvent pas réaliser. Alors, ce qui se passe dans les pays pauvres comme l'Ardèche, ça se passe aussi en Corse. La Corse, comme je l'ai dit quand j'y étais, c'est l'Ardèche avec la mer en plus. » L'autre « coup de chœur » se produit en août 1998 pour la « Première Semaine chantante d'Alès en Cévennes », où sept cents choristes venus de toutes les régions de France, de Suisse, de Belgique, d'Allemagne et du Québec se préparent à rendre hommage à Jean, à l'initiative de l'association Languedoc Chanson, sous la direction de Michel Schwingrouber, assisté pour la circonstance de trois chefs de chœur venus de Paris, de Strasbourg et du Québec. Une soirée-événement annoncée « à guichets fermés » pour une capacité de quatre mille places, mais où des centaines de personnes débordèrent joyeusement l'organisation : « L'affaire dura deux bonnes heures avant que la première mesure ne retentisse, raconte Valérie Cadet dans *Le Monde*[12]. Comme le spectacle ne commençait toujours pas, le public des gradins improvisa une dizaine de "olas" dont le déploiement fit l'admiration du parterre. [...] Il y eut deux moments de véritable intensité, lorsque commencèrent à sourdre les premières mesures de *Nuit et brouillard* et, plus tard, en manière d'apologie locale, le début de *La Montagne.* » Ferrat, lui, était aux anges : « Je n'ai jamais eu cette occasion ! J'ai été chanté par certaines chorales, mais une chanson ; je n'ai jamais assisté à une soirée entière consacrée à mon répertoire[13]. » Ce qui l'incita à monter sur scène au final, pour reprendre avec les choristes l'hymne de clôture au message si symbolique à ses yeux : *La Paix sur terre.*

À la Saint-Sylvestre précédente, alors même que se construisait ce spectacle, Jean Ferrat participait à une importante émission de radio sur France Culture, *Veillée chez Jean Ferrat* où il se « livrait » de façon inhabituelle – en particulier sur son enfance et la déportation de son père –, sans doute parce qu'il avait confiance en son interlocuteur, David Jisse, ancien chanteur et réalisateur huit ans plus tôt de l'émission de référence sur Christine Sèvres. « J'ai été assez surpris que Jean parle assez librement de tout cela, reconnaît-il ; il a dit beaucoup de choses... Je ne pense pas qu'on puisse ignorer sa judaïté. C'est une chose que les gens d'aujourd'hui ont du mal à comprendre ; les enfants de la guerre et de l'après-guerre, juifs, ayant pas mal souffert, n'ont eu de cesse de garder une espèce de silence par rapport à tout ça. Dans les années cinquante-soixante, qui savait que Ferrat s'appelait Tenenbaum[14] ? » Lorsqu'on rappelle que seul le père de Jean était juif et non pratiquant, il insiste : « Je ne parle pas de religion, mais d'appartenance et de racines ; cette partie de l'histoire était complètement muette pendant toute une période, aujourd'hui elle est revenue. Je ne pense pas que Jean ait revendiqué quoi que ce soit d'une appartenance à la judaïté, mais c'est une sorte de solidarité à l'Histoire qui tout à coup s'est mise à réémerger et il a pu l'exprimer. » Et tant sur cet aspect sensible et complexe que sur les positions que Jean prenait à l'égard du « métier », David Jisse ajoute : « Quel qu'ait été son vedettariat, il a gardé cette conscience des côtés cruels de la profession et cette solidarité profonde avec les plus jeunes. Il est important de faire un travail pour montrer qu'il n'était pas exactement à l'endroit du stéréotype que, d'une certaine manière, des gens autour de lui ont beaucoup fabriqué. »

Cette mémoire douloureuse d'enfant de la guerre inquiet de la progression des idées du Front national avait conduit Jean Ferrat, au cours de l'été[15], à prononcer un discours lors du premier « banquet républicain » organisé sur la place d'Antraigues. Après s'être réjoui du succès manifeste de cette initiative et avoir souligné, exemple à l'appui, l'importance des principes et des « valeurs originelles » de la Révolution française, il abordait le fond de son propos : « Je dois vous avouer que j'éprouve une grande inquiétude sur ce qui se passe dans ce pays. Il me semble que nous sommes entrés, depuis quelques années, [...] dans un moment de l'Histoire où nous pourrions replonger dans l'ombre, où la nuit semble s'étendre sur la pensée et le brouillard sur nos fragiles certitudes. Il m'est intolérable, en effet, de savoir qu'ici même, à Antraigues, qui eut, dès 1789, deux députés du tiers état élus à la Convention, Antraigues, dont le passé rebelle et républicain a toujours été sans faille, Antraigues, centre de la résistance au nazisme, il m'est intolérable de savoir que

10 % de nos concitoyens votent pour le contraire des idées de justice, de solidarité, de fraternité, qui sont l'essence même de notre histoire et de notre civilisation. Alors, je me dis que nous n'avons pas fait ce qu'il fallait, qu'il faudra faire autre chose, qu'il faudra faire autrement. Je ne me résous pas au rejet, à l'exclusion, je ne me résous pas à la haine, je ne me résous pas à la bêtise du désespoir. » Au banquet républicain de l'année suivante, où au final il lira quelques poèmes, Robert Hue[16] est présent, et l'on apprend bientôt que Jean Ferrat figurera sur sa liste « Bouge l'Europe » aux élections européennes du 20 juillet 1999[17].

Au cours de ces dernières années du siècle, il interviendra encore à de nombreuses reprises de façon citoyenne et plus que jamais comme compagnon de route du « parti ». Ainsi le découvre-t-on rédacteur en chef exceptionnel d'un numéro de *L'Humanité Dimanche*[18], où il suggère sa « sélection d'hiver » des spectacles (à commencer par celui de Francesca Solleville qui chante Allain Leprest[19], « un auteur véritable, un personnage comme il en reste peu, avec le sens de la formule qui fait mouche, pour décrire un moment, un silence, un paysage, ou un univers »), mais écrit aussi sur l'« enjeu de civilisation » que constituent les luttes sociales en cours, sur « Le Devenir de la planète », « Le Mieux-Disant sportif » ou sur ce qu'il appelle Le « Far Est », la dérive capitaliste de la Russie et des anciens pays de l'Est. Mais surtout, deux ans plus tard, il explique pourquoi il a répondu favorablement à la demande de Jean-Marie Cavada de participer à *La Marche du siècle* intitulée *85 millions de morts : la sombre histoire du communisme*[20] autour du *Livre noir du communisme* de Stéphane Courtois. « Je suis choqué qu'on puisse faire un parallèle entre le communisme et le nazisme, s'insurge-t-il dans un nouvel article de son cru[21]. J'ai l'impression de revivre l'ambiance de la guerre froide. Qu'on ose dire : croix gammée égale faucille et marteau me révolte. Ce n'est pas uniquement choquant, c'est également très dangereux. Alors qu'il y a des communistes au gouvernement, la parution de ce livre ne me semble pas innocente. » Soulignant qu'il trouve cela dangereux surtout pour la démocratie, il en revient à ses fondamentaux : « Ce type de rapprochement infondé est une méthode pour égarer les esprits. Qui banalise le Front national, en considérant que l'engagement des communistes français est un extrême équivalent. [...] Pour ma part, je n'ai jamais été membre du Parti communiste. [...] Cependant, je n'ai jamais cessé d'être proche du parti. Dès mon enfance, parce que les communistes m'avaient recueilli, caché, durant la guerre. Puis il y eut les luttes contre le colonialisme... » Au cours de l'émission, à laquelle participera Robert Hue, Jean reviendra sur cet aspect, en insistant : « J'ai peur que les gens qui nous regardent fassent un amalgame, que rien ne justifie, entre les résistants, les communistes français et tout ce qui s'est passé en URSS. »

D'une manière générale, il va être amené à intervenir de plus en plus au quotidien, apportant son soutien tous azimuts aux causes qui lui semblent justes. Ainsi a-t-il signé immédiatement l'appel lancé le 11 février 1997 par cinquante-neuf cinéastes contre le projet de « loi Debré » sur l'immigration, alors en discussion au Parlement. « Avec eux, je reconnais avoir hébergé récemment des étrangers en situation irrégulière et je continuerai à le faire sans vérifier leurs papiers », déclare-t-il alors[22] ; refusant de vivre « dans un monde de délation », il ajoute : « Beaucoup de gens n'ont pas connu Vichy. J'étais enfant en ce temps-là, et cette époque m'a marqué pour la vie. [...] Il nous faut à nouveau entrer en résistance. » Dans la foulée, on le retrouve un mois plus tard aux côtés des associations mobilisées contre l'expulsion de Saadi-Aït-Hellal, un Algérien de quarante ans, père de quatre enfants, vivant à Largentière, dans l'Ardèche par intermittence depuis 1966, mais qui a égaré son titre de séjour en 1983 et n'arrive pas à le faire renouveler. « C'est une situation administrative insensée, déclare Jean devant la presse. Saadi n'est pas un clandestin, il vit en France depuis vingt-cinq ans. Il y a une question qui se pose : est-ce qu'une erreur d'homme justifie qu'on veuille bouleverser sa vie et la vie de tous les siens ? » Dans le même temps, Jean fait partie des deux centaines de personnalités (de Régine Deforges à Claude Piéplu, Siné ou Théodore Monod) soutenant l'appel du Mouvement de la Paix « à mille jours de l'an 2000 » et soulignant la nécessité de construire « une Europe fraternelle enfin débarrassée des divisions et des blocs militaires » et de détruire « au plus vite les armes nucléaires ». Bref, le programme du seul hymne de son cru que Ferrat revendique comme tel : *La Paix sur terre*.

En septembre 1998, il est parmi les mille deux cents signataires de la pétition « Il faut en sortir » lancée par l'hebdomadaire *Témoignage chrétien* estimant « raisonnable, au moment où une nouvelle législation entre en vigueur, de régulariser tous les sans-papiers qui en ont fait la demande ». En mai 1999, avec Albert Jacquard, Gilles Perrault et mille sept cents personnes, Jean soutient cette fois Mme Sahal, directrice adjointe de l'hôpital de Lavaur, menacée de mutation par le maire RPR[23], qui lui reproche les activités politiques de son mari, président du comité local du MRAP[24]. Le 23 mars 2000, c'est la montée de la droite extrémiste en Europe qui inquiète particulièrement les démocrates, notamment avec l'arrivée au pouvoir des partisans de Jörg Haider en Autriche, qui – souligne l'appel lancé par des personnalités du monde artistique, scientifique, associatif, syndical... – « incarne un populisme de droite, une version contemporaine de pratiques fascistes, avec lesquelles il ne cache pas ses sympathies ». Jean Ferrat s'y associe, de même que lorsque quatre ONG françaises[25] lancent le 12 juin – avec trois cents personnalités de tous pays, dont trois prix Nobel de la paix et des politiques de sensibilités diverses – *Un avion pour l'Irak*, qui vise à briser l'embargo sur les vols passagers vers l'Irak. En revanche, par un courrier envoyé à *L'Humanité*[26], le chanteur reproche au secrétaire général du MRAP, Mouloud Aounit, d'avoir affirmé dans une tribune que le MRAP n'avait jamais demandé la remise en liberté de Maurice Papon[27], alors que deux semaines plus tôt son association avait considéré « que la prolongation de la détention d'un homme de quatre-vingt-dix ans et malade de surcroît n'est pas satisfaisante dans une démocratie ». Estimant « extrêmement grave et dommageable au mouvement » que Mouloud Aounit ait fait cette déclaration « sans consulter aucune instance », Ferrat annonce alors qu'il ne pourra rester membre du MRAP si la position de celui-ci ne change pas. Il obtiendra gain de cause *in fine*, à travers un nouveau communiqué concédant que le précédent, « trop elliptique, manquait de clarté quant à ses intentions » et pouvait susciter une « ambiguïté malheureuse ». Il y était encore spécifié : « Il n'a jamais été question de vouloir faire de Papon une exception. [...] Quelle que soit la durée de sa détention, rien ne l'exonérera jamais de ses crimes. »

Notes

1. Du 11 décembre 1994.

2. *Idem.*

3. *Chorus*, revue citée.

4. Propos rapportés par l'auteur dans *Chorus* n° 33, septembre 2000. La fête réunissait notamment : Francesca Solleville, Isabelle Aubret, Bruno Ruiz, Christine Authier, Véronique Estel, Allain Leprest, Natacha Ezdra, Michel Bühler, Pierre Soyer, Françoise Kucheida, Marc Robine, Marie et Guillaume des Beaucourtois, Christophe Duplan...

5. À l'auteur, avril 2010.

6. Dans *L'Express* du 9 janvier 2003, à Gilles Médioni qui lui demandait : « À quoi sert une chanson ? », il avait répondu ceci : « Parfois, à allumer une lueur d'espérance. Il y a quelques années, j'ai regardé, abasourdi, un reportage filmé en cachette dans Kaboul occupé par les talibans. Un frère et une sœur empêchés d'étudier, d'écouter de la musique, se sont mis à chanter *Robert le diable*, que j'avais composé sur un poème d'Aragon. C'est un hommage à Robert Desnos, déporté dans un camp de concentration. Là, tout à coup, je me suis dit : "Je n'ai peut-être pas été inutile" » (allusion à l'émission *Prisonnière du voile – Envoyé spécial*, France 2, 24 octobre 1996).

7. Selon un document transmis en 1994 par le service de presse de Gérard Meys, ils étaient alors plus de quatre-vingts, du Suisse Denis Alber, du Japonais Junko Nakamura, du Néerlandais Herman Van Veen ou des Allemands Rudy Carrel et Zinga et Wolf, en passant notamment par l'accordéoniste Aimable, Jean-Claude Brialy, les Chœurs et Danses de la flotte soviétique, Dave, Juliette Gréco, Georges Guétary, Francis Lemarque, Hélène Martin, Marc Ogeret, Jean-Claude Pascal, Cora Vaucaire... sans oublier tous ceux déjà cités au fil de cet ouvrage, à commencer bien sûr par Isabelle Aubret (largement en tête) et Francesca Solleville.

8. *La Chance aux chansons*, Chorales de France, France 2, 17 novembre 1995.

9. *La Chance aux chansons*, Charles Dumont, France 2, 8 octobre 1996.

10. Festival Summerlied à Ohlungen, FR3 Grand Est, 20 août 1997.

11. FR3, journal télévisé Rhône-Alpes du soir, 12 février 1996.

12. Du 11 août 1998.

13. À Florent Muller, journal télévisé de 20 heures, France 2, 9 août 1998.

14. À l'auteur, avril 2010.

15. Le 16 août 1997.

16. Successeur de Georges Marchais à la tête du PCF.

17. Pour mémoire : Jacques Chirac (RPR) a été élu président de la République le 7 mai 1995 avec plus de 52 % des voix devant Lionel Jospin (PS), mais, à la suite de la dissolution du Parlement en avril 1997, les élections législatives anticipées bénéficient à la gauche (d'assez peu en pourcentage – 48 % contre 46 % – mais de façon considérable en nombre de députés), et Jacques Chirac doit se résoudre à nommer Lionel Jospin Premier ministre. En 1999, on est donc en pleine cohabitation avec, au gouvernement, des ministres de la « gauche plurielle », dont les communistes Jean-Claude Gayssot (Équipement, Transports et Logement) et Marie-Georges Buffet (Jeunesse et Sports).

18. N° 300 du 14 au 20 décembre 1995.

19. Sur des textes duquel il vient de composer deux musiques pour elle : *Paris Chopin* et *Appelle-moi Luciole*.

20. Le 3 décembre 1997 sur FR3.

21. *L'Humanité-Hebdo* du 27 novembre au 3 décembre 1997.

22. *L'Humanité*, 14 février 1997. Quelques chanteurs et chanteuses ont signé l'appel : Djamel Allam, Enzo Enzo, Kent, Marc Ogeret, Sapho, Philippe Val…

23. Qui l'obtiendra… malgré la mobilisation.

24. Mouvement contre le racisme et pour l'amitié entre les peuples.

25. Amitiés franco-irakiennes, Codéveloppement tiers-monde, Coordination internationale pour la levée de l'embargo et Enfants du monde-Droits de l'Homme.

26. Le 8 février 2001.

27. Secrétaire général de la préfecture de la Gironde à partir de 1942, où il contrôle le service des affaires juives, il a été condamné en avril 1998 à une peine de dix ans de réclusion criminelle comme complice de crimes contre l'humanité. Il est décédé en février 2007.

Chapitre 28

Citoyen et artiste

Retour à la chanson, le 19 février, avec la mort le Charles Trenet et son évocation au journal télévisé de 20 heures, sur France 2, par Claude Sérillon : « Jean Ferrat confiait ce matin qu'il avait été élevé au Trenet comme d'autres sont élevés au lait de vache ou au lait de leur maman. » Et si dans *L'Humanité* du lendemain, on n'est pas étonné de retrouver cette confidence, augmentée de quelques autres comme : « C'est peut-être lui qui m'a donné envie de chanter avec ses chansons », il en va tout autrement, deux mois plus tard, dans un article intitulé *Hommages et dommage*[1], où Gérard Raffort se déclare « quelque peu choqué par l'annonce d'une plainte déposée au nom de Jean Ferrat [...] et qui semble ne pas savoir faire la différence entre hommage et piratage ». Accusée, une association qui a publié sans autorisation des textes de Jean sur son site Internet[2], site « non lucratif, poursuit Raffort, et qui lui coûte même pas mal de temps, d'énergie et d'argent ; un fan qui prend des initiatives a quand même quelque chose de précieux pour un artiste... et peut inciter les rares jeunes personnes qui ne connaissent pas Ferrat à écouter et acheter ses disques ». Et, tout en concédant que « la loi *stricto sensu*, certes, n'est pas en faveur de l'imprudent », le journaliste s'interroge (« Jean Ferrat aurait-il été mal conseillé ? ») avant de conclure : « Les dommages et intérêts réclamés sont faramineux. [...] On peut espérer néanmoins, que notre "compagnon de route", jusque-là titulaire permanent du prix de camaraderie, reviendra à de justes réalités et fera retirer cette plainte pour s'attaquer aux vrais pillards. » Changement de ton le 12 mai suivant : le même journal fait profil bas (« D'évidence notre bonne foi a été abusée. Que Jean Ferrat veuille bien nous en excuser ») et publie une mise au point du chanteur qui commence ainsi : « Jean Ferrat tient à préciser qu'il n'a déposé aucune "plainte", ce qui supposerait une intervention personnelle et une procédure en principe pénale. Il a, au contraire, avec son éditeur, décidé de soumettre aux tribunaux civils un différend... » Pas une « plainte », un « différend » donc, mais qui, au bout du compte, par jugement du 23 janvier 2002, coûtera près de seize mille euros à l'association incriminée (soit environ six fois moins, tout de même, que la somme initialement demandée !) et aura sa peau.

Au fond, cette affaire est significative de l'attitude pour le moins frileuse de l'industrie du disque et de l'édition au cours de ces premières années du développement de l'Internet, et de son inaptitude à appréhender les nouvelles pratiques d'écoute et de consommation de la musique qui ont pris l'ampleur que l'on sait aujourd'hui. Défendre le droit d'auteur est une chose, mais cela n'a de sens que dans le respect réciproque de celui du public, sans lequel l'artiste n'a qu'un avenir de salle de bain. La logique parano-répressive des diverses lois qui ont été adoptées n'a d'ailleurs rien réglé véritablement, aujourd'hui encore, et les dirigeants des organismes de perception des droits des artistes, qui n'ont que le bâton à la main et le « droit moral » à la bouche pour effrayer les « mômes » et les empêcher de télécharger illégalement, sont bien mal placés pour jouer les pères la pudeur[3]. Cette « affaire » sera en tout cas très mal vécue par de sincères admirateurs de Jean Ferrat, déçus qu'il se trompe ainsi de cible…

L'année 2002 va leur permettre de se requinquer dès le 8 janvier, grâce à une intervention originale du créateur de *Potemkine* dans le quotidien *Le Monde*. Intitulé *Qui veut tuer la chanson française ?*, le « Point de vue » qu'il signe interroge d'abord le service public sur sa mission « d'informer de la création contemporaine en respectant la diversité des genres, des styles, des écoles » et pose « brutalement la question, à propos de la chanson française ». Rappelant qu'il avait tenté de le faire l'année précédente auprès de Michèle Cotta[4], directrice générale de France 2, à propos du « véritable boycottage (pour ne pas dire plus) dont [Isabelle Aubret] était victime sur cette antenne » alors qu'elle affichait une actualité dense, et qu'il n'avait pas obtenu de réponse (son intervention auprès de France Inter ayant eu quelques résultats, mais insatisfaisants), il élargit alors son propos : « Il faut que les présidents des sociétés audiovisuelles sachent ; il faut que le président du Conseil supérieur de l'audiovisuel sache ; il faut que la ministre de la Culture, Catherine Tasca, sache ; il faut, enfin et surtout, que le public sache avec quel mépris on peut traiter, dans les médias publics, une artiste respectable. Et elle n'est pas la seule. Ces responsables divers et variés, je les interpelle. Est-ce qu'ils se rendent compte que les petits marquis qui font la loi dans la programmation réduisent totalement au silence des pans entiers de la création française ? [...] Est-il venu à leurs oreilles, à leur conscience que, s'il est bon de s'enrichir des musiques et des cultures du monde, nous sommes un certain nombre à dire non au rouleau compresseur, au monopole imposé du métissage totalitaire et du raz de marée anglo-saxon ? Enfin, ne croient-ils pas que l'exception culturelle qui a sauvé le cinéma français et dont certains veulent la disparition[5] devrait s'appliquer aussi à la chanson ? Seule, elle permettrait la diversité et donnerait la possibilité de se faire entendre à tous ceux qui sont systématiquemet écartés des antennes. » Et de citer en conclusion quelques noms (Christian Paccoud, Bernard Joyet, Philippe Forcioli, Allain Leprest) parmi « des dizaines et des dizaines de vrais auteurs, de vrais créateurs condamnés au silence » sur les ondes.

Cette fois, le « coup de gueule » de Jean Ferrat ne passe pas inaperçu. Dans l'hebdomadaire *Marianne*[6] qui prend un brin de recul pour lui consacrer quatre pages et interviewer également Juliette et Henri Tachan[7], il répond à Olivier Maison qui lui demande s'il ne craint pas de paraître « trop catastrophiste » : « Peut-être, mais si rien ne bouge, c'est vraiment la catastrophe. [...] À mon époque, on se disait en riant qu'on allait devenir comme des boîtes de petits pois. Eh bien, c'est arrivé ! [...] Il y a des mesures à prendre pour que le service public ne se soumette pas aux lois du marché. [...] C'est donc avant tout une question politique. [...] Le combat à mener ne peut pas se faire de façon isolée. C'est une lutte nationale, puis européenne et, enfin, internationale des défenses des cultures. » *L'Humanité*, qui a tout de suite relayé la lettre de Ferrat à travers plusieurs articles, publie un long entretien, enregistré également à Antraigues[8]. Rappelant d'abord qu'il mène ce « combat » depuis « une bonne trentaine d'années » (« J'ai eu des discussions passionnées sur l'envahissement par la musique anglo-saxonne, avec Michel Lancelot lors de son excellente émission sur Europe 1. Je suis un fervent admirateur de jazz et ma culture musicale s'est forgée à l'époque de l'explosion des rythmes américains »), il relève les effets pervers de la loi sur les quotas à la radio[9] : « Ce système a permis que la production française progresse, mais il présente un défaut : il favorise ceux qui passent déjà sur les antennes. C'est cela que je dénonce aujourd'hui. Le rap, le raï, le rock monopolisent la diffusion, et la chanson française de qualité – en dehors de quelques grands noms – est laminée, condamnée au silence et des talents étouffés. » Lui-même « artiste Universal », puisque cette multinationale distribue les disques qu'il a produits pour sa société constituée avec Gérard Meys, il « réclame » donc « avec un certain nombre de professionnels [...] que soient rompues les possibilités d'entente entre diffuseurs et producteurs, les alliances entre grandes sociétés du disque et télévisions ». Loin de se vouloir le porte-drapeau d'un quelconque mouvement, il précise : « Je prends la parole comme un simple individu, à la fois citoyen et artiste. »

Le 2 février, à l'invitation de la Société des Amis de l'Humanité et de la Société des réalisateurs de films, on le retrouve donc au cinéma Max-Linder (avec Pascal Thomas, Daniel Toscan du Plantier, Pierre Bergé...) au cœur d'un débat suscité par la phrase-choc de Jean-Marie Messier sur l'exception culturelle française. Un débat passionnant et passionné devant cinq cents personnes qui adoptent à main levée un appel contre « le contrôle envahissant et l'exigence de rentabilité des grands empires financiers » qui « tendent à réduire, si l'on n'y résiste pas, ce qui fait l'essence même de la création sous tous ses aspects : la liberté ». Les participants attendant des pouvoirs publics qu'ils engagent des démarches auprès des autres gouvernements pour qu'une action efficace soit menée « à l'échelle de l'Union européenne ».

À l'occasion d'une grande enquête pour les dix ans de la revue *Chorus (Les Cahiers de la chanson*[10]*)*, Jean Ferrat résumera sans grand enthousiasme la situation : « Il y a pour moi un grand recul des possibilités d'expression pour de plus en plus d'artistes qui ne se situent ni dans le moule idéologique ou musical, ni dans la tendance du jour. Les chiffres parlent : toutes radios confondues, le nombre des titres a diminué de 60 % depuis 1995. Il existe dans le service public des mesures que je trouve totalement contraires à la diversité, l'établissement en particulier d'une play-list unique dans toutes les stations décentralisées. C'est un non-sens évident, une entorse à la démocratie. » Revenant à son article du *Monde* et faisant allusion au choc électoral du 21 avril[11], il déclarait : « Ce qui m'a poussé à sortir de mon silence, c'est qu'on en arrive à un point où se pose la question de la liberté d'expression créatrice, en particulier pour un certain nombre d'artistes. Je crois que finalement cette préoccupation que j'ai pour mon domaine – pour notre domaine précisément, c'est-à-dire celui de la chanson – rejoint beaucoup d'autres préoccupations des citoyens français, qui ne peuvent pas s'exprimer, malheureusement, par autre chose que ce que l'on vient de voir se manifester au premier tour de l'élection présidentielle… Il ne faut pas faire de rapprochements mécaniques, mais quand même, plus ça va et plus cette société-ci s'avère sous l'emprise des forces financières, industrielles, commerciales contre lesquelles les gens se sentent privés de pouvoir, de possibilités d'intervention. Et ce que je constate dans le domaine des variétés rejoint finalement l'ensemble des problèmes que la société française doit aujourd'hui affronter. »

À la fin de l'année, Jean Ferrat revient dans l'actualité [12] avec la commercialisation d'un CD et d'un DVD distincts (*Ferrat en scène*), constitués des quatorze chansons de l'album *Ferrat 91 – Dans la jungle ou dans le zoo*, captées alors au Pavillon Baltard à l'occasion de l'émission *Stars 90* de Michel Drucker, les quatre titres absents à la télévision ayant été enregistrés le lendemain. Avant même que l'animateur ne l'invite à nouveau, cette fois dans *Vivement Dimanche* [13], les articles tombent dans la presse et rebondissent souvent sur les propos de la tribune de Jean parue dans *Le Monde* liés à la défense de la chanson. Questionné sur son arrêt prématuré de la scène par Bertrand Dicale du *Figaro* [14], il lui offre un titre que le journaliste saisit au vol : « Je suis, si vous voulez un ex-chanteur. » Après quoi, il enchaîne sur une question plus politique : « Moi, j'ai toujours parlé au citoyen. Ce qui me fait peur pour la démocratie, c'est qu'on s'adresse de plus en plus au consommateur. C'est une entreprise insidieuse et terriblement dangereuse qui envahit le monde dans tous les domaines, y compris le domaine de la pensée. » À Gilles Médioni de *L'Express* [15] qui demande : « Pourquoi ce silence de huit ans ? », il rétorque : « Mais je n'ai pas arrêté ! Participation à des débats autour d'Aragon, rencontres avec des artistes, rédaction d'articles, réponse à des lycéens qui m'interrogent sur *Nuit et brouillard*... » ; et comme Médioni rappelle son « coup de gueule » à la une du *Monde*, il s'amuse : « Oui, je suis un peu le José Bové de la variété ! » Il a d'ailleurs invité son *alter ego* moustachu dans l'émission : « Bové, je le connais depuis très longtemps, explique-t-il à Claude-Marie Vadrot du *Journal du dimanche*[16]. Il n'est pas né d'hier, il a existé bien avant le démontage du McDo de Millau. Pour moi, c'est un militant, un vrai. J'apprécie son courage, ses idées, qu'il sache allier les luttes concrètes, locales et les combats internationaux. […] Je trouverais scandaleux qu'il aille en prison. Mais sans doute devient-il gênant, il pose des questions trop essentielles. J'ai ressenti la même chose dans les années soixante-dix. Avec beaucoup de mes chansons, je dérangeais. » Interrogé par Gilbert Jouin de *France-Soir*[17] sur le « retour en force de Renaud », il enfonce le clou : « Notre combat pour une société plus juste et plus solidaire garde tout son sens », et il confie : « Si je suis pessimiste en voyant ce qui se passe, il me reste toujours un indécrottable fonds d'espérance… » D'où une volonté intacte de lutter contre les injustices : « Il faut pousser les gens à résister aux réalités néfastes de notre société qui menacent les libertés, l'égalité et la fraternité issues de la Révolution française. Chacun dans son domaine doit faire ce qu'il peut pour lutter contre ces féodalités terribles qui menacent aujourd'hui le monde, et qui sont des nouvelles formes de la tyrannie[18]. » Et au « Pourquoi Drucker et pas un autre ? » de Jacques Espérandieu du *Parisien*[19], il répond : « Michel Drucker est le seul qui m'ait offert deux heures trente d'antenne. Pointer mon nez, chanter deux chansons et m'en aller, il y a longtemps que j'ai passé l'âge. Là, ça m'intéresse vraiment. »

Cette nouvelle apparition télévisuelle aux côtés de Michel Drucker, Jean Ferrat l'a, en effet, voulue singulière, à son image. Avant d'y accueillir différents invités, souvent peu médiatisés, il y évoque ses débuts d'artiste, le DVD qui va sortir avec son premier enregistrement public et parle longuement d'Aragon, d'Elsa Triolet et des *Yeux d'Elsa*, dont l'enregistrement initial ne le satisfaisait pas, cette chanson manquant ainsi dans l'intégrale en deux CD de « son » Aragon : « Ça m'a toujours un peu ennuyé ; si bien que j'ai décidé de l'enregistrer et je ne l'avais pas chantée certainement depuis les années soixante. » Cerise sur le gâteau, c'est sa version filmée[20] qui est ici diffusée. Après avoir retracé son « parcours » du bâtiment jusqu'à ses débuts, commenté quelques chansons essentielles et avoir rappelé notamment sa non-appartenance au PCF, qui reste néanmoins sa « famille », Jean accueille José Bové (avec lequel il a le sentiment de mener un « même combat » pour la liberté, et qui risque d'aller en prison[21]), puis aborde les problèmes de la chanson en se référant à son article du *Monde*. Il va l'illustrer non seulement en invitant ses amies Isabelle Aubret et Francesca Solleville, mais en incitant à découvrir deux artistes beaucoup moins connus : Bernard Joyet et Christian Paccoud[22]. Seront également au programme le comédien Philippe Caubère et le plasticien Ernest Pignon-Ernest ; dans la seconde partie, après 19 heures, Jean Ferrat réenfourchera son inlassable cheval de bataille : « Il faut [...] que les pouvoirs publics s'occupent de la diversité culturelle et imposent cette diversité culturelle à ceux qui sont chargés en principe de la faire vivre. » Puis un reportage en Ardèche le montrera dans son jardin avec Colette, sa femme, et lors de son fameux discours au « Banquet républicain » de 1997...

Dès le lendemain de l'émission, suivie par près de six millions de téléspectateurs, l'« ex-chanteur » recevra quotidiennement des centaines de lettres ; en dix jours, son nouveau CD se vendra à plus de 50 000 exemplaires[23] et le ministère de la Culture ainsi que la direction de la Sacem se sentiront obligés de téléphoner... Quelques mois plus tard, Jean Ferrat participera à sa dernière grande émission de télévision, dans un long échange de quarante-cinq minutes avec Patrick Simonin, sur TV5 [24]. Abordant sa condamnation en 1968 de l'invasion soviétique en Tchécoslovaquie (*Camarade*) et sa participation à un comité de soutien pour la libération d'opposants (dont l'écrivain Vaclav Havel, futur président de la République), il souligne le choc, l'incompréhension que suscita sa prise de position : « J'ai un ami, un très vieil ami personnel, un homme qui m'a recueilli, et ma famille, au moment de la Libération, qui était un communiste admirable, qui a participé à la Résistance, qui a planqué des dizaines, des centaines de gens... Eh bien, cet ami magnifique, il m'a envoyé une lettre de reproche me disant : "Non. Tu ne devrais pas faire ça ! Ce sont nos ennemis, finalement, qui ont suscité cette situation." Il ne comprenait pas, il ne pouvait pas comprendre. Il y avait un monde qui était en train de basculer et il ne pouvait pas l'imaginer. »

Le mercredi 3 mars 2004, loin des projecteurs médiatiques, c'est au collège Paul-Bert de Drancy en Seine-Saint-Denis que Jean Ferrat, accompagné de son ami Gérard Meys, rencontre une centaine de jeunes issus de trois classes, de trois collèges différents de la ville, dans le cadre de « Zebrock au bahut », action culturelle au long cours, avec le soutien du Conseil général et de l'inspection académique. Parmi les chansons au programme de l'année, *Ma France*. Edgard Garcia, directeur de Zebrock, se souvient de l'événement comme si c'était hier : « La première chose qui m'a marqué, c'est la grande stature de Jean descendant de son taxi, avec ce sourire qui lui barrait le visage, une poignée de main très chaleureuse et presque un peu timide... Un peu intimidé de se retrouver dans cette banlieue parisienne qu'il connaissait, mais où il n'avait pas remis les pieds depuis longtemps[25]. » Pour autant, le lundi, la préparation de la rencontre avait mal démarré, les enseignants n'ayant apporté que des livres d'Aragon et d'Elsa Triolet et aucun lecteur de CD. Ce quiproquo ayant été vite réparé, une constatation s'impose : les collégiens écoutent poliment, mais sans plus. « Ferrat n'était pas du tout un nom qu'ils avaient repéré, poursuit Edgard Garcia. Alors, je leur explique que c'est un grand monsieur de la chanson, je leur raconte son histoire en y mettant un maximum d'enthousiasme et je leur dis : "Parlez-en ce soir à vos parents !" Le lendemain matin, je croise ces mêmes gamins dans un autre cadre, pour un concert, et ils me tombent dessus : "Monsieur, monsieur ! On en a parlé avec nos parents, il est drôlement important, Jean Ferrat !" Et le mercredi matin, pour la rencontre, je les vois débarquer avec des vinyles sous les bras. Et je me dis : "On a gagné quelque chose, la famille s'y est mise !" Ce lien fonctionnait effectivement, Jean faisait partie des trésors qu'on se refourgue dans les familles, il fallait ce genre de situation pour que la machine à transmission se remette en marche. Du coup, ce jour-là, le collège était sur son trente et un et les employés de service, très émus, avaient préparé une petite table, avec des nappes et des bouquets de fleurs, pour boire un petit coup après la rencontre. Quelque chose de très humble, très généreux, pour accueillir Jean, et je crois que c'était ce qu'il aimait, entouré de gens qui reconnaissaient en lui quelqu'un qui leur avait apporté du bien et du beau. » Et après deux heures d'échanges à la fois sérieux et bon enfant, une jeune fille lui demande : « Qu'attendez-vous d'une telle rencontre avec les collégiens ? » Et Jean répond : « Qu'elle vous incite à être sensibles à la diversité des styles musicaux.

Qu'elle vous invite à être attentifs aux beaux textes et à cultiver toujours une écoute attentive et critique. »

Le 10 septembre 2004, à La Courneuve, l'exposition *Jean des encres, Jean des sources* (annoncée déjà à *Vivement Dimanche*) est présentée en ouverture de la Fête de *L'Humanité*. Constituée de treize panneaux et de douze chansons de Ferrat, résolument « thématique, historique et imaginaire » selon les propres mots de son concepteur, François Derquenne[26], qui y tente « de proposer un regard embrassant l'ensemble d'une œuvre qui compte parmi les plus riches de la chanson française », c'est cette vision ambivalente de l'artiste et de l'homme qui a convaincu le chanteur, peu emballé au départ par l'idée d'une exposition qui suggérait pour lui « un côté musée assez désagréable ». « J'ai été séduit, explique-t-il, par le projet de François Derquenne : montrer les deux versants de ma création. Avec "Jean des encres", il entend montrer l'aspect politique, social de mon œuvre, mon rapport au monde extérieur. Et avec "Jean des sources", ce sont les sentiments, mon rapport avec les êtres, la nature, les animaux qui seront étudiés. Il est vrai que ce sont deux facettes de ma personnalité, et c'est présenté de jolie façon. "Jean Ferrat des encres" et "Jean Ferrat des sources", ça chante comme une source[27]. » Au stand des Amis de *L'Humanité*, Jean est alors fêté pendant trois jours, et l'émotion aidant, il se laissera aller à chanter *Les Cerisiers*, qu'il a écrit avec son ami Guy Thomas. Un autre auteur, Pierre Grosz, invité un peu plus tôt à un débat sur la chanson, garde un souvenir très fort de sa venue : « Nous étions quatre ou cinq (il y avait Jean-François Kahn...) dans une tente immense avec une foule d'au moins six cents personnes, et je n'oublierai jamais que, lorsque Jean est apparu sur l'estrade, les gens ont commencé spontanément à lui chanter *Ma France* ; c'était un moment d'une émotion qui me reprend quand j'y pense, et au bout du deuxième ou du troisième couplet, il les a timidement accompagnés lui-même... Cela démontre juste l'amour profond que les gens avaient pour lui, indépendamment de toute considération de chanteur ou de quoi que ce soit d'autre [28]. »

Le 7 décembre, c'est le Centre de la Chanson qui prend le relais à sa façon au Théâtre Silvia-Monfort [29] avec *Je ne chante pas pour passer le temps – 20 artistes chantent Jean Ferrat.* Accompagné par quatre musiciens acoustiques, présenté par Jofroi, chacun des participants va interpréter deux titres au cours d'un véritable marathon visitant près d'un quart de l'œuvre de l'artiste. « Le répertoire est vaste, plein de relief, rires et larmes, lyrisme ou farce, écrit Charles Silvestre dans *L'Humanité* [30], et l'on en vient à se dire, sans tomber dans la nostalgie ni l'esprit grognon, que franchement cet univers n'a pas, pour les oreilles en attente d'une parole forte, la place qu'il mérite sur les ondes. On peut se défoncer les tympans avec des basses et végéter dans l'eau tiède. [...] Il est vrai que beaucoup, dans l'assistance, découvraient telle ou telle chanson de Ferrat, oubliée au fil du temps, parfois même par son auteur, ou carrément inconnue. » Le fruit d'un travail serré, comme le précise Didier Desmas, le directeur du Centre de la Chanson : « Nous avons beaucoup parlé du choix des vingt artistes avec Gérard Meys, qui nous a laissés libres de monter notre programmation. Nous avions choisi des gens en émergence, d'autres aux carrières déjà installées et des nouveaux talents [31]. Jean Ferrat était évidemment présent et à la fin, il a chanté *La Montagne*, a cappella ou accompagné par le piano de Paul-André Maby… C'était très très simple, mais j'en garde un souvenir éblouissant[32]. »

Début 2005, Jean Ferrat connaît une première alerte de santé. Fragile depuis longtemps au plan pulmonaire, il est hospitalisé à la mi-février au CHU de Grenoble, qui publie un communiqué précisant que « son hospitalisation a été motivée par un épisode aigu rapidement résolutif », que « son état n'inspire plus d'inquiétude » et qu'il pourra regagner son domicile « dans un délai de quelques jours ». Coïncidence douloureuse, on apprend dans la nuit du 13 au 14 février le décès de Jean Saussac, ancien maire communiste d'Antraigues et ami de Ferrat… Pour autant, la vie continue et le 6 août, le village rend hommage pour la première fois depuis quarante ans à son illustre habitant, en accueillant l'exposition *Jean des encres, Jean des sources*. « Dans la salle des fêtes archicomble, où le maire disait l'honneur fait à Antraigues, et avant que le chanteur ait évoqué avec beaucoup de saveur son sentiment pour le lieu, sa "source", Edmonde Charles-Roux a eu pour Ferrat des mots qui ne sont pas passés inaperçus : "C'est un homme simple, à l'époque où plaire, en art comme en politique, monte à la tête[33]." »

À nouveau hospitalisé en février 2006 au service de pneumologie du même hôpital de Grenoble, Jean Ferrat est également dans l'actualité pour des raisons juridiques et professionnelles. Après dix années de procédure contre la firme Universal, ponctuée par un premier arrêt en sa faveur de la Cour de cassation le 10 juillet 2002, le chanteur porte cette fois un coup très dur à l'industrie de la compilation. L'arrêt du 8 février 2006 spécifie en effet : « Une exploitation sous forme de compilation, avec des œuvres d'autres interprètes étant de nature à en altérer le sens, ne pouvait relever de l'appréciation exclusive du cessionnaire et requérait une autorisation spéciale de l'artiste. » Universal Music est donc condamné à retirer de la vente cinq compilations comportant des chansons de Ferrat. « Au début des années 90, rappelle Anne Salomon du *Figaro*[34], Jean Ferrat avait très mal pris l'utilisation de ses chansons dans des compilations baptisées *Vive la France*, *Ballades et mots d'amour*, *Un siècle de chansons* et *Nuit de la chanson*. L'interprète de *La Montagne* ou encore d'*Aimer à perdre la raison* avait trouvé ces disques indignes de son œuvre. Surtout, l'artiste engagé, connu à sa grande époque pour sa proximité avec le parti communiste, avait été horrifié de se voir à cette occasion "flanqué d'artistes les plus divers", notamment ceux au passé trouble pendant la guerre, comme Maurice Chevalier ou André Dassary, l'interprète de l'hymne à la gloire de Pétain *Maréchal nous voilà*. La Cour de cassation lui a donné raison sur tous les points. »

Dans un autre ordre d'idées, cinq ans après son premier désaccord, Jean Ferrat envoie le 13 mars une lettre au MRAP pour s'opposer à la plainte de celui-ci contre le quotidien *France-Soir*, pour avoir publié une caricature représentant le prophète Mahomet coiffé d'un turban en forme de bombe. Alors que l'association estime que ce dessin véhicule un message raciste « qui assimile Mahomet donc tous les musulmans à des terroristes », il ne vise pour Jean « que ceux qui utilisent l'Islam à leurs fins politiques ». Et il ajoute : « La bombe en forme de turban, ce sont les islamistes radicaux qui l'ont posée sur la tête de Mahomet. » Totalement opposé à la plainte contre *France-Soir*, il se demande s'il ne va pas être obligé de démissionner de l'association et conclut : « Je trouve la position du MRAP extrêmement grave pour notre mouvement et au-delà pour l'avenir de notre démocratie laïque. Je me vois donc forcé de me désolidariser entièrement de cette position et de cette action et de le faire savoir publiquement. »

Le 12 juillet, fait exceptionnel, Jean adresse quelques lignes précieuses à Pierre-Antoine Courouble pour le livre *Citoyen Boissel* qu'il a consacré à François Boissel (1728-1807), l'un des plus ardents précurseurs par trop oublié du socialisme. Les deux hommes s'étant croisés deux ans plus tôt, l'auteur avait envoyé son manuscrit à Antraigues. Et miracle ! « Un après-midi de juillet, raconte Courouble, le fax sonne et j'assiste en direct à l'apparition d'un texte manuscrit signé Jean Tenenbaum Ferrat, c'était la préface tant espérée[35]. » Où le chanteur écrit : « Au-delà de ses idées généreuses et utopiques, ce qui me touche chez Boissel, c'est l'homme. [...] Cet homme est proche de moi, avec ses enthousiasmes, ses doutes, ses rêves ; présent et fraternel, il mérite sa place à nos côtés. » Par la suite, le chanteur déclinera « pour indisponibilité » la proposition d'assurer la présidence d'honneur du Cercle François Boissel, mais le geste de Jean aura une heureuse conséquence pour Pierre-Antoine Courouble : « Sa préface de Boissel m'a immédiatement ouvert les portes d'un éditeur, tant et si bien que je puis dire que si je suis devenu aujourd'hui un écrivain publié, c'est grâce à Jean Ferrat[36]. »

S'il a refusé cette nouvelle offre de présidence, celui-ci assure toujours celle des Amis de Louis Aragon et Elsa Triolet, dont le secrétaire général est Jean Ristat. À la fin de l'été, en compagnie du journaliste Franck Delorieux, les deux Jean vont s'offrir le luxe d'une substantielle *Conversation à Antraigues avec la montagne pour témoin* (ou

« Comment un poème devient-il une chanson ? ») publiée dans deux numéros espacés des *Lettres Françaises*, le 2 septembre et le 7 octobre 2006. Une luxueuse session de « rattrapage » où Ferrat éclaire encore quelques-uns de ses « secrets de fabrication » : « La musique pour moi, que ce soit pour mes textes ou pour ceux d'Aragon, est un catalyseur de la pensée. Elle doit, si possible, rendre plus évident ce que l'auteur a voulu dire. [...] Dans un tour de chant, il faut qu'il y ait une diversité dans l'ordre de passage des chansons. Par exemple, si on chante une chanson dramatique, on passe après une chanson plus légère. L'opposition fait qu'elles ont plus de relief. Pour la conception d'une chanson, il faut essayer de respecter une progression qui fait qu'on termine plus fort qu'on a commencé. C'est pourquoi, dans les poèmes d'Aragon, j'ai mis au début de la chanson certaines strophes qui terminaient son texte. Aragon n'avait pas les mêmes contraintes ni les mêmes objectifs que moi ! » En choisissant certaines strophes de longs poèmes, il reconnaît en avoir « orienté » la lecture : « Je privilégie certains vers et, par là, je reconnais que je peux incliner le poème dans un sens qu'Aragon n'était pas forcé ni de vouloir ni d'approuver. Mais il ne s'y est jamais opposé. Dans *Au bout de mon âge*, les quatre vers dont je fais un refrain deviennent le sujet principal de la chanson. J'ai fait un refrain avec *Aimer à perdre la raison*. Le poème s'appelle *La Proie pour l'ombre*. Il est beaucoup plus sombre que la chanson. [...] J'ai déplacé parfois le centre de gravité d'un texte. C'est mon choix. » Aragon était quand même « chagriné » par le fait que Ferrat ajoute « fréquemment » des syllabes à ses rimes féminines « pour apporter un peu de diversité dans la musique ». Mais quand Jean Ristat demande à Jean s'il se considère comme un poète, il retrouve toute sa modestie lucide : « J'ai écrit des choses quelquefois poétiques. Mais je ne me suis jamais considéré comme un poète. Je suis, comme on dit au Québec, un chansonnier. Ça n'a pas le sens qu'on lui donne en français. »

Deux mois plus tard, de tout autres considérations occupent le citoyen Ferrat. Le dimanche 22 avril 2007, pour le premier tour de l'élection présidentielle française, pas question de rééditer l'éparpillement des forces de gauche qui a conduit au désastre du 21 avril 2002. Début décembre, avec différentes personnalités [37], il signe une tribune intitulée *Contre une logique de la défaite* qui prône une candidature d'union (réunissant tous les courants antilibéraux) à l'élection présidentielle et de candidats communs aux élections législatives. « Aujourd'hui, est-il écrit, à force d'entêtements des uns et de renoncements des autres, la cacophonie semble vouloir reprendre le dessus. [...] Il n'est pas trop tard, nous l'espérons, pour mettre en garde toutes les parties prenantes contre cette logique de la défaite. » Malheureusement, ces voix ne seront guère entendues et Jean Ferrat, estimant qu'« Olivier Besancenot reste dans sa tour d'ivoire et que Marie-Georges Buffet n'est pas la mieux placée pour fédérer toutes les forces antilibérales [38] » décide de soutenir José Bové... lequel arrivera en dixième position (sur douze) avec 1,32 % des voix, Nicolas Sarkozy l'emportant le 6 mai au second tour avec 53 % des voix devant Ségolène Royal.

Entre-temps, le 16 mars, Jean Ferrat avait publié dans *L'Humanité* un témoignage [39] sur Lucie Aubrac, décédée deux jours plus tôt : « Lucie Aubrac, je la considère vraiment comme une amie. J'ai eu l'occasion de la rencontrer à plusieurs reprises, notamment à Antraigues, haut lieu lui-même de la Résistance. Elle a participé à une après-midi formidable devant une centaine de lycéens où elle a expliqué ce qu'avait été la Résistance. J'ai été particulièrement touché par la façon dont elle s'est adressée à eux. Elle leur a expliqué que sans doute les jeunes se faisaient une idée de la Résistance avec les revolvers, les mitraillettes et les affrontements armés, mais que la Résistance, c'était aussi d'autres formes d'action. C'était par exemple le résistant que l'on abritait pour un soir ou le petit coursier qui allait porter un message. Elle leur disait aussi : "Même s'il ne s'agit pas des mêmes conditions de vie, vous devez, à chaque fois qu'il y a une injustice qui se produit autour de vous et dont vous êtes témoins, entrer en résistance." Je conserve un grand souvenir de cette journée-là. C'était une très bonne enseignante, elle avait un charisme impressionnant et savait s'exprimer avec conviction et simplicité. »

Au fil des mois suivants, la santé de Jean Ferrat connaîtra des hauts et des bas, nécessitera d'autres hospitalisations, et il n'apparaîtra plus en public. L'une de ses dernières interventions sera le soutien à Lounis Ibadioune, diffuseur « à la criée » de *L'Humanité-Dimanche* sur le marché parisien de la Goutte-d'Or et verbalisé par la police pour « vente de marchandise sans autorisation ». L'auteur de *Ma France* ne pourra évidemment pas rester indifférent : « C'est honteux. Je ne supporte pas ce nouveau régime. Même s'ils s'en défendent, nous sommes de moins en moins dans une démocratie. Tout part du chef, est fait par lui et pour lui, on est dans la loi du plus fort. J'ai de plus en plus peur de la dictature. Il se moque des voix dissonantes comme *L'Humanité-Dimanche* qui sont pourtant déjà trop faibles face à ce pouvoir. Je soutiens Lounis[40]. »

Malgré son absence physique et médiatique, et plus de trente-cinq ans après avoir quitté la scène, le chanteur suscitera encore des ventes de disques impressionnantes. Paru fin octobre 2009, *Jean Ferrat Best Of*, compilation de trois CD rassemblant 57 chansons, s'écoulera à plus de cent mille exemplaires (disque de platine) en un mois et se classera parmi les dix compilations les plus vendues de l'année, juste derrière Michael Jackson, Vanessa Paradis, *Salut les Copains*, Grégory Lemarchal et les NRJ Music Awards [41]. « J'ai voulu cette compilation parce que j'avais peur. Je pensais que les gens l'oubliaient, en particulier la jeunesse, confiera Gérard Meys [42]. Quand j'ai décidé de sortir ça, Jean m'a dit : “Cela fait cinquante ans que tu travailles pour moi, si tu crois que c'est bien, fais-le.” Mais, au moment de la sortie, il a refusé de voir la photo de la pochette. Lorsqu'il a été double disque de platine, on est partis en Ardèche, il ne l'a pas ouvert et a rendu le disque à Isabelle. Je crois que cela ne l'intéressait plus. Cela m'a fait un drôle d'effet… » Le 12 février 2010, Colette Ferrat indiquait néanmoins à l'AFP que son mari soutenait le Front de gauche aux élections municipales de mars. Mais, pris par ses difficultés pulmonaires, il était déjà largement ailleurs, comme en témoignerait Michel Drucker au journal télévisé de France 2, le soir du samedi 13 mars, quelques heures à peine après qu'on eut appris le décès de Jean à l'hôpital d'Aubenas : « Il avait une santé fragile, d'ailleurs il avait arrêté la scène très tôt dans les années soixante-dix, […] il avait des problèmes respiratoires depuis deux ans et il a décliné lentement. Je le voyais deux fois par an, je l'ai eu au téléphone il y a encore quelques jours, il était sans ressort, il voulait en finir avec la vie… »

Sa mort, il l'avait évoquée simplement, quelques années plus tôt, avec Richard Cannavo[43] : « La mort ne me fait pas peur, même si je ne suis pas du tout religieux. Je ne crois pas qu'on existe ailleurs, sous quelque forme que ce soit, sauf peut-être à travers ce qu'on a pu faire. Penser que des gens auront du plaisir à écouter mes chansons lorsque je ne serai plus là, ça me plaît. Parce que donner du plaisir aux gens, c'est la seule possibilité de faire en sorte que ce passage ait été digne. » L'immense émotion populaire que son ultime salut allait générer pendant des jours et des semaines en constituera la plus éloquente des confirmations, la plus belle des gratitudes.

Notes

1. *Humanité-Hebdo*, 21 avril 2001.

2. Tous deux aujourd'hui disparus. C'était il y a presque dix ans, autant dire une éternité en matière de web…

3. Dans un article intitulé *Comment la Sacem se goinfre*, Emmanuel Berretta (lepoint.fr, 10 avril 2010) publie le rapport de la commission permanente qui contrôle ces organismes. On y apprend notamment que le directeur général de la SCCP (Marc Guez) perçoit « entre 250 000 et 300 000 euros annuels » et son homologue de la Sacem (Bernard Miyet) « un salaire plus élevé de + 143 % par rapport à celui de Marc Guez », la Commission relevant par ailleurs des abus caractérisés sur les notes de frais.

4. Par une lettre du 27 février 2001, dans laquelle il écrivait notamment : « On peut aimer ou ne pas aimer Isabelle Aubret, mais je crois qu'on ne peut pas ne pas lui reconnaître un statut d'interprète professionnelle qui fait que, depuis quarante ans, elle est appréciée d'un très large public avec un répertoire de chansons françaises dont la qualité est reconnue par tous. Isabelle a fait paraître un nouveau

disque en janvier et a terminé sa sixième semaine de récital à Bobino. Jamais, je dis bien jamais (à part les émissions exceptionnelles dues à la mort de Charles Trenet), elle n'a pu, depuis plusieurs mois, participer à une émission de votre chaîne malgré le souhait d'un producteur et d'un présentateur qui désiraient qu'elle y paraisse... »

5. Le 17 décembre 2001, le patron de Vivendi-Universal (ex-Compagnie générale des eaux), Jean-Marie Messier, déclarait sans vergogne depuis les Etats-Unis : « L'exception culturelle franco-française est morte. »

6. Du 4 au 10 février.

7. S'il s'étonne curieusement que Jean Ferrat « donne l'impression de découvrir une situation qui a toujours existé », il ne s'embarrasse pas de nuances à l'égard de la télévision : « La télé est une prostituée qui ouvre les cuisses devant les chanteurs commercialement reconnus. »

8. Avec Patrick Appel-Muller, le 26 janvier 2002.

9. L'article 12 de la loi du 1er février 1994 (dite « Carignon ») prévoyait que les radios devraient diffuser, à compter du 1er janvier 1996, au sein de leur temps d'antenne consacré à la musique de variétés, 40 % d'œuvres musicales créées ou interprétées par des auteurs et artistes français ou francophones et, sur ce quota, 20 % de nouveaux talents ou de nouvelles productions. La loi précisait que ces œuvres devaient être diffusées « aux heures d'écoute significatives ». Le 1er août 2000, une nouvelle loi permettait de moduler ces quotas, notamment pour les radios « jeunes », où le plancher passait à 35 % de chansons françaises, mais avec 25 % de nouveaux talents.

10. Propos recueillis par l'auteur, n° 40, juin 2002.

11. Au premier tour de l'élection présidentielle, Jacques Chirac (RPR) est arrivé en tête avec 19,88 % des suffrages exprimés, devant Jean-Marie Le Pen (Front national), 16,86 %, et Lionel Jospin (PS), 16,18 %, les deux premiers restant seuls en lice pour le second tour du 5 mai, Chirac l'emportant avec un score historique de 82,21 % contre 17, 79 % à son adversaire. Le 4 mai, Jean Ferrat avait appelé à voter Chirac pour « barrer la route » au Front national.

12. En juillet, la Cour de cassation donnait gain de cause au chanteur face à Vivendi-Universal, lui permettant de conserver « l'appréciation exclusive des utilisations, diffusions, adaptations, retraits, adjonctions et changements qu'il déciderait d'effectuer » dans ses

disques. Cassant la décision de la cour d'appel de Paris, ce jugement portait sur des contrats signés en 1963 et 1966 avec Barclay, mais détenus depuis par la firme multinationale.

13. Sur France 2, le 5 janvier 2003 à 13 h 30, suivi de *Vivement dimanche prochain* à 19 h 10.

14. Du 30 décembre 2002.

15. Du 9 janvier 2003.

16. Du 29 décembre 2002.

17. Du 4 janvier 2003.

18. À Richard Cannavo, *TéléCinéObs*, 2 janvier 2003.

19. Du 4 janvier 2003.

20. Par Michel Parbot.

21. Il sera arrêté le 22 juin, mais libéré moins d'un mois et demi plus tard suite à une grâce présidentielle. Il retrouvera Ferrat entre le 8 et le 10 août pour le grand rassemblement altermondialiste du Larzac.

22. Ces quatre artistes interprétant respectivement *Je suis comédien* (de Jacques Debronckart), *Je chante, excuse-moi* (d'Anne Sylvestre), *Le Gérontophile* et *Avenue du Dragon*.

23. Le 11 mars 2004, à Paris, la présidente de Sélection du *Reader's Digest* remettait en outre à Jean Ferrat un « Pégase d'or » pour la vente par sa société de plus de 38 600 exemplaires du coffret de 5 CD intitulé *Jean Ferrat 1961/1971* (soit près de 200 000 CD).

24. *L'Invité*, le 8 juin 2003.

25. À l'auteur, avril 2010.

26. Avec une « mise en images » de François Fabrizzi, à partir de nombreux documents (photographies, dessins, peintures, manuscrits) et un dessin original d'Ernest Pignon-Ernest.

27. À Patrick Apel-Muller et Caroline Constant, *L'Humanité*, 4 janvier 2003.

28. À l'auteur, mars 2010.

29. Paris 15e.

30. Du 10 décembre 2004.

31. Isabelle Aubret, Francesca Solleville, Allain Leprest, Karim Kacel, Bernard Joyet, Christian Paccoud, Mouron, Jamait, Chanson Plus Bifluorée, Gérard Morel, Le Cirque des Mirages, Michel Arbatz…

32. À l'auteur, mars 2010.

33. Jean Leyzieu, *L'Humanité*, 22 août 2005.
34. Du 28 février 2006.
35. *La Tribune*, 2 mai 2010.
36. *Idem*.
37. Ariane Ascaride, comédienne ; Robert Guédiguian, cinéaste ; Michel Onfray, philosophe ; Ernest Pignon-Ernest, plasticien ; Gérard Mordillat, écrivain et cinéaste ; Marcel Trillat, réalisateur de télévision.
38. *Le Parisien*, 19 janvier 2007, Éric Hacquemand.
39. Propos recueillis par I.D.
40. *L'Humanité*, 4 février 2009.
41. Source AFP, 13 mars 2010.
42. À Victor Hache, *L'Humanité*, hors série, avril 2010.
43. *TéléCinéObs*, revue citée.

Chapitre 29

L'émotion populaire

Pied de nez à l'histoire d'une France qui ressemble de moins en moins à celle dont il rêvait, à celle qu'il chantait si bien, Jean Ferrat est parti une veille d'élections [1]. Premier résultat, durant tout le week-end, c'est d'abord de lui dont il va être question partout, dans la rue, dans les « p'tits bistrots » comme dans les grands médias, ébahis, débordés par l'afflux de messages de sympathie, de témoignages émouvants venus de toutes les catégories de la société, à commencer par ces « simples gens », ouvriers et employés, se reconnaissant à travers ses chansons, de *Ma môme* à *Nuit et brouillard*, de *La Montagne* à *Ma France*. Second résultat : celui des élections, ces régionales dont les chiffres du premier tour tombent dans la nuit du dimanche, implacables pour la majorité du président Nicolas Sarkozy, avec 26,3 % des suffrages exprimés contre près de 54 % aux forces de gauche, d'extrême gauche et des écologistes. De sorte que le mercredi, l'iconoclaste *Canard enchaîné* s'éclate en titrant sur toute la largeur de sa une : « Les électeurs rendent hommage à Jean Ferrat : “Que la mandale est belle !” »

Que l'émotion est belle ! Une fois de plus, celui que l'on avait d'office confiné au public intime du cabaret et qui triompha au Palais des Sports, celui qui battait les records d'audience à chacun de ses rares retours télévisés, celui que l'on croyait oublié, une éternité médiatique après son *Vivement Dimanche* de 2003, ce Jean Ferrat-là suscite l'événement au soir de son dernier voyage. Du coup, entre sentiments authentiques et calculs d'arrière-boutique, les fleurs, les pleurs et les superlatifs déferlent de la presse écrite à l'Internet, et les personnalités en tout genre et de tout acabit y vont de leur petite phrase. Désormais, tout le monde aime Ferrat. Entre quatre planches. « Les morts sont tous des braves types », chantait déjà son ami Georges Brassens en 1961 dans *Le Temps passé*.

Bien entendu, fonction oblige, quoi de plus normal que le président de la République, le ministre de la Culture, voire le Premier ministre, saluent sa mémoire… Nicolas Sarkozy constate d'abord, perspicace : « Avec Jean Ferrat, c'est un grand nom de la chanson française qui disparaît. » Évoquant l'intransigeance professionnelle de l'artiste, il ajoute : « Farouchement attaché à sa liberté et à son indépendance, il a toute sa vie pensé et vécu son art comme un artisanat, privilégiant constamment l'authenticité et l'excellence à la facilité consumériste des standards commerciaux. » Ingrat par avance, l'intéressé avait déclaré trois ans plus tôt : « Sarkozy est un arriviste forcené qui, soi-disant, pense à la France… Ses idées sont détestables mais, avec son charisme, son parler clair, il est redoutable[2]. » De son côté, ignorant délibérément cette ingratitude de gueux, François Fillon y va d'une maîtresse analyse à faire retourner Léo l'anar dans sa tombe : « Sa mort est un deuil pour la chanson française et tous les artistes français, dont il était le maître incontesté. » Paradoxalement, Frédéric Mitterrand la joue plus sobre : « Jean Ferrat laisse le souvenir d'un chanteur indépendant et humaniste tant par l'importance de l'œuvre qu'il nous laisse que par ses prises de position dans le débat social. »

Les responsables politiques de gauche sont sensiblement plus crédibles, à commencer par la communiste (tendance répétitive) Marie-Georges Buffet : « C'était un compagnon, mais un compagnon qui restait très libre, qui avait un esprit critique, qui était très exigeant par rapport à ses compagnons communistes. C'est pour cela aussi que nous l'admirions tant, que nous avions tant d'amitié, de tendresse pour lui. » La socialiste Martine Aubry n'est pas en reste : « Cet artiste passionné incarnait la difficile synthèse entre la révolte et l'idéal. [...] Il restera comme un militant infatigable de la justice sociale, qui n'a jamais renoncé à porter les valeurs de la gauche et à mener des combats émancipateurs. » Olivier Besancenot, quant à lui, n'oubliera pas de rappeler : « Je lui avais dit à quel point, au début des années 90, son album *La Jungle et le Zoo* avait compté dans mon parcours militant. De nombreux militants anticapitalistes perdent en plus du poète un camarade. »

Parmi les artistes de la chanson, celle qui l'a le plus interprété, Isabelle Aubret, évoque ses « jolis mots » : « Même s'ils étaient parfois violents, ils ne parlaient que de nous. C'est pourquoi les gens l'aimaient tellement. » Georges Moustaki souligne l'œuvre « exceptionnelle » de « quelqu'un d'exemplaire » qui « n'a rien sacrifié de ce qui lui tenait à cœur » ; et il ajoute : « C'était un homme engagé, mais pas un hurleur de sentences. Il le faisait avec poésie. » Pour Juliette Gréco, « Jean était un être généreux dans le sens noble du terme. Il n'a jamais rien pris à personne, il a tout donné à tout le monde. Jean Ferrat chantait comme on s'insurge. Il était un homme de conviction, mais un homme libre. [...] Il était un homme debout, un combattant, un homme de bien, il avait foi en l'autre. » Rappelant qu'ils avaient « galéré ensemble » à l'époque des cabarets, Pierre Perret constate simplement : « Jean Ferrat était l'un des grands de la chanson. Son œuvre magnifique était en symbiose totale avec ce qu'il était. Il aimait les chansons frondeuses. »

Côté animateurs de télévision, saluant son « ami très proche depuis quarante-cinq ans », Michel Drucker parle de l'un « des derniers géants » de la chanson française et conclut : « C'est une partie de la France, toute une génération qui a beaucoup de chagrin aujourd'hui. Il y avait Brel, Brassens, Ferré, et puis il y avait Jean, c'était le dernier des Mohicans. » Dès son *Vivement Dimanche* du lendemain sur France 2, il rediffuse une heure du *Stars 90* enregistré en 1991 au Pavillon Baltard, où Ferrat chantait en public ; le mardi 16 mars, il présentera un *Hommage à Jean Ferrat* (où celui-ci interprète en ouverture *Tu aurais pu vivre encore un peu*, qu'il avait dédié à un ami) avec de larges extraits de l'émission *Ferrat 80*, alors réalisée sur TF1. Cet « hommage » intégrera des séquences tournées l'après-midi même à Antraigues, d'où France 3 [3] retransmet en direct les obsèques de l'artiste.

Là, depuis la fameuse nuit de fête de 1966, on n'avait jamais vu une telle foule ; dès le petit matin, sinon la veille, les gens sont arrivés de partout, pour être plus de cinq mille au moment de l'adieu public, place de la Résistance, un nom décidément prédestiné. « C'est bien le peuple de Ferrat qui est là, note Marie-José Sirach dans *L'Humanité*[4]. Pas les mondains-mondaines, les m'as-tu-vu qui posent dans les magazines. [...] L'émotion se fait palpable et nul ne retient ses larmes lorsque son frère prend la parole. »

Après le maire Michel Pesenti, citant les dernières volontés de Ferrat[5] (« Je désire être enterré à côté de mon frère André dans le cimetière d'Antraigues, sans discours, sans aucune manifestation, dans la plus stricte intimité. Je ne serais toutefois pas contre l'idée que les gens du pays qui le souhaitent puissent après me dire au revoir une dernière fois ») et lui dédiant quelques vers (« Sur le chemin d'Antraigues / Tu seras toujours un rebelle / [...] Sur le chemin d'Antraigues / Tu seras toujours là »), Pierre Tenenbaum dit en effet quelques mots, sans chercher à faire de phrases. Poignant. La voix balbutiante, brisée parfois : « Comme vous êtes nombreux ! [...] Je ne veux pas vous parler du poète, du chanteur, mais vous dire l'homme qu'il était, celui que, jusqu'à quelques jours encore, j'appelais “mon petit frère”. [...] Quand je vous vois tous ici, vous tous qui avez perdu un ami, quand j'entends à la radio le responsable d'un tri postal raconter qu'il reçoit des lettres de tous les pays avec pour seule adresse “Jean Ferrat, poète, France”. [...] Quand j'entends tous ces témoignages, ces manifestations d'amour, je suis étonné et je conçois, nouvellement, l'impact, la place que tient, qu'a tenue Jean dans votre cœur. [...] Je puis quand même vous dire comment il était avec nous. Parce que vous connaissez l'artiste, mais pas le frère, le père, le mari... Eh bien, jamais avec nous il ne s'est laissé tourner la tête par son succès ; il a toujours été simple, chaleureux, généreux. Et je crois que ce ne sont pas sa fille, ses nièces ou son neveu qui vont me démentir ; ils vous diront comme moi combien il était un ami, un frère, durant toute sa vie. Et ce n'est pas non plus Colette, sa femme, qui va me contredire, elle qui l'a accompagné jusqu'au bout avec tant d'amour… Bien sûr, nous aussi, nous avons vibré au plus profond de nous-mêmes en l'entendant chanter, nous avons partagé ses idées si généreuses, ses révoltes, ses protestations. Contre l'oppression, contre toute forme d'oppression. Et comme vous sans doute, nous avons vibré à la façon dont il chantait la vie et l'amour. Alors, je suis certain, mon Jean, qu'on t'entendra encore longtemps, que ta voix résonnera encore dans la vie et dans les cœurs. Tu ne chantais pas pour passer le temps et je suis sûr que tu résisteras à la terrible épreuve de ce temps. […] Et je pense que cette ville d'Antraigues demeurera le nid vivant de ton souvenir. » Après s'être « excusé » pour son « trouble » (« c'était difficile ! »), il laisse le micro à Paula, la filleule de Jean, qui va avoir beaucoup de mal à étouffer ses larmes pour dire[6] *Que serais-je sans toi*, avant que Francesca Solleville ne chante *Ma France* a cappella, suivie par Isabelle Aubret dans *C'est beau la vie ;* avec, en naturelle apothéose, la voix de Jean Ferrat dans *La Montagne*, reprise par la foule, lâchant ainsi la bonde à sa tristesse si perceptible.

On a dû beaucoup pleurer aussi devant les téléviseurs et à l'écoute des radios, en ce mardi après-midi ensoleillé de mars… Selon Michel Drucker, l'événement est sans précédent : « Pour les obsèques de Montand, il n'y a pas eu de retransmission en direct, pour Claude François non plus, Ferré non plus, Brel non plus, Gainsbourg non plus, Piaf non plus. C'est la première fois dans l'histoire de la télévision que l'on retransmet en direct les obsèques d'un chanteur-compositeur-auteur français, apparemment oublié ! Il y a eu 35 % de parts de marché, record de la semaine de toutes les chaînes avec quatre millions de gens qui ont suivi la cérémonie. Un mardi après-midi à une heure creuse, où les gens travaillent, sur cent postes allumés, il y en avait trente-cinq pour Ferrat. C'est phénoménal. [...] Si les obsèques avaient eu lieu à Paris, il y aurait eu la même foule que pour Piaf. Cela a bouleversé la France[7]. » L'animateur s'étonne en revanche de n'y avoir vu « pratiquement aucun chanteur » et presque « aucune personnalité[8] ».

À cette dernière question, Juliette Dalbavie[9] apporte de pertinents éléments de réflexion dans le *Dauphiné libéré*[10]. À Georges Bourquard qui lui demande si cette « quasi-absence des politiques » ne tient pas au « message » que Ferrat a porté, elle répond : « C'est sans doute une partie de l'explication. Mais surtout, en France, la chanson est considérée comme un objet de peu, un objet culturel mineur aux yeux des institutions comme des politiques. Les unes et les autres n'ont pas compris ce qu'est la chanson, alors qu'elle a un rôle de prescripteur culturel. Savez-vous que des admirateurs décortiquent les textes de Mylène Farmer pour y piocher des références littéraires ? Cela peut faire sourire, mais la chanson peut aussi être un tremplin vers autre chose. »

Alors tant pis pour ces absents célèbres et peut-être tant mieux, Jean aurait surtout apprécié les saluts anonymes de gens « ordinaires[11] », à l'image de cette scène que raconte Hélène Terrisse[12] : « J'étais rentrée de la place et je voyais tout le monde monter vers le cimetière. J'ai vu arriver un Arabe avec deux femmes voilées (pas la burqa) et j'ai appris que c'était un sans-papiers que Jean avait soutenu. Il était là pour les obsèques avec des roses rouges... Jean a aidé beaucoup de gens ; c'était un peu l'apôtre des "sans", des sans-papiers, des sans-abri, des sans-argent. Toutes ces situations pénibles le choquaient. »

Il aurait encore été touché par ces remerciements du chanteur Jofroi, au nom du festival de Barjac : « Pour le festival “Chansons de Parole”, plus qu’un ami, c’était un modèle, une ligne de conduite… et notre parrain, toujours présent à chaque ouverture, complice, souriant, partageant joie et simplicité avec le public et les artistes. Toute l’équipe tient à lui rendre le plus bel hommage ! Chapeau bas ! Merci Jean Ferrat ! Pour les uns, c’était un frère, un grand frère, pour les autres un père, un grand-père même… Cela ne venait pas de nous mais de lui. De cet homme qui a toujours considéré l’humanité comme une grande famille. Qui n’a jamais pu l’envisager autrement que sous l’angle de la fraternité. […] Jean Ferrat était bon et généreux comme le pain doré qui nous attend sur la table les matins de grand soleil. Jean Ferrat était fort et résistant comme le bois de cette table où fume le café fort, les matins sombres. Et sa voix résonne en nous. Cette voix incontournable, charmeuse et insoumise, porteuse d’autant de tendresse que de rébellion. »

Dans son ensemble, la presse écrite va rendre un bel hommage à Jean Ferrat, à commencer par « son » journal, *L’Humanité*, qui dès le lundi 15 mars publie un cahier spécial de douze pages, « Je n’en finirai pas d’écrire ta chanson[13]… », qui sera repris courant avril dans un hors-série de 68 pages, *Jean Ferrat, Pleins chants*. D’abord sur l’Internet, puis dans leur version imprimée, les principaux journaux sortent de grands « papiers », largement écrits à l’avance (les « nécros ») et mis à jour. *La Croix* titre *La Liberté pour muse* (Jean-Yves Dana), *Libération* fait du *Libé* avec *Jean Ferrat se désengage* (Gilles Renault), *Le Figaro* opte froidement pour *La Mort de Jean Ferrat* (Bertrand Dicale[14]), quasiment comme *Le Parisien* et plusieurs autres confrères, les jeux de mots fleurissant dans les hebdos, du *Que serons-nous sans lui…*, de *L’Humanité-*

Dimanche en couverture à *L'Âme à gauche* du *Nouvel Observateur* (Sophie Delassein), puis *Larmes à gauche* de *Télérama* (Valérie Lehoux) ou *Jean Ferrat, c'était ma France* dans *Marianne* (Guy Konopnicki)… D'une écriture plutôt soignée, ces articles souffrent pour la plupart de grossières approximations, voire d'erreurs manifestes, et véhiculent parfois, en passant, des formules péjoratives, des condescendances, de mesquines attaques masquant de réelles divergences de fond, ce à quoi – en fait – s'est toujours trouvé confronté Jean Ferrat. Ainsi *Le Monde* du 16 mars publie-t-il une « Nécrologie » qui va susciter un afflux de réactions de lecteurs, par téléphone et par courriel. Bruno Lesprit, son auteur, « ne déteste pas Ferrat » (du moins l'affirmera-t-il ensuite), mais pour peu qu'on le connaisse un brin, il est clair que ce n'est guère sa tasse de thé, ni la chanson française en général ; pour calmer les esprits, la « médiatrice » du journal, Véronique Maurus, va donc être obligée d'accuser réception. Dans un contre-feu intitulé (déjà tendancieusement) *Ferrat l'intouchable*[15], elle prend acte de la « frustration sur des modes divers » exprimée par des dizaines de lecteurs, à l'image de celle-ci d'une lectrice suisse : « J'ai été atterrée par cet article, dont le ton appliqué enrobe mal les pointes fielleuses. Relevons parmi les termes méprisants : "populiste", "classique des chants scouts", chansons "édifiantes", "dénonce sans grands risques". N'en jetez plus ! L'auteur lui prête même une "haine de classe" parce qu'il n'a pas cédé aux modes gaucho-jeunistes. Nous sommes des milliers à être tristes d'avoir perdu celui qui avait si bien chanté une certaine France, authentiquement populaire mais aussi poétique. » Arguant que « C'était un article de spécialiste, pas de fan » et s'efforçant de nier que « *Le Monde* n'aurait "pas été à la hauteur de l'événement" », la médiatrice reconnaît à reculons : « Les critères habituels, en l'occurrence, n'étaient peut-être pas suffisants, tant l'émotion provoquée par cette disparition dépasse la norme et la dimension d'un chanteur, même engagé. Jean Ferrat, à l'évidence, incarnait autre chose, la nostalgie d'une époque parée, dans l'imaginaire collectif, des vertus d'un âge d'or. » Explication à nouveau tendancieuse qui relève du combat d'idées, la « mémoire » chère à Ferrat (*Nuit et brouillard*, *Potemkine*...) n'étant pas tournée vers la « nostalgie d'une époque », mais vers « un autre avenir qu'il faut qu'on réinvente » (*Le Bilan*). Nuance. De classe, peut-être...

Eh oui, qu'on l'aime vraiment ou à contre-cœur, il faudra se faire une raison : « On s'arrache Jean Ferrat », comme l'écrira quelques jours plus tard Emmanuel Marolle dans *Le Parisien*[16], relevant les chiffres « spectaculaires » du chanteur : « Quinze jours après sa mort, Jean Ferrat a vendu plus de 135 000 CD. [...] Parallèlement, tous ses anciens albums se sont revendus. Ces jours-ci, il en classe sept dans le top 10 des disques de plus de deux ans. Du jamais vu, depuis la disparition de Michael Jackson, l'an passé. Plus étonnant encore, les jours qui ont suivi sa mort, les internautes, pourtant réputés assez jeunes, ont téléchargé légalement plusieurs milliers de fois ses plus célèbres chansons comme *La Montagne* et *Que serais-je sans toi*. Au total, Ferrat cumule plus de 16 300 achats sur le web. "Cela a toujours été comme ça avec lui, sauf que l'on n'en parlait pas !" s'emporte Gérard Meys, son producteur[17]. » Qui confirme au journaliste qu'il n'est pas question, malgré les nombreuses demandes, d'accepter de donner le nom de Jean Ferrat à des rues, des écoles, des centres culturels... Et il ajoute : « Certains veulent ériger des statues. C'est mal connaître l'artiste, qui refusait d'être statufié. […] Tout ce qui est envisagé pour l'heure, c'est de créer un lieu culturel dans son village d'Antraigues, qui mettrait en valeur ses passions peu connues, comme la musique classique ou la peinture. »

Le « pour l'heure » ne laisse-t-il pas la porte entr'ouverte à des cas d'espèce, des exceptions qui confirmeraient la règle ? L'avenir nous le dira, mais les confidences du même Gérard Meys à Victor Hache de *L'Humanité*[18], à propos de Jean Ferrat, valent leur pesant de bonnes nouvelles : « Il avait beau s'être mis à l'écart à Antraigues, il s'intéressait plus que jamais au monde. Il écrivait beaucoup. J'ai quarante-cinquante chansons en réserve. Je ne sais pas encore ce que je vais en faire. […] Je n'ai pas pu malheureusement le réaliser, mais j'avais l'intention de faire un disque spécial, un album "politique". Avec des titres comme *La Porte à droite* et d'autres chansons inconnues qu'on a, et qui sont complètement dans la mouvance actuelle. Nous avions plein de projets. J'ai d'ailleurs un projet audiovisuel[19] puisque j'ai filmé Jean pendant sept ans. On n'a donné aucune image à personne car à partir du moment où on avait tellement de problèmes avec la télévision, on a décidé d'être complètement indépendants, dès 1981. Même pour les émissions spéciales de Drucker, toutes les chansons sont à nous, en tant que producteurs. »

Est-ce à dire que l'ami Jean pourrait s'inviter à nouveau, un de ces jours, dans l'actualité ? Sans doute, mais de toute façon, images ou pas, un chanteur de la trempe de Ferrat ne meurt jamais. Il était une conscience, il demeure une voix. Des millions de gens l'ont dans leur cœur, des milliers de jeunes dans leur ipod, qui savent qu'il ne chantait pas pour passer le temps et qu'il ne passera pas non plus avec lui. Même s'il en doutait après chacune de ses absences : « À chaque fois pour moi, c'est un point d'interrogation, bien sûr, quand je réapparais. Pourquoi les gens ne m'oublieraient-ils pas un peu ? Eh ben non ! Ils sont là. Alors, c'est magnifique[20] ! »

Notes

1. Comme son ami Francis Lemarque, décédé la veille du premier tour de l'élection présidentielle de 2002, s'exonérant d'un dimanche 21 avril de sinistre mémoire ; Léo Ferré, l'anar des anars, avait encore mieux ménagé sa sortie en s'offrant l'insolence d'un 14 Juillet (1993). Salut les artistes !

2. À Éric Hacquemand, *Le Parisien*, 19 janvier 2007.

3. La veille, cette même chaîne du service public avait diffusé son *Hommage à Ferrat*, truffé certes d'images passionnantes d'archives de l'INA, mais présenté par le peu crédible Henry-Jean Servat, échotier mondain entre *Paris-Match* et Saint-Tropez. Logique : le producteur de l'émission, Humbert Ibach (surnommé Mémé Ibach dans le « métier »), fut un assistant de Claude Carrère – l'homme qui lança Sheila – avant de créer son propre label avec Karen Cheryl, puis Douchka... France 3 décrochera ainsi l'un de ses meilleurs scores d'audience avec 4,4 millions de téléspectateurs, puis 2,5 millions le mardi dès 14 heures pour la cérémonie en direct ; Michel Drucker en avait capté 3,4 millions avec sa « spéciale » du dimanche à 14 heures, et encore plus de 2,3 millions le mardi soir à 22 h 50.

4. Le 17 mars 2010.

5. Il précisera encore que cette simple cérémonie se déroule avec l'accord de Pierre, le frère de Jean, de sa fille Véronique et de sa femme Colette.

6. Avec le secours de sa sœur aînée.

7. À Victor Hache, *L'Humanité*, numéro cité.

8. Parmi les chanteurs et artistes, outre les proches de Ferrat (Isabelle Aubret – et Gérard Meys –, Francesca Solleville, Natacha Ezdra...), on notait la présence d'Allain Leprest, Paco Ibañez, Shirley et Dino, et parmi les personnalités nationales, Marie-Georges Buffet, Jack Ralite, Pierre Gosnat (maire d'Ivry), Roland Leroy, Julien Lauprêtre (président du Secours populaire français)... Le ministre de la Culture était, lui, à l'étranger.

9. Docteur en sciences de l'information et de la communication, chercheuse à l'université d'Avignon, qui a étudié pendant plusieurs années le « phénomène » Brassens et suivi la mort du chanteur.

10. Du 18 avril 2010.

11. Comme celui de cette femme à la voix à la fois volontaire et troublée, dans l'excellente émission hors norme *Là-bas si j'y suis*, de Daniel Mermet, sur France Inter, le 15 mars 2010 : « Je viens d'écouter la radio et je viens d'entendre que Jean Ferrat avait disparu. Je suis tout émue, je suis sûre que je suis pas la seule... Toutes les anciennes mômes comme moi, qui l'aimaient profondément et qui l'admiraient profondément. Je veux rendre hommage à sa chanson, à la chanson de qualité qu'il a défendue contre la médiocrité ambiante et la banalité et la bêtise qui nous inondent maintenant, de tous ces bobos de merde ! Voilà ! Je suis vraiment très très émue de sa disparition. »

12. À l'auteur, avril 2010.

13. Articles de fond, réactions diverses, textes de six chansons...

14. Qui n'y travaille plus depuis deux ans !

15. *Le Monde*, 27 mars 2010.

16. Du 3 avril 2010. On y apprend que le numéro spécial de *Paris-Match* s'est écoulé à plus de 850 000 exemplaires, toute la presse *people* voire *trash* ayant bien compris qu'il y avait du *cash* à faire sur la dépouille encore fumante de celui qui ne leur avait encore jamais donné d'occasions réelles de l'exploiter à la une.

17. Gérard Meys indiquera à Victor Hache de *L'Humanité* qu'il a écrit aux Victoires de la Musique au nom de Jean Ferrat : « Il voulait savoir pourquoi il n'avait pas le droit de voter depuis 2007, [...] pourquoi il ne recevait pas de bulletin, et si on le considérait en dehors du métier » (hors-série, revue citée).

18. *Idem*.

19. Dans *Le Figaro* du 2 janvier 1998, Jacques Pessis et Jean-Claude Lamy titraient déjà *Ferrat : un film sur sa vie*, film censé aborder en 90 minutes les grandes étapes de sa vie et de sa carrière…

20. TV5, *L'Invité*, émission citée.

ANNEXES

TÉMOIGNAGES

Fille, nièces et neveu...

Jean Ferrat avait l'esprit de famille, le goût de la famille. Pour éclairer l'homme sous un angle moins connu, pour mieux faire saisir sa cohérence et par envie d'exprimer ce qu'il leur a apporté, Véronique (la fille de Christine Sèvres), Sylvie (la fille de Raymonde, sœur aînée de Jean), Clarisse (la fille de Pierre, frère aîné de Jean) et ses enfants, Lucie et Vincent, nous livrent un témoignage précieux.

VÉRONIQUE ESTEL

Lorsque Jean Ferrat rencontre Christine Sèvres, la fille de celle-ci, Véronique, n'a que quatre ou cinq ans. Le couple loge alors à Paris chez Raymonde et comme cela fait déjà six personnes[1], la petite Véronique va vivre en nourrice dans la région parisienne, à Marolles-en-Hurepoix (près d'Arpajon), « tranquille, à la campagne », dit-elle aujourd'hui. Vers 1962, comme Jean commence à « gagner un peu de sous », elle va néanmoins retrouver sa mère et son père adoptif dans le petit appartement qu'ils ont pu acheter, avenue Maurice-Thorez (alors rue de

Paris) à Ivry. Un « essai » qui va durer quatre années, essentielles pour elle : « Ça a été merveilleux ! C'est là que j'ai un peu vu les cabarets, que je me suis frottée à maman et à Jean ; j'ai eu l'impression tout d'un coup d'avoir un père. Il a été formidable et, en même temps, il y a toujours eu une pudeur entre Jean et moi. C'était de fait un peu délicat pour lui de voir arriver dans sa vie une petite jeune fille de neuf ans et demi. Neuf ans et demi, c'est grand déjà. Et j'étais très timide aussi ; maman et Jean étaient quand même des personnes publiques, un peu admirées, et ils m'en imposaient. » D'autre part, à l'inverse de Christine, volontiers « rentre-dedans », Jean se montre « plutôt réservé : c'était très Tenenbaum, ce côté pudique, sourit Véronique, ses frères et sœurs étaient pareils ».

À l'adolescence, elle est scolarisée à Montélimar. Pensionnaire, elle passe toutes ses vacances à Antraigues, puis, enthousiasmée par les ballets de Zizi Jeanmaire qu'elle a vus à l'Alhambra lorsque Jean en assurait la première partie, elle décide de devenir danseuse, suit tout un cursus artistique dans une « extraordinaire école » à Cannes, et là, patatras, « rencontre » le théâtre. « Quand j'ai dit : "Finalement, je veux être comédienne !", Jean a réagi aussitôt : "Attends, Véro ! On te paye une école parce que tu veux devenir danseuse, et trois ans après, tu veux être comédienne ! Écoute ! À vingt ans, tu travailles !" Et à vingt ans, j'ai été engagée comme danseuse ; après, seulement, je suis devenue comédienne. Tout ça pour dire que Jean, il était là. De loin, mais il était là !... Plus tard, quand ils ont vu que, malgré ma nature rêveuse, je tenais le coup, j'ai su qu'ils étaient fiers. Christine a dit à Francesca[2] : "T'as vu la photo !" et Jean s'est montré admiratif quand il a appris qu'on me proposait d'être régisseur général d'opéra à l'Opéra-Bastille et que j'étais super-cotée dans le métier. »

Après le décès de Christine, Véronique et Jean vont doucement resserrer les liens : « On parlait plus profondément. Mais pas beaucoup. » Toujours cette pudeur. Toujours cette tendresse aussi. Avec son mari, pour se rapprocher de Jean et parce qu'ils aimaient le pays, Véronique s'était installée récemment à Aubenas : « J'étais là plus que jamais les derniers jours, et la veille de sa mort. Je venais d'enregistrer des textes, une voix off pour le Parc d'Ardèche, en plus, un texte sur la châtaigne. Je le lui ai fait lire. On était bien. » Après le 13 mars, l'avalanche du courrier et l'émotion populaire ont empêché Véronique de faire son deuil pendant trois semaines : « C'était tellement public qu'il n'y avait pas la place pour que je me retrouve moi-même... Jean m'a toujours impressionnée. Au plan intellectuel, pour ce qu'il a écrit et pour les choses qu'il a faites (dernièrement, il a défendu un Iranien qui ne pouvait pas rentrer dans son pays...). Pour son intégrité. »

Sylvie Chaleix

Entre 1956 et 1960, le débutant Jean Ferrat habite avec sa mère Antoinette près des Buttes-Chaumont, au bout de la rue des Pyrénées, dans le 20e arrondissement de Paris. Sa sœur Raymonde (de quatorze ans son aînée) et son mari Camille y louent un grand appartement avec leur fille. « Ma mère avait une adoration profonde pour Jean, qui l'aimait aussi beaucoup, explique Sylvie Chaleix. Moi, j'étais petite, j'allais à l'école primaire, où Jean venait me chercher et m'emmenait ensuite faire les courses. Je marchais près de lui, il me tenait la main et je me souviens (comme cela a dû arriver à beaucoup d'enfants) qu'il fallait que je coure pour arriver à le suivre. Je lui disais : "Jean, t'as des grandes jambes !" C'est une chose qui est restée gravée en moi. »

Trop petite encore pour avoir le « droit » d'aller voir Jean au cabaret, Sylvie assiste au maquillage de Christine (qui habite désormais avec eux) avant qu'elle ne parte chanter et elle l'accompagne parfois en train pour rendre visite à Véronique à Marolles-en-Hurepoix. « Christine répétait au piano, Jean à la guitare... Ils traversaient leur période de vaches maigres ; on n'avait pas beaucoup de sous non plus, mais il régnait une telle affection entre tous qu'ils ont vécu des moments heureux, et je sais que Jean en a été éternellement reconnaissant à mes parents... À l'époque où il a commencé à recevoir des amis, des chanteurs, je me rappelle de soirées avec Guy Lauzin[3] (Gérard Meys venait aussi à la maison) ; on m'avait envoyée me coucher, mais je me relevais, je regardais par l'interstice de la porte entre les deux pièces, j'entendais leurs rires, et le lendemain matin, maman me disait qu'ils avaient passé une soirée fantastique. Ils partageaient un steak, un camembert, en buvant un vin des plus ordinaires, genre bouteille étoilée, qu'ils achetaient dans une épicerie en bas de l'immeuble. Du Mont-Richard, un nom qui est resté un sujet de plaisanterie entre Jean et Guy. »

Après leur départ à Ivry, Jean et Christine vont garder des relations très fortes avec Raymonde et revenir régulièrement rue des Pyrénées : « Maman n'aurait pas pu se passer de son petit frère, poursuit Sylvie. Tout le monde la taquinait : "Ton petit frère, il a toujours raison !" Elle lui tricotait des gros pulls qu'on trouverait aujourd'hui incroyables, et il les portait dans des émissions de télé comme celles de Denise Glaser. Quand il a eu le prix du disque, c'était vraiment la grande joie dans la famille. Maman gardait toutes les coupures de presse sur Jean. Quand il sortait un disque, on le passait en boucle et je me souviens qu'un des premiers cadeaux que Jean m'a faits a été un tourne-disque ; il n'y en avait pas à la maison. J'ai aussi assisté à des enregistrements en studio ; ça fait partie des moments mémorables. On est bien sûr allés le voir à chacun de ses Bobino, à la Fête de l'Huma, en gala dans la banlieue... »

Jean ayant seulement une vingtaine d'années de plus que Sylvie, il est à ses yeux « entre un père et un grand frère » pour lequel sa mère lui a transmis toute son adoration : « On se taquinait mutuellement, je lui infligeais toutes les blagues répétitives que peuvent imaginer les petits enfants en direction des adultes, mais je n'aurais rien fait qui aurait risqué de lui déplaire. Nous avions des rapports extrêmement affectueux, et le moindre de ses reproches me faisait couler des larmes... »

Dès l'achat de la maison d'Antraigues, Raymonde y entraîne mari et fille pour les vacances. Comme c'est inhabitable, ils logent chez Hélène Baissade et, pelle à la main, Sylvie aide Christine aux premiers travaux de nettoyage ; ensuite, elle y dormira dans la même pièce que Véronique : « À l'adolescence, on sortait souvent ensemble, on allait voir les copains, on allait se baigner en bas à la rivière, en fin de matinée. Avec Jean, aussi. Et puis, il y avait des soirées... » Après son mariage, Sylvie reviendra régulièrement à Antraigues, y compris après le décès de Raymonde en novembre 1999 : « Son décès a été un moment très dur pour Jean. Il avait fait une chose fantastique pour maman ; elle ne pouvait plus vivre seule et il ne voulait surtout pas qu'elle aille dans une maison de retraite, comme dans sa chanson *Tu verras tu seras bien*. Alors, il a assuré à sa sœur la meilleure des fins de vie qu'on puisse souhaiter à chacun – du moins au plan matériel – en prenant en charge les services d'une personne présente vingt-quatre heures sur vingt-quatre, des frais que je n'aurais pas pu assumer. Sa mort lui a causé beaucoup de peine ; elle faisait partie des trois femmes qui l'avaient élevé, avec sa mère et sa tante. Et le décès d'André[4], trois mois plus tard, a été d'autant plus dur. Un double coup. Trop proche… »

Clarisse et Lucie Mazalaigue

Son premier souvenir de Jean date du début des années cinquante. De Font-Romeu, dans les Pyrénées. « J'étais toute petite, raconte Clarisse, la fille de Pierre Tenenbaum, je couchais au premier étage et j'entendais les adultes continuer de faire la fête en bas, avec Jean et mon père qui chantaient leur tango : *Général Castagnetas*[5]. Toute ma vie, j'ai été frustrée de ne pas participer à ça ! » Rue des Pyrénées, Font-Romeu, même constat : chez les Tenenbaum, on aimait rigoler, mais les petits enfants devaient se coucher de bonne heure, qu'ils s'appellent Sylvie ou Clarisse…

À partir de 1956, Pierre et sa femme Jacqueline montent à Gennevilliers (Hauts-de-Seine) ; elle est pharmacienne, il a une formation d'avocat, travaille dans la comptabilité et va se trouver assez éloigné de Jean jusqu'à ce que celui-ci quitte la scène. Clarisse passera néanmoins l'été à Antraigues dès que Jean y aura acheté la maison : « J'avais une relation très forte avec Christine. C'était un peu mon gourou ; elle avait vécu, j'avais dix-huit ans, elle m'apprenait des choses. Un jour, elle m'a lancé : “Dis donc, il serait temps que tu casses tes pères Noël, toi !”

[*Rire.*] Après, je me suis dit qu'elle avait raison. En plus, c'était un personnage qui me fascinait : elle était tellement écorchée vive, cette fille ! Plus tard, je suis revenue avec mes enfants, mais pas trop ; dans la famille, leur place m'a semblé un peu compliquée, peut-être parce que la vie d'artiste ne leur en laisse pas vraiment... »

Ce que Lucie, sa fille, a ressenti à sa façon : « Pour moi, c'est en lien avec la guerre. J'ai eu l'impression de rencontrer réellement Jean à partir du moment où je suis sortie de l'enfance. À l'adolescence, dès que j'y suis allée seule, on avait de vraies conversations. Quand j'arrivais avec Colette, il me demandait toujours : "Comment ça va ?" et en fait, il me parlait d'amour. Directement. Et ça, qu'on ait quinze ans, cinquante ans ou cent ans, c'est universel et essentiel. Il me parlait aussi de travail. Il m'a toujours beaucoup soutenue ; après mes études de lettres et d'arts plastiques, je ne savais pas trop quoi faire et il m'a donné les coordonnées d'Ernest Pignon-Ernest pour que je puisse voir son atelier. Je pense qu'on avait une sensibilité commune, et même dernièrement, au téléphone, il me demandait toujours des nouvelles de mon travail. [...] C'était une oreille attentive. Avec Colette, ils symbolisaient l'amour, le vrai, le profond. Ils étaient tous les deux, tout le temps. Soudés. Je ne sais pas trop comment le dire, mais je crois qu'elle le désinquiétait ; Jean était surtout inquiet devant la marche du monde, devant l'actualité politique. Il ne me parlait que de choses essentielles. Chaque fois que j'ai eu des problèmes, nous en avons discuté et ils m'ont aidée. Beaucoup aidée. Pour toutes les étapes importantes. Alors, moi, je n'aime pas le mot de "patriarche" (ça ne lui ressemble pas), mais il avait une forme de sagesse... » Lucie ajoutant que Jean était le seul dans la famille qui évoquait parfois la guerre, Clarisse le relie à *Nuit et brouillard* : « En tant qu'artiste, il a réussi à la transposer avec cette chanson, et ça a libéré quelque chose de profond, une parole que personne d'autre chez nous ne pouvait libérer... »

Selon Clarisse, le côté patriarcal de Jean tenait aussi à la particularité de sa maison ardéchoise : « Tu arrives, t'as le châtaignier, la table dessous, tu manges, on te demande : "Comment ça va la vie ?", on commence à parler – à parler vrai – et Colette s'éclipse pour revenir avec un petit chocolat... [*Rire.*] En même temps, Jean était sévère, souvent. C'est peut-être pour ça aussi qu'on allait le voir. On savait qu'il ne faisait pas de concessions. » Sévère mais juste, comme on disait jadis, mais jamais le dernier pour s'offrir un grand moment de rigolade, que ce soit derechef au spectacle de son vieux pote Guy Lauzin, en duo impromptu d'opéra avec Francesca Solleville, le même Lauzin chorégraphiant les enfants sur une chanson coquine de Jean et Guy Thomas (*Pardonnez-moi Mademoiselle*), ou, toujours sous le châtaignier, pour « la blague de l'année » à l'arrivée des vacanciers : « Je me rappelle le jour où Véro a essayé de me la raconter, dit Clarisse. C'est l'histoire de la grenouille à grande bouche : elle se promène dans la jungle, elle rencontre un lapin et lui dit : "Bonjour lapin, tu vas bien, toâ ? – Oui !, dit le lapin. – Tu manges quoi, toâ ? – Moi, je mange des petites herbes. – Ah ! bien, salut toâ." Après, elle rencontre un hibou, par exemple : "Salut toâ, comment ça va, toâ ?" On peut raconter ça sous le châtaignier avec des tas d'animaux, jusqu'au moment où la grenouille finit par rencontrer un crocodile : "Salut toâ, comment tu vas, toâ ? – Ça va ! – Qu'est-ce que tu manges, toâ ? – Des grenouilles à grande bouche ! – Oh, j'crois qu'il y en a plus beaucoup dans l'quartier !" Bon, c'est mignon, mais le jour où Véronique m'a raconté cette histoire, elle a oublié de me poser la question fatidique :

"Qu'est-ce que tu manges, tôa ?", et je me souviendrai toujours de Jean qui se bidonnait, parce qu'il savait que Véronique allait se planter à la fin. » [*Rire.*]

Il y avait aussi, toujours sous l'arbre accueillant, la discussion sur l'« événement » (les mariages, les divorces, les naissances...) ou sur des objets que Jean recevait, tel ce secrétaire mystérieux à double fond dont tous gardent l'image en mémoire : « On n'a jamais rien découvert, avoue Clarisse, mais c'était le rêve. Et chaque année, il y avait des trucs comme ça ! » Sans oublier, pour revenir au chanteur, un certain moment privilégié, encore bien présent dans l'esprit de Lucie : « Un jour, il nous a fait écouter des enregistrements de chansons qu'il n'avait pas gardées pour son disque, et il y en avait une qui s'appelait *Petit chat* : "Petit chat / T'es pas de la race angora"... » Un titre qu'on n'entendra sans doute jamais, du moins par Jean, si l'on en croit Clarisse : « Je sais qu'il n'a pas souhaité que soient diffusés les enregistrements non commercialisés de son vivant. Je crois que c'est clair ! »

Vincent Mazalaigue

Sacré tonton... En 1991, Jean Ferrat tire à couplets rouges sur la télévision dans son album *Dans la jungle ou dans le zoo* et fustige (gentiment) dans la presse ses nièces et neveux, coupables de trop la regarder quand ils viennent en vacances chez lui, au lieu de profiter de la nature ardéchoise. Vincent plaide coupable... avec circonstances atténuantes : « Il avait un abonnement à Canal Plus et on se gorgeait de films, ce qu'on ne pouvait pas faire chez nous [6] ! » Mais ce sont d'abord les chiens (Machu Picchu, fils du fameux Oural, et Java) et l'âne qui auront marqué le petit citadin de Gennevilliers. Surtout l'âne : « Mon père m'avait mis sur son dos et il avait tenté une embardée sauvage. Il était retors[7]. »

Télé ou pas, au fil des vacances, au fil des années, Vincent aura bien profité de « ce lieu unique parce que protégé, avec ce torrent qui prend une place énorme ». Il détaille avec gourmandise : « On allait se baigner dans un endroit appelé "le trou", on prenait des sacs plastique pour dégringoler sur ce toboggan naturel, et c'était vachement sympa, avec les chiens qui venaient plonger aussi, avec Jean qui descendait. Il nous prêtait son matériel de pêche pour que j'aille taquiner la truite ; on y est allés quelquefois ensemble, mais assez peu, parce qu'il a arrêté au moment où j'étais en âge de pêcher. » Ce torrent que Vincent viendra plus tard retrouver en hiver va rester pour lui un élément des plus symboliques.

Avec « tonton Jean », comme il persistera à l'appeler, même une fois devenu « grand », Vincent entretient un « lien familial fort, d'amour » et, par-delà les discussions sur la musique ou sur les « coups de gueule » du chanteur Ferrat, se tisse soudain une autre complicité : « Je crois que l'échange finalement le plus fort qu'on ait eu, c'était sur le rapport à la nature au travers de ce qu'on mangeait chez lui et du vin qu'on y buvait. Ma première grande découverte en la matière, c'est le repas où il avait invité Bernard Pivot[8] ; on a mangé des écrevisses en buvant des grands bordeaux et je suis descendu vers quatre ou cinq heures de l'après-midi au bord du torrent. Là, je me suis allongé sur un gros rocher bien chaud, tous les effluves du vin (en fait, je n'en avais pas beaucoup bu), ses tanins, me sont revenus... Ce sont des découvertes gustatives et olfactives, associées à ce torrent qui entre encore une fois en jeu et me fait découvrir le vin, et en liaison avec Jean à travers ce rapport à la nature qu'on partageait. Parce que Jean avait beau avoir quelques grands vins dans sa cave, il buvait au quotidien son "2,40", le vin de pays ardéchois qu'il achetait à une époque 2 francs 40 le litre. Malgré sa cave, il est resté fidèle à son 2,40 jusqu'à la fin de ses jours. Ce qui, des fois, m'agaçait un peu, parce que j'avais envie de découvrir ce qu'il avait en cave. Mais voilà. Chose simple, on consomme local, on mange du saucisson ardéchois. Ce n'était pas une légende pour les émissions de télévision, c'était la réalité de sa vie. Toute de simplicité et d'accord avec la nature. »

Intarissable sur le sujet, Vincent en ressert une rasade : « À un certain moment, Jean a décidé de ne plus acheter de grands bordeaux, car il estimait que les prix dépassaient l'entendement, que cela devenait un produit de spéculation et il se refusait à entrer dans ce jeu-là. Il était cohérent dans sa vie et dans son œuvre, et là où il a pu m'influencer, c'est précisément par rapport à son idée de l'écologie, même s'il n'était pas proche politiquement des Verts. Quand on relit ses textes aujourd'hui, il est évident qu'il avait cette conscience écologique bien avant tout le monde. Je me souviens d'une anecdote très significative : un jour, un essaim d'abeilles s'installe entre le volet de sa chambre et sa fenêtre. Plutôt que de faire enlever l'essaim, il a mis un double vitrage pour qu'il n'y ait pas de problèmes et il a laissé l'essaim se développer. Jusqu'à très récemment, il y avait donc ce miel, puisque les abeilles le faisaient entre le volet et la fenêtre et l'on pouvait voir l'activité de la ruche à travers la vitre. Je trouve ça magnifique ! La plupart des gens auraient fait très vite enlever l'essaim, mais lui, il a préféré laisser exister cette ruche "naturelle". »

Vincent raconte également que Jean Ferrat aimait beaucoup cuisiner et qu'il y apportait « le même souci du détail, de la perfection, que dans l'affirmation de ses idées ». Par exemple, lors de la fabrication de son pâté en croûte : « Toute la maison résonnait (c'est une petite maison, avec trois chambres et demie, pas un château !) au diapason de ses préparations culinaires, ce qui était assez rigolo. » Et si le tonton savait aussi se montrer rude, adopter des positions tranchées, quitte à heurter « en disant ce qu'il avait à dire aux gens », il restait très attentif à la « famille » : « Il y a toujours eu persistance de ce lien entre nous. Quand je ne pouvais pas aller le voir, je lui téléphonais ; il aimait prendre des nouvelles, il savait tout le temps où chacun en était, et sans distinction, pour tous les gens de la famille. Alors, à certains moments de nos vies, on aimait bien aller discuter avec lui, son avis nous intéressait... Cette maison aurait pu s'appeler l'Ermitage, parce qu'on venait aussi s'y ressourcer. Il y régnait une stabilité, autant dans le lieu lui-même que chez Jean, et c'est pour partager ces moments-là que j'y suis venu toute ma vie. »

Notes

1. Avec Camille et Sylvie, le mari et la fille de Raymonde, mais aussi Antoinette, la mère de Raymonde et Jean.
2. Francesca Solleville, bien sûr.
3. Le metteur en scène du spectacle du second Palais des Sports de Jean Ferrat, en 1972, un de ses plus vieux amis.
4. Le frère aîné des Tenenbaum, un peu plus âgé que Raymonde.
5. Chanson interprétée par les Frères Jacques.
6. Ce que Lucie, sa sœur cadette, traduit par : « On regardait les cassettes de films qu'il enregistrait ; j'ai fait ma culture cinématographique là-bas. »

7. « Justice sociale », la bien-nommée, était en vérité une ânesse qui n'avait sans doute pas apprécié la confusion de Vincent et voulu lui suggérer : « L'ânesse est l'avenir de l'âne. »

8. En 1985. Vincent a alors une douzaine d'années.

Amis proches

François Perrin a connu Jean Ferrat dès son arrivée à Antraigues ; Francesca Solleville, Jacques Boyer et Odile Ezdra ont assuré certaines premières parties de ses galas ; Natacha Ezdra (la fille de Jacques et Odile) lui a consacré un spectacle, créé en décembre 2009 à Antraigues.

François Perrin

Adolescent d'Antraigues lorsque Jean Ferrat s'y est aventuré sur les conseils de Jean Saussac, François Perrin (dit « Françounet ») est devenu son « fils spirituel » : « C'était notre *deal*, alors, quand il m'engueulait parce que j'avais fait une connerie, il me disait : "Tu n'es pas digne d'être mon fils spirituel !" Il comptait beaucoup pour moi, il a eu une influence capitale dans la conduite de ma vie, dans ma façon de me comporter. C'était un exemple. Et pourtant, nous avions des caractères complètement opposés. Jean était quelqu'un de calme, qui adorait le tennis, alors que j'ai toujours été porté vers les sports extrêmes. Je lui ai d'ailleurs appris à skier, mais il a dû arrêter à cause de sa santé, bien que ça lui plaisait beaucoup. »

Avec son tempérament spontané et son franc-parler, François a aussitôt « accroché » avec Christine Sèvres : « On était extrêmement proches, j'ai habité avec eux, j'ai passé du temps chez eux ; je faisais complètement partie de la famille, mais je suis également très proche de Colette, la seconde femme de Jean, qui était déjà une amie avant qu'ils ne vivent ensemble. Pour les gens de mon âge du village, Ferrat a beaucoup compté. » Ainsi se souvient-il comme si c'était hier de la grande Nuit d'Antraigues de 1966 : « C'était un émerveillement ! Qu'on ait eu la chance de voir Brel, Pierre Brasseur, Catherine Sauvage... c'était grâce à Ferrat. Antraigues était devenu très couru, avec Hélène Baissade qui animait Lo Podello avec beaucoup de brio et de fougue, qui jouait du piano et chantait avec Brasseur ou Boby Lapointe. Et Ferrat adorait ça, ces grands moments de délire et de tendresse, comme il adorait faire la cuisine et recevoir les amis, en toute simplicité. Il détestait les apparences et le bling-bling. Quand il fallait acheter une voiture, il ne voulait absolument pas qu'elle paraisse trop importante, qu'elle risque de choquer les gens ; il gardait une grande décence, un grand respect pour la base, pour les gens que d'autres qualifient parfois d'"ordinaires". »

De ces gens du cru dont il avait su se faire aimer, comme le *Sacré Félicien* de la chanson : « C'était bien quelqu'un du village, confirme François. Il arrivait chaque soir sur la place et il avait un bon mot. Il commentait toutes les parties de boules, mais on ne l'a jamais vu y jouer. Il adorait lancer des vannes avec ce que l'on appelle une logique de paysan et il avait tapé dans l'œil de Ferrat. C'est vrai qu'on a beaucoup joué aux cartes avec Félicien ; dans l'arrière-boutique du bistrot de La Montagne, quand Jacques Boyer le tenait, il y a eu des parties épiques. C'était marrant ! Ferrat ne savait pas jouer au tarot, ni à la belote, ni à la manille, alors il nous a cassé les pieds[1] pour jouer au poker. Nous, on n'y avait jamais joué de notre vie (à Antraigues, c'était la belote coinchée ou la manille), alors il nous l'a appris, mais on ne jouait pas beaucoup d'argent. Des boutons de culotte… »

Autrement dit, entre les cartes, les boules, la pêche… et son implication pendant douze ans au conseil municipal, Jean était devenu un vrai Antraiguain : « Nous, les gens du village, on ne s'est vraiment rendu compte que Ferrat était une grande vedette que le jour de ses obsèques, poursuit François. C'était énorme, cette unanimité ! La cérémonie était annoncée à 14 heures, mais dès 6 heures du matin, il y avait des gens sur la place ! Parce que Ferrat était un type irréprochable et d'une grande générosité. Lui, son idée, depuis toujours, c'est qu'il ne faudrait pas grand-chose dans ce pays pour que les gens soient heureux, qu'il s'agit surtout d'une question de justice sociale[2]. »

Francesca Solleville

« "Elle n'a pas changé." Depuis le jour où je l'ai vue chanter, à la fin des années cinquante, au premier étage de La Colombe, elle est restée droite et vibrante, comme une flèche humaine et poétique qui atteint sa cible : ce que nous avons de plus intime dans nos têtes et dans nos cœurs », écrivait Jean Ferrat dans la préface de l'autobiographie[3] de son amie Francesca Solleville, *A Piena Voce*, parue en mars 2004. C'est sans doute pour cela et par une espèce de délicatesse gauche très personnelle, qu'elle ne lui demandera jamais un texte de chanson ; elle lui en apportera (*Un cheval fou dans un grand magasin* d'Henri Gougaud, *Les Instants volés* de Pierre Grosz, *Je ne suis qu'un cri* de Guy Thomas, écrit au départ pour elle [4]) qu'il mettra en musique et reprendra lui-même « comme ça s'était passé pour Christine », maugrée-t-elle un brin.

Christine Sèvres, sa grande copine : « Elle a beaucoup aidé Jean. Intellectuellement et même artistiquement. C'était une femme très intelligente, et lui, il était un peu perdu ; tout lui est tombé dessus d'un coup, alors qu'il chantait depuis longtemps. Quand il est devenu vedette, avec *La Montagne*, c'était du délire ! Mais c'est un homme qui est toujours resté d'une honnêteté parfaite, qui n'aurait jamais dévié. Une droiture au plan artistique comme dans la vie. Un honnête homme au sens du XVIIe siècle. Et plein d'émotions. »

En fait, c'est par Aragon que Francesca Solleville a connu Ferrat : « Au début, ce qu'il chantait, ce n'était pas mon style, ça ne correspondait pas à ma famille du cabaret (où il ne s'est jamais senti très à l'aise), et même après, il n'a jamais été mon auteur. Mais comme il choisissait très bien les textes qu'il n'écrivait pas lui-même, j'en ai interprété beaucoup, surtout d'Aragon [5]. *Épilogue*, c'est splendide ! C'est le testament de Jean ! » Lequel ne manquait pas non plus d'être critique envers la chanteuse, qu'il allait voir en spectacle aussi souvent que possible : « Il se mettait au premier rang… Il trouvait que je chantais trop fort et je lui avais dit que j'allais y penser. Un jour, lors d'un spectacle "Aragon" où il était venu avec Colette, j'ai chanté *Nous dormirons ensemble* en croonant doucement, tout doucement, et je l'ai vu tomber par terre de rire. Après, je lui ai demandé : "C'est comme ça que tu veux que je chante ?" et il m'a répondu : "Peut-être pas, non !" [*Rire.*]

Moi, j'articule à mort, alors on croit que je crie. [...] Il détestait une chose : quand j'ai un trou de mémoire, je me passe la main dans les cheveux et il paraît que ce n'est pas bien. Il était sérieux. Il y a six mois encore, au téléphone, on en a de nouveau discuté : "Tu n'te tires plus les cheveux ? – Si, mais je pense à toi ! » [*Rire.*]

On l'aura compris, c'était une « vraie grande amitié » façon grand frère-petite sœur, « tellement ancrée en moi que je ne le savais pas, reconnaît Francesca. On a été comme un domino noir et blanc ». Évoquant l'émotion populaire suscitée par la mort de Jean, elle ajoute : « Je savais qu'il était aimé autrement que comme chanteur. Parce qu'il représentait toutes les luttes qu'on a menées. Tout ce qui est humain. La place d'Antraigues était remplie de gens qui avaient mal. J'ai reçu des dizaines de lettres (les gens ne savaient pas à qui écrire) ; et des coups de téléphone, n'en parlons pas... »

Jacques Boyer

À seize ans, il a déjà commencé à chanter tout en faisant ses études, lorsqu'il rencontre Georges Coulonges (*Potemkine*, *La Commune...*) dans un studio de radio à Bordeaux ; il travaille avec lui pendant des années et suit parallèlement les cours du conservatoire d'art dramatique. Au début des années soixante, on le retrouve à Paris, où son ami Coulonges l'emmène au Caveau de la Bolée ; là, il sympathise avec la chanteuse Christine Sèvres qui le présente à Jean Ferrat. C'est le début d'un long compagnonnage professionnel et d'une amitié sans faille : chanteur d'esprit « fantaisiste », il passe dans différents music-halls

(Concert Pacra avec Barbara, Bobino avec Leny Escudero), enregistre plusieurs disques et obtient un certain succès radiophonique avec *Mon vieux*[6], de Michelle Senlis et, justement, Jean Ferrat. De premières parties en présentations de nombreux galas de celui-ci, il va devenir son régisseur, puis son administrateur de tournées jusqu'aux ultimes contrats en 1973.

« On travaillait beaucoup avant les tournées, pour mettre en place les nouvelles chansons, explique-t-il. Il y a eu des locations pendant trois semaines ou un mois, à Ivry ou dans différents théâtres, pour répéter avec les musiciens. Après le succès de *La Montagne*, c'était complet partout, mais les salles ne faisaient alors que huit cents ou mille places ; les plus grosses scènes, c'étaient celles de la Fête de l'Huma. [...] Jean avait un tic : quand il entrait en scène, il regardait toujours du côté cour, comme si quelqu'un s'y trouvait. Il n'avait pas un trac à s'en rendre malade, comme certains ; les spectateurs étaient acquis et ça a toujours bien marché, même s'il y a eu des moments plus ou moins forts. »

Tout cela supposait beaucoup de déplacements par la route... et donc des véhicules adéquats, ce qui n'a pas toujours été le cas : « Jean était quelqu'un de modeste, avec un principe : "Tant qu'un truc marche, on s'en sert !" raconte Jacques Boyer en riant. La première voiture neuve qu'il ait achetée, c'était une DS 21 à injection électronique que je rodais la nuit avant qu'on parte en tournée. Il aimait bien conduire, mais on se relayait et, souvent, il dormait à l'arrière. À l'époque, il n'y avait pas beaucoup d'autoroutes et j'ai le souvenir d'un spectacle en soirée à Marseille, suivi d'un autre en matinée le lendemain à Chartres ; on avait donc pris la route à deux heures du matin et conduit toute la nuit. Il y avait plusieurs voitures : celle de Jean, celle des quatre musiciens et celle du sonorisateur. Plus tard, on a acheté un minicar que je conduisais par moments. »

S'il a chanté dans l'espace francophone, Algérie comprise, Jean Ferrat ne s'est pas produit au-delà, Cuba excepté, dans un contexte très particulier : « Jean n'a jamais accepté que ses chansons soient traduites et adaptées dans une autre langue, à part en espagnol par Paco Ibañez et un peu en allemand, précise Jacques. Du coup, il n'a jamais donné de spectacles en Angleterre et aux États-Unis, mais, comme Eddie Barclay lui avait dit : “Il faut absolument que tu voies Las Vegas !”, ils y sont allés avec Gérard Meys, puis ils sont partis à New York en touristes… »

À propos de Georges Coulonges, Jacques se souvient de deux petits différends : « Dans *Potemkine,* Jean ne voulait pas le mot “alcade[7]”, qui, pour lui, n'avait rien à voir avec les Russes, mais Georges n'a pas cédé et c'est resté. Une autre fois, Georges a parlé d'un projet de chanson sur le sabre et le goupillon. Jean avait eu la même idée et commencé à écrire un texte qu'il n'arrivait pas à finir ; il a donc demandé à Georges de l'aider, mais ce qu'il lui a proposé ne lui a pas plu et il a finalement terminé seul la chanson. Georges était un type très sensible, il s'entendait très bien avec Jean, mais il a ensuite bifurqué vers l'écriture de livres… »

En 1971, après le succès du premier Palais des Sports, Ferrat sait déjà qu'il va faire une pause scénique plus ou moins longue. À Jacques, qui habite alors en région parisienne avec sa femme Odile et leur fille Natacha, il propose sans attendre un nouveau partenariat : « Il m'a dit : “Pourquoi ne t'installerais-tu pas là, à Antraigues, pour ouvrir quelque chose ?” Il y avait un vieux café fermé depuis peu, sur la place, et c'est comme ça qu'on a lancé La Montagne (en référence à la chanson) ; Jean a acheté les murs, Odile et moi le fonds et c'est devenu un lieu important pour Antraigues. Jean venait jouer aux boules sur la place, et ça marchait très fort au début, l'été. Mais l'hiver, il n'y avait personne… »

C'était déjà une manière pour Ferrat, conseiller municipal auprès de son ami Jean Saussac, puis maire adjoint, de s'impliquer dans la vie du village. « Il s'y est engagé totalement, confirme Jacques. Il avait ses idées et il allait vraiment vers les gens. Il a beaucoup aidé le village, il a offert l'un des courts de tennis. Je sais que certains le croyaient radin, mais ça n'a jamais été le cas et il a participé à plein de choses sans qu'on en parle. […] Quand Natacha a sorti son premier disque, il a été très ému, parce qu'il l'avait connue toute petite, et il m'a dit : “Tu peux te servir de mon nom autant que tu voudras, mais je ne peux pas faire grand-chose !” Il n'imaginait pas l'impact qu'il avait sur les gens ! Moi, je m'en suis aperçu quand il y a eu l'exposition sur lui à la Fête de l'Huma et quand le maire l'a programmée à Antraigues, où deux à trois mille personnes sont venues en juillet pour la voir. »

Odile Ezdra

Peu après la naissance de leur fille Natacha, Jacques Boyer et Odile Ezdra quittent le logement exigu qu'ils habitent dans le 18e arrondissement de Paris pour louer à Jean Ferrat celui de l'avenue Maurice-Thorez à Ivry, le chanteur ayant acquis – dans cette même ville – un second appartement. Ils vont y rester environ trois ans avant de rejoindre Antraigues pour créer La Montagne, Odile ayant par ailleurs éprouvé, en 1971, « la nécessité d'une profonde réflexion sur son métier ». C'est donc avec sa copine Christine Sèvres (elle aussi a arrêté « provisoirement » de chanter) qu'Odile va assurer l'ouverture de l'hôtel-restaurant : « C'était formidable ! Jacques était en tournée avec Jean et ils préparaient son second passage au Palais des Sports. Il y a eu six mois de travaux et on a organisé un buffet où les gens sont venus en nombre ; ce n'était pas évident de s'imposer en tant que Parisiens dans un petit village ardéchois ! Pour la décoration, on a décidé de garder le côté un peu vieillot 1900 et Jean a beaucoup aimé. L'extraordinaire, après, quand il était là, c'est qu'il débarquait sans rien dire à l'heure de l'apéro et se mettait au bar. Il savait qu'on n'avait pas beaucoup de sous et souhaitait qu'on fasse du chiffre ! Et tout le monde venait ! »

Après deux années contrastées (« On travaillait comme des malades, le jour et la nuit ! »), Jacques et Odile ne s'entendent plus et elle décide de repartir à Paris : « Là, ç'a été la galère. Mais je n'ai même pas eu à demander quoi que ce soit, Christine et Jean m'ont dit : "Tu t'installes à la maison !" J'étais très gênée et, comme ils avaient un petit studio en face du grand appartement, j'ai répondu : "D'accord, mais je prends le petit studio !" Ce qui a mis en colère Christine : "Tu nous fais chier avec tes scrupules !" Alors, j'ai pris le petit studio, mais j'allais tout le temps dans l'appartement pour le téléphone et ils en étaient très heureux. » Ce sens du partage n'étonnait pas Odile, qui gardait un souvenir ému de sa tournée de 1971 avec Jean : « Elle était formidable... Parce que j'avais côtoyé pas mal de vedettes, mais sans jamais connaître une personne comme lui. Les autres vedettes avaient leur sono et la première partie devait se démerder avec celle du coin. Jean, lui, faisait installer sa sono dès le début du spectacle pour que tout le monde en profite bien. Il était en coulisses, il nous regardait, il portait un intérêt exceptionnel aux autres, une qualité d'écoute que j'ai rarement rencontrés. »

Jusqu'en 1975, Odile Ezdra va rechanter un peu, mais la reprise s'avère trop difficile, le métier a changé et elle décide à son tour de raccrocher. Pour autant, elle ne rompt pas les liens avec Jean Ferrat et le revoit à l'occasion de sa venue à Paris pour un disque ou une émission de télévision : « La dernière fois, c'était à la Fête de *L'Humanité*, à l'occasion de l'exposition qui lui était consacrée. J'essaie de me faufiler au milieu de la foule, et tout d'un coup, il me voit : "Mon Odile, comment ça va ? Qu'est-ce que tu deviens ?" Moi qui ne voulais pas le déranger, je me suis dit : "Décidément, il est incroyable !" » Et après un bref silence, elle ajoute : « À un autre moment, il a appris par une amie commune que j'étais en déprime. On ne s'était pas vus depuis très longtemps, mais il m'a téléphoné : "Alors mon Odile, il paraît que ça va pas ? Raconte-moi !" C'était ça, Jean ! Formidable. On a perdu quelqu'un de notre famille. Et j'ai beaucoup de difficultés aujourd'hui encore à l'accepter… »

Natacha Ezdra

Toute petite lors de son arrivée à Antraigues, Natacha ne regarde pas Jean Ferrat comme un artiste, encore moins comme une vedette. Pour elle, il fait partie des amis de son paysage d'enfant : « Il allait, il venait comme il l'a toujours fait, pour jouer à la pétanque ou boire un coup à La Montagne ; on était en terrasse, il y avait Francesca Solleville, son mari, Isabelle Aubret… et pour moi, qui étais môme, c'était seulement des copains qui se retrouvaient, rien de plus. En sachant quand même que Jean chantait, parce qu'on passait ses disques à la maison. » Il faut dire qu'elle aussi chante, déjà : « À cinq ans, j'organisais des spectacles avec des copains et des copines, devant La Montagne, sur le parvis. On chantait, on dansait, et comme on voulait qu'il y ait du public, je tenais absolument à ce que Jean soit là, ainsi qu'Hélène Terrisse, mon institutrice[8]. Et Jean était super, parce qu'à chaque fois il se prêtait au jeu et venait voir mes conneries de môme ! Cela dit, avec ses copains, ils s'amusaient à me jucher sur une table et à me faire chanter *L'Internationale*, parce que je disais : “C'est la lutte finale / Coupons-nous les deux mains”, et ça les faisait beaucoup rire ! » Natacha se souvient aussi des animaux, du chien Oural à l'ânesse Justice sociale, mais surtout de la passion de Christine Sèvres pour les chouettes : « Elle en avait apprivoisé une qui s'appelait Oulala, et c'était extraordinaire, parce qu'on communiquait avec elle. »

Pas mal « trimbalée » entre Paris et Grenoble après la séparation de ses parents, Natacha reviendra à Antraigues à l'époque où elle s'oriente pour de bon vers la chanson et chantera assez régulièrement dans la commune. « Jean était venu une fois à Grenoble, souligne-t-elle, ce qui fait qu'au fil du temps, avec Colette, ils ont toujours vu mes spectacles. Il était très attentif et quand je lui ai envoyé une première cassette à écouter, il m'a répondu par un petit mot d'encouragement. Il trouvait que j'avais une très belle voix, mais comme c'était à l'époque dans un groupe de rock français, il m'écrivait de me méfier des batteurs. Peut-être avait-il eu une mauvaise expérience, mais il était important pour lui que la voix reste en avant, et il me l'a encore rappelé quand je l'ai revu en décembre 2009. »

L'idée du spectacle *Un jour futur*[9] qu'elle va alors créer à Antraigues même, Natacha la caresse depuis près de dix ans, depuis la soirée de la « Fête à Jean Ferrat » organisée par le festival « Chansons de Parole » de Barjac, où elle a repris *La Matinée* en duo avec Allain Leprest. « Là, je me suis dit : "Il faut que je monte un spectacle consacré à Jean !" Mais je n'osais pas, de la même manière que je n'ai pratiquement pas de photos avec lui... Si j'ai mis aussi longtemps, c'est sans doute à la fois par une espèce de pudeur et parce qu'il s'agit d'un rendez-vous que je ne voulais absolument pas manquer. J'avais peut-être besoin d'une certaine maturité dans la chanson, de cheminer personnellement, d'expérimenter d'abord des choses. [...] Mon père et moi, nous en avions déjà parlé avec Jean il y a plusieurs années, et il avait dit : "Formidable". Et puis, l'an dernier, quand on lui a demandé son accord final, il m'a donné carte blanche. En décembre dernier, juste avant la résidence de création, je suis allée le voir avec le dossier de presse et ses deux portraits qui sont sur scène ; il les a regardés très attentivement et il a dit : "Oui, bien sûr, il n'y a pas de problème." Ça a été fabuleux, parce qu'il a tout rendu possible ! » Ferrat doutera néanmoins quelque peu devant le parti pris de nouvelles orchestrations, en particulier sur *Nuit et brouillard* : « J'ai senti que c'était tellement chargé affectivement, qu'il craignait qu'on l'abîme ou qu'on la dénature peut-être involontairement, et j'ai eu très peur, reconnaît Natacha. Pour moi, il n'était pas question d'aller dans un sens qui aurait pu lui déplaire. Après, quand il a entendu la chanson, il a adhéré, et j'ai envie de dire qu'il était presque soulagé. » Bien que Jean n'ait pas pu assister à la création du spectacle, celui-ci sera filmé à son intention et, au téléphone, il fera « chialer »

Natacha en lui disant simplement : « Écoute, ma chérie, je voulais te remercier… »

Notes

1. En vérité, Françounet emploie un autre mot dont il affectionne visiblement plusieurs variantes.

2. D'où – rappelez-vous – le nom de la fameuse ânesse…

3. Écrite avec Marc Legras, Christian Pirot éditeur.

4. Ainsi que *Paris Chopin* et *Appelle-moi Luciole* (déjà évoqués) d'Allain Leprest et *Donnez-moi la phrase*, chanson éponyme de l'album de 2007 de Francesca, qui précise : « Jean m'a dit qu'il avait été beaucoup touché par le couplet avec "jour de lessive" ; ça lui rappelait son enfance, quand on mettait les draps et tout à sécher sur les prés… »

5. Elle a quand même chanté *Nuit et brouillard*, *Pauvre Boris*, *Je ne chante pas pour passer le temps*, *Ma France*, *Un air de liberté*…

6. Écrite en 1962 par Michelle Senlis, mise en musique par Ferrat et créée sans grand écho par Jean-Louis Stains l'année suivante, elle est enregistrée en 1965 par Jacques Boyer. En 1974, Daniel Guichard « retouchera » le texte, obtiendra sans élégance une cosignature avec Michelle Senlis (selon Gérard Meys, il aurait voulu agir de même avec la mélodie, mais Jean s'y serait opposé), et fera de la chanson l'un de ses principaux succès.

7. « Je te fais notre alcade » (« maire », en Espagne).

8. À la question idiote qu'on lui posa fatalement un jour : « Avez-vous été l'institutrice de Jean Ferrat ? », Hélène Terrisse répondit simplement : « Je ne suis pas Jeanne Calmant ! » (à l'auteur, avril 2010).

9. Outre Isabelle Aubret et Francesca Solleville, qui – comme nous l'avons vu – ont tout de suite intégré dans leur tour de chant respectif des chansons de leur ami Jean, différents autres artistes lui

ont consacré un spectacle spécifique : Alain Hivert (*Qui vivra Ferrat*), Jean-Marc Moutet (*Jean d'ici, Ferrat le cri*), Gérard-André (*De ce que j'ai vécu à ce que j'imagine*), Julien Heurtebise (*Un amour cerise, 30 chansons de Jean Ferrat*)...

D'Ivry à Antraigues

Pendant un demi-siècle, Jean Ferrat aura habité, vécu, agi dans deux communes très différentes, entre lesquelles il aura servi parfois de passerelle. Jacques Laloë, l'ancien maire d'Ivry, et Pierre Gosnat, son successeur, le savent bien, tout comme Michel Pesenti, leur homologue actuel d'Antraigues.

Jacques Laloë et Pierre Gosnat

Maire d'Ivry pendant plus de trente ans, Jacques Laloë s'est attaché à développer les « apports communs » entre Ivry et Antraigues : « Nous avions des rapports très intéressants, à la fois au plan général de la ville et aussi plus directement entre maires. C'est ainsi que nous avons reçu des gens d'Antraigues, en particulier lors de grandes manifestations comme la Fête d'Ivry, et nous y descendions nous-mêmes à deux ou trois cars lors des fêtes d'Antraigues. Il n'y a pas eu de parrainage officiel, c'était un contact direct, un rapport d'amitié. À ces occasions, des relations se sont nouées également entre artistes et j'ai eu le plaisir d'aller parfois chez Jean et d'y passer quelques jours, y compris du vivant de Christine Sèvres. » Souvenir sensible qui en induit naturellement un autre chez Jacques Laloë : « En 1992, quand Jean a décidé de se remarier, avec Colette, j'ai eu le privilège de le faire dans mon bureau, en toute intimité. »

Successeur de Roger Grévoul[1] à l'office municipal de la jeunesse d'Ivry, le futur maire Pierre Gosnat[2] prendra logiquement le relais : « Vers 1973, nous avions ouvert une colonie de vacances dans les gorges du Tarn et Jean m'avait invité à le rejoindre à Antraigues pour qu'on discute d'une possibilité de jumelage entre les jeunes d'Ivry et les gens d'Antraigues, pour qu'ils puissent passer dans le village ; malheureusement, cela n'a pas été possible. Par la suite, Jean est venu souvent à Ivry et j'ai eu l'occasion de le recevoir régulièrement. Dans les années quatre-vingt, je me souviens qu'il a attiré mon attention sur les difficultés rencontrées par les jeunes chanteurs et sur le fait que certains souhaitaient s'installer à Ivry, notamment Allain Leprest. » C'est ainsi que dans le sillage de Ferrat, Leprest accostera à Ivry, puis d'autres artistes nommés Mouron, Djamel Allam… « L'important, souligne Pierre Gosnat, c'est que du fait de son passage à Ivry, Jean Ferrat a imprégné un climat sur lequel se sont greffés différents chanteurs et des événements comme le FestiVal de Marne… »

Au plan politique, Jean Ferrat a toujours soutenu la liste dirigée par la gauche et les communistes à Ivry, et son décès la veille des élections municipales a provoqué un choc considérable : « Quand la nouvelle a été annoncée dans les bureaux de vote, les gens ne discutaient que de ça, dit Pierre Gosnat ; le soir, j'en ai d'abord parlé et l'on sentait que l'émotion était très forte, tant à l'égard du personnage national que de l'Ivryen. Dans la journée du dimanche, nous avons envisagé de préparer un car pour aller aux obsèques à Antraigues (plus de cinquante personnes s'étaient inscrites), mais lorsque j'ai appelé Colette, Véronique et Pierre, ils m'ont dit qu'il y allait avoir trop de monde et qu'il fallait y renoncer. Le soir, quand je l'ai annoncé aux gens, l'émotion était vraiment terrible. Et elle l'est encore aujourd'hui. On envisage une grande initiative d'hommage à la rentrée, avec des chanteurs, et bien d'autres choses encore… »

Michel Pesenti

Arrivé à Antraigues il y a dix-huit ans, l'actuel maire a rencontré Jean Ferrat très tôt autour d'une partie de boules et confirme qu'il était du genre mauvais perdant, n'hésitant pas à gratifier son partenaire d'un « Je suis vraiment très mal équipé aujourd'hui ! », lorsque leur association accouchait d'un score calamiteux. Heureusement, la partie terminée, Jean appelait Michel Pesenti « mon voisin et ami », celui-ci ayant acheté une propriété juste au-dessus de chez lui, séparée par le Pont-Vieux, un pont de pierre datant du siècle dernier. « Ses chansons m'ont touché très tôt, confie-t-il, avec d'abord *Que serais-je sans toi*, en 1964, quand j'avais sept ans. Après, j'ai appris à le connaître et je me souviens d'une conversation que nous avons eue, alors qu'il rentrait de l'émission *Ferrat 95* ; nous avons mangé chez lui sous le châtaignier et nous avons parlé abondamment d'Aragon, des textes, des poèmes… Nous avions eu la chance d'écouter les chansons de cet album en avant-première dans son bureau et je lui avais dit que celle qui m'avait le plus touché était la *Complainte de Pablo Neruda*. »

À propos de la simplicité, de l'authenticité de Jean, Michel Pesenti est intarissable : « Il voulait vivre comme tous les autres, faire ses courses le matin, jouer à la pétanque. J'ai une image de lui sur le terrain de boules ; quand j'arrivais vers les cinq ou six heures du soir sur cette grande place pleine de convivialité, je le voyais là, assis au milieu des gens et il attendait sa partie de boules. » Et le même Pesenti, président d'un club cycliste menant des actions pour lutter contre la mucoviscidose, appréciait la présence de Jean lors d'initiatives importantes : « Il était parrain mais n'avait jamais assisté à une journée ; lorsque je lui ai demandé s'il accueillerait une équipe cycliste sur la place du village, il a accepté tout de suite, alors que, s'il ne voulait pas participer à quelque chose, il l'exprimait très clairement. C'était un homme libre. Exigeant. Quand on a fait l'éclairage du village, il m'a dit que ça ne lui plaisait pas ; sans tourner autour du pot, mais d'une manière discrète, pas méprisante. Quand certaines choses arrivaient à ses oreilles, il m'appelait, on se voyait et il me demandait : "Est-ce que c'est vrai ou non ? Dis-moi ce qui se passe !" Et il évoquait son expérience avec Jean Saussac en répétant que ce n'était pas facile, parce qu'une fois les élections passées, les gens ne viennent plus assez aux réunions… »

Michel Pesenti n'est pas près d'oublier non plus une certaine balade à Lyon en juin 2002 : « Avec Colette et mon épouse, nous sommes passionnés de roseraies ; après en avoir visité une dans la matinée, nous sommes allés dans le quartier Saint-Jean. Jean m'avait dit : "Fais-moi visiter le vieux Lyon, je ne connais pas !" Nous y sommes donc descendus, Ferrat avec ses espadrilles, sa petite chemisette bleue, son jean… et là, il y avait un monde fou, les gens ont commencé à se retourner sur lui et bientôt, dans la rue piétonne avant l'église, s'est créé un attroupement de cent cinquante personnes, Jean a dû signer des autographes et nous sommes arrivés avec une heure et demie de retard au restaurant où nous avions réservé. On a failli ne pas pouvoir manger ! » [*Rire.*]

Et puis il y a eu le décès du « voisin et ami » : « Je l'ai appris le samedi après-midi en coupant du bois sous le Pont-Vieux, explique le maire d'Antraigues. Je savais qu'il n'allait pas bien et quand Colette m'a appris la nouvelle, je me suis arrêté, je suis resté chez moi, et je n'ai repris mes esprits que trois heures plus tard ; j'avais plus de cent cinquante messages sur mon téléphone portable. Je suis descendu sur la place et toutes les télés étaient déjà là. C'était l'invasion. On est entré dans un tourbillon médiatique difficilement maîtrisable et je me suis investi énormément, de manière à ne pas donner n'importe quelle image du village. » D'où le soin particulier apporté aux obsèques : « Si elles avaient eu lieu un samedi, je pense qu'il y aurait eu dix mille personnes, affirme Michel Pesenti. Nous les avons préparées avec la famille et tout le monde était sur la même longueur d'onde, de sorte que ce ne soit pas un spectacle, mais quelque chose de très simple, de sincère et de succinct. Ce qui m'a frappé, moi, c'est que les gens du peuple étaient là, ceux qui comptaient le plus pour Jean. Et dans le mois qui a suivi, j'ai reçu un millier de lettres dont plus de 80 % annonçaient : “Nous viendrons à Antraigues. Nous voulons rendre hommage à Jean Ferrat, voir sa montagne, là où il vivait !” C'est dire que cela va nous poser des problèmes, qu'il y aura certainement des exagérations comme partout, mais je tiens à ce que l'on assure le meilleur accueil aux gens, parce que le village et Jean Ferrat, c'est une grande histoire d'amour depuis 1964, quelles que soient les municipalités qui se sont succédé. »

Notes

1. Témoin de Jean pour son mariage, Roger Grévoul créera quelques années plus tard l'association Cuba Coopération France, à laquelle le chanteur adhérera.

2. Il deviendra adjoint au maire en mars 1985, puis maire en décembre 1998.

Paroles de musiciens

Au fil des tournées, Jean Ferrat a bien sûr été accompagné par différents musiciens, souvent des jazzmen, à l'image du batteur Christian Lété et du guitariste Christian Escoudé, tous deux présents lors des derniers concerts de 1972 et 1973.

Christian Lété

Christian Lété accompagnait Isabelle Aubret lorsqu'il a rencontré Jean Ferrat. Ils ont ensuite travaillé ensemble pendant sept ans et il ne l'a jamais oublié : « Moi, quand j'entends des gens affirmer que Jean n'était pas à l'aise en scène, je ne comprends pas ce qu'ils veulent dire. Il venait, il chantait, mais rien que sa voix, déjà, c'était extraordinaire ! Une voix magnifique ! J'ai connu ça, très peu malheureusement, avec Édith Piaf, mais ça me le rappelait. Quand il arrivait, sa voix suffisait à remplir l'espace. Effectivement, ce n'était pas le chanteur qui bouge, qui se trimbale sur la scène, à la façon d'Aznavour ; il se plaçait devant son micro, il chantait, il y avait sa voix, le contenu des textes, et c'était très prenant, la magie s'installait. Un peu comme Miles Davis, où l'on ressentait cela dès son entrée sur scène, dès sa première note. »

Cette rencontre a pris également une autre dimension pour Christian Lété : « C'est grâce à Jean – à Jacques Boyer aussi, avec qui j'ai eu pas mal de discussions – que ma conscience politique a énormément évolué à cette époque-là. Et grâce à Christine Sèvres avec laquelle j'avais une relation un peu privilégiée, quand elle était en tournée avec nous ; comme j'étais le cadet de l'équipe, elle m'appelait "ma p'tite gueule d'amour" ! J'aimais beaucoup cette femme ! C'était une personne très profonde, qui disait des choses très intenses et toujours très simplement. Je pense qu'elle a apporté beaucoup à Jean. J'aimais énormément ce couple-là. Et cette équipe. J'ai accompagné pas mal d'artistes, mais je n'ai jamais connu autant de simplicité, de chaleur, avec un chanteur qui respecte autant les musiciens. Mais Jean n'aimait pas trop les tournées, c'est peut-être pour cela qu'on peut dire qu'il n'était pas une bête de scène. Je crois que ça le fatiguait. »

Au Palais des Sports de 1970, où Jean Ferrat a été le premier chanteur français « d'expression » à se risquer, la technique de l'époque ne permettait pas encore de maîtriser parfaitement les problèmes de son. Christian Lété s'en souvient : « Tout le monde trouvait que la batterie passait trop. Finalement, ils ont fait construire une cabine pour isoler le batteur et ça m'a fait rigoler. Mais je n'ai jamais eu de problème là-dessus avec Jean ; d'ailleurs, en scène, je me chantais ses chansons avec lui, alors qu'avec d'autres artistes de variétés très connus, je pouvais (entre guillemets) ne pas faire attention au texte. » Revenant sur ses rapports avec l'homme (« quelqu'un de formidablement gentil, jamais un mot de trop, jamais une attitude de star, en cohérence avec ce qu'il chantait »), il ajoute : « Avec

Christian Escoudé, on s'est appelés quand on a appris le décès de Jean. On était sur le cul. Par Véronique [Estel], je savais qu'il n'était pas bien, mais ça m'a quand même beaucoup perturbé. »

Christian Escoudé

C'est en 1972, l'année du second Palais des Sports de Jean Ferrat, que le guitariste Christian Escoudé a commencé à jouer avec lui : « C'était vraiment très simple. Comme lui, en fait. Il faisait confiance aux gens avec lesquels il travaillait. Entre le Palais des Sports et les galas en province, on a fait beaucoup de scène, mais je n'ai pas le souvenir d'une seule fois où il y ait eu un problème. On fonctionnait en quintette, ça passait par le pianiste Guy Boulanger qui était le responsable de la musique, mais que ce soit Fohrenbach, Bannelier[1] ou Lété, tous étaient des musiciens d'expérience. Musicalement, c'est tout ce que je retiendrai : Jean faisait confiance. C'est tout, mais en même temps, c'est énorme. Ça ne se passe pas toujours comme ça dans la variété. »

Contrairement à ce que l'on aurait pu croire, Ferrat ménageait des plages d'improvisation à ses accompagnateurs : « J'ai remplacé un musicien dont le répertoire était très rodé, explique Christian Escoudé, il fallait jouer la partie prévue, mais Jean nous laissait pas mal de liberté, d'autant qu'on était pour la plupart des musiciens de jazz et qu'il aimait ça. On ne répétait pas beaucoup, mais il connaissait bien sa partie et par rapport à beaucoup de chanteurs – même de très connus –, il n'avait pas de problèmes avec la mesure. Il savait où il était ; il suivait son texte et chantait devant, sans souci. » Comme Christian

Lété, il tient à revenir sur la personnalité humaine de Jean : « J'en garde le formidable souvenir de quelqu'un de réservé, de gentil, vraiment, et d'un égocentrisme très dominé, ce qui est rare – encore une fois – venant de chanteurs. »

Notes

1. Jean-Claude Fohrenbach, saxophone ; Pierre Bannelier, basse. Tous deux sont aujourd'hui décédés.

Paroles de chanteurs

Figures originales de la chanson actuelle, par-delà les étiquettes réductrices qu'on s'efforce de leur coller, Dominique A et Akhenaton expliquent en quoi Jean Ferrat les a influencés. « Tombés dedans » tout petits, ils conjuguent ainsi chacun à leur façon l'un de ses titres les plus symboliques : *Nul ne guérit de son enfance.*

Dominique A

Il le raconte avec humour et tendresse. Sa « rencontre » avec Ferrat date de l'enfance : « Disons que je n'ai pas eu tellement le choix, mes parents l'écoutaient vachement ! [*Rire.*] Avec Brel et Ferré, c'était le chanteur préféré de ma mère et peut-être celui qu'on entendait le plus à la maison. Mes parents ont beaucoup passé le disque *Ferrat chante Aragon* et celui avec *Ma France.* Donc, c'est vraiment lié à des souvenirs d'enfance et à la découverte de la chanson en général ; il a fait un peu partie de mes initiateurs, avec Brel. Après, je ne l'ai pas écouté durant l'adolescence, mais c'est revenu sur le tard, bizarrement, à travers certains titres de Gérard Manset. C'est rigolo, parce que je sais que Manset déteste Ferrat ! Ce n'est pas un hasard, je crois qu'ils ont des accointances mélodiques et un goût pour certaines harmonies. Bien sûr, la filiation entre Ferrat et des gens comme moi n'est pas des plus évidentes, mais elle peut se retrouver à travers des couleurs harmoniques et une tendance aux mélodies en accord mineur. S'il ne s'agit pas d'une influence consciente, d'une influence choisie, elle est indubitable. J'ai acheté une compilation de Ferrat il y a deux ans, et j'y ai retrouvé des choses très fortes. Finalement, c'est un type qui a été un peu sous-évalué, parce qu'il n'était pas plus grand que la vie comme pouvaient l'être Ferré ou Brel, parce qu'il ne dégageait pas cette espèce d'énergie. Il a pâti de son côté très simple, de sa modestie, de son humilité. Je me fous de savoir s'il fait partie des grands auteurs, mais des souvenirs d'enfance que j'ai, de l'influence que les chanteurs peuvent avoir de façon inconsciente sur vous, pour moi, Ferrat, c'est l'influence la plus marquée. »

Pour ceux qui l'auraient jusqu'alors ignoré, Dominique A n'a jamais écrit pour passer le temps et encore moins par hasard : « On ne vient pas de nulle part, chacun transmet le relais à l'autre. C'est une chaîne, et on se souvient. J'ai mis longtemps à revenir à Ferrat et des chansons continuent à me trotter dans la tête, des assez lyriques, assez sombres, comme *Potemkine* ou *Un jour un jour* que je trouve sublime. Quand j'entends l'intro, je ne comprends pas pourquoi Ferrat n'a pas été davantage samplé par les gens du hip hop : il y a des cordes plutôt dramatiques à utiliser et on retrouve ce genre de tonalité dans certains morceaux hip hop. »

Le côté revendicatif, social, voire politique de Jean Ferrat n'a jamais trop intéressé Dominique A : « Ma famille étant de la même sensibilité que lui sur ce plan (genre “cocos”), j’étais plutôt d’accord avec ce qu’il racontait, mais j’éprouve un grand scepticisme pour la chanson engagée dans son ensemble. Ce qui me reste de lui, c’est vraiment le mélodiste et par exemple, s’il y a vraiment une de ses chansons que j’aimerais reprendre, c’est *Les Nomades*, que j’ai entendue, enfant, par Les Trois Ménestrels. » Il n’empêche que celle qu’il a interprétée au *Fou du Roi* (France Inter, mars 2006) s’appelle *Ma môme* et recèle un certain contenu : « C’était pour faire plaisir à sa mère ! On était en plein dans cette idée de bling-bling, on commençait à remettre en cause le mode de fonctionnement présidentiel, et *Ma môme* me semblait une chanson ouvrière d’une saveur particulière pour l’époque. Elle est à la fois très datée dans son propos et peut coller complètement face à cette mise en scène, cette sur-représentation perpétuelle de soi-même. Elle retrouve du sens. Sans donner dans la nostalgie ouvriéro-cégétiste, je crois que des chansons comme celle-là peuvent vraiment signifier aujourd’hui quelque chose ; elle ne sont pas *a priori* les chansons les plus engagées, mais pour moi les plus engageantes, avec finalement davantage de poids que d’autres plus frontales. [...] J’aime le lyrisme : je suis partagé par l’envie d’être lyrique et de ne pas l’être. Je ne me situe pas par rapport à ça, mais je sais que chaque fois que j’ai envie de mettre en avant ce lyrisme-là, cela vient bien évidemment des disques que j’ai écoutés gamin, et dans ce registre, Ferrat reste très présent. Avec *Un jour un jour*, on frise le pompiérisme, mais on n’y est pas encore complètement et j’adore ça. Chez des gens comme Manset, on le retrouve et pour moi, c’est vraiment une question d’affinités mélodiques, même si elles ne sont pas humaines. Je me souviens d’une interview de Murat, où il disait que le seul chanteur qu’il écoutait alors s’appelait Ferrat. C’était peut-être de la provocation, mais en même temps, ça ne m'étonne pas parce qu'il y a un goût affirmé de la mélodie chez Murat, et de temps en temps aussi de la douceur, comme chez Ferrat. En fait, il s'est trouvé un peu absent des médias, pas de la tête des gens. C'est pour ça que je pense qu'il a été vraiment très sous-évalué. »

Akhenaton

Comme beaucoup de gens de sa génération, Jean Ferrat n'était pas très convaincu par le rap au plan musical ; en revanche, son contenu l'intéressait : « Il me semble que c'est une piste du renouveau de la chanson à texte. Les textes sont réellement significatifs d'une condition sociale, même si à quelques exceptions près, ils sont relativement pauvres. L'urgence à se faire entendre, qui est très saine au fond, relègue cependant trop souvent la qualité au second rang[1]. » Avec son groupe I AM et à travers ses disques personnels[2], le Marseillais Akhenaton a montré qu'il pouvait en être autrement. Il apprécie ce type de regard : « En fait, il y a deux grands chanteurs d'une certaine époque – des monuments de la chanson française – qui ont dit ça : Jean Ferrat et Charles Aznavour. C'est assez gratifiant pour notre genre musical. Cela signifie qu'ils reconnaissent le travail d'écriture et l'impact que peut avoir le rap, justement, au niveau de l'écriture. Des héritiers de Léo Ferré nous ont même contactés plusieurs fois, donc pour nous, c'est extraordinaire. Jean Ferrat occupe une place un peu particulière dans mon histoire familiale ; ma mère l'a écouté à la maison pendant que j'étais enfant et ses disques se trouvaient à côté de ceux de Santana, Bob Marley, James Brown, mais aussi Brel et Brassens. C'est donc quelqu'un avec qui j'ai grandi. En plus, ma mère militait au Parti communiste, et c'est vrai que j'ai entendu Aragon pendant très longtemps. Ça a peut-être formé mon oreille à un type d'engagement dans l'écriture qu'on a pu retrouver ensuite dans le genre musical que nous avons adopté. »

Lorsque l'on évoque certaines parties dramatiques, lyriques, propres à telle ou telle chanson de Jean Ferrat, il rebondit aussitôt : « Pour moi, il y a indéniablement une couleur commune et aussi cette écriture très imagée, très descriptive, comme avec notre musique. Quand on écoute *Nuit et brouillard*, on voit les images. J'ai d'ailleurs une petite anecdote à propos de cette chanson : je devais avoir huit ans, je partais souvent en vacances en colonie à cette époque-là, et pour le premier radio-crochet auquel j'ai participé avec les moniteurs, j'ai chanté *Nuit et brouillard.* » Témoignage éloquent du fait que Jean Ferrat avait vu juste en écrivant : « Pour qu'un jour les enfants sachent qui vous étiez. » « Bien sûr ! acquiesce Akhenaton. Dans notre société, on formate les gens. On dit : "Ces gamins-là, ces gens-là, ils ne peuvent pas écouter ça !" Et tout le monde est rangé gentiment dans des boîtes. J'étais très jeune (j'avais l'âge du plus jeune de mes fils), mais je comprenais très bien ce qui était dit dans les paroles. Comme quoi, les arguments qu'on a fait valoir à l'encontre de grands chanteurs comme Jean Ferrat, ces arguments commerciaux selon lesquels on donne aux gens ce qu'ils ont envie d'entendre, c'est parfaitement faux. Les gens, ils écoutent ce qu'on leur donne, et moi j'écoutais ce qu'on me donnait et j'étais tout à fait apte à comprendre Jean Ferrat à huit ou neuf ans. Je pense qu'il y a un réel mépris du public, qu'on définit, qu'on range par petites cases, par petits formats... »

Naturellement prêt à sampler la voix de Jean Ferrat comme il l'a fait à l'occasion avec celles de Francis Cabrel et de Léo Ferré (« Il ne sera pas le dernier sur notre liste : l'art du sample, c'est de reprendre des extraits de chansons de gens qu'on apprécie, soit des paroles, soit des mélodies qui nous interpellent »), il partage un choix fondamental avec lui, celui d'être un artiste citoyen : « Pour moi, c'est très important d'être impliqué dans la vie, dans la cité, en tant qu'homme, en tant qu'individu. On n'est pas obligé de militer ou d'œuvrer dans soixante associations, on doit juste faire ce que chacun d'entre nous doit faire, c'est-à-dire élever nos enfants avec des valeurs, avec une vision de la vie correcte. Après, si l'on peut agir pour les autres (nous, on travaille principalement pour des associations d'enfants malades), tant mieux, mais il faut aussi prendre position, dire ce qu'on pense, sans avoir peur de l'incidence que cela peut avoir sur notre carrière ou sur les ventes de disques. Plusieurs fois, j'ai parlé à la télévision ces dernières années et ça m'a valu des contrôles fiscaux ; c'est la réalité, aussi. C'est beau, la démocratie ! Honnêtement, il y a vraiment des choses qui ne fonctionnent pas dans notre système ! Mais bon, c'est quand même le moins pire... »

Notes

1. *Terre de Lectures* n° 5, printemps-été 1999, bulletin du réseau de la bibliothèque départementale de prêt de l'Ardèche (Jean Ferrat était le parrain de la médiathèque d'Antraigues, récemment ouverte).

2. Il a publié également en mars 2010 une autobiographie, *La Face B*, écrite en collaboration avec Éric Mandel (Don Quichotte Éditions).

Regard d'amis

Allain Leprest
« LE chanteur »

Jean Ferrat était quelqu'un de très important pour mes parents, dans ces milieux modestes où j'habitais. Mon père était communiste (il n'avait pas sa carte) et les gens comme lui se reconnaissaient en Jean. Ils faisaient partie de la classe ouvrière et à cette époque, Jean Ferrat était LE chanteur : le chanteur qui disait pour tous ceux de cette classe les mots qui leur manquaient. C'était une force plus puissante que le Parti communiste français ! On l'entendait sur les ondes, c'était le chanteur… je n'aime pas tellement ce mot… qui « s'engageait » à leur place, que tout le monde respectait, qui rigolait quand il chantait « Si j'étais peintre ou maçon / Ouvrier ou forgeron ». Mon père aussi rigolait en entendant ça, lui qui n'avait pas des millions ! Il disait : « T'entends c'qu'il dit ? T'entends, c'qu'il dit ! » Cette fierté que Jean avait de ne pas renier ses origines ! Et pour mon père, qui ne reniait pas du tout son statut, c'était ça : cette espèce de solidarité entre ce peuple dont on s'est aperçu de l'immense tristesse à la disparition de

Jean ; ce ciment qui n'a jamais trahi, qui ne s'est jamais descellé entre lui et cette France profonde.

Moi, je vivais là-dedans ! Et à l'âge de 16-17 ans, sans être autiste, je me disais : « J'ai envie de dire des choses ! » On me trouvait certains dons en écriture et j'étais plutôt un garçon silencieux, jusqu'au jour où j'ai osé : « Et si j'écrivais des chansons, moi aussi ! » D'abord, on écrit des poèmes d'adolescent, y a la première guitare à 17 ans, on écoute des tas de choses (Édith Piaf, les Beatles, *La Commune* par Mouloudji et Francesca Solleville...), on imite tout le monde, mais Jean Ferrat figurait une espèce, non pas de meneur, mais de mec honnête, une conscience... Après, l'histoire très bizarre qui m'a lié à lui est tout à fait surprenante et toute faite de hasards, mais on provoque les hasards, c'est vrai... En fait, c'est tout simple, en tant que chanteur, je n'ai fait que rejoindre l'histoire des chanteurs ! Y avait Brassens, Brel, Souchon... et plein d'autres, mais Ferrat incarnait le plus celui qui alliait la chanson d'amour, la chanson de sensualité (qui lui permettait de faire entrer la poésie dans les foyers les plus modestes), avec une voix, de superbes paroles et des belles mélodies qui rentraient dans la tête. C'était aussi quelqu'un qui parlait, parce qu'il avait une conscience politique, et s'il reconnaissait lui-même : « Je n'étais pas à l'aise sur scène », les gens s'en foutaient ! Il était là, avec la beauté de son visage, avec son regard, et il incarnait une force extraordinaire !

Jack Ralite
(Maire honoraire d'Aubervilliers – 8 juin 2010)
« Jean Ferrat, une conscience »

Jean Ferrat était un humaniste, il ne supportait pas les injustices. Chaque fois il réagissait au quart de tour. Son histoire avec la déportation de son père qui était juif et son accueil dans une famille communiste a surement joué un grand rôle. Dès la fin de la guerre, il s'est engagé dans les combats pour la liberté. Cela s'est traduit dans ses chansons comme dans sa vie quotidienne. Il avait toujours une histoire à raconter, une injustice dont il était témoin. Il était un manifestant en chansons, en poèmes, en actions. Il était d'une grande fidélité à ses idées, d'une fidélité lucide, pas d'une fidélité religieuse. Juste après la chute du mur de Berlin, il dénonce ce qui s'est passé en URSS (ce n'était pas la première fois), mais répète que « l'idée communiste est belle ». Fidèle aux marins du *Potemkine*, il est persuadé que « le cri révolutionnaire reste et restera ». Il chante *Camarade*, merveilleuse chanson où il exalte le mot tout en trouvant « terrible » ce que « les camarades » étaient allés faire à Prague en 1968. Jean était fondamentalement rebelle et avait avec le Parti communiste une véritable amitié. Mais comme toutes les amitiés vraies, elle n'était pas sans orages. Il était fidèle au mot « communiste », pas à une organisation. C'était un homme du peuple d'allure et d'habit, un modeste sans épate, un homme simple, une bijouterie humaine. On avait toujours envie de le revoir, de l'entendre, tant il respirait la bonté. C'était un vrai juste. Il ne se plaignait pas, il portait plainte. Nous avons mené beaucoup de batailles ensemble, notamment sur la culture, qu'il tenait pour une question de civilisation et pour laquelle il était d'une solidité extraordinaire, ne cédant jamais, ni dans ses chansons ni dans ses actes. On imagine mal aujourd'hui qu'en 1963, moment où une campagne d'oubli de la guerre et de ses atrocités était engagée, il osa *Nuit et brouillard* avec ses vers : « Ils voulaient simplement ne plus vivre à genoux », « On me dit à présent que ces mots n'ont plus cours », « Mais qui donc est de taille à pouvoir m'arrêter », « Je twisterais les mots s'il fallait les twister », « Pour qu'un jour les enfants sachent qui vous étiez ». J'ai souvenir en 2003, sur le plateau du Larzac, d'une foule immense et parmi elle, Jean Ferrat. Nous avons fait un débat ensemble, avec un cinéaste et une jeune éditrice, il y avait plus de mille personnes. C'était l'année de l'annulation du Festival d'Avignon après que le gouvernement et le MEDEF de concert eurent porté gravement atteinte au statut d'intermittent dans le spectacle vivant. Ce fut un grand moment de grand bonheur. Et en 1987, quand les États généraux de la Culture remplirent totalement le Zénith de Paris, laissant même deux mille personnes à l'extérieur, Ferrat y était parmi trois cents artistes de toutes disciplines, sensibilités et esthétiques. À minuit, il était intervenu dans une table ronde avec Antoine Vitez, Claude Santelli, Paul Puaux, Bernard Noël et moi-même. L'idée mise en avant était : « Quand un peuple abandonne son imaginaire aux grandes affaires, il se condamne à des libertés précaires. » Les six mille personnes qui s'étaient retrouvées au Zénith accueillirent ce propos debout et applaudirent interminablement. Je me souviens aussi d'un dimanche après-midi au Théâtre de la Commune d'Aubervilliers, débordant de présents. J'avais invité Marcello Mastroianni et l'un de ses metteurs en scène, Ettore Scola. Jean Ferrat avait tenu à être présent. C'était la joie, une vraie fraternité, un rendez-vous du cinéma populaire et si créatif d'Italie et de la chanson populaire et aussi créative de France. Ce sont des assemblées qui sont comme parcourues par des ondes. Les présents, sans le dire, vivaient une complicité chaleureuse, affectueuse.

Je pourrais raconter d'autres rendez-vous, toujours la même ambiance, la même connivence, la même rencontre. Ferrat réunissait, rassemblait, sans fusion, chantait la vie dans laquelle la place de l'amour était grande et parfois éblouissante. Il fut à ce titre un passeur des poèmes d'Aragon, à qui il fit ce merveilleux cadeau de les chanter partout en mêlant ses mots, le sens et l'amour. Si je devais choisir, je retiendrais de ses chansons *Un jour un jour*, hymne à l'amour, *Potemkine*, hymne à la révolution, et *Ma France*, où au détour d'un couplet apparaît le beau nom de Robespierre qui fut applaudi à Antraigues, le jour de ses obsèques.

Il y avait quelque chose qui vibrait intensément entre Jean Ferrat et la population. Quand on pense qu'il avait cessé la scène depuis 1973, il y avait comme un mystère solidaire et affectueux entre cet homme inoubliable et ceux qu'une minorité ne veut même plus appeler peuple. Jean Ferrat était une conscience.

Discographie originale

1958
Les Mercenaires – Ma vie, mais qu'est-ce que c'est ? – Frédo la nature – L'Homme sandwich.
(Vogue EPL 7490)

1960
Sous le nom de Noël Frank : C'était Noël – Notre concerto – Près de la rivière enchantée – Quand la valse est là.
(EP RCA 76 438)
(décembre) Ma môme – Federico Garcia Lorca.
(45 tours Decca 70 700)
(déc.) Regarde-toi Paname – L'Éloge du célibat.
(45 tours Decca 70 701)
(déc.) Ma môme – Regarde-toi Paname – Federico Garcia Lorca – L'Éloge du célibat.
(EP Decca 451 012)

1961
(avril) Paris Gavroche – Ta chanson.
(45 tours Decca 70 725)
(juin) Paris Gavroche – Ta chanson – Ma fille – J'entends, j'entends.
(EP tours Decca 451047)
(nov.) Deux enfants au soleil – Napoléon IV.
(45 tours Decca 70 764)
(déc.) Eh ! l'amour – La Cervelle.
(45 tours Decca 70 771)
(déc.) Deux enfants au soleil – Napoléon IV – Eh ! l'amour – La Cervelle.

(EP Decca 451087)
(déc.) Deux enfants au soleil – Ma môme – Regarde-toi Paname – J'entends, j'entends – Ma fille – Paris Gavroche – Ta chanson – Napoléon IV – L'Éloge du célibat – Federico Garcia Lorca.
(25 cm Decca 123 991)

1962
(oct.) Les Noctambules – Le P'tit Jardin.
(45 tours Decca 70 845)
(oct.) L'Homme à l'oreille coupée – Mes amours.
(45 tours Decca 70 850)
(oct.) Les Petits Bistrots – Le Polonais.
(45 tours Decca 70 851)
(nov.) Les Nomades – La Fête aux copains
(45 tours Decca 70 856)
(déc.) La Fête aux copains – Le P'tit Jardin – Les Noctambules – L'Homme à l'oreille coupée.
(EP Decca 451087)
(déc.) La Fête aux copains – Le P'tit Jardin – Les Noctambules – L'Homme à l'oreille coupée – Mes amours – Les Petits Bistrots – Les Nomades – Le Polonais.
(25 cm Decca 124018)

1963
(janv.) Mes amours – Les Petits Bistrots – Les Nomades – Le Polonais.
(EP Decca 451 160)
(déc.) Nuit et brouillard – À Brassens – Les Enfants terribles – Toujours la même g… – C'est beau la vie – Quatre cents enfants noirs – Nous dormirons ensemble – Horizontalement.
(25 cm Barclay 80 213)

1964
(janv.) C'est beau la vie – À Brassens – Nuit et brouillard – Nous dormirons ensemble.
(EP Barclay 70 613)

(mars) Deux enfants au soleil – Eh ! l'amour – Les Petits Bistrots – Les Nomades – L'Éloge du célibat – Federico Garcia Lorca – Paris Gavroche – Ma môme – Les Nomades – Les Noctambules – Regarde-toi Paname – L'Homme à l'oreille coupée.
(30 cm Decca 154 057)
(nov.) La Montagne – Autant d'amours autant de fleurs – Hourrah ! – Que serais-je sans toi.
(EP Barclay 70 729)

1965
(janv.) Berceuse – Hourrah – Que serais-je sans toi – Le jour où je deviendrai gros – La Jeunesse – La Montagne – Autant d'amours autant de fleurs – Au bout de mon âge.
(25 cm Barclay 80 253)
(mai) BOF du film *Le Coup de grâce* de Jean Cayrol et Claude Durand : Les Beaux Jours (chantée par Jean Ferrat) – Thème de Miguel (instr.) – Désaccord-danse (instr.) – Les Beaux Jours (instr.).
(EP Barclay 70 763)
(juin) BOF du film *La Vieille Dame indigne* de René Allio : On ne voit pas le temps passer – Loin – Tu ne m'as jamais quitté – On ne voit pas le temps passer (instr.).
(EP Barclay 70 764)
(déc.) Potemkine – C'est si peu dire que je t'aime – Les Belles Étrangères – Je ne chante pas pour passer le temps – La Voix lactée (SGDG) – C'est toujours la première fois – Le Sabre et le Goupillon – Raconte-moi la mer – À l'été de la Saint-Martin – On ne voit pas le temps passer.
(30 cm Barclay 80 291)

1966
(nov.) Nuit et brouillard – À Brassens – Les Enfants terribles – Toujours la même g... – Sainte canaille – C'est beau la vie – Quatre cents enfants noirs – De Nogent jusqu'à la mer – Horizontalement – Nous dormirons ensemble.
(30 cm Barclay 80 337)

1967
(janv.) Maria – Heureux celui qui meurt d'aimer – En groupe en ligue en procession – Si je mourais là-bas – La liberté est en voyage – Un enfant quitte Paris – Un jour un jour – Alléluia – Chanson pour toi – Pauvre Boris.
(30 cm Barclay 80 338 ; enregistré fin décembre 1966)
(déc.) Cuba si – Mourir au soleil – Excusez-moi – Prisunic – À Santiago – Ce qu'on est bien mon amour – Les Guérilleros – Au point du jour – Pauvres petits c... – Indien.
(30 cm Barclay 80 360)

1969
(mars) Au printemps de quoi rêvais-tu ? – La Matinée (avec Christine Sèvres) – L'Idole à papa – Les Poètes – La petite fleur qui tombe – Ma France – Rien à voir – Les Filles longues – Hop là ! nous vivons – Le Bureau – Un jour futur.
(30 cm Barclay 80 384)
(déc.) Camarade – Tout ce que j'aime – Les Demoiselles de magasin – Mon bel amour – 17 ans – Sacré Félicien – La Cavale – Y aurait-il... – Intox – Les Lilas.
(30 cm Barclay 80 413)

1971
(fév.) La Commune – Les Derniers Tziganes – Je vous aime – Mis à part – Comprendre – Les Touristes partis – État d'âme – J'imagine – L'Adresse du bonheur – Aimer à perdre la raison – Et pour l'exemple.
(30 cm Barclay 80 427)
(NOV.) FERRAT CHANTE ARAGON.
J'entends, j'entends – Les Poètes – Au bout de mon âge – C'est si peu dire que je t'aime – Heureux celui qui meurt d'aimer – Robert le diable – Que serais-je sans toi – Nous dormirons ensemble – Le Malheur d'aimer – Un jour un jour.
(30 Barclay 80 443)

1972
À moi l'Afrique – Picasso Colombe – Une femme honnête – À l'ombre bleue du figuier – Si j'étais peintre ou maçon – Les Saisons – La Leçon buissonnière – Paris an 2000 – Hou hou méfions-nous... – Ils volent volent volent.
(30 cm Barclay 80 453)

1975
La femme est l'avenir de l'homme – Le Bruit des bottes – Berceuse pour un petit loupiot – Un jeune – Dans le silence de la ville – Le Singe – Je meurs – Le Fantôme – Un air de liberté – Mon chant est un ruisseau.
(30 cm Temey/Barclay 598 052)

1976
PREMIÈRES CHANSONS – NOUVEL ENREGISTREMENT.
Eh ! l'amour – Ta chanson – Ma fille – D'où que vienne l'accordéon* – Regarde-toi Paname – Le P'tit Jardin – L'Éloge du célibat – Restera-t-il un chant d'oiseau* – Les Petits Bistrots – Je ne puis vivre que de toi*.
(30 cm Temey/Barclay 598 058 ; 3 titres inédits*)

1979
ENREGISTREMENTS 1979.
Mon palais* – Le Tiers Chant – Le chef de gare est amoureux – Le Petit Trou pas cher* – Les Instants volés** – Un cheval fou dans un grand magasin** – Caserne* – La Boldochévique* – Le Diable au cœur** – Si nous mourons**.
(30 cm Temey 598 508 ; 4 titres réenregistrés* et 4 titres créés par d'autres interprètes)

1980
FERRAT 80.
Le Bilan – Oural ouralou – L'Amour est cerise – J'ai froid – Pour être encore en haut d'l'affiche – Mon pays était beau – Tu verras tu seras bien – J'aurais seulement voulu – La Bourrée des trois célibataires – Chanter – L'Embellie.
(30 cm Temey 598 014)

1985

JE NE SUIS QU'UN CRI.

Je ne suis qu'un cri – Hospitalité – L'Âne – Viens mon frelot – Concessions – Comptine pour Clémentine – La Porte à droite – Le Cœur fragile – Le Châtaignier – Petit – Vipères lubriques – Pardonnez-moi mademoiselle – Le Kilimandjaro – Les Cerisiers.

(30 cm et CD Temey 240 374)

1991

DANS LA JUNGLE OU DANS LE ZOO.

Dans la jungle ou dans le zoo – Les Petites Filles modèles – Parle-moi de nous – Dingue – Les Tournesols – Chante l'amour – À la une – Le Grillon – Bicentenaire – Les Jeunes Imbéciles – Tu aurais pu vivre – Mon amour sauvage – Nul ne guérit de son enfance – La Paix sur terre.

(CD Temey 174 424)

1994

FERRAT 95 (16 NOUVEAUX POÈMES D'ARAGON).

Complainte de Pablo Neruda – Elle – J'arrive où je suis étranger – Devine – Chagall – Les Feux de Paris – Chambres d'un moment – Lorsque s'en vient le soir – Qui vivra verra – Odeur des myrtils – Carco – Musique de ma vie – Pablo mon ami – Pourtant la vie – Les Oiseaux déguisés – Épilogue.

(CD Temey 74 454)

2002

EN SCÈNE.

Dingue – Chante l'amour – Les Petites Filles modèles – Bicentenaire (1989) – Le Grillon – À la une – Parle-moi de nous – Dans la jungle ou dans le zoo – Tu aurais pu vivre – Mon amour sauvage – Nul ne guérit de son enfance – Les Jeunes Imbéciles – Les Tournesols – La Paix sur terre.

(CD Temey TEM 74 488)

D'autre part, un DVD portant le même titre et reprenant les mêmes chansons que le CD ci-dessus, enregistrées en novembre 1991 au

Pavillon Baltard, est sorti le 27 janvier 2003 : *Jean Ferrat en scène*, 60'20, réf. TEM 74 488-9.

NB. Après ses débuts chez Vogue puis Decca (plusieurs 45 tours 2 et 4 titres et 33 tours 25 cm), Jean Ferrat a signé chez Barclay en 1963 où il est resté jusqu'en 1972. En 1992 est sorti un coffret de 5 CD intitulé *Les Années Barclay* (réf. 511 991) qui reprend les versions originales des dix premiers 30 cm, soit 110 titres présentés selon l'ordre initial à raison d'un CD par album, depuis *Deux enfants au soleil* jusqu'à *À moi l'Afrique* (à l'exception toutefois du *Ferrat chante Aragon* de 1971). Puis en 1995 est paru chez MAM Productions (réf. 590 932) un CD regroupant *Ses 24 premières chansons* (en version originale) enregistrées chez Vogue et Decca entre 1958 et 1963.

À partir de 1975, Jean Ferrat a directement enregistré chez Temey, qui a sorti en 1980 des réenregistrements de toutes les chansons de 1961 à 1980 en onze volumes (30 cm 598 001 à 598 011) ; puis en 1991 une *Intégrale Temey* (réf. 174 429) de dix CD couvrant la période 1961-1991 et comprenant les 174 chansons (avec leurs textes et des photos exclusives) réenregistrées entre 1976 et 1980 (qui, elles, étaient la reprise exacte, et dans un ordre identique, des versions originales). Ces dix CD ont été repris à l'identique dans le coffret *Ferrat 2000* (réf. TEM 74 483-2), complété par un onzième CD, soit 190 chansons. En voici le détail : volume 1 (albums 1961 et 1962), vol. 2 (1963 et 1964), vol. 3 (1965 et 1966), vol. 4 (1967 et 1969), vol. 5 (1970 et 1971), vol. 6 (1972 et 1975), vol. 7 (1979 et 1980), les quatre volumes complémentaires – et disponibles aussi séparément – étant *Ferrat chante Aragon* (dix titres réenregistrés en 1980), *Je ne suis qu'un cri* (1985), *Dans la jungle ou dans le zoo* (1991) et *Ferrat 95* (*16 nouveaux poèmes d'Aragon*).

Sites Internet

Outre le site Internet officiel de Jean Ferrat, graphiquement très professionnel, il existe trois principales adresses de passionnés qui permettent d'aborder l'ensemble des questions essentielles le concernant, et de rebondir encore vers d'autres sites spécifiques.

• Site officiel : http://www.jean-ferrat.com/

• Site de Jean-Marc Moutet (Jean d'ici Ferrat le cri – La ferme théâtre) : http://www.jeandiciferratlecri.com/

• Jean Ferrat et Ardèche (son œuvre, sa région d'adoption, chanson française) : http://pb60.e-monsite.com/accueil.html

• Ferrat et ses interprètes : http://bth48.e-monsite.com/

Remerciements

Daniel Pantchenko remercie chaleureusement toutes les personnes qui ont permis la réalisation de cet ouvrage, et tout spécialement :

Pour leur confiance et leur participation irremplaçable, les membres de la famille : Pierre Tenenbaum, Véronique Estel, Sylvie Chaleix, Clarisse, Lucie et Vincent Mazalaigue. Pour leur accueil tout aussi émouvant, les proches d'Antraigues et ceux qui y venaient régulièrement : François Perrin (Françounet), Hélène Baissade, Hélène Terrisse, Michel Pesenti (M. le maire du village), Francesca Solleville, Jacques Boyer, Odile et Natacha Ezdra, Roland Leroy, Roger Grévoul, Jacques Laloë et Pierre Gosnat (MM. les maires successifs d'Ivry).

Merci à Jack Ralite et à Allain Leprest pour leur fine plume en forme de *Regard d'ami*.

Merci à tous les chanteurs, auteurs, musiciens et professionnels du spectacle pour leur témoignage : Claude Vinci, David Jisse, Jean Sommer, Jean Vasca, Jofroi, Jean Guidoni, Dominique A, Akhenaton, Pierre Grosz, Christian Lété, Christian Escoudé, Jean-Claude Barens, Edgard Garcia, Didier Desmas. Merci également à Eugène Larrat, de Perrier.

Merci à Claudie Pantchenko pour sa lecture patiente, ses suggestions pertinentes en direct ou au crayon noir.

Merci à Rémi Le Bret d'Antraigues ainsi qu'à Philippe Savouret et Annie Roquis-Millet (de la médiathèque et de l'association Bernard-Dimey de Nogent, en Haute-Marne) pour leurs coups de main photographiques respectifs.

Merci à Lucien San Biagio du service Documentation de *L'Humanité*, ainsi qu'au personnel de la Bibliothèque nationale de France et de son Inathèque pour sa disponibilité.

Merci à Serge Dillaz pour ses encouragements et ses précieux conseils.

Merci à Élisabeth Samama et à Jean-François Dauven pour la qualité de l'échange et la pertinence éditoriale.

Enfin, pour leur confiance renouvelée, merci à Fred et Mauricette Hidalgo qui savent combien nous partageons la même passion de la chanson depuis tant d'années.

Chanteur cités*

* Christine Sèvres, évoquée tout au long de ce livre, n'est pas reprise dans cette liste.

I. PRÉAMBULE

II. JEAN TENENBAUM

III. JEAN FERRAT

IV. D'ANTRAIGUES

ANNEXES

« Pour l'éditeur, le principe est d'utiliser des papiers composés de fibres naturelles, renouvelables, recyclables et fabriquées à partir de bois issus de forêts qui adoptent un système d'aménagement durable.
En outre, l'éditeur attend de ses fournisseurs de papier qu'ils s'inscrivent dans une démarche de certification environnementale reconnue. »

Photocomposition Nord Compo
Villeneuve-d'Ascq

Impression réalisée par
CPI BRODARD ET TAUPIN
La Flèche

pour le compte des Éditions Fayard
en octobre 2010

Imprimé en France
Dépôt légal : septembre 2010
N° d'impression : 60642
35-15-4085-3/03